경비지도사

기출문제 분석하기

PREFACE

경비지도사는 경비업법에 근거한 경비지도사 시험에 합격하고 행정자치부령이 정한 소정의 교육을 이수한 자로, 사회 다변화 및 범죄의 증가에 효과적으로 대응하여 경찰력의 보완적 역할을 하기 위해 발생된 민간경비의 경비원, 즉 사람의 신변보호, 국가중요시설의 방호, 시설에 대한 안전 업무를 담당하는 경비원을 효율적으로 관리 · 감독할 수 있는 전문인력을 양성하기 위해 도입한 자격제도이다.

경비업의 건전한 육성과 발전을 위해 1997년 제1회를 기점으로 매년 시행되고 있는 경비지도사는 경비원을 지도 · 감독 · 교육하는 업무를 담당하고 있다. 단계적으로 청원경찰제도를 폐지하고 그 부족한 부분을 민간경비업체가 맡게 됨으로써 경비지도사의 진출분야가 더욱 넓어졌으며 또한 경찰공무원 시험에 가산점을 부여하여 경비지도사 자격증의 수요가 큰 폭으로 상승하였다.

본서는 최근 수험 흐름을 한 눈에 파악할 수 있도록 기출문제분석으로 구성되어 있다.

2017년에 시행된 최근 기출문제를 비롯하여 총 5개년의 문제를 상세한 해설과 함께 수록하였다. 또한 개정된 법령에 따른 수험생의 어려움을 충족시키고자 최신 개정법령을 반영하여 기출문제만으로도 시험대비가 가능하도록 하였다.

각자가 궁극적으로 목표하는 것은 비록 다를지라도 반드시 거쳐야 하는 시험의 합격은 모두의 목적일 것이다.
이러한 수험생들이 원하는 목적을 달성할 수 있도록 서원각은 항상 응원합니다.

▶ **시험의 개요**

① **경비지도사**

사회 다변화 및 범죄의 증가에 효과적으로 대응하기 위하여 경찰력의 보완적 역할을 하기 위해 발생된 민간경비의 경비원, 즉 사람의 신변보호, 국가중요시설의 방호, 시설에 대한 안전 업무를 담당하는 경비원을 효율적으로 관리, 감독할 수 있는 전문인력을 양성하기 위해 경비업법에 자격제도를 도입하여 자격취득자는 위 경비원을 지도, 감독하게 된다.

② **수행직무**

시설경비, 호송경비, 신변보호, 특수경비원을 지도ㆍ감독, 교육

③ **진로 및 전망**

경비업체에서 경비지도사로 역할을 수행할 수 있고, 경비업체에서 자격증으로 인하여 상위직급으로 승진할 기회가 높아짐, 앞으로 경비업에 대한 역할의 증가가 예상되므로, 그에 따라 경비지도사의 역할도 증대될 것으로 전망된다.

▶ **응시자격**

제한 없음

▶ **시험과목**

구분	과목구분	일반경비지도사	문항수	시험시간	시험방법
제1차 시험	필수	1. 법학개론 2. 민간경비론	과목당 40문항 (총 80문항)	80분	객관식 4지 택일형
제2차 시험	필수	1. 경비업법 (청원경찰법 포함)	과목당 40문항 (총 80문항)	80분	객관식 4지 택일형
	선택	1. 소방학 2. 범죄학 3. 경호학			

▶ **합격기준**

① **1차 시험**: 매 과목 100점을 만점으로 하여 매 과목 40점 이상, 전 과목 평균 60점 이상 득점한 자

② **2차 시험**

   ㉠ 선발예정인원의 범위 안에서 전 과목 평균 60점 이상을 득점한 자 중에서 고득점 순으로 결정

   ㉡ 동점자로 인하여 선발예정인원이 초과되는 때에는 동점자 모두를 합격자로 결정

▶ 시험의 면제대상

① 경력에 의한 제1차 시험 면제자

　㉠ 면제요건

- 경찰공무원법에 의한 경찰공무원으로 7년 이상 재직한 자
- 대통령 등의 경호에 관한 법률에 의한 경호공무원 또는 별정직공무원으로 7년 이상 재직한 자
- 군인사법에 의한 각 군 전투병과 또는 헌병병과 부사관 이상 간부로 7년 이상 재직한 자
- 경비업법에 의한 경비업무에 7년 이상(특수경비업무의 경우에는 3년 이상) 종사하고 행정안전부령으로 정하는 교육과정을 이수한 자
- 고등교육법에 의한 대학 이상의 학교를 졸업한 자로서 재학 중 경비지도사 시험과목을 3과목 이상 이수하고 졸업한 후 경비업무에 종사한 경력이 3년 이상인 자
- 고등교육법에 의한 전문대학을 졸업한 자로서 재학 중 경비지도사 시험과목을 3과목 이상 이수하고 졸업한 후 경비업무에 종사한 경력이 5년 이상인 자
- 일반경비지도사의 자격을 취득한 후 기계경비지도사의 시험에 응시하는 자 또는 기계경비지도사의 자격을 취득한 후 일반경비지도사의 시험에 응시하는 자
- 공무원임용령에 따른 행정직군·교정직군 공무원으로 7년 이상 재직한 자

　㉡ 제출서류 : 경비지도사 서류심사 신청서 및 해당 면제기준을 증빙할 수 있는 경력증명서, 졸업증명서, 자격증사본 등 관계서류 일체

　㉢ 서류제출 관련 특이사항

- 1998년~2014년도에 경력서류를 제출하여 공단 지부, 지사의 승인을 받은 자는 다시 면제서류를 제출할 필요 없음
- 군인사법에 의한 비전투병과에 해당하는 자는 일반응시자와 같이 제1차 시험부터 응시하여야 함

　　※ 경비업법 시행령과 관련한 군인사법에 따른 전투병과 적용 변경 조치에 따라 기존에 군 경력증명서를 제출하고 1차 시험을 면제받았던 전투병과에 해당하는 자는 서류제출이 불필요하며, 비전투병과에 해당하는 자는 면제유예기간(2013~2014년) 종료로 2015년부터는 1차 시험에 응시하여야 함

② 전년도 1차 시험 합격에 의한 면제자 : 제1차 시험에 합격한 자에 대하여는 다음 회의 시험에 한하여 제1차 시험을 면제함

STRUCTURE

기출문제분석

최근 5개년 동안 출제된 기출문제를 통해 시험의 유형을 파악할 수 있도록 하였습니다.

상세한 해설

매 문제마다 상세한 해설을 수록하여 출제유형에 맞는 이론을 다시 한 번 숙지할 수 있도록 하였습니다.

CONTENTS

P·A·R·T I 2013. 11. 16. 제15회 시행

제1과목 법학개론 …………………………………………… 10
제2과목 민간경비론 …………………………………………… 24
제3과목 경비업법(청원경찰법 포함) ……………………… 38
제4과목 경호학 ………………………………………………… 58

P·A·R·T II 2014. 11. 15. 제16회 시행

제1과목 법학개론 …………………………………………… 78
제2과목 민간경비론 …………………………………………… 92
제3과목 경비업법(청원경찰법 포함) ……………………… 108
제4과목 경호학 ………………………………………………… 129

P·A·R·T III 2015. 11. 21. 제17회 시행

제1과목 법학개론 …………………………………………… 150
제2과목 민간경비론 …………………………………………… 166
제3과목 경비업법(청원경찰법 포함) ……………………… 184
제4과목 경호학 ………………………………………………… 205

P·A·R·T IV 2016. 11. 19. 제18회 시행

제1과목 법학개론 …………………………………………… 230
제2과목 민간경비론 …………………………………………… 245
제3과목 경비업법(청원경찰법 포함) ……………………… 261
제4과목 경호학 ………………………………………………… 283

P·A·R·T V 2017. 11. 18. 제19회 시행

제1과목 법학개론 …………………………………………… 304
제2과목 민간경비론 …………………………………………… 319
제3과목 경비업법(청원경찰법 포함) ……………………… 334
제4과목 경호학 ………………………………………………… 355

2013. 11. 16. 제15회 시행

제1과목 법학개론
제2과목 민간경비론
제3과목 경비업법(청원경찰법 포함)
제4과목 경호학

1 다음 ( )에 들어갈 법원(法源)이 바르게 연결된 것은?

> (㉠) – 국회의 의결을 거치지 않고 행정기관에 의해 제정되는 성문법규
> (㉡) – 국가기관이 그 소관 사무에 관하여 법률에 저촉되지 않는 범위 내에서 정하는 내부규율
> (㉢) – 지방자치단체의 장이 법령의 범위 내에서 제정한 법규

① ㉠ : 명령, ㉡ : 조례, ㉢ : 규칙
② ㉠ : 명령, ㉡ : 규칙, ㉢ : 규칙
③ ㉠ : 조례, ㉡ : 명령, ㉢ : 조례
④ ㉠ : 규칙, ㉡ : 규칙, ㉢ : 명령

☆ **TIP** ㉠ 명령 : 국회의 의결 없이 행정기관이 단독으로 정하는 성문법을 말하며, 법률보다 하위의 효력을 가진다.
㉡ 규칙 : 국가기관이 그 소관 사무에 관하여 법률에 저촉되지 않는 범위 내에서 정하는 내부규율로 대법원규칙이나 헌법재판소규칙 등이 이에 해당한다.
㉢ 규칙 : 지방자치단체가 법률에 의해 인정되는 자치권의 범위 안에서 제정하는 것으로는 조례와 규칙이 있는데 규칙은 지방자치단체의 장이 위임 범위 내에서 제정하는 것이다.

2 사권(私權)에 관한 설명으로 옳지 않은 것은?

① 물권적 청구권은 지배권이다.
② 위자료청구권은 재산권이다.
③ 저당권은 원칙적으로 양도할 수 있다.
④ 무권대리행위에 대한 본인의 추인권은 형성권이다.

☆ **TIP** ① 물권적 청구권은 청구권이다.

※ **권리의 작용에 의한 분류**
ㄱ **지배권**: 권리의 객체를 직접적으로 지배하고 그에 대한 이익을 누릴 수 있는 권리로 서 물권이 가장 대표적인 지배권이다.
ㄴ **청구권**: 상대방에 대하여 작위·부작위 등의 일정한 행위를 요구할 수 있는 권리로 채권·물권적 청구권·부부 간의 동거청구권이 이에 해당한다.
ㄷ **형성권**: 권리자의 일방적 의사표시에 의하여 권리의 변동(발생·변경·소멸 등)을 일 으키는 권리를 말한다.
ㄹ **항변권**: 청구권의 행사에 대하여 그 급부를 거부할 수 있는 권리를 말하며 동시이행 의 항변권과 최고·검색의 항변권이 이에 해당한다.

3 한국인 甲과 미국인 乙이 캘리포니아 주에 소재한 X건물을 매매하는 경우, 미국법에 따라 소유권이전이 이루어진다고 규정한 국내법은?

① 국제법
② 국제사법
③ 국제민사사법공조법
④ 국내에서 비준·공포된 국제물품매매계약에 관한 국제연합협약

☆ **TIP** 국제사법 … 국제법과는 다르게 계약·국적·혼인 등의 섭외적 사법관계에 관하여 자국법과 외국법 중 어느 것이 적용되어야 하는지를 정하는 법으로, 국내법의 일종이다.

4 '추정'과 '간주'에 관한 설명으로 옳은 것은?

① 추정은 입증부담을 완화하기 위하여 불명확한 사실에 대하여 일정한 법적 효과를 부 여하는 것이다.
② 추정은 반증으로 그 효과를 반복할 수 없다.
③ 2인 이상이 동일한 위난으로 사망한 경우에는 동시에 사망한 것으로 간주한다.
④ 가정법원의 신고에 의해 사망한 것으로 간주되는 사법상의 효과는 반증에 의해 번복 될 수 있다.

☆ **TIP** ①② 추정은 입증의 곤란을 피하기 위해 사실을 일단 확정한 후 법적 효과를 부여하는 것 을 말하며, 추정된 사실과 다른 사실을 주장하는 자는 반증을 통해 추정을 번복시킬 수 있다.
③ 2인 이상이 동일한 위난으로 사망한 경우에는 동시에 사망한 것으로 추정한다.
④ 가정법원의 선고에 의해 사망한 것으로 간주되는 사법상의 효과는 반증에 의해 번복될 수 없다.

ANSWER 1.② 2.① 3.② 4.①

5 강행규정에 해당하지 않는 것은?

① 횡령죄에 관한 형법의 규정
② 위험부담에 관한 민법의 규정
③ 국회의 권한에 관한 헌법의 규정
④ 항소기간에 관한 형사소송법의 규정

☆ **TIP** ② 위험부담에 관한 민법의 규정은 임의규정이므로 당사자간의 합의로 계약에서 달리 정할 수 있다.

6 권리에 속하지 않는 것은?

① 임차인의 임차권
② 자(子)의 부(父)에 대한 부양청구권
③ 토지소유자의 토지에 대한 처분권
④ 건물 매도인의 대금지급청구권

☆ **TIP** ③ 권능은 권리의 내용을 이루는 각각의 법률상의 힘을 말하는 것으로 소유권의 내용을 이루는 사용, 수익, 처분권은 권능에 해당한다.
※ 권리 … 법에 의하여 누릴 수 있는 특별한 법률상의 힘을 말하는 것으로 각자의 특정하고 구체적인 생활이익에 대하여 법의 보호를 받는 것을 의미한다.

7 공법에 속하지 않는 것은?

① 형사소송법
② 친족상속법
③ 행정심판법
④ 민사소송법

☆ **TIP** ② 친족상속법은 사법에 해당된다. 공법에는 헌법, 형법, 소송법, 행정법, 국제법 등이 있다.

8 "사람을 살해한 자는 사형·무기 또는 5년 이상의 징역에 처한다."는 형법의 규정이 지니는 규범적 성격이 아닌 것은?

① 조직규범
② 행위규범
③ 강제규범
④ 제판규범

☆ **TIP** 형법은 범죄와 형벌을 규정하고 있는 법률이므로 행위규범, 강제규범, 재판규범에 해당한다.
※ 조직규범은 국가나 지방자치단체 등의 조직이나 제도 및 권한에 관한 사항을 규정하는 규범을 말하는 것으로 헌법, 법원조직법, 정부조직법, 국회법 등이 이에 해당한다.

9 용익물권이 아닌 것은?

① 지역권　　　　　　　　　　② 임차권
③ 구분지상권　　　　　　　　④ 분묘기지권

> ☆ **TIP** 용익물권 … 지상권, 지역권, 전세권

10 우리나라 헌법의 기본원리로 옳지 않은 것은?

① 자주통일주의　　　　　　　② 복지국가주의
③ 국민주권주의　　　　　　　④ 기본권존중주의

> ☆ **TIP** 헌법의 기본원리 … 국민주권주의, 자유민주주의, 기본권존중주의, 국제평화주의, 평화통일주
> 의, 문화국가주의, 복지국가주의

11 청구권적 기본권에 속하지 않는 것은?

① 참정권　　　　　　　　　　② 청원권
③ 재판청구권　　　　　　　　④ 국가배상청구권

> ☆ **TIP** ① 참정권은 정치적 기본권에 해당된다.
> ※ 청구권적 기본권은 국가에 대하여 일정한 행위를 적극적으로 청구할 수 있는 국민의 주
> 관적 공권을 말하는 것으로 청원권, 재판청구권, 형사보상청구권, 국가배상청구권, 범죄
> 피해자구조청구권 등이 있다.

12 다음 중 그 내용을 제한할 수 없는 절대적 기본권은?

① 교수내용의 자유　　　　　　② 양심형성의 자유
③ 예술표현의 자유　　　　　　④ 종교적 양심에 따른 집총거부의 자유

> ☆ **TIP** ② 절대권 기본권은 어떠한 경우에도 제한할 수 없는 기본권으로 양심형성의 자유가 이에
> 해당한다.
> ①③④ 상대적 기본권으로 국가의 질서유지나 공공복리를 위해서 제한이 가능하다.

ANSWER 5.② 6.③ 7.② 8.① 9.② 10.① 11.① 12.②

13 국회에 관한 설명으로 옳지 않은 것은?

① 국회의원이 회기 전에 현행범으로 체포되어 구금된 경우라도 국회의 요구가 있으면 회기 중에 석방하여야 한다.
② 재적의원 과반수의 출석과 출석위원 과반수의 찬성으로 의결하는 경우에 가부동수이면 부결된 것으로 본다.
③ 출석의원 과반수의 찬성이 있으면 국회의 회의를 공개하지 않을 수 있다.
④ 국회는 선전포고에 대한 동의권을 가진다.

☆ **TIP** ① 국회의원이 회기 전에 체포 또는 구금된 때에는 현행범인이 아닌 한 국회의 요구가 있으면 회기중 석방된다〈헌법 제44조 제2항〉.
② 국회는 헌법 또는 법률에 특별한 규정이 없는 한 재적의원 과반수의 출석과 출석의원 과반수의 찬성으로 의결한다. 가부동수인 때에는 부결된 것으로 본다〈헌법 제49조〉.
③ 국회의 회의는 공개한다. 다만, 출석의원 과반수의 찬성이 있거나 의장이 국가의 안전보장을 위하여 필요하다고 인정할 때에는 공개하지 아니할 수 있다〈헌법 제50조 제1항〉.
④ 국회는 선전포고, 국군의 외국에의 파견 또는 외국군대의 대한민국 영역 안에서의 주류에 대한 동의권을 가진다〈헌법 제60조 제2항〉.

14 대통령의 권한에 속하지 않는 것은?

① 헌법개정제안권
② 긴급재정경제처분권
③ 임시국회소집요구권
④ 위헌법률심판제청권

☆ **TIP** ④ 위헌법률심판제청권은 법원의 권한이다.
※ 대통령의 권한
　㉠ 비상적 권한 : 긴급명령권, 긴급재정ㆍ경제처분 및 명령권, 계엄선포 및 해제권, 국민투표부의권
　㉡ 행정에 관한 권한 : 법률집행권, 행정에 관한 최고결정ㆍ지휘권, 국가의 대표 및 외교에 관한 권한, 정부구성권ㆍ공무원임명권, 국군통수권, 영전수여권
　㉢ 국회와 입법에 관한 권한 : 법률안제출권, 법률안거부권, 법률공포권, 명령제정권, 국회임시회소집요구권, 국회출석발언권
　㉣ 사법에 관한 권한 : 위헌정당해산제소권, 사면ㆍ감형ㆍ복권 명령권

15 검사가 재량에 의해 불기소처분을 할 수 있다는 원칙은?

① 국가소추주의
② 기소독점주의
③ 기소편의주의
④ 기소변경주의

☆ **TIP** 기소편의주의 … 공소를 제기할 만한 충분한 범죄의 혐의가 있고 소송조건도 구비되어 있다 하더라도 검사가 양형의 조건을 참작하여 공소를 제기하지 아니할 수 있다는 원칙으로 검사의 재량을 인정한다.

16 피고인이 공판정에서 자백한 사건에 대하여 증거능력의 제한을 완화하는 등의 방법으로 심리를 신속하게 진행하기 위하여 인정되는 형사소송법상의 절차는?

① 공판준비절차   ② 간이공판절차

③ 증거개시절차   ④ 국민참여재판절차

☆ **TIP** 간이공판절차 … 피고인이 공판정에서 자백한 경우에 형사소송법이 규정한 증거조사를 간이화하고 증거능력에 대한 제한을 완화함으로써 심리를 신속하게 진행할 수 있도록 하는 공판절차를 말한다.

17 특별형사소송절차에 관한 설명으로 옳은 것을 모두 고른 것은?

> ㉠ 양식명령은 해당 사건의 관할 경찰서장이 청구할 수 있다.
> ㉡ 약식명령이 확정되더라도 확정판결과 동일한 효력을 갖지 않으므로 같은 사건에 대하여 다시 공소를 제기할 수 있다.
> ㉢ 즉결심판절차는 관할 경찰서장이 청구하며, 20만원 이하의 벌금·구류 또는 과료에 처할 경미한 범죄를 그 대상으로 한다.
> ㉣ 즉결심판이 확정되면 확정판결과 동일한 효력이 있고, 그 형의 집행은 경찰서장이 한다.

① ㉠㉡   ② ㉠㉣

③ ㉡㉢   ④ ㉢㉣

☆ **TIP** ㉠ 지방법원은 그 관할에 속한 사건에 대하여 검사의 청구가 있는 때에는 공판절차없이 약식명령으로 피고인을 벌금, 과료 또는 몰수에 처할 수 있다〈형사소송법 제448조 제1항〉.
㉡ 약식명령은 정식재판의 청구기간이 경과하거나 그 청구의 취하 또는 청구기각의 결정이 확정한 때에는 확정판결과 동일한 효력이 있다〈형사소송법 제457조〉.
㉢ 즉결심판에 관한 절차법 제2조, 제3조 제1항
㉣ 즉결심판에 관한 절차법 제16조, 18조 제1항

ANSWER ▶ 13.① 14.④ 15.③ 16.② 17.④

18 형사소송법상 증거의 일반원칙에 관한 설명으로 옳지 않은 것은?

① 사실의 인정은 증거에 의하여야 한다.

② 피고인의 자백이 그 피고인에게 불이익한 유일의 증거인 때에는 이를 유죄의 증거로 하지 못한다.

③ 피고인의 자백이 임의로 진술한 것이 아니라고 의심할만한 이유가 있을 때에는 유죄의 증거로 할 수 없다.

④ 피의자에 대하여 진술거부권을 고지하지 않은 상태에서 수집한 증거의 증거능력은 인정된다.

☆ **TIP** ④ 진술거부권을 고지하지 않은 상태에서 수집한 증거의 증거능력은 인정되지 않는다.

19 형사소송법상 상소(上訴)에 관한 설명으로 옳지 않은 것은?

① 항소장은 항소법원에 제출하여야 한다.

② 상소는 재판의 일부에 대하여 할 수 있다.

③ 항소의 제기기간은 7일로 한다.

④ 피고인의 법정대리인은 피고인을 위하여 상소할 수 있다.

☆ **TIP** ① 항소를 함에는 항소장을 원심법원에 제출하여야 한다〈형사소송법 제359조〉.
② 상소는 재판의 일부에 대하여 할 수 있다〈형사소송법 제342조 제1항〉.
③ 항소의 제기기간은 7일로 한다〈형사소송법 제358조〉.
④ 피고인의 법정대리인은 피고인을 위하여 상소할 수 있다〈형사소송법 제340조〉.

20 의사 甲이 그 사정을 전혀 알지 못하는 간호사를 이용하여 환자 乙에게 치료약 대신 독극물을 복용하게 하여 乙이 사망에 이른 경우에 甲의 범죄 형태는?

① 교사범   ② 단독정범
③ 공동정범   ④ 간접정범

☆ **TIP** 간접정범 … 생명 있는 타인을 도구로 이용하여 간접적으로 범죄를 실행하는 형태를 말하는 것으로 정신이상자를 충동하여 방화하게 하거나, 내용을 모르는 간호사에게 독약을 주어 살해하는 경우를 그 예로 들 수 있다.

21 공무집행을 방해할 의사로 공무집행 중인 공무원을 상해한 경우는 다음 중 어느 것에 해당하는가?

① 법조경합   ② 포괄적 일죄
③ 상상적 경합   ④ 실체적 경합

> ☆ **TIP** 상상적 경합 … 1개의 행위가 수개의 죄에 해당하는 경우를 말한다. 문제에서는 공무집행방해죄와 상해죄가 해당된다.

22 다음 설명 중 옳지 않은 것은?

① 동거하는 친족만을 사용하는 사업장은 근로기준법의 적용을 받지 않는다.
② 단체협약에 특별한 규정이 있는 경우에는 임금의 일부를 공제할 수 있다.
③ 사용자와 근로자의 합의에 의하여 1주간에 15시간을 한도로 법정근로시간을 연장할 수 있다.
④ 사용자는 1년간 80퍼센트 이상 출근한 근로자에게 15일의 유급휴가를 주어야 한다.

> ☆ **TIP** ③ 당사자 간에 합의하면 1주 간에 12시간을 한도로 법정근로시간을 연장할 수 있다〈근로기준법 제53조 제1항〉.
> ① 근로기준법은 상시 5명 이상의 근로자를 사용하는 모든 사업 또는 사업장에 적용한다. 다만, 동거하는 친족만을 사용하는 사업 또는 사업장과 가사(家事) 사용인에 대하여는 적용하지 아니한다〈근로기준법 제11조 제1항〉.
> ② 임금은 통화(通貨)로 직접 근로자에게 그 전액을 지급하여야 한다. 다만, 법령 또는 단체협약에 특별한 규정이 있는 경우에는 임금의 일부를 공제하거나 통화 이외의 것으로 지급할 수 있다〈근로기준법 제43조 제1항〉.
> ④ 사용자는 1년간 80퍼센트 이상 출근한 근로자에게 15일의 유급휴가를 주어야 한다〈근로기준법 제60조 제1항〉.

23 사회보장법의 분야에 해당하는 법률은?

① 근로기준법   ② 아동복지법
③ 소비자기본법   ④ 독점규제 및 공정거래에 관한 법률

> ☆ **TIP** 사회보장이란 출산, 양육, 실업, 노령, 장애, 질병, 빈곤 및 사망 등의 사회적 위험으로부터 모든 국민을 보호하고 국민 삶의 질을 향상시키는 데 필요한 소득·서비스를 보장하는 사회보험, 공공부조, 사회서비스를 말하며 아동복지법은 사회보장법에 해당한다.

ANSWER 18.④ 19.① 20.④ 21.③ 22.③ 23.②

24 사회보장기본법상 국가와 지방자치단체의 책임 하에 생활유지능력이 없거나 생활이 어려운 국민의 최저생활을 보장하고 자립을 지원하는 제도는?

① 사회보장
② 사회보험
③ 공공부조
④ 사회서비스

☆ **TIP** 사회보장기본법 제3조
    ⊙ **사회보장**: 출산, 양육, 실업, 노령, 장애, 질병, 빈곤 및 사망 등의 사회적 위험으로부터 모든 국민을 보호하고 국민 삶의 질을 향상시키는 데 필요한 소득·서비스를 보장하는 사회보험, 공공부조, 사회서비스를 말한다.
    ⓒ **사회보험**: 국민에게 발생하는 사회적 위험을 보험의 방식으로 대처함으로써 국민의 건강과 소득을 보장하는 제도를 말한다.
    ⓒ **공공부조**: 국가와 지방자치단체의 책임 하에 생활 유지 능력이 없거나 생활이 어려운 국민의 최저생활을 보장하고 자립을 지원하는 제도를 말한다.
    ⓔ **사회서비스**: 국가·지방자치단체 및 민간부문의 도움이 필요한 모든 국민에게 복지, 보건의료, 교육, 고용, 주거, 문화, 환경 등의 분야에서 인간다운 생활을 보장하고 상담, 재활, 돌봄, 정보의 제공, 관련 시설의 이용, 역량 개발, 사회참여 지원 등을 통하여 국민의 삶의 질이 향상되도록 지원하는 제도를 말한다.
    ⓜ **평생사회안전망**: 생애주기에 걸쳐 보편적으로 충족되어야 하는 기본욕구와 특정한 사회위험에 의하여 발생하는 특수욕구를 동시에 고려하여 소득·서비스를 보장하는 맞춤형 사회보장제도를 말한다.

25 근로기준법에 관한 설명으로 옳지 않은 것은?

① 근로계약이란 근로자가 사용자에게 근로를 제공하고 사용자는 이에 대하여 임금을 지급하는 것을 목적으로 체결된 계약을 말한다.
② 근로기준법에서 정하는 기준에 미치지 못하는 근로조건을 정한 근로계약은 그 근로계약 전체를 무효로 한다.
③ 사용자는 근로계약을 체결할 때에 근로자에게 소정근로시간을 명시하여야 한다.
④ 사용자가 경영상 이유에 의하여 근로자를 해고하려면 긴박한 경영상의 필요가 있어야 한다.

☆ **TIP** ② 이 법에서 정하는 기준에 미치지 못하는 근로조건을 정한 근로계약은 그 부분에 한하여 무효로 한다〈근로기준법 제15조 제1항〉.
    ① 근로계약이란 근로자가 사용자에게 근로를 제공하고 사용자는 이에 대하여 임금을 지급하는 것을 목적으로 체결된 계약을 말한다〈근로기준법 제2조 제1항 제4호〉.
    ③ 사용자는 근로계약을 체결할 때에 근로자에게 임금, 소정근로시간, 휴일, 연차 유급휴가, 그 밖에 대통령령으로 정하는 근로조건의 사항을 명시하여야 한다〈근로기준법 제17조 제1항〉.
    ④ 사용자가 경영상 이유에 의하여 근로자를 해고하려면 긴박한 경영상의 필요가 있어야 한다. 이 경우 경영 악화를 방지하기 위한 사업의 양도·인수·합병은 긴박한 경영상의 필요가 있는 것으로 본다〈근로기준법 제24조 제1항〉.

26 주식회사의 이사에 관한 설명으로 옳지 않은 것은?

① 이사는 주주총회에서 선임한다.

② 이사가 제3자의 계산으로 회사와 거래를 하기 위하여는 미리 이사회의 승인을 받아야 한다.

③ 이사가 임무를 수행함에 있어서 법령을 위반한 행위를 한 때에는 경영판단의 원칙이 적용된다.

④ 이사는 퇴임 후에도 직무상 알게 된 회사의 영업상 비밀을 누설하여서는 아니된다.

> ☆ TIP ③ 이사가 고의 또는 과실로 법령 또는 정관에 위반한 행위를 하거나 그 임무를 게을리한 경우에는 그 이사는 회사에 대하여 연대하여 손해를 배상할 책임이 있다〈상법 제399조 제1항〉. 따라서 경영판단의 원칙이 적용되지 않는다.
> ① 이사는 주주총회에서 선임한다〈상법 제382조 제1항〉.
> ② 이사는 이사회의 승인이 없으면 자기 또는 제삼자의 계산으로 회사의 영업부류에 속한 거래를 하거나 동종영업을 목적으로 하는 다른 회사의 무한책임사원이나 이사가 되지 못한다〈상법 제397조 제1항〉.
> ④ 이사는 재임중 뿐만 아니라 퇴임후에도 직무상 알게된 회사의 영업상 비밀을 누설하여서는 아니된다〈상법 제382조의4〉.

27 주식회사에 관한 설명으로 옳지 않은 것은?

① 주식회사는 무액면주식을 발행할 수 있다.

② 감사는 이사회에 출석할 수 없다.

③ 집행임원은 이사회가 선임한다.

④ 주주의 책임은 그가 가진 주식의 인수가액을 한도로 한다.

> ☆ TIP ② 감사는 이사회에 출석하여 의견을 진술할 수 있다〈상법 제391조의2 제1항〉.
> ① 회사는 정관으로 정한 경우에는 주식의 전부를 무액면주식으로 발행할 수 있다〈상법 제329조 제1항〉.
> ③ 이사회는 집행임원과 대표집행임원의 선임·해임에 관한 권한을 갖는다〈상법 제408조의2 제3항〉.
> ④ 주주의 책임은 그가 가진 주식의 인수가액을 한도로 한다〈상법 제331조〉.

ANSWER 24.③ 25.② 26.③ 27.②

28 인보험에서 피보험자란?

① 보험사고가 발생한 때에 보험금액의 지급을 받을 자를 말한다.
② 보험자의 상대방으로서 자기명의로 보험계약을 체결하는 자를 말한다.
③ 자신의 생명이나 신체를 보험에 붙인 자연인을 말한다.
④ 보험사고가 발생한 때에 보험금액을 지급할 의무를 부담하는 자를 말한다.

> ☆ **TIP** 인보험의 목적은 사람의 생명이나 신체이며 자신의 생명이나 신체를 보험에 붙인 자연인을 피보험자라고 한다.

29 계약 전의 어느 시기(時期)를 보험기간의 시기(始期)로 한 보험계약은?

① 소급보험 　　　　　　② 일부보험
③ 단체보험 　　　　　　④ 중복보험

> ☆ **TIP** 소급보험 … 보험계약의 성립전의 어느 시기부터 보험기간이 시작되는 것으로 정한 보험을 말한다.

30 법령에 의하여 부여된 작위의무, 수인의무, 급부의무를 특정한 경우에 해제하여 주는 행정행위는?

① 허가 　　　　　　② 특허
③ 면제 　　　　　　④ 인가

> ☆ **TIP** ③ 면제 : 법령에 의하여 일반적으로 부과되어 있는 의무를 특정한 경우에 해제하는 행위
> ① 허가 : 일반적으로 금지된 행위를 특정 경우에 해제하여 적법하게 할 수 있도록 하는 행위
> ② 특허 : 특정인의 이익을 위하여 일정한 권리, 능력을 설정하는 행위
> ④ 인가 : 당사자의 법률적 행위를 국가가 동의하여 그 법률상 효력을 완성시켜주는 행위

31 지방자치법상 주민의 권리가 아닌 것은?

① 주민투표권
② 공공시설이용권
③ 균등한 행정혜택을 받을 권리
④ 지방세의 감면에 관한 조례제정청구권

☆ TIP ④ 법령을 위반하는 사항, 지방세·사용료·수수료·부담금의 부과·징수 또는 감면에 관한
사항, 행정기구를 설치하거나 변경하는 것에 관한 사항이나 공공시설의 설치를 반대하는
사항은 조례제정 청구대상에서 제외된다〈지방자치법 제15조 제2항〉.
① 지방자치법 제14조
②③ 지방자치법 제13조

32 행정행위로 볼 수 없는 것은?

① 광업허가 ② 영업정지처분
③ 운전면허의 취소 ④ 행정상 즉시강제

☆ TIP ④ 행정상 즉시강제는 권력적 사실행위이다.

33 공무원의 재산상의 권리인 것은?

① 신분보유권 ② 직위보유권
③ 직무집행권 ④ 보수청구권

☆ TIP ①②③ 신분보유권, 직위보유권, 직무집행권은 신분상의 권리이다.

34 채권자가 그의 채권을 담보하기 위하여 채무의 변제기까지 채무자로부터 인도받은 동산을 점유·유치하기로 채무자와 약정하고, 채무의 변제가 없는 경우에 그 동산의 매각대금으로부터 우선변제 받을 수 있는 담보물권은?

① 질권 ② 유치권
③ 저당권 ④ 양도담보권

☆ TIP ② 유치권 : 타인의 물건 또는 유가증권을 점유한 자가 그 물건이나 유가증권에 관하여 생긴
채권이 변제기에 있는 경우 변제를 받을 때까지 그 물건 또는 유가증권을 유치할 수 있
는 권리를 말한다.
③ 저당권 : 채무자 또는 제3자가 점유를 이전하지 아니하고 채무의 담보로 제공한 부동산에
대하여 다른 채권자보다 자기채권의 우선변제를 받을 권리를 말한다.
④ 양도담보권 : 담보물의 소유권 그 자체를 채권자에 이전하고, 일정한 기간 내에 채무자가
변제하지 않으면 채권자가 그 목적물로부터 우선변제를 받을 수 있는 권리를 말한다.

ANSWER 28.③ 29.① 30.③ 31.④ 32.④ 33.④ 34.①

35 甲이 과수가 식재된 乙 소유의 토지 위에 권원 없이 건물을 신축하고 있는 경우에 乙이 甲을 상대로 행사할 수 있는 권리가 아닌 것은?

① 토지매수청구권
② 공사중지청구권
③ 손해배상청구권
④ 소유권에 기한 방해제거청구권

☆ **TIP** ②③④ 乙은 소유권에 기한 물권적 청구권을 행사할 수 있다.

36 민법상 전형계약에 관한 설명으로 옳지 않은 것은?

① 현상광고는 쌍무계약이다.
② 위임은 무상계약이 원칙이다.
③ 임치는 무상·편무계약이 원칙이다.
④ 이자부 소비대차계약은 쌍무계약이다.

☆ **TIP** ① 편무계약은 계약의 일방당사자만 채무를 부담하거나 또는 쌍방당사자가 서로 채무를 부담하더라도 그 채무가 대가적 관계에 있지 않은 계약을 말하는 것으로 현상광고는 이에 해당한다.

※ **현상광고와 쌍무계약**

ㄱ 현상광고 : 광고자가 어느 행위를 한 자에게 일정한 보수를 지급할 의사를 표시하고 이에 응한 자가 그 광고에 정한 행위를 완료함으로써 그 효력이 생긴다〈민법 제675조〉.

ㄴ 쌍무계약 : 당사자 쌍방이 서로 대가적 의미의 채무를 부담하는 계약을 말한다.

37 민사소송법상 심리의 원칙이 아닌 것은?

① 변론주의 ② 당사자주의
③ 처분권주의 ④ 동시제출주의

☆ **TIP** ④ 적시제출주의〈민사소송법 제146조〉 … 공격 또는 방어의 방법은 소송의 정도에 따라 적절한 시기에 제출하여야 한다.

38 경비계약에 관한 설명으로 옳지 않은 것은?

① 경비계약은 당사자의 합의만으로 성립한다.
② 경비업무 도급인은 특별한 사정이 없는 한 경비업무를 완성한 후 지체 없이 경비업자에게 그 보수를 지급하여야 한다.
③ 경비업무 도급인은 경비업자가 경비업무를 완성하기 전에는 손해를 배상하더라도 계약을 해제할 수 없다.
④ 경비업무 도급인은 경비업자의 귀책사유로 그 업무의 이행이 불능하게 된 경우에 경비업자를 상대로 전보배상을 청구할 수 있다.

☆ **TIP** ③ 수급인이 일을 완성하기 전에는 도급인은 손해를 배상하고 계약을 해제할 수 있다〈민법 제673조〉.

39 손해배상에 관한 설명으로 옳지 않은 것은?

① 경비업자는 경비원이 업무수행 중 과실로 경비대상에 손해가 발생하는 것을 방지하지 못한 때에는 그 손해를 배상하여야 한다.
② 경비원이 업무수행 중 과실로 인한 위법행위로 제3자에게 손해를 입힌 경우, 경비원은 그 손해에 대하여 배상책임을 진다.
③ 여러 명의 경비원이 공동의 불법행위로 타인에게 손해를 가한 경우, 각 경비원은 피해자에게 분할하여 손해배상책임을 진다.
④ 불법행위로 인한 손해배상청구권은 피해자나 그 법정대리인이 그 손해 및 가해자를 안 날로부터 3년간 이를 행사하지 아니하면 시효로 인하여 소멸한다.

☆ **TIP** ③ 수인이 공동의 불법행위로 타인에게 손해를 가한 때에는 연대하여 그 손해를 배상할 책임이 있다〈민법 제760조 제1항〉.

40 경비원이 경비업무 수행 중에 경비시스템장비를 오작동하여 고객의 신체 및 재산에 중대한 손해를 발생하게 한 경우에 성립하는 경비업자의 책임유형은?

① 이행불능책임   ② 이행지체책임
③ 불완전이행책임   ④ 하자담보책임

☆ **TIP** ③ 경비원이 고객과 체결한 계약을 이행은 하였으나, 그 행위가 불완전한 경우 불완전이행 책임에 해당한다.

ANSWER ▶ 35.① 36.① 37.④ 38.③ 39.③ 40.③

1 민간경비업무의 특수성으로 옳지 않은 것은?

① 조직성
② 돌발성
③ 위험성
④ 권력성

☆ **TIP** 민간경비의 특수성으로는 조직성, 기동성, 돌발성, 위험성이 있다.

2 민간경비와 공경비의 공통적인 업무로 옳지 않은 것은?

① 질서유지
② 재산보호
③ 범죄수사
④ 범죄예방

☆ **TIP** ③ 공경비(경찰)는 범죄예방과 범죄수사, 범죄체포, 개인의 생명과 재산의 보호, 공공의 질서유지, 교통통제 등의 임무를 행하며 이를 위해 각종 강제권이 주어진다.

3 민간경비의 성장이론 가운데 경찰과 같은 공경비의 힘이 미치지 못하는 치안환경의 사각지대를 민간경비가 매워 주면서 성장했다는 이론은?

① 공동화이론
② 경제환원론
③ 수익자부담이론
④ 이익집단이론

☆ **TIP** 공동화이론은 경찰력의 부족을 민간경비가 메워주기 위해 출현했으며 민간경비와 경찰이 상호보완적 관계를 형성한다고 주장한다.
② **경제환원론**: 경기 침체로 인한 실업의 증가를 가정하며 실업의 증가는 범죄의 증가를 초래해 민간경비 시장이 성장한다는 이론이다.
③ **수익자부담이론**: 공경찰의 임무와 역할은 국민의 생명과 재산을 보호하는 공적인 임무만 수행하고 개인적 편익을 위한 자기보호 사업은 사업주체자인 수익자가 부담해야 한다는 이론이다.
④ **이익집단이론**: 경찰과 민간경비가 상호보완 관계를 갖는다는 공동화이론이나 경제환원론의 입장을 부정하면서 제기된 이론으로 그냥 내버려두면 보호받지 못하는 재산을 민간경비가 보호한다는 이론이다.

4 화재발생의 3요소가 아닌 것은?

① 열
② 질소
③ 산소
④ 가연물

☆ **TIP** 화재발생의 3요소 … 열, 재료(가연물), 산소

5 미국 민간경비의 역사적 발전과정으로 옳지 않은 것은?

① 1861년 핑커튼(A. Pinkerton)은 국가탐정회사를 설립하였다.
② 서부개척시대의 귀금속 운송을 위한 철도의 개발은 미국 민간경비산업의 획기적인 발달을 가져왔다.
③ 식민지시대 법집행과 관련된 기본적 제도는 영국의 영향을 받은 보안관(sheriff), 치안관(constable), 경비원(watchman) 등이 있다.
④ 2001년 9·11 테러가 발생하면서 공항경비 등 민간경비산업이 급성장하게 되었다.

☆ **TIP** ① 1950년 앨런 핑커튼은 시카고 지역에 최초의 사설 탐정 사무소인 '핑커튼 탐정 사무소'를 설립하였다.

6 각국의 민간경비 역사에 관한 설명으로 옳지 않은 것은?

① 일본은 1964년 동경올림픽과 1970년 오사카 만국박람회를 계기로 민간경비가 급성장하였다.
② 18세기 영국의 헨리 필딩(Henry Fielding)은 보우가의 주자(Bow Street Runners)를 만드는데 공헌하였다.
③ 미국은 제2차 세계대전 때 군수물자 수송을 위해서 기마경찰대가 최초로 창설되었다.
④ 우리나라는 2010년에 최초로 민영교도소가 설립되었다.

☆ **TIP** ③ 미국은 제2차 세계대전 때에는 군 관련 업무가 민간에 맡겨지면서 민간경비의 업무가 확대되었다. 양적인 확대뿐만 아니라 전쟁을 겪으면서 기술적 발전을 민간경비분야에 적용하게 되었고 국민들의 경비에 대한 인식도 변화하면서 민간경비의 황금기를 맞게 되었다.

ANSWER 1.④ 2.③ 3.① 4.② 5.① 6.③

7 민간경비의 법적 관계에 관한 설명으로 옳은 것은?

① 특수경비원은 국가중요시설의 경비를 위하여 필요한 한도 내에서 무기사용권한이 있다.

② 경비업은 과거 신고제에서 현재 허가제로 전환된 것이 특징이다.

③ 경비업은 자본금 1억원 이상이면 법인과 개인 모두 영위할 수 있다.

④ 청원경찰은 근무지 밖 100미터 이내에서 경찰관직무집행법을 준용하여 근무한다.

> ☆**TIP** ① 특수경비원은 국가중요시설의 경비를 위하여 무기를 사용하지 아니하고는 다른 수단이
> 없다고 인정되는 때에는 필요한 한도안에서 무기를 사용할 수 있다〈경비업법 제14조 제
> 8항〉.
> ② 경비업은 과거에도 허가제였고 현재도 허가제이다.
> ③ 경비업은 법인이 아니면 이를 영위할 수 없다〈경비업법 제3조〉.
> ④ 청원경찰은 청원경찰의 배치 결정을 받은 자(청원주)와 배치된 기관·시설 또는 사업장
> 등의 구역을 관할하는 경찰서장의 감독을 받아 그 경비구역만의 경비를 목적으로 필요한
> 범위에서 「경찰관 직무집행법」에 따른 경찰관의 직무를 수행한다〈청원경찰법 제3조〉.

8 우리나라 민간경비에 관한 설명으로 옳지 않은 것은?

① 1962년 청원경찰 법적근거가 마련되었다.

② 1978년 내무부장관의 승인으로 사단법인 한국용역경비협회가 설립되었다.

③ 1990년 시큐리타스(Securitas) 등 미국 민간경비 회사와의 기술제휴를 통해 성장하였다.

④ 최근 들어 인력경비 위주에서 기계경비로 발전하고 있다.

> ☆**TIP** ③ 한국이 외국 경비회사와의 기술제휴를 통해 성장한 것은 1980년대이다.

9 우리나라 치안환경에 관한 설명으로 옳지 않은 것은?

① 국제화·개방화로 인해 외국인 범죄가 증가하고 있다.

② 고령화로 인한 노인범죄가 심각한 사회문제로 대두되고 있다.

③ 치안환경이 악화되면서 보이스피싱 등 신종범죄가 대두되고 있다.

④ 청소년범죄가 증가하고 있으며 범죄연령이 높아지는 추세이다.

> ☆**TIP** ④ 청소년범죄가 증가하고 있으며 범죄연령이 낮아지는 추세이다.

10 민간경비에 관한 설명으로 옳지 않은 것은?

① 공경비에 비해 한정된 권한을 가지고 있다.

② 민간경비의 중요한 역할은 범죄예방 및 손실예방이다.

③ 정보보호, 사이버보안은 실질적 의미의 민간경비 분야에서 제외된다.

④ 민영화이론은 국가독점에 의한 비효율성을 극복하고자 시장경쟁논리를 도입한 이론이다.

> ☆ TIP ③ 실질적 의미의 민간경비는 국민의 생명과 신체, 재산보호, 사회적 손실 감소와 질서유지를 위한 일체의 활동으로서 정보보호, 사이버보안이 포함된다.

11 각국의 경비지도사 관련 제도에 관한 설명으로 옳지 않은 것은?

① 일본은 국가공안위원회에서 경비원지도교육책임자 제도를 도입·시행하고 있다.

② 미국은 주정부 차원에서 CPP(Certified Protection Professional)제도를 도입·시행하고 있다.

③ 우리나라 경비지도사는 금고 이상 형의 집행유예선고를 받고 그 유예기간 중에 있는 자는 될 수 없다.

④ 우리나라 경비지도사는 경찰기관 및 소방기관과의 연락방법에 대한 지도 등의 직무를 수행하도록 하고 있다.

> ☆ TIP ② CPP(Certified Protection Professional)는 미국 산업경비협회(ASIS)에서 1977년부터 실시하는 자격제도로 미국의 주정부 차원이 아니라 민간 차원의 제도이다.
> ③ 경비업법 제10조 제1항 제4호
> ④ 경비업법 제12조 제2항 제3호

12 우리나라 민간경비의 발전과정에 관한 설명으로 옳지 않은 것은?

① 1976년에는 용역경비업법이 제정되었다.

② 초창기 용역경비는 미군의 군납형태로 제한적으로 실시되었다.

③ 1980년부터 기계경비업이 경비업의 한 형태로 제도화되었다.

④ 2001년부터 특수경비원 제도가 실시되었다.

> ☆ TIP ③ 경비업법의 개정으로 기계경비업이 경비업의 한 형태로 제도화된 것은 2001년이다.

ANSWER 7.① 8.③ 9.④ 10.③ 11.② 12.③

13 계약경비서비스 유형에 관한 설명으로 옳지 않은 것은?

① 경비업법상 기계경비는 오늘날 가장 많이 행하여지고 있는 경비유형이다.

② 순찰서비스는 고객의 시설물들을 내·외곽에서 순찰하는 형태이다.

③ 경보응답서비스는 보호하는 지역 내 설치된 정보감지장비 및 이와 연결된 중앙통제시스템과 연결되어 있다.

④ 사설탐정은 개인·조직의 정보와 관련된 서비스의 제공을 주업무로 하는데, 현재 우리나라에서는 제도적으로 시행되고 있지 않다.

> ☆ **TIP** ① 아직까지 기계경비보다는 인력경비가 오늘날 가장 많이 행하여지고 있다.
>
> ※ **민간경비의 주체에 따른 분류**
> - ㉠ 인력경비 : 각종의 위해(범죄행위, 화재, 재난 등)로부터 인적·물적인 가치를 인력을 통해 보호하는 경비형태이다.
> - ㉡ 기계경비 : 인력경비와 대응되는 개념으로 각종의 위해(범죄행위, 화재, 재난 등)로부터 인적·물적인 가치를 기계경비시스템을 통해 보호하는 경비형태이다.

14 자체경비서비스에 관한 설명으로 옳지 않은 것은?

① 비용면에서 계약경비가 자체경비보다 더 많은 비용이 든다.

② 자체경비원은 계약경비원보다 회사나 고용주에게 높은 충성심을 갖는다.

③ 자체경비원은 고용주에 의해 조직의 구성원으로 채용됨으로써 안정적이다.

④ 자체경비원은 경비부서에 오래 근무함으로써 회사의 운영·매출·인사 등에 관한 지식이 높다.

> ☆ **TIP** ① 비용면에서 계약경비가 자체경비보다 더 적은 비용이 든다.
>
> ※ **자체경비와 계약경비의 비교**

구분	자체경비	계약경비
비용	고가	저가
이용기간	장기간	단기간
인사상문제	복잡하다(해임 어려움).	단순하다(해임 간편함)
객관성	고용주 의식 有	고용주 의식 無
전문성	낮다.	높다.

15 시설물의 물리적 통제시스템에 관한 설명으로 옳은 것은?

① 출입문의 경첩(hinge)은 출입문 바깥쪽에 설치하여 보안성을 강화해야 한다.

② 외부침입시 경비시스템 중 1차 보호시스템은 내부출입통제 시스템이고, 2차 보호시스템은 외부출입통제 시스템이다.

③ 체인링크(chain link)는 콘크리트나 석재 담장과 유사한 보호기능을 하면서도 저렴하다는 장점이 있다.

④ 안전유리(security glass)는 동일한 두께의 콘크리트벽에 비해 충격에는 약하나 외관상 미적 효과가 있다.

> ☆ **TIP** ① 출입문의 경첩은 출입문 안쪽에 설치하여 보안성을 강화해야 한다.
> ② 경비시스템 중 1차 보호시스템은 외부출입통제 시스템이고, 2차 보호시스템은 내부출입통제 시스템이다.
> ④ 안전유리는 동일한 두께의 콘크리트벽에 비해 충격에 강하고 외관상 미적 효과가 있다.

16 비상사태 경비에 관한 설명으로 옳지 않은 것은?

① 비상사태 발생시 경비원은 비상요원으로서의 역할을 수행해야 한다.

② 비상사태 발생시 조직상 가장 높은 계급의 사람에게 명령권이 주어져야 한다.

③ 비상계획은 재난에서 생존할 수 있는 기회의 증가에 중점을 두어야 한다.

④ 무차별적으로 문화재 및 타인의 물건이나 시설물 등을 파괴하는 반사회적인 행동을 반달리즘(vandalism)이라 한다.

> ☆ **TIP** ② 비상사태의 발생시 가장 신속하게 명령을 내릴 수 있는 사람에게 명령권이 주어져야 한다.

17 국가중요시설 경비의 분류에 관한 설명으로 옳지 않은 것은?

① 가급 : 국가의 안전보장에 고도의 영향을 끼치는 행정 및 산업시설

② 나급 : 국가보안상 국가경제 또는 사회생활에 중대한 영향을 끼치는 행정 및 산업시설

③ 다급 : 국가보안상 국가경제 또는 사회생활에 중요하다고 인정되는 행정 및 산업시설

④ 기타급 : 기초자치단체장이 필요하다고 지정한 행정 및 산업시설

> ☆ **TIP** ④ 기타급 : 중앙부처장 또는 시·도지사가 필요하다고 지정한 행정 및 산업시설

ANSWER 13.① 14.① 15.③ 16.② 17.④

18 넓은 폭의 빛을 내는 조명으로서 경제구역에의 접근을 방지하기 위해 길고 수평하게 빛을 확장하는데 유용하게 사용되는 조명은?

① 가로등
② 프레넬등
③ 투광조명등
④ 탐조들

☆ **TIP** ① 가로등 : 대칭적으로 설치하는 것과 비대칭적으로 설치하는 것이 있는데, 대칭적인 가로등은 빛을 골고루 발산하여 특별히 높은 지점의 조명을 필요로 하지 않는 넓은 지역에서 사용되며 비대칭적 가로등은 밝은 조명이 요구되지 않는 경비구역에서 다소 떨어진 장소에 사용된다.
③ 투광조명등 : 상당히 밝은 빛을 만들기 때문에 특정지역에 빛을 집중시키거나 직접적으로 비추는데 사용된다.
④ 탐조등 : 흔히 서치라이트라고도 하며, 광선을 집중시킬 수 있도록 제작된 반사거울이 있는 높은 조도의 전등으로 예전에는 주로 야간에 적의 항공기 탐색용으로 사용되었으며 최근에는 주로 전장 조명이나 해안경계용으로 쓰이고 있다.

19 컴퓨터범죄의 특성이 아닌 것은?

① 범행의 연속성
② 범행의 고의성에 대한 입증 용이
③ 범행의 광역성
④ 범죄의식의 희박성

☆ **TIP** ② 컴퓨터범죄는 범행의 고의성에 대한 입증이 어렵다.

20 컴퓨터의 고장을 수리하면서 그 안에 수록되어 있는 자료를 조작하거나 입수하는 방법 등에 의한 컴퓨터범죄의 수법은?

① 살라미기법(salami techniques)
② 슈퍼재핑(superzapping)
③ 스카벤징(scavenging)
④ 트랩도어(trap door)

☆ **TIP** ① 살라미기법 : 딱딱한 이탈리아식 소시지 살라미(Salami)를 잘게 썰어 먹는 데서 유래된 용어로 금융기관의 컴퓨터시스템에서 이자 계산 시 단수 이하의 적은 금액을 특정 계좌에 모이게 함으로써 이익을 취하는 수법이다.
③ 스카벤징 : 작업수행이 완료된 후에 이전 사용자의 흔적, 즉 쓰레기통이나 메모리나 쿠키에서 자료를 얻는 것을 말한다.
④ 트랩도어 : 프로그램개발과정에서 프로그램 검증을 위해 프로그램을 수정할 수 있는 명령이 끼워 넣어져 있는데 이를 삭제하지 않고 범행에 이용하는 것을 말한다.

21 불법적인 목적을 달성하기 위하여 입력될 자료를 조작하여 컴퓨터로 하여금 거짓처리 결과를 만들어내게 하는 컴퓨터범죄의 유형은?

① 콘솔조작
② 입력조작
③ 프로그램조작
④ 출력조작

☆ TIP ① 콘솔조작 : 컴퓨터 체계의 시동, 정지, 운영상태 감시, 정보처리 내용과 방법의 변경 및 수정에 사용되는 것을 부당하게 조작, 기억정보 등을 변경하는 것을 말한다.
③ 프로그램조작 : 프로그램을 구성하는 개개의 명령물 변경, 혹은 삭제하거나 새로운 명령을 삽입하여 기존의 프로그램을 변경하는 것이다.
④ 출력조작(산출물조작) : 정당하게 처리·산출된 결과물을 변경하는 것이다.

22 컴퓨터범죄의 관리상 안전대책으로 옳은 것은?

① 사후 구제방법이 우선적으로 수립되어야 한다.
② 전체적인 시각에서 단기적으로 추진되어야 한다.
③ 예기치 못한 사고에 대비하기 위해 시스템 백업과 프로그램 백업이 필요하다.
④ 네트워크 취약성으로 발생하는 문제는 물리적 통제절차의 개선으로 해결해야 한다.

☆ TIP ① 사전 구제방법이 우선적으로 수립되어야 한다.
② 전체적인 시각에서 장기적으로 추진되어야 한다.
④ 네트워크 취약성으로 발생하는 문제는 기술적 통제절차의 개선으로 해결해야 한다.

23 경보체계에서 주요 지점마다 경비원을 배치하여 경비하는 방식으로 즉각적인 대응이 가능한 시스템은?

① 상주 경보시스템
② 제한적 경보시스템
③ 다이얼 경보시스템
④ 외래지원 경보시스템

☆ TIP ② 제한적 경보시스템 : 화재예방시설에 주로 쓰이는 사이렌이나 종, 비상등과 같은 제한된 경보장치를 설치한다.
③ 다이얼 경보시스템 : 비상사태 발생 시 사전의 지정된 긴급연락을 한다.
④ 외래지원 경보시스템 : 전용전화회선을 통하여 비상감지 시에 각 관계기관에 자동으로 연락이 취해지는 방식이다.

ANSWER 18.② 19.② 20.② 21.② 22.③ 23.①

24 재난 및 안전관리 기본법상 공연 및 행사장 안전관리에 관한 설명으로 옳지 않은 것은?

① 긴급구조기관은 국민안전처, 소방본부, 소방서를 말한다.
② 재난관리란 재난의 예방 · 대비 · 대응 및 복구를 위하여 하는 모든 활동을 말한다.
③ 군중이 운집한 상황에서 돌발사태 등에 의해 정서의 충동성, 도덕적 모순성 등 정상군중심리가 발생된다.
④ 화재, 붕괴, 폭발과 같은 사회재난은 국민의 생명 · 신체 · 재산과 국가에 피해를 주거나 줄 수 있는 것을 말한다.

☆ **TIP** ③ 군중이 운집한 상황에서 돌발사태 등에 의해 정서의 충동성, 도덕적 모순성 등 이상군중심리가 발생된다.

25 민간경비원의 법적 지위에 관한 설명으로 옳지 않은 것은?

① 영미법계 국가의 민간경비원은 대륙법계 국가의 민간경비원보다 폭넓은 권한을 행사하고 있다.
② 민간경비원은 현행범체포, 정당방위, 긴급피난에 있어 일반시민과 동일한 권한을 행사하고 있다.
③ 지방자치단체에 근무하는 청원경찰의 직무상 불법행위에 대한 배상책임은 국가배상법이 적용된다.
④ 범죄예방 등의 서비스를 제공하는 민간경비원은 일반적으로 공무수탁사인으로서 지위를 가지고 있다.

☆ **TIP** ④ 민간경비원의 법적 지위는 일반 시민과 같다.

26 환경설계를 통한 범죄예방(CPTED)에 관한 설명으로 옳지 않은 것은?

① 뉴만(O. Newman)은 방어공간(defensible space)이라는 개념을 확립하였다.
② CPTED는 범죄원인을 개인적 요인보다는 환경적 요인에서 찾고 있다.
③ 전통적 CPTED는 단순히 외부 공격으로부터 보호대상을 강화하는 THA(Target Hardening Approach)방법을 사용하였다.
④ CPTED는 기계적 통제와 감시는 고려하지 않고, 자연적 접근방법을 통해 범죄예방효과를 극대화시키는 전략이다.

☆ **TIP** ④ CPTED는 범죄가 치밀하게 계획된 후에 저질러지기보다는 물리적인 환경에 따라 발생빈도가 달라진다는 개념에서 출발한 이론이며, 1차적 기본전략으로 자연적 접근방법을 고려하고 있고, 2차적 기본전략으로 조직적·기계적 접근방법을 고려하고 있다.

27 영국 근대경찰의 탄생에 있어서 1829년 수도경찰법을 의회에 제출하여 수도경찰을 창설하였으며, 경찰은 헌신적이어야 하며 훈련되고 윤리적이며 지방정부의 봉급을 받는 요원들이어야 한다고 주장한 사람은?

① 로버트 필(Robert Peel)　　　　　② 콜크혼(Colguhoun)
③ 헨리 필딩(Henry Fielding)　　　　④ 에드워드(Edward) 1세

☆ **TIP** 1829년 당시 내무부장관인 로버트 필은 혁신적인 경찰개혁을 단행하게 되는데 수도경찰법을 의회에 제출하여 런던수도경찰 조직을 창설하여 능률적인 유급경찰로 통합하였다. 또한 경찰은 헌신적이어야 하며 훈련되고 윤리적이며 지방정부의 봉급을 받는 요원들이어야 한다고 주장하였다.

28 건국 초기 미국의 민간경비 발달과정에서 노예의 탈출과 소요사태 등을 통제하기 위해 도망노예송환법을 제정한 지역은?

① 남부지역　　　　　　　　　　　② 서부지역
③ 동부지역　　　　　　　　　　　④ 북부지역

☆ **TIP** ① 도망노예송환법을 제정한 지역은 남부지역이다.
　※ **도망노예송환법** … 다른 주나 연방의 준주로 도망간 노예를 체포하여 원래의 주로 돌려주도록 규정한 법률로 1793년과 1850년 두 차례에 걸쳐 연방의회가 통과시켰다.

29 현대사회 범죄현상의 특징이 아닌 것은?

① 범죄의 조직화　　　　　　　　　② 범죄의 국지화
③ 범죄의 과학화　　　　　　　　　④ 범죄의 기동화

☆ **TIP** ② 현대사회 범죄현상은 광역화, 국제화 되고 있다.

ANSWER ▶ 24.③　25.④　26.④　27.①　28.①　29.②

30 경비위해요소에 관한 내용으로 옳지 않은 것은?

① 경비위해요소 분석의 첫 번째 단계는 위해요소를 인지하는 것이다.
② 많은 손실이 예상되는 경비대상에는 종합경비시스템이 설치되도록 해야 한다.
③ 각종 사고로부터 최적의 안전확보를 위해서는 경비위해요소의 인지, 평가 등이 중요하다.
④ 경비위해요소의 평가 및 분석에 있어서 경비활동의 비용효과 분석은 제외한다.

> ☆ **TIP** ④ 비용효과분석은 편익이 비금전적 단위로 측정되며 경쟁 대안들의 크기와 유형이 비교될
> 수 있다는 가정하에 이용되는 분석방법으로 경비위해요소의 평가 및 분석에 있어서 경비활
> 동의 비용효과분석을 실시해야 한다.

31 열쇠의 양쪽에 홈이 불규칙적으로 파여져 있으며 일반산업분야 뿐만 아니라 일반주택에서
도 널리 사용되는 자물쇠는?

① 핀날름 자물쇠　　　　　　　　② 판날름 자물쇠
③ 돌기형 자물쇠　　　　　　　　④ 'ㄷ'자형 자물쇠

> ☆ **TIP** ② 판날름 자물쇠 : 열쇠의 한쪽 면에만 홈이 있는 것으로 돌기 자물쇠보다 상대적으로 안전
> 도가 높지만 크게 안전하다고 볼 수 없다.
> ③ 돌기형 자물쇠 : 일반적으로 사용되는 자물쇠로 안전도가 상당히 낮다.
> ④ ㄷ자형 자물쇠 : 자물통에 줏대를 꽂아 잠그고 열게 되는 자물쇠로 두 꽂이 중 한 개가
> 스프링 식으로 되어 열쇠로 밀어 자물통을 열게 되어 있다.

32 위험관리(risk management)에 관한 설명으로 옳지 않은 것은?

① 기본적으로 위험요소의 확인→위험요소의 분석→우선순위의 설정→위험요소의 감
소→보안성·안전성 평가 등의 순서로 이루어진다.
② 위험관리의 대상이 되는 인적·물적 보호대상의 우선순위를 설정하기보다는 포괄적으
로 접근하는 것이 바람직하다.
③ 위험관리가 효율적으로 이루어지기 위해서는 관련절차에 관한 표준운영절차(SOP :
Standard Operational Procedures)를 개발하는 것이 바람직하다.
④ 확인된 위험에 대한 대응은 위험의 제거, 회피, 감소, 분산, 대체, 감수 등의 방법이
적용된다.

> ☆ **TIP** ② 위험관리의 대상이 되는 인적·물적 보호대상의 우선순위를 설정하여 접근하는 것이 바
> 람직하다.

33 경비계획에 관한 설명으로 옳지 않은 것은?

① 능률성과 효과성을 모두 고려하여 접근하는 것이 바람직하다.

② 수립된 경비계획은 환류과정을 거쳐 실행하는 것이 바람직하다.

③ 경비업체의 자체 판단 하에 구체적으로 경비내용을 실시할 방법을 강구하는 것이다.

④ 문제의 인지→목표의 설정→위해요소의 조사·분석→전체계획의 검토→최적안 선택 등의 과정을 거쳐 수립된다.

☆ TIP ③ 경비계획은 경비업체가 자체 판단하는 것이 아니라 계약처가 요구하는 경비내용을 구체적으로 실시할 방법을 강구하는 것이다.

34 정보보호 및 컴퓨터시스템 안전관리에 관한 설명으로 옳지 않은 것은?

① 정보보호를 통해 달성하고자 하는 목표는 비밀성, 무결성, 가용성이다.

② 암호는 특정시스템에 대한 접근권을 가진 이용자의 식별장치라 할 수 있다.

③ 컴퓨터실의 화재감지는 초기단계에서 감지할 수 있는 감지기를 사용하도록 한다.

④ 컴퓨터시스템의 보안성 유지를 위하여 프로그램 개발자와 컴퓨터 운영자를 통합하여 운용하도록 한다.

☆ TIP ④ 컴퓨터시스템의 보안성 유지를 위하여 프로그래머와 오퍼레이터의 기능을 각각 분리한다.

35 경비조직화시 한 사람의 상관이 효과적으로 감독할 수 있는 최대한의 부하직원 수를 의미하는 것은?

① 책임

② 감독

③ 권한위임

④ 통솔범위

☆ TIP 통솔범위 … 한 사람의 상관이 효과적으로 감독할 수 있는 최대한의 부하 수를 말한다. 직무의 성질이 동질적·단순할수록, 시간적으로 신설된 조직보다 기존에 있던 조직일수록 통솔범위는 확대된다. 또한 참모기관과 정보관리체계가 발달할수록 통솔범위가 확대된다.

ANSWER ▶ 30.④ 31.① 32.② 33.③ 34.④ 35.④

36 시설물의 물리적 통제시스템 구축과 관련하여 보호가치가 높은 자산일수록 보다 많은 방어공간을 형성해야 한다는 동심원영역론(concentric zone theory)을 제시한 사람은?

① 번즈(W.J. Burns)
② 윌슨(O.W. Wilson)
③ 커닝햄(W.C. Cunningham)
④ 딘글(J. Dingle)

☆ **TIP** ④ 동심원영역론을 제시한 사람은 딘글(J. Dingle)이다.

37 다음 중 국가중요시설의 경비관련 법적 근거는 모두 몇 개인가?

> • 경비업법
> • 청원경찰법
> • 경찰관직무집행법
> • 통합방위법
> • 대통령 등의 경호에 관한 법률

① 2개
② 3개
③ 4개
④ 5개

☆ **TIP** • 경비업법 : 제2조 제1호 마목
　　　• 청원경찰법 : 제2조 제1호
　　　• 경찰관직무집행법 : 제2조 제3호
　　　• 통합방위법 : 제2조 제13호
　　　• 대통령 등의 경호에 관한 법률 : 제5조의2 제5항

38 시설경비에 관한 설명으로 옳지 않은 것은?

① 의료시설에서 응급실은 불특정다수인이 많이 왕래하는 등의 특성으로 인해 잠재적 위험성이 가장 높기 때문에 1차적으로 경비대책이 요구된다.
② 국가중요시설은 시설의 중요도와 취약성을 고려하여 감시구역, 제한구역, 통제구역으로 보호구역을 설정하고 있다.
③ 미국은 금융시설의 강도 등 외부침입을 예방·대응하기 위하여 은행보호법을 제정·시행하고 있다.
④ 의료시설은 지속적으로 수용되는 환자 및 방문객 등의 출입으로 관리상의 어려움이 있기 때문에 사후통제보다는 사전예방에 초점을 두는 것이 바람직하다.

☆ **TIP** ② 국가중요시설은 시설의 중요도와 취약성을 고려하여 제한지역, 제한구역, 통제구역으로 보호구역을 설정하고 있다.

39 국가중요시설 경비에 관한 설명으로 옳지 않은 것은?

① 국가중요시설은 국가안전에 미치는 중요도에 따라 분류된다.
② 3지대 방호개념은 제1지대는 경계지대, 제2지대는 주방어지대, 제3지대는 핵심방어지대이다.
③ 국가중요시설의 통합방위사태는 갑종사태, 을종사태, 병종사태, 정종사태로 구분된다.
④ 국가중요시설은 공공기관 등 적에 의하여 점령 또는 파괴되거나 기능이 마비될 경우 국가안보와 국민생활에 심각한 영향을 주는 시설을 의미한다.

☆ **TIP** ③ 통합방위사태는 갑종사태, 을종사태 또는 병종사태로 구분하여 선포한다〈통합방위법 제12조 제1항〉.

40 기계경비에 관한 설명으로 옳지 않은 것은?

① 과학기술의 발달로 오경보 문제가 해결되었다.
② 화재예방과 같은 다른 예방시스템과 통합적 운용이 가능하다.
③ 인력경비에 비해 사건발생시 현장에서의 신속한 대처가 어렵다.
④ 인력경비에 비해 외부환경에 영향을 받지 않고 감시가 가능하다.

☆ **TIP** ① 과학기술이 발달하였으나 기계경비는 오경보 및 허위경보 등의 위험이 있다.

1 경비업법령상 용어에 관한 설명으로 옳지 않은 것은?

① "경비업"이란 경비업무의 전부 또는 일부를 도급받아 행하는 영업을 말한다.

② "호송경비업무"란 운반중에 있는 현금·유가증권·귀금속·상품 그 밖의 물건에 대하여 도난·화재 등 위험발생을 방지하는 업무이다.

③ "특수경비원"이란 신변보호업무를 수행하는 자를 말한다.

④ "무기"라 함은 인명 또는 신체에 위해를 가할 수 있도록 제작된 권총·소총 등을 말한다.

> ☆ TIP ③ 특수경비원이란 특수경비업무를 수행하는 자를 말한다〈경비업법 제2조 제3호 나목〉.
> ①② 경비업법 제2조 제1호
> ④ 경비업법 제2조 제4호

2 경비업법령상 허가신청 등에 관한 내용이다. (   ) 안에 들어갈 내용을 순서대로 나열한 것은?

> 경비업의 허가신청서를 제출하는 법인이 시행령 별표 1의 규정에 의한 시설 등(자본금을 제외한다. 이하 같음)을 갖출 수 없는 경우에는 허가신청시 시설 등의 확보계획서를 제출한 후 허가를 받은 날부터 (   ) 이내에 시설 등을 갖추고 법인의 주사무소 관할 (   )의 확인을 받아야 한다.

① 15일, 경찰서장

② 15일, 지방경찰청장

③ 1월, 경찰서장

④ 1월, 지방경찰청장

> ☆ TIP 경비업법 시행령 제3조 제2항 … 허가 또는 변경허가 신청서를 제출하는 법인은 별표 1의 규정에 의한 경비인력·자본금·시설 및 장비를 갖추어야 한다. 다만, 경비업의 허가 또는 변경허가를 신청하는 때에 별표 1의 규정에 의한 시설 등(자본금 제외)을 갖출 수 없는 경우에는 허가 또는 변경허가의 신청시 시설 등의 확보계획서를 제출한 후 허가 또는 변경허가를 받은 날부터 1월 이내에 별표 1의 규정에 의한 시설 등을 갖추고 지방경찰청장의 확인을 받아야 한다.

3 경비업법령상 경비업 허가에 관한 설명으로 옳지 않은 것은?

① 경비업 허가의 유효기간은 허가받은 날부터 5년으로 한다.

② 경비업 허가의 유효기간이 만료된 후 계속하여 경비업을 하고자 하는 법인은 안전행정부령이 정하는 바에 의하여 갱신허가를 받아야 한다.

③ 법인이 도급받아 행하고자 하는 경비업무를 변경하는 경우에는 관할 경찰관서장에게 신고하면 된다.

④ 허가관청은 영업정지처분을 하는 때에는 경비업자가 허가받은 경비업무 중 영업정지 사유에 해당되는 경비업무에 한하여 처분을 하여야 한다.

> ☆ **TIP** 정부조직법 개정으로 인해 '안전행정부령'이 '행정자치부령'으로 바뀌었다.
> ③ 경비업을 영위하고자 하는 법인은 도급받아 행하고자 하는 경비업무를 특정하여 그 법인의 주사무소의 소재지를 관할하는 지방경찰청장의 허가를 받아야 한다. 도급받아 행하고자 하는 경비업무를 변경하는 경우에도 또한 같다〈경비업법 제4조 제1항〉.
> ① 경비업법 제6조 제1항
> ② 경비업법 제6조 제2항
> ④ 경비업법 제19조 제3항

4 경비업법령상 기계경비업무에 관한 설명으로 옳지 않은 것은?

① 기계경비업무란 경비대상시설에 설치한 기기에 의하여 감지·송신된 정보를 그 경비대상시설외의 장소에 설치한 관제시설의 기기로 수신하여 도난·화재 등 위험발생을 방지하는 업무를 말한다.

② 기계경비업자는 오경보인 경우 오경보가 발생한 경비대상시설 및 그 오경보에 대한 조치의 결과를 기재한 서류를 당해 경보를 수신한 날부터 1년간 이를 보관해야 한다.

③ 기계경비업자는 경비계약을 체결하는 때에는 오경보를 막기 위하여 계약상대방에게 기기사용요령 및 기계경비운영체계 등에 관하여 설명해야 한다.

④ 기계경비업자는 관제시설 등에서 경보를 수신한 때에는 경보를 수신한 때부터 늦어도 15분 이내에는 도착시킬 수 있는 대응체제를 갖추어야 한다.

> ☆ **TIP** ④ 기계경비업무를 수행하는 경비업자(기계경비업자)는 관제시설 등에서 경보를 수신한 때에는 경보를 수신한 때부터 늦어도 25분 이내에는 도착시킬 수 있는 대응체제를 갖추어야 한다〈경비업법 시행령 제7조〉.
> ① 경비업법 제2조 제1호 라목
> ② 경비업법 시행령 제9조
> ③ 경비업법 제9조 제1항

ANSWER 1.③ 2.④ 3.③ 4.④

5 경비업법령상 특수경비원이 될 수 있는 자는?

① 만 18세로서 음주운전이 적발되어 운전면허 정지기간 중에 있는 자
② 만 20세로서 징역 1년의 실형을 선고 받고 그 집행이 종료된 날로부터 4년 된 자
③ 만 22세로서 금고 1년 형의 선고유예를 받고 그 유예기간 중에 있는 자
④ 만 60세로서 두 눈의 교정시력이 각각 0.6인 자

> ☆ TIP ② 금고 이상의 실형의 선고를 받고 그 집행이 종료(집행이 종료된 것으로 보는 경우를 포
> 함한다)되거나 집행이 면제된 날부터 5년이 지나지 아니한 자는 특수경비원이 될 수 없
> 다〈경비업법 제10조 제2항 제2호〉.
> ③ 금고 이상의 형의 선고유예를 받고 그 유예기간중에 있는 자는 특수경비원이 될 수 없
> 다〈경비업법 제10조 제2항 제3호〉.
> ④ 만 60세 이상인 자는 특수경비원이 될 수 없고, 특수경비원의 신체조건은 두 눈의 맨눈
> 시력 각각 0.2 이상 또는 교정시력 각각 0.8 이상이어야 한다〈경비업법 제10조 제2항
> 제1호, 제4조〉.

6 경비업법령상 경비지도사 제1차 시험면제자에 해당되지 않는 사람은?

① 경비업법에 따른 특수경비업무 분야에서 5년을 종사하고 행정자치부령으로 정하는 교
육과정을 이수한 사람
② 고등교육법에 따른 대학 이상의 학교를 졸업한 사람으로서 재학 중 경비지도사 시험
과목을 3과목 이상을 이수하고 졸업한 후 경비업무에 종사한 경력이 5년인 사람
③ 기계경비지도사의 자격을 취득한 후 일반경비지도사의 시험에 응시하는 사람
④ 공무원임용령에 따른 행정직군 교정직렬 공무원으로 5년 동안 재직한 사람

> ☆ TIP 경비지도사 제1차 시험 면제자〈경비업법 시행령 제13조〉
> ㉠ 「경찰공무원법」에 따른 경찰공무원으로 7년 이상 재직한 사람
> ㉡ 「대통령 등의 경호에 관한 법률」에 따른 경호공무원 또는 별정직공무원으로 7년 이상
> 재직한 사람
> ㉢ 「군인사법」에 따른 각 군 전투병과 또는 헌병병과 부사관 이상 간부로 7년 이상 재직한
> 사람
> ㉣ 「경비업법」에 따른 경비업무에 7년 이상(특수경비업무의 경우에는 3년 이상) 종사하고
> 행정자치부령으로 정하는 교육과정을 이수한 사람
> ㉤ 「고등교육법」에 따른 대학 이상의 학교를 졸업한 사람으로서 재학 중 경비지도사 시험
> 과목을 3과목 이상을 이수하고 졸업한 후 경비업무에 종사한 경력이 3년 이상인 사람
> ㉥ 「고등교육법」에 따른 전문대학을 졸업한 사람으로서 재학 중 경비지도사 시험과목을 3
> 과목 이상을 이수하고 졸업한 후 경비업무에 종사한 경력이 5년 이상인 사람
> ㉦ 일반경비지도사의 자격을 취득한 후 기계경비지도사의 시험에 응시하는 사람 또는 기계
> 경비지도사의 자격을 취득한 후 일반경비지도사의 시험에 응시하는 사람
> ㉧ 「공무원임용령」에 따른 행정직군 교정직렬 공무원으로 7년 이상 재직한 사람

7 경비원의 수가 다음과 같을 때, 경비업법령상 경비업자가 신임·배치하여야 하는 경비지도사의 최소 인원은?

> - 서울특별시 407명
> - 강원도 120명
> - 제주특별자치도 30명
> - 인천광역시 15명
> - 경상남도 20명

① 6명

② 7명

③ 8명

④ 9명

☆ **TIP** ㉠ 서울특별시 : 1명(200인 기준)+1명 추가(100인 추가)+1명 추가(100인 추가)+1명 추가(7인 추가)
 ※ 경비원을 배치하여 영업활동을 하고 있는 지역을 관할하는 지방경찰청의 관할구역별로 경비원 200인까지는 일반경비지도사 1인씩 선임·배치하되, 200인을 초과하는 100인까지마다 1인씩을 추가로 선임·배치할 것〈경비업법 시행령 별표3〉
 ㉡ 인천광역시 : 경비원이 15명이므로 서울지방경찰청과 인접한 것으로 보아 경비지도사를 배치 아니할 수 있다.
 ※ 경비지도사가 선임·배치된 지방경찰청의 관할구역에 인접하는 지방경찰청의 관할구역에 배치되는 경비원이 30인 이하인 경우에는 경비지도사를 따로 선임·배치하지 아니할 수 있다. 이 경우 인천지방경찰청은 서울지방경찰청과 인접한 것으로 본다〈경비업법 시행령 별표3〉.
 ㉢ 그 외 지역 : 강원도 1명+경상남도 1명+제주특별자치도 1명
 ∴ 총 7명

8 경비업법령상 경비업자가 경비업 허가사항 등의 변경신고서 제출시 허가증 원본을 첨부하지 않아도 되는 경우는?

① 법인 명칭 변경

② 법인 대표자 변경

③ 법인 임원 변경

④ 법인 주사무소 변경

☆ **TIP** 변경신고서 제출〈경비업법 시행규칙 제5조 제2항〉
 ㉠ 명칭 변경의 경우 : 허가증 원본
 ㉡ 대표자 변경의 경우 : 법인 대표자의 이력서, 허가증 원본
 ㉢ 임원 변경의 경우 : 법인 임원의 이력서
 ㉣ 주사무소 또는 출장소 변경의 경우 : 허가증 원본
 ㉤ 정관의 목적 변경의 경우 : 법인의 정관

ANSWER 5.① 6.④ 7.② 8.③

9 경비업법령상 경비원의 교육에 관한 설명으로 옳은 것은?

① 일반경비원이 되고자 하는 자는 스스로의 비용 부담으로 일반경비원 신임교육을 이수할 수 있다.

② 특수경비원 신임교육을 받은 후 2년 동안 경비업무에 종사하지 아니하다가 일반경비원으로 채용된 사람은 신임교육의 대상에서 제외될 수 있다.

③ 신임교육 시간은 일반경비원이 24시간이고, 특수경비원은 88시간이다.

④ 직무교육 시간은 일반경비원이 월 3시간 이상이고, 특수경비원은 월 8시간 이상이다.

> ☆ **TIP** ③ 경비업법 시행규칙 별표2, 별표4
> ① 경비업자는 일반경비원을 채용한 경우 해당 일반경비원에게 경비업자의 부담으로 기관 또는 단체에서 실시하는 일반경비원 신임교육을 받도록 하여야 한다〈경비업법 시행령 제18조 제1항〉.
> ② 채용 전 3년 이내에 특수경비업무에 종사하였던 경력이 있는 사람을 특수경비원으로 채용한 경우에 특수경비원 신임교육 대상에서 제외할 수 있다〈경비업법 시행령 제19조 제2항〉.
> ④ 직무교육 시간은 일반경비원이 월 4시간 이상이고, 특수경비원은 월 6시간 이상이다〈경비업법 시행규칙 제13조 제1항, 제16조 제1항〉.

10 경비업법령상 특수경비원의 직무 및 무기사용에 관한 설명으로 옳지 않은 것은?

① 사람을 향하여 권총 또는 소총을 발사하고자 하는 때에는 미리 구두 또는 공포탄에 의한 사격으로 상대방에게 경고해야 함이 원칙이다.

② 테러사건에 있어서 은밀히 작전을 수행하는 경우로서 부득이한 때에는 경고 없이 사람을 향하여 권총 또는 소총을 발사할 수 있다.

③ 범죄와 무관한 다중의 생명·신체에 위해를 가할 우려가 있는 때에는 무기를 사용해서는 아니 됨이 원칙이다.

④ 칼을 가지고 대항하는 14세 미만의 자에 대하여 권총 또는 소총을 발사할 수 있다.

> ☆ **TIP** ④ 특수경비원은 총기 또는 폭발물을 가지고 대항하는 경우를 제외하고는 14세 미만의 자 또는 임산부에 대하여는 권총 또는 소총을 발사하여서는 아니된다〈경비업법 제15조 제4항 제3호〉.
> ① 경비업법 제15조 제4항 제1호
> ② 경비업법 제15조 제4항 제1호 나목
> ③ 경비업법 제15조 제4항 제2호

11 경비업법령상 특수경비원의 의무를 설명하고 있는 것이 아닌 것은?

① 경비업무의 정상적인 운영을 저해하는 일체의 쟁의행위를 하여서는 아니된다.

② 도급을 의뢰받은 경비업무가 위법 또는 부당한 것을 때에는 이를 거부해야 한다.

③ 직무를 수행함에 있어 시설주 등의 직무상 명령에 복종해야 한다.

④ 소속상사의 허가없이 경비구역을 벗어나서는 아니된다.

> ☆ **TIP** ② 경비업자의 의무이다. 경비업자는 경비업무를 성실하게 수행하여야 하고, 도급을 의뢰받
> 은 경비업무가 위법 또는 부당한 것일 때에는 이를 거부하여야 한다〈경비업법 제7조 제
> 2항〉.
> ① 경비업법 제15조 제3항
> ③ 경비업법 제15조 제1항
> ④ 경비업법 제15조 제2항

12 경비업법령상 경비원의 제복 및 장비 등에 관한 설명으로 옳은 것은?

① 경비원의 제복은 경찰공무원과 유사해야 하며, 일반인과 비교하여 경비원임이 식별될 수 있는 복장이어야 한다.

② 경비업자는 제복외의 복장을 착용하는 시설경비원을 동일한 배치장소에 2인 이상을 배치할 경우 각각 다른 복장을 착용하게 하여 식별이 가능하도록 해야 한다.

③ 경비원의 장구 중 경적·경봉은 근무중에 한하여 이를 휴대할 수 있다.

④ 기계경비업자는 출동차량의 도색 및 표지를 정한 때에는 그 도색 및 표지를 확인할 수 있는 사진을 주된 사무소를 관할하는 경찰서장에게 제출해야 한다.

> ☆ **TIP** ③ 경비원이 휴대할 수 있는 장비의 종류는 경적·단봉·분사기 등 행정자치부령으로 정하
> 되, 근무 중에만 이를 휴대할 수 있다〈경비업법 제16조의2 제1항〉. 경비원은 근무 중 경
> 적, 단봉, 분사기, 안전방패, 무전기 및 그 밖에 경비 업무 수행에 필요한 것으로서 공
> 격적인 용도로 제작되지 아니하는 장비를 휴대할 수 있으며, 안전모 및 방검복 등 안전
> 장비를 착용할 수 있다〈경비업법 시행규칙 제20조 제1항〉.
> ① 경비업자는 경찰공무원 또는 군인의 제복과 색상 및 디자인 등이 명확히 구별되는 소속
> 경비원의 복장을 정하고 이를 확인할 수 있는 사진을 첨부하여 주된 사무소를 관할하는
> 지방경찰청장에게 행정자치부령으로 정하는 바에 따라 신고하여야 한다〈경비업법 제16
> 조 제1항〉.
> ④ 경비업자는 출동차량 등의 도색 및 표지를 정하고 이를 확인할 수 있는 사진을 첨부하
> 여 주된 사무소를 관할하는 지방경찰청장에게 행정자치부령으로 정하는 바에 따라 신고
> 하여야 한다〈경비업법 제16조의3 제2항〉.

ANSWER ▶ 9.③ 10.④ 11.② 12.③

13 경비업법령상 관할 경찰관서장의 직무를 설명하고 있는 것이 아닌 것은?

① 경비업자가 규정을 위반하여 신고를 하지 아니하고 일반경비원을 배치한 경우에 배치폐지를 명할 수 있다.

② 경비원이 결격사유에 해당하게 된 사실을 알게 된 때에는 경비업자에게 그 사실을 통보해야 한다.

③ 무기의 적정한 관리를 위하여 무기를 대여받은 시설주에 대하여 필요한 명령을 발할 수 있다.

④ 국가중요시설에 대한 경비업무의 수행을 위하여 필요하다고 인정하는 때에는 시설주의 신청에 의하여 무기를 구입한다.

> ☆ TIP ④ 지방경찰청장은 국가중요시설에 대한 경비업무의 수행을 위하여 필요하다고 인정하는 때에는 시설주의 신청에 의하여 무기를 구입한다〈경비업법 제14조 제3항〉.
> ① 경비업법 제18조 제8항
> ② 경비업법 제17조 제4항
> ③ 경비업법 제14조 제6항

14 경비업법령상 경비원의 배치 및 배치폐지의 신고에 관한 내용이다. (   ) 안에 들어갈 내용을 순서대로 나열한 것은?

> 경비업자는 경비업법 제18조 제2항의 규정에 의하여 경비업무를 수행하기 위하여 20일 이상 경비원을 배치하거나 그 기간을 연장하고자 하는 때에는 경비원을 배치한 후 (   )일 이내에 경비원 배치신고서를 배치지의 (   )에게 제출하여야 한다.

① 7, 관할경찰관서장

② 7, 지방경찰청장

③ 14, 관찰경찰관서장

④ 14, 지방경찰청장

> ☆ TIP 경비원의 배치 및 배치폐지의 신고 … 경비업자는 경비업무를 수행하기 위하여 20일 이상 경비원을 배치하거나 그 기간을 연장하려는 때에는 경비원을 배치한 후 7일 이내에 경비원 배치신고서(전자문서로 된 신고서를 포함한다)를 배치지를 관할하는 경찰관서장에게 제출하여야 한다. 다만, 집단민원현장이 아닌 곳에서 신변보호업무를 수행하는 일반경비원, 특수경비원을 배치하는 경우에는 경비원을 배치하는 기간과 관계없이 경비원을 배치하기 전까지 제출하여야 한다〈경비업법 시행규칙 제24조 제1항〉.

15 경비업법령상 과태료의 부과기준금액이 가장 많은 것은? (단, 과태료의 경감이나 가중은 고려하지 않는다)

① 경비원의 근무상황을 기록하여 보관하지 않은 경우
② 경비원 명부를 비치하지 아니한 경우
③ 경비지도사를 선임하지 아니한 경우
④ 법인의 주사무소를 이전하고 12개월 초과의 기간이 경과하고도 신고하지 아니한 경우

> ☆**TIP** ① 경비원의 근무상황을 기록하여 보관하지 않은 경우 : 50만원(1회 위반), 100만원(2회 위반), 200만원(3회 위반)
> ② 경비원 명부를 비치하지 아니한 경우 : 100만원(1회 위반), 200만원(2회 위반), 400만원(3회 위반)
> ③ 경비지도사를 선임하지 아니한 경우 : 100만원(1회 위반), 200만원(2회 위반), 400만원(3회 위반)
> ④ 12개월 초과의 기간이 경과한 경우 : 400만원

16 경비업법령에 관한 내용으로 옳은 것은?

① 금고 이상의 형의 집행유예선고를 받고 그 유예기간이 만료된 날부터 5년이 지나지 아니한 사람은 일반경비원이 될 수 없다.
② 두 눈의 맨눈 시력이 0.2 미만인 사람은 일반경비원이 될 수 없다.
③ 기계경비지도사는 기계경비업과 시설경비업에 한하여 선임·배치한다.
④ 경찰청장은 경비지도사의 수급상황을 조사하여 경비지도사를 새로이 선발할 필요가 있다고 인정되는 때에는 경비지도사 시험의 실시계획을 수립해야 한다.

> ☆**TIP** ④ 경비업법 시행령 제11조 제1항
> ① 금고 이상의 형의 집행유예선고를 받고 그 유예기간중에 있는 자는 일반경비원이 될 수 없다〈경비업법 제10조 제1항 제4호〉.
> ② 특수경비원의 신체조건은 팔과 다리가 완전하고 두 눈의 맨눈시력 각각 0.2 이상 또는 교정시력 각각 0.8 이상을 말한다〈경비업법 시행규칙 제7조〉. 따라서 두 눈의 맨눈시력이 0.2 미만인 사람은 특수경비원이 될 수 없다.
> ③ 기계경비지도사는 기계경비업무에 종사하는 경비원을 지도·감독 및 교육하는 경비지도사를 말하며 일반경비지도사는 시설경비업무, 호송경비업무, 신변보호업무, 특수경비업무에 종사하는 경비원을 지도·감독 및 교육하는 경비지도사를 말한다〈경비업법 시행령 제10조〉.

---

17 경비업법령상 무기관리 수칙에 관한 설명으로 옳은 것은?

① 무기를 대여 받은 국가중요시설의 시설주는 무기의 관리실태를 매월 파악하여 다음 달 5일까지 관할경찰관서장에게 통보해야 한다.

② 시설주로부터 무기를 지급받은 특수경비원은 근무시간 이후에는 시설주에게 반납하거나 교대근무자에게 무기를 인계해야 한다.

③ 무기를 대여 받은 시설주가 특수경비원에게 무기를 출납하고자 하는 때에는 탄약의 출납은 소총에 있어서는 1정당 20발 이내로 해야 한다.

④ 경비원으로부터 무기 수송의 통보를 받은 관할경찰서장은 2인 이상의 무장경찰관을 무기를 수송하는 자동차 등에 함께 타도록 해야 한다.

☆ **TIP** ② 경비업법 시행규칙 제18조 제4항 제6호
① 무기를 대여받은 국가중요시설의 시설주 또는 관리책임자는 관할경찰관서장이 정하는 바에 의하여 무기의 관리실태를 매월 파악하여 다음 달 3일까지 관할경찰관서장에게 통보해야 한다〈경비업법 시행규칙 제18조 제1항 제5호〉.
③ 탄약의 출납은 소총에 있어서는 1정당 15발 이내, 권총에 있어서는 1정당 7발 이내로 하되, 생산된 후 오래된 탄약을 우선적으로 출납하여야 한다〈경비업법 시행규칙 제18조 제3항 제2호〉.
④ 통보를 받은 관할경찰서장은 1인 이상의 무장경찰관을 무기를 수송하는 자동차 등에 함께 타도록 하여야 한다〈경비업법 시행규칙 제18조 제6항〉.

18 경비업법령상 경비지도사자격의 취소 등에 관한 설명으로 옳지 않은 것은?

① 경비지도사가 허위로 경비지도사자격증을 교부받은 때에는 그 자격이 취소된다.

② 경비지도사가 경비지도사자격증을 다른 사람에게 빌려준 때에는 그 자격이 취소된다.

③ 경비지도사가 경비업법 제24조의 명령을 위반하여 자격정지처분을 받은 후 2년 내에 또다시 명령위반으로 적발된 경우 12월의 자격정지처분을 받을 수 있다.

④ 경비지도사가 경비현장에 배치된 경비원에 대한 순회점검 및 감독 의무 등 직무를 성실하게 수행하지 아니하여 1차 적발된 경우 3월의 자격정지처분을 받을 수 있다.

☆ **TIP** ③ 경비업법 제24조의 규정에 의한 명령을 위반한 때에는 1차 위반인 경우 자격정지 1월, 2차 위반인 경우 자격정지 6월, 3차 위반인 경우 자격정지 9월이다〈경비업법 시행령 별표5〉
① 경비업법 제20조 제1항 제2호
② 경비업법 제20조 제1항 제3호
④ 경비업법 시행령 별표5

19 경비업법령상 경비업자의 행위에 대한 행정처분기준으로 옳지 않은 것은? (단, 행정처분기준의 경감이나 가중은 고려하지 않는다)

① 지방경찰청장의 허가 없이 경비업무를 변경한 경우 2차 위반에 대하여는 영업정지 3월이다.

② 경비원이 업무수행 중 고의로 발생한 손해를 배상하지 아니한 경우 3차 위반에 대하여는 영업정지 6월이다.

③ 경비원의 복장·장비 및 출동차량에 관한 규정을 위반한 경우 3차 위반에 대하여는 영업정지 3월이다.

④ 경비원으로 하여금 규정에 의한 교육을 받게 하여 아니한 경우 3차 위반에 대하여는 영업정지 1월이다.

> ☆ TIP ① 지방경찰청장의 허가 없이 경비업무를 변경한 때에는 1차 위반에는 경고, 2차 위반에는 영업정지 6개월, 3차 이상 위반에는 허가취소이다〈경비업법 시행령 별표4〉.
> ② 경비원이 업무수행 중 고의 또는 과실로 발생한 손해를 배상하지 아니한 때에는 1차 위반에는 경고, 2차 위반에는 영업정지 3개월, 3차 위반에는 영업정지 6개월이다〈경비업법 시행령 별표4〉.
> ③ 경비원의 복장·장비 및 출동차량에 관한 규정을 위반한 때에는 1차 위반에는 경고, 2차 위반에는 영업정지 1개월, 3차 위반에는 영업정지 3개월이다〈경비업법 시행령 별표4〉.
> ④ 경비원으로 하여금 교육을 받게 하지 않은 때에는 1차 위반에는 경고, 2차 위반에도 경고, 3차 위반에는 영업정지 1개월이다〈경비업법 시행령 별표4〉.

20 경비업법령상 청문절차를 반드시 거쳐야만 하는 경우가 아닌 것은?

① 현장배치 경비원에 대한 감독을 수행하지 않아 받은 경비지도사의 자격정지처분
② 경비원의 업무수행중 제3자에게 입힌 손해에 대한 경비업자의 배상
③ 허가 없이 경비업무를 변경하여 받은 경비업의 영업정지처분
④ 결격사유에 해당되는 경비원 채용이 적발되어 받은 경비업 허가의 취소처분

> ☆ TIP ① 직무를 성실하게 수행하지 아니한 때에 해당하여 1년의 범위 내에서 경비지도사의 자격을 정지시키는 경우 청문을 실시하여야 한다〈경비업법 제21조 제2호〉
> ③ 제19조 제2항의 규정에 의한 영업정지 처분에 해당하여 청문을 실시하여야 한다〈경비업법 제21조 제1호〉
> ④ 제19조 제2항의 규정에 의한 취소 처분에 해당하여 청문을 실시하여야 한다〈경비업법 제21조 제1호〉

ANSWER ▶ 17.② 18.③ 19.① 20.②

21 경비업법령상 경비협회의 공제사업에 관한 설명으로 옳지 않은 것은?

① 공제사업의 회계는 다른 사업의 회계와 구분하여 경리해야 한다.

② 경비업자의 후생 · 복지를 위한 목적으로 공제사업을 운영할 수 있다.

③ 공제사업을 하고자 하는 때에는 공제규정을 제정해야 한다.

④ 공제규정에는 공제사업의 범위와 공제계약의 내용 등 공제사업의 운영에 관하여 필요
한 사항을 정해야 한다.

> ☆ **TIP** ① 경비업법 시행령 제27조 제1항
> ③ 경비업법 제23조 제2항
> ④ 경비업법 제23조 제3항
> ※ 경비협회가 할 수 있는 공제사업〈경비업법 제23조 제1항〉
>   ㉠ 경비업자의 손해배상책임을 보장하기 위한 사업
>   ㉡ 경비업자가 경비업을 운영할 때 필요한 입찰보증, 계약보증(이행보증을 포함한다),
>   하도급보증을 위한 사업
>   ㉢ 경비원의 복지향상과 업무상 재해로 인한 손실을 보상하는 사업
>   ㉣ 경비업무와 관련한 연구 및 경비원 교육 · 훈련에 관한 사업

22 경비업법령상 민감정보 및 고유식별정보의 처리에 관한 내용이다. (　) 안에 들어갈 사무
에 해당하지 않는 것은?

> 경찰청장은 (　　　　　　　　　　　　　　　　　)를 수행하기 위하여 불가피한 경우 개인
> 정보보호법시행령 제18조 제2호에 따른 범죄경력자료에 해당하는 정보와 같은 영 제19조
> 제1호 또는 제4호에 따른 주민등록번호 또는 외국인등록번호가 포함된 자료를 처리할 수
> 있다.

① 경비업의 허가 및 갱신허가에 관한 사무

② 특수경비원의 직무 및 무기사용에 관한 사무

③ 보안지도 · 점검 및 보안측정에 관한 사무

④ 경비협회의 설립에 관한 사무

☆ **TIP** 민감정보 및 고유식별정보의 처리〈경비업법 시행령 제31조의2〉… 경찰청장, 지방경찰청장, 경찰서장 및 경찰관서장은 다음의 사무를 수행하기 위하여 불가피한 경우 「개인정보 보호법 시행령」에 따른 주민등록번호 또는 외국인 등록번호가 포함된 자료를 처리할 수 있다.
ㄱ 경비업의 허가 및 갱신허가 등에 관한 사무
ㄴ 경비지도사 시험 등에 관한 사무
ㄷ 경비원의 교육 등에 관한 사무
ㄹ 특수경비원의 직무 및 무기사용 등에 관한 사무
ㅁ 결격사유 확인을 위한 범죄경력조회 등에 관한 사무
ㅂ 경비원 배치허가 등에 관한 사무
ㅅ 경비업의 허가취소, 자격취소 등 행정처분에 관한 사무
ㅇ 경비업자 및 경비지도사의 지도·감독에 관한 사무
ㅈ 보안지도·점검 및 보안측정에 관한 사무
ㅊ ㄱ~ㅈ 규정에 따른 사무를 수행하기 위하여 필요한 사무

23 경비업법령상 경비업자 또는 경비원의 행위와 벌칙에 관한 설명으로 옳은 것은?

① 파업을 한 특수경비원은 1년 이하의 징역 또는 1천만원 이하의 벌금에 처한다.
② 직무상 알게 된 비밀을 누설한 경비업자의 임·직원은 2년 이하의 징역 또는 2천만원 이하의 벌금에 처한다.
③ 고의로 국가중요시설의 정상적인 운영을 해치는 장해를 일으킨 특수경비원은 3년 이하의 징역 또는 3천만원 이하의 벌금에 처한다.
④ 정당한 사유없이 무기를 소지하고 배치된 경비구역을 벗어난 특수경비원은 3년 이하의 징역 또는 3천만원 이하의 벌금에 처한다.

☆ **TIP** ① 경비업법 제28조 제4항 제2호
② 직무상 알게 된 비밀을 누설하거나 부당한 목적을 위하여 사용한 자는 3년 이하의 징역 또는 3천만원 이하의 벌금에 처한다〈경비업법 제28조 제2항 제2호〉.
③ 과실로 인하여 국가중요시설의 정상적인 운영을 해치는 장해를 일으킨 특수경비원은 3년 이하의 징역 또는 3천만원 이하의 벌금에 처한다〈경비업법 제28조 제2항 제7호〉.
④ 정당한 사유없이 무기를 소지하고 배치된 경비구역을 벗어난 특수경비원은 2년 이하의 징역 또는 2천만원 이하의 벌금에 처한다〈경비업법 제28조 제3항〉.

ANSWER 21.② 22.④ 23.①

24 경비업법령상 권한의 위임 및 위탁 등에 관한 설명으로 옳지 않은 것은?

① 경비업법에 의한 경찰청장의 권한은 대통령령이 정하는 바에 따라 그 일부를 지방경찰청장에게 위임할 수 있다.

② 경찰청장은 경비지도사의 자격의 취소 및 정지에 관한 권한을 지방경찰청장에게 위임한다.

③ 경찰청장은 경비지도사 자격의 취소 및 정지에 관한 청문의 권한을 지방경찰청장에게 위임한다.

④ 경찰청장은 경비지도사 시험 관리 및 교육에 관한 업무를 경비업에 관한 인력과 전문성을 갖추고 경찰관서장이 지정하여 고시한 기관 또는 단체에 위임할 수 있다.

> ☆ **TIP** ④ 경찰청장 또는 경찰관서장은 경비지도사시험의 관리와 경비지도사의 교육에 관한 업무를 경비업무에 관한 인력과 전문성을 갖춘 기관으로서 경찰청장이 지정하여 고시하는 기관 또는 단체에 위탁한다〈경비업법 시행령 제31조 제2항〉.
> ① 경비업법 제27조 제1항
> ②③ 경비업법 시행령 제31조 제1항

25 경비업법령에 관한 내용으로 옳지 않은 것은?

① 통신 및 방송장비 제조업은 특수경비업자가 할 수 있는 경비관련업이다.

② 관할경찰관서장은 시설주의 신청에 의하여 특수경비원이 배치된 국가중요시설 등에 경비전화를 가설할 수 있다.

③ 경비업법령에 규정한 사항 외에 과태료의 부과 · 징수절차에 관하여 필요한 사항은 경찰청의 행정규칙으로 정한다.

④ 경비업자는 경비원이 업무수행 중 고의 또는 과실로 제3자에게 손해를 입힌 경우에는 이를 배상하여야 한다.

> ☆ **TIP** ③ 출제될 당시 '과태료의 부과 · 징수절차에 관하여 필요한 사항은 안전행정부령으로 정한다.'는 규정이 있었으나, 그 이후 법 개정으로 삭제되었다.
> ① 경비업법 시행령 별표1의2
> ② 경비업법 시행규칙 제25조 제1항
> ④ 경비업법 제26조 제2항

26 경비업법령상 허가증 등의 수수료에 관한 설명으로 옳은 것은?

① 시험에 응시하고자 하는 자가 응시수수료를 과오납한 경우 납부한 응시수수료 전액을 반환받는다.

② 시험에 응시하고자 하는 자가 시험시행일 20일 전에 접수를 취소한 경우 납부한 응시수수료 전액을 반환받는다.

③ 관할경찰관서장은 정보통신망을 이용하여 전자화폐·전자결제 등의 방법으로 수수료를 납부하게 할 수 있다.

④ 시험에 응시하고자 하는 자의 귀책사유로 시험에 응시하지 못한 경우 납부한 응시수수료의 전액을 반환받는다.

☆ **TIP** ① 경찰청장은 응시수수료를 과오납한 경우 과오납한 금액 전액을 반환하여야 한다〈경비업법 시행령 제28조 제4항 제1호〉.
② 경찰청장은 시험시행일 20일 전까지 접수를 취소하는 경우에는 응시수수료 전액을 반환하여야 한다〈경비업법 시행령 제28조 제4항 제3호〉.
③ 경찰청장 및 지방경찰청장은 정보통신망을 이용하여 전자화폐·전자결제 등의 방법으로 수수료를 납부하게 할 수 있다〈경비업법 시행령 제28조 제5항〉.
④ 경찰청장은 시험시행기관의 귀책사유로 시험에 응시하지 못한 경우 응시수수료 전액을 반환하여야 한다〈경비업법 시행령 제28조 제4항 제2호〉.

27 경비업법령상 특수경비원의 형의 가중처벌 대상에 해당되는 형법상 범죄는?

① 특수강도죄 ② 특수주거침입죄
③ 살인죄 ④ 중체포죄

☆ **TIP** 특수경비원이 무기를 휴대하고 경비업무를 수행 중에 무기의 안전수칙을 위반하여 형법 제258조의2(특수상해죄), 제259조 제1항(상해치사죄), 제260조 제1항(폭행죄), 제262조(폭행치사상죄), 제268조(업무상과실·중과실 치사상죄), 제276조 제1항(체포, 감금죄), 제277조 제1항(중체포, 중감금죄), 제281조 제1항(체포·감금 등의 치사상죄), 제283조 제1항(협박죄), 제324조 제2항(강요죄), 제350조의2(특수공갈죄) 및 제366조(재물손괴죄)의 죄를 범한 때에는 그 죄에 정한 형의 2분의 1까지 가중처벌한다〈경비업법 제29조 제1항〉.

ANSWER 24.④ 25.③ 26.② 27.④

28 청원경찰법령상 청원경찰의 복무에 관하여 국가공무원법의 규정이 준용되지 않는 것은?

① 청원경찰의 정치 운동의 금지
② 청원경찰의 비밀 엄수의 의무
③ 청원경찰의 집단 행위의 금지
④ 청원경찰의 직장 이탈의 금지

> ☆**TIP** 청원경찰의 복무에 관하여는 「국가공무원법」 제57조(복종의 의무), 제58조 제1항(직장이탈
> 금지), 제60조(비밀 엄수의 의무), 제66조 제1항(집단 행위의 금지) 및 「경찰공무원법」 제18
> 조(거짓 보고 등의 금지)를 준용한다〈청원경찰법 제5조 제4항〉.

29 청원경찰법령상 청원경찰의 직무 및 배치에 관한 설명으로 옳지 않은 것은?

① 청원경찰을 배치받으려는 자는 관할 지방경찰청장에게 청원경찰 배치를 신청해야 한다.
② 지방경찰청장은 청원경찰 배치 신청을 받으면 지체 없이 그 배치 여부를 결정하여 신
청인에게 알려야 한다.
③ 청원경찰이 직무를 수행할 때에 경찰관직무집행법령에 따라 하여야 할 모든 보고는
관할 지방경찰청장에게 서면으로 해야 한다.
④ 지방경창청장은 청원경찰 배치가 필요하다고 인정하는 기관의 장에게 청원경찰을 배
치할 것을 요청할 수 있다.

> ☆**TIP** ③ 청원경찰이 직무를 수행할 때에 「경찰관 직무집행법」 및 같은 법 시행령에 따라 하여야
> 할 모든 보고는 관할 경찰서장에게 서면으로 보고하기 전에 지체 없이 구두로 보고하고
> 그 지시에 따라야 한다〈청원경찰법 시행규칙 제22조〉.
> ① 청원경찰법 제4조 제1항
> ② 청원경찰법 제4조 제2항
> ④ 청원경찰법 제4조 제3항

30 청원경찰법령상 청원경찰의 배치 및 임용방법 등에 관한 설명으로 옳지 않은 것은?

① 청원경찰의 배치를 받으려는 자는 청원경찰 배치신청서에 경비구역 평면도 1부와 배치계획서 1부를 첨부해야 한다.

② 청원주는 청원경찰 배치 결정의 통지를 받은 날부터 30일 이내에 청원경찰 임용승인을 지방경찰청장에게 신청해야 한다.

③ 청원주가 청원경찰을 임용하였을 때에는 임용한 날부터 10일 이내에 그 임용사항을 관할 경찰서장을 거쳐 지방경찰청장에게 보고해야 한다 .

④ 청원주는 청원경찰이 퇴직하였을 때에는 그 퇴직한 날부터 14일 이내에 지방경찰청장에게 보고해야 한다.

☆ **TIP** ③④ 청원주가 청원경찰을 임용하였을 때에는 임용한 날부터 10일 이내에 그 임용사항을 관할 경찰서장을 거쳐 지방경찰청장에게 보고하여야 한다. 청원경찰이 퇴직하였을 때에도 또한 같다〈청원경찰법 시행령 제4조 제2항〉.
① 청원경찰법 시행령 제2조
② 청원경찰법 시행령 제4조 제1항

31 청원경찰법령상 청원경찰의 교육 및 배치 등에 관한 설명으로 옳은 것은?

① 청원경찰의 교육기간은 2주이며, 수업시간은 76시간이다.

② 경찰공무원으로 퇴직한 사람이 퇴직한 날부터 5년 이내에 청원경찰로 임용되었을 때에는 청원경찰 교육을 면제해야 한다.

③ 청원주의 사정상 부득이하다고 인정될 때에는 청원경찰을 우선 배치하고 임용 후 1년 이내에 청원경찰 교육을 받게 할 수 있다.

④ 청원경찰을 이동배치하여 이동배치지가 다른 관할구역에 속할 때에는 청원주는 전입지를 관할하는 경찰서장에게 그 사실을 통보해야 한다.

☆ **TIP** ① 청원경찰법 시행규칙 제6조, 별표1
② 경찰공무원(의무경찰 포함) 또는 청원경찰에서 퇴직한 사람이 퇴직한 날부터 3년 이내에 청원경찰로 임용되었을 때에는 교육을 면제할 수 있다〈청원경찰법 시행령 제5조 제2항〉.
③ 경찰교육기관의 교육계획상 부득이하다고 인정할 때에는 우선 배치하고 임용 후 1년 이내에 교육을 받게 할 수 있다〈청원경찰법 시행령 제5조 제1항 단서〉.
④ 청원주는 청원경찰을 신규로 배치하거나 이동배치하였을 때에는 배치지(이동배치의 경우에는 종전의 배치지)를 관할하는 경찰서장에게 그 사실을 통보하여야 한다〈청원경찰법 시행령 제6조 제1항〉.

ANSWER 28.① 29.③ 30.④ 31.①

32 청원경찰법령상 청원경찰의 임용 등에 관한 설명으로 옳지 않은 것은?

① 청원경찰은 청원주가 임용하되, 임용을 할 때에는 미리 지방경찰청장의 승인을 받아야 한다.

② 피한정후견인은 청원경찰로 임용될 수 있다.

③ 청원경찰로 임용되기 위해서는 신체가 건강하고 팔다리가 완전하며, 시력(교정시력을 포함한다)은 양쪽 눈이 각각 0.8 이상이어야 한다.

④ 군복무가 면제된 만 25세인 남자는 청원경찰로 임용될 수 있다.

☆ **TIP** 청원경찰 임용자격〈청원경찰법 시행령 제3조〉
　　㉠ 18세 이상인 사람. 다만, 남자의 경우에는 군복무를 마쳤거나 군복무가 면제된 사람으로 한정한다.
　　㉡ 행정자치부령으로 정하는 신체조건에 해당하는 사람
　　　• 신체가 건강하고 팔다리가 완전할 것
　　　• 시력(교정시력을 포함한다)은 양쪽 눈이 각각 0.8 이상일 것

33 청원경찰법령상 청원경찰경비의 지급방법 또는 납부방법을 안전행정부령으로 정하지 않는 것은?

① 청원경찰의 피복비　　　　　　　② 청원경찰의 교육비
③ 청원경찰의 퇴직금　　　　　　　④ 청원경찰에게 지급할 봉급과 각종 수당

☆ **TIP** 청원경찰경비의 지급방법 및 납부방법〈청원경찰법 시행규칙 제8조〉
　　㉠ 봉급과 각종 수당은 청원주가 그 청원경찰이 배치된 기관·시설·사업장 또는 장소의 직원에 대한 보수 지급일에 청원경찰에게 직접 지급한다.
　　㉡ 피복은 청원주가 제작하거나 구입하여 정기지급일 또는 신규 배치 시에 청원경찰에게 현품으로 지급한다.
　　㉢ 교육비는 청원주가 해당 청원경찰의 입교(入校) 3일 전에 해당 경찰교육기관에 낸다.

34 청원경찰법령상 청원경찰의 봉급과 각종 수당은 누가 부담하는가?

① 청원주　　　　　　　　　　　　② 지방경찰청장
③ 관할 경찰서장　　　　　　　　　④ 지방자치단체장

☆ **TIP** 봉급과 각종 수당은 청원주가 그 청원경찰이 배치된 기관·시설·사업장 또는 장소의 직원에 대한 보수 지급일에 청원경찰에게 직접 지급한다〈청원경찰법 시행규칙 제8조 제1호〉.

35 청원경찰법령상 청원경찰의 보수 등에 관한 설명으로 옳지 않은 것은?

① 국가기관에 근무하는 청원경찰의 각종 수당은 공무원수당 등에 관한 규정에 따른 수당 중 가계보전수당, 실비변상 등으로 하며, 그 세부 항목은 경찰청장이 정하여 고시한다.

② 국가기관에 근무하는 청원경찰의 보수산정을 위한 재직기간은 청원경찰로서 근무한 기간으로 한다.

③ 국가기관에 근무하는 청원경찰 보수의 호봉 간 승급기간은 경찰공무원의 승급기간에 관한 규정을 준용한다.

④ 국가기관 또는 지방자치단체에 근무하는 청원경찰 외의 청원경찰 보수의 호봉 간 승급기간 및 승급액은 순경의 승급에 관한 규정을 사업장의 취업규칙보다 우선 준용한다.

> ☆ **TIP** ④ 국가기관 또는 지방자치단체에 근무하는 청원경찰 외의 청원경찰 보수의 호봉 간 승급기간 및 승급액은 그 배치된 사업장의 취업규칙에 따르며, 이에 관한 취업규칙이 없을 때에는 순경의 승급에 관한 규정을 준용한다〈청원경찰법 시행령 제11조 제1항〉.
> ① 청원경찰법 시행령 제9조 제2항
> ② 청원경찰법 시행령 제11조 제1항 제4호
> ③ 청원경찰법 시행령 제11조 제2항

36 청원경찰법령상 국가기관이나 지방자치단체에 근무하는 청원경찰 본인의 의사에도 불구하고 휴직을 명하여야 하는 경우가 아닌 것은?

① 국외 유학을 하게 된 때
② 신체 · 정신상의 장애로 장기 요양이 필요할 때
③ 병역법에 따른 병역 복무를 마치기 위하여 징집된 때
④ 천재지변 등의 사유로 생사가 불명확하게 된 때

> ☆ **TIP** ① '국외 유학을 하게 된 때'는 본인이 휴직을 원하면 휴직을 명할 수 있는 경우이다.
> ※ 본인의 의사에도 불구하고 휴직을 명하여야 하는 경우〈국가공무원법 제71조 준용〉
> ㉠ 신체 · 정신상의 장애로 장기 요양이 필요할 때
> ㉡ 「병역법」에 따른 병역 복무를 마치기 위하여 징집 또는 소집된 때
> ㉢ 천재지변이나 전시 · 사변, 그 밖의 사유로 생사(生死) 또는 소재(所在)가 불명확하게 된 때
> ㉣ 그 밖에 법률의 규정에 따른 의무를 수행하기 위하여 직무를 이탈하게 된 때
> ㉤ 「공무원의 노동조합 설립 및 운영 등에 관한 법률」에 따라 노동조합 전임자로 종사하게 된 때

ANSWER 32.② 33.③ 34.① 35.④ 36.①

37 청원경찰법령상 청원경찰의 징계에 관한 설명으로 옳은 것은?

① 징계처분권자는 청원주이다.

② 견책은 보수의 3분의 1을 줄인다.

③ 직위해제는 청원경찰에 대한 징계의 종류에 해당한다.

④ 관할 경찰서장은 징계규정의 보완이 필요하다고 인정할 때에는 청원주에게 그 보완을
요구할 수 있다.

> ☆ TIP ① 청원경찰법 제5조의2 제1항
> ② 견책(譴責)은 전과(前過)에 대하여 훈계하고 회개하게 한다. 감봉은 1개월 이상 3개월 이
> 하로 하고, 그 기간에 보수의 3분의 1을 줄인다〈청원경찰법 시행령 제8조 제3항, 제4항〉.
> ③ 청원경찰에 대한 징계의 종류는 파면, 해임, 정직, 감봉 및 견책으로 구분한다〈청원경찰
> 법 제5조의2 제2항〉.
> ④ 지방경찰청장은 징계규정의 보완이 필요하다고 인정할 때에는 청원주에게 그 보완을 요
> 구할 수 있다〈청원경찰법 시행령 제8조 제6항〉.

38 청원경찰법령상 청원경찰의 복제와 무기휴대에 관한 설명으로 옳지 않은 것은?

① 지방경찰청장은 청원경찰이 직무를 수행하기 위하여 필요하다고 인정하면 청원주의
신청을 받아 관할 경찰서장으로 하여금 청원경찰에게 무기를 대여하여 지니게 할 수
있다.

② 청원주가 청원경찰이 휴대할 무기를 대여받으려는 경우에는 관할 경찰서장을 거쳐 지
방경찰청장에게 무기대여를 신청해야 한다.

③ 청원주는 대여받은 무기와 탄약에 분실·도난·피탈(被奪) 또는 훼손 등의 사고가 발
생하였을 때에는 지체 없이 그 사유를 관할 군부대장에게 통보해야 한다.

④ 청원주로부터 무기와 탄약을 지급받은 청원경찰은 무기를 인계인수할 때에는 반드시 "
앞에 총" 자세에서 "검사 총"을 해야 한다.

> ☆ TIP ③ 청원주는 대여받은 무기와 탄약에 분실·도난·피탈(被奪) 또는 훼손 등의 사고가 발생
> 하였을 때에는 지체 없이 그 사유를 관할 경찰서장에게 통보하여야 한다〈청원경찰법 시
> 행규칙 제16조 제1항 제7호〉.
> ① 청원경찰법 제8조 제2항
> ② 청원경찰법 시행령 제16조 제1항
> ④ 청원경찰법 시행규칙 제16조 제3항 제1호

39 청원경찰법령상 과태료의 부과기준금액이 가장 적은 것은? (단, 과태료의 경감이나 가중은 고려하지 않는다)

① 지방경찰청장의 승인을 받지 않고 임용 결격사유에 해당하는 청원경찰을 임용한 경우
② 지방경찰청장의 배치 결정을 받지 않고 국가 중요 시설 외의 사업에 청원경찰을 배치한 경우
③ 정당한 사유 없이 경찰청장이 고시한 최저부담기준액 이상의 보수를 지급하지 않은 경우
④ 총기·실탄 및 분사기에 관한 지방경찰청장의 감독상 필요한 명령을 정당한 사유 없이 이행하지 않은 경우

☆ TIP ① 500만원
　　　　② 400만원
　　　　③ 500만원
　　　　④ 500만원

40 청원경찰법령상 관할 경찰서장과 지방경찰청장이 공통으로 갖춰 두어야 할 문서나 장부에 해당하는 것은?

① 청원경찰 명부
② 전출입 관계철
③ 교육훈련 실시부
④ 청원경찰 임용승인 관계철

☆ TIP 관할 경찰서장이 갖춰 두어야 할 문서나 장부〈청원경찰법 시행규칙 제17조 제2항〉… 청원경찰 명부, 감독 순시부, 전출입 관계철, 교육훈련 실시부, 무기·탄약 대여대장, 징계요구서철, 그 밖에 청원경찰의 운영에 필요한 문서와 장부
　　　※ 지방경찰청장이 갖춰 두어야 할 문서나 장부〈청원경찰법 시행규칙 제17조 제3항〉… 배치 결정 관계철, 청원경찰 임용승인 관계철, 전출입 관계철, 그 밖에 청원경찰의 운영에 필요한 문서와 장부

ANSWER 37.① 38.③ 39.② 40.②

1 실질적 의미의 경호개념에 관한 설명으로 옳지 않은 것은?

① 경호의 개념을 본질적·이론적인 입장에서 이해한 것으로 학문적 측면에서 고찰된 개념이다.

② 경호대상자의 절대적 신변안전을 보호하기 위하여 모든 사용가능한 수단과 방법을 동원한다.

③ 인위적 피해 및 자연적 위해요인을 사전에 방지 및 제거하기 위한 제반 활동이다.

④ 실정법상 경호기관의 권한에 속하는 일체의 경호작용을 의미한다.

☆ TIP ④ 실정법에 의하여 인정된 여러 가지 현실적인 경호기관에 의한 일체의 경호활동은 형식적 의미의 경호개념이다.

2 신변보호의 예방작용 단계에 관한 설명으로 옳지 않은 것은?

① 예방작용은 예측단계 – 인지단계 – 분석단계 – 억제단계로 구성된다.

② 정보 및 첩보의 수집범위가 확대될 수 있으며, 이에 대한 인력, 장비, 예산의 증가가 요구되는 과정은 예측단계이다.

③ 수집·분석된 정보 및 첩보 내용 중에 위해가능성이 있는지 확인하고 판단하는 과정은 분석단계이다.

④ 위해요인을 차단하고 무력화시키는 과정은 억제단계이다.

☆ TIP ③ 수집·분석된 정보 및 첩보 내용 중에 위해가능성이 있는지 확인하고 판단하는 과정은 인식단계이다.

3 **각국 경호기관의 경호대상자에 관한 설명으로 옳지 않은 것은?**

① 미국 국토안보부 비밀경호국의 경호대상은 대통령 및 부통령과 직계가족을 포함한다.

② 우리나라 대통령경호실의 경호대상은 퇴임 후 10년 이내의 전직 대통령과 그 배우자 및 자녀를 포함한다.

③ 일본 황궁경찰본부의 경호대상은 천황 및 황족의 경호를 포함한다.

④ 독일 연방범죄수사국 경호안전과의 경호대상은 대통령과 수상의 경호를 포함한다.

> ☆ **TIP** ② 우리나라 대통령경호실의 경호대상은 퇴임 후 10년 이내의 전직대통령과 그 배우자를 포함한다.
> ※ **대통령경호실의 경호대상**〈대통령 등의 경호에 관한 법률 제4조〉
> 　㉠ 대통령과 그 가족(배우자와 직계존비속)
> 　㉡ 대통령 당선인과 그 가족(배우자와 직계존비속)
> 　㉢ 본인의 의사에 반하지 아니하는 경우에 한정하여 퇴임 후 10년 이내의 전직 대통령과 그 배우자. 다만, 대통령이 임기 만료 전에 퇴임한 경우와 재직 중 사망한 경우의 경호 기간은 그로부터 5년으로 하고, 퇴임 후 사망한 경우의 경호 기간은 퇴임일부터 기산(起算)하여 10년을 넘지 아니하는 범위에서 사망 후 5년으로 한다.
> 　㉣ 대통령권한대행과 그 배우자
> 　㉤ 대한민국을 방문하는 외국의 국가 원수 또는 행정수반(行政首班)과 그 배우자
> 　㉥ 그 밖에 실장이 경호가 필요하다고 인정하는 국내외 요인(要人)

4 **장소에 의한 경호의 분류가 아닌 것은?**

① 숙소경호　　　　　　　　② 연도경호

③ 행사장경호　　　　　　　④ 차량경호

> ☆ **TIP** ④ 차량경호는 이동수단에 의한 분류이다.
> ※ **장소에 의한 경호의 분류** … 행사장경호, 숙소경호, 연도(노상)경호
> ※ **이동수단에 의한 경호의 분류** … 보행경호, 차량경호, 열차경호, 선박경호, 항공기경호

ANSWER 　1.④　2.③　3.②　4.④

5 경호행사를 형식적 기준에 의해 1호(A호), 2호(B호), 3호(C호)로 구분하는 경호의 분류는?

① 경호수준에 의한 분류 ② 성격에 의한 분류

③ 이동수단에 의한 분류 ④ 대상에 의한 분류

☆ **TIP** 성격에 의한 경호의 분류
- ㉠ **공식경호(1호)** : 관계자가 사전에 통보하고 이에 의하여 계획·준비되어 실시되는 경호를 말한다.
- ㉡ **비공식경호(2호)** : 경호관계자와의 협의, 사전통보 등 절차 없이 이루어지고 일정한 방식에 의하지 않는 경호로서, 고도의 행사보안이 요구되는 비공식행사 시 실시되는 경호를 말한다.
- ㉢ **약식경호(3호)** : 출·퇴근과 같이 시간이나 일정에 맞춰 실시되는 일상적인 경호를 말한다.

6 경호 및 경비 관련 법률에 관한 설명으로 옳은 것은?

① 대통령 등의 경호에 관한 법률 : 2008년에 개정되었으며, 대통령권한대행과 그 배우자에 대한 경호는 하지 않는다.

② 전직대통령 예우에 관한 법률 : 1969년 제정되었으며, 전직 대통령이 형사처분을 회피할 목적으로 외국정부에 도피적 또는 보호를 요청한 경우 경호·경비를 제외한 예우는 하지 않는다.

③ 경비업법 : 1999년 개정되었으며, 경비업은 법인 또는 개인이 영업을 할 수 있도록 규정하고 있다.

④ 청원경찰법 : 1973년 제정되었으며, 국가가 일부 소요경비를 부담하여 국가중요시설 및 사업장에 인력을 배치한다.

☆ **TIP** ① **대통령 등의 경호에 관한 법률** : 2008년 개칭되었으며(대통령경호실법 → 대통령 등의 경호에 관한 법률), 대통령권한대행과 그 배우자는 경호대상에 포함된다.
- ③ **경비업법** : 1999년 개칭되었으며(용역경비업법 → 경비업법), 경비업은 법인이 아니면 이를 영위할 수 없도록 규정하고 있다.
- ④ **청원경찰법** : 1962년 제정되었으며, '청원경찰'이란 국가기관 또는 공공단체와 그 관리하에 있는 중요 시설 또는 사업장, 국내 주재(駐在) 외국기관과 그 밖에 행정자치부령으로 정하는 중요 시설, 사업장 또는 장소 등의 경영자가 경비를 부담할 것을 조건으로 경찰의 배치를 신청하는 경우 그 기관·시설 또는 사업장 등의 경비(警備)를 담당하게 하기 위하여 배치하는 경찰을 말한다.

7 대통령 등의 경호에 관한 법률상 대통령경호안전대책위원회 위원이 아닌 것은?

① 국방부 조사본부장
② 대검찰청 공안기획관
③ 수도방위사령부 정보처장
④ 경찰청 보안국장

> ☆**TIP** 출제될 당시의 답은 ③이었으나 2013년 12월 법 개정으로 인해 ①도 대통령경호안전대책위
> 원회 위원이 아니다.
> ※ **대통령경호안전대책위원회 구성**〈대통령경호안전대책위원회규정 제2조〉… 대통령경호안전
> 대책위원회의 위원은 국가정보원 테러정보통합센터장, 외교부 재외동포영사국장, 법무
> 부 출입국 · 외국인정책본부장, 국방부 조사본부장, 문화체육관광부 관광산업국장, 미래
> 창조과학부 통신정책국장, 국토교통부 항공정책관, 식품의약품안전처 식품안전정책국장,
> 관세청 조사감시국장, 대검찰청 공안기획관, 경찰청 보안국장, 소방방재청 소방정책국
> 장, 해양경찰청 경비안전국장, 합동참모본부 작전부 작전처장, 국군기무사령부 2부장,
> 수도방위사령부 참모장과 위원장이 임명 또는 위촉하는 자로 구성한다.

8 경호의 행동원칙과 설명이 올바르게 연결된 것은?

① 담당구역책임의 원칙 : 각 경호팀별 공동 담당구역을 정하여 책임을 부여한다.
② 목표물보존의 원칙 : 위해가능성이 있는 모든 것에서 경호대상자를 격리시킨다.
③ 방어경호의 원칙 : 경호원과 경호장비는 가능한 일반인의 눈에 띄지 않게 한다.
④ 자기희생의 원칙 : 긴급상황 발생시 신속히 엎드려 사격자세를 취한다.

> ☆**TIP** ① **담당구역책임의 원칙** : 경호요원은 어떤 상황이 발생하더라도 자신이 책임을 지고 있는 구
> 역은 지켜내야 하며 이러한 자신의 구역을 기본적으로 지켜냄으로써 전체적인 경호활동
> 이 이루어지게 된다. 따라서 경호원은 다른 구역에서 사건이 발생하더라도 자신의 구역
> 에서 이탈하여서는 안 된다는 원칙을 말한다.
> ③ **방어경호의 원칙** : 경호를 함에 있어서 공격이나 진압보다는 방어에 중점을 두는 경호 원
> 칙을 말한다. 급박한 상황이 발생하는 경우에 경호요원은 공격자에 대하여 무기를 사용
> 하는 등의 공격을 하는 것보다는 경호대상자를 빠르게 대피시킴으로써 방어하는 것이
> 가장 중요하다.
> ④ **자기희생의 원칙** : 위급한 상황에서 경호대상자를 보호하기 위해 자신을 희생할 수 있다
> 는 의지를 가져야 한다는 원칙을 말한다.

ANSWER 5.② 6.② 7.③ 8.②

9 우리나라 갑(A)호 경호대상인 대통령의 법적지위 중 국가원수로서의 지위에 포함되지 않은 것은?

① 대외적으로 국가를 대표할 지위
② 국가수호자로서의 지위
③ 헌법기관구성권자로서의 지위
④ 국민대표기관으로서의 지위

☆ **TIP** 대통령의 원수로서의 지위는 대외적으로 국가를 대표하는 지위, 국가와 헌법의 수호자로서의 지위, 국정의 통합·조정자로서의 지위, 다른 헌법기관 구성자로서의 지위로 세분된다.

10 경호체계통일성의 원칙에 관한 설명으로 옳은 것은?

① 상하계급간의 일정한 관계가 이루어져 책임과 업무의 분담이 이루어지고 명령과 복종의 지위와 역할의 체계가 통일되어야 한다.
② 과학기술의 발달에 따라 테러의 수법이 지능화·고도화 되어감에 따라 경호조직에 있어서도 기능의 전문화내지 분화현상이 나타난다.
③ 경호조직은 과거와 비교해 볼 때 기구 및 인원면에서 점차 대규모화되고 있다.
④ 경호조직은 자신의 업무상 필요에 따라 국민속에서 적당한 대상을 선택하여 이를 조직화한다.

☆ **TIP** 경호체계통일성의 원칙 … 경호활동을 하기 위해서는 그 조직이 상·하로 일관적인 목적을 가지고 업무와 책임이 분담되어 있어야 한다.

11 조선시대 경호관련기관에 관한 설명으로 옳지 않은 것은?

① 궁실을 숙위하는 특수부대로 성중애마를 두었으며 일반 군사들과 달리 상당한 교양을 필요로 하였다.
② 별시위, 내금위, 내시위는 근접에서 왕을 시위하였다.
③ 호위청은 국왕호위의 임무를 맡았으며 일정 급료를 지급받았다.
④ 국왕의 친위군으로 금군을 두어 군사력을 강화시켰다.

☆ **TIP** ① 성중애마는 충렬왕 때 상류층 자제들로 하여금 왕을 숙위토록 하여 만든 기관으로 주축은 내시, 다방 등 근시의 임무를 띤 자들이 군사적 기능을 강화하여 이루어졌다.

12 경호조직의 특성에 관한 설명으로 옳지 않은 것은?

① 본질적으로 보안성을 높이는 폐쇄적 조직구조로 구성한다.

② 권력보다는 전문성에 기초를 두어야 한다.

③ 경호집행 기관적 성격으로 계층성의 특성이 있다.

④ 성격상 기관단위로 작용하지 않고 개인단위로 이루어지고 있다.

☆ **TIP** ④ 경호는 그 성격상 개인적인 활동을 할 수 없으며 일원화된 체계를 기본으로 하는 기관
단위 작용으로 이루어진다. 따라서 경호기관은 지휘자의 지휘에 따라서 조직적으로 기관단
위의 업무가 이루어지게 된다.

13 경호조직의 구성원칙 중 아래의 내용에 관한 설명으로 옳은 것은?

> 경호조직이 비록 완벽하고 경호요원의 수가 많다고 하더라도 모든 위해요소를 직접 인지
> 할 수 없을 뿐 아니라 모든 사태에 대응하기가 여의치 못하므로 완벽한 경호를 위해서는
> 국민의 절대적인 협력이 필요하다.

① 경호기관단위작용의 원칙

② 경호협력성의 원칙

③ 경호지휘단일성의 원칙

④ 경호체계통일성의 원칙

☆ **TIP** ② **경호협력성의 원칙** : 경호기관이 아무리 전문화·조직화·대형화된다고 하더라도 경호기관
단독으로는 모든 위험을 인지하고 대처하기 힘들기 때문에 완벽한 경호활동을 위해서는
일반 국민과 국가기관과의 협력이 필요하다.
① **경호기관단위작용의 원칙** : 경호는 그 성격상 개인적인 활동을 할 수 없으며 일원화된 체
계를 기본으로 하는 기관단위작용으로 이루어진다. 따라서 경호기관은 지휘자의 지휘에
따라서 조직적으로 기관단위의 업무가 이루어지게 된다.
③ **경호지휘단일성의 원칙** : 경호활동을 함에 있어서 경호요원은 각자의 임무에 따라 업무가
분할되어 있지만 그 분할된 업무를 지휘하는 사람은 단 한 사람이어야 한다.
④ **경호체계통일성의 원칙** : 경호활동을 하기 위해서는 그 조직이 상·하로 일관적인 목적을
가지고 있어야 한다. 같은 목적 아래 업무와 책임이 분담되어 있어야 조직적인 경호활동
이 이루어질 수 있다.

ANSWER 9.④ 10.① 11.① 12.④ 13.②

14 각국의 경호기관과 대테러조직의 연결이 옳지 않은 것은?

① 미국 국토안보부 비밀경호국 : SWAT

② 영국 수도경찰국 특별경호과 : SAS

③ 프랑스 국립경찰청 요인경호과 : GSG-9

④ 우리나라 대통령경호실 : KNP-868

☆ **TIP** ③ GSG-9는 독일의 대테러조직으로 위기상황에서의 대통령과 국빈 등의 VIP호위, 대테러 리스트의 공격위험이 있는 재외 독일 대사관의 보호, 국가의 주요시설물 방어를 맡고 있다.

15 우리나라 경호공무원의 의무사항으로 옳지 않은 것은?

① 소속 상관의 허가 없이 직장을 이탈할 수 없다.

② 영리목적으로 다른 직무와의 겸업을 할 수 없다.

③ 자신이 희망하는 종교와 정당가입은 가능하다.

④ 공무원으로서 집단행위를 할 수 없다.

☆ **TIP** ③ 공무원은 자신이 희망하는 종교활동은 할 수 있으나, 공무원은 정당이나 그 밖의 정치단체의 결성에 관여하거나 이에 가입할 수 없다〈국가공무원법 제65조 제1항〉.

① 공무원은 소속 상관의 허가 또는 정당한 사유가 없으면 직장을 이탈하지 못한다〈국가공무원법 제58조 제1항〉.

② 공무원은 공무 외에 영리를 목적으로 하는 업무에 종사하지 못하며 소속 기관장의 허가 없이 다른 직무를 겸할 수 없다〈국가공무원법 제64조 제1항〉.

④ 공무원은 노동운동이나 그 밖에 공무 외의 일을 위한 집단행위를 하여서는 아니 된다〈국가공무원법 제66조 제1항〉.

16 경호업무 활동절차에 관한 설명으로 옳지 <u>않은</u> 것은?

① 경호정보 활동은 어떻게 수집, 평가, 분석, 실행되어야 하는가에 따라 경호활동의 기본방향이 결정되므로 신속하고 정확한 정보분석과 대책의 수립이 요망된다.

② 경호보안 활동은 경호관련 인원, 문서, 시설, 지역, 자재, 통신 등에 대하여 불순분자로부터 완벽한 보호대책을 수립하여 지속적으로 보완 · 유지함을 말한다.

③ 안전대책 및 검측활동은 행사장 내 · 외부에 산재한 인적, 물적, 지리적 취약요소의 안전대책을 강구하고 내 · 외곽 시설물의 폭발물 탐지제거, 안전점검 및 경호대상자의 음식물에 대한 검식작용을 통합한 것이다.

④ 계획수립 활동은 경호관련 기본정보, 분석정보, 판단정보, 예고정보 등을 작성하여 경호지휘소에 전파하는 것이다.

> ☆ **TIP** ④ 경호관련 기본정보, 분석정보, 판단정보, 예고정보 등을 작성하여 경호지휘소에 전파하는 것은 경호정보 활동이다. 경호정보 활동은 경호활동의 원칙적인 사전지식을 생산 및 제공하는 것으로 정확성, 적시성, 완전성을 구비하여야 한다.

17 사전예방경호에 관한 설명으로 옳은 것은?

① 경호대상자가 도착하기 전에 현장답사를 실시하고 효과적인 경호협조와 경호준비를 하는 것을 말한다.

② 가능한 최소의 인원으로 최소한의 활동이 사전예방경호 활동이다.

③ 보안노출을 예방하기 위해 현장답사는 하지 않는다.

④ 사전예방경호는 제복경찰관을 반드시 대동하고 실시한다.

> ☆ **TIP** ② 행사나 경호 특성에 맞게 소요인원 운용규모를 판단하여 적정한 인원으로 활동한다.
> ③ 사전예방경호는 위험성이 있는 요소를 제거 또는 정비하는 것으로 현장답사는 필수적이다.
> ④ 제복경찰관을 반드시 대동할 필요는 없다.

ANSWER 14.③ 15.③ 16.④ 17.①

18 근접경호의 특성에 관한 설명으로 옳지 않은 것은?

① 기만성 : 공식적이 아닌 변칙적인 경호기법으로 차량대형 기만, 기동시간 기만, 승·하차 지점 기만 등으로 위해기도자로 하여금 행사상황을 오판하도록 실제 상황을 은폐하고 허위상황을 제공하여 행사의 효율성을 높이려는 특성이 있다.

② 비노출성 : 행사일정과 장소 및 시간이 대외적으로 알려져 있는 상태에서 경호업무를 수행해야 하는 특성이 있다.

③ 방벽성 : 근접도보 대형시 근무자의 체위에 의한 인적방벽 효과와 각종 위해수단으로부터 방벽을 구축해야 하는 특성이 있다.

④ 기동 및 유동성 : 근접경호는 주로 도보 또는 차량에 의해 기동 간에 이루어지며 행사성격이나 주변여건, 장비의 특성에 따라 유동성 있는 도보 또는 차량대형이 이루어지는 특성이 있다.

☆ **TIP** ② 근접경호는 기동수단 및 도보대형에 의한 시각적 노출과 각종 메스컴에 의해 행사내용이 알려지는 노출성이 있으므로 철저한 보안이 요구된다.
※ 근접경호의 특성…노출성, 방벽성, 기동성, 방어 및 대피성, 기만성

19 근접경호원의 일반적 근무요령이 아닌 것은?

① 사전에 행사장의 안전점검을 실시하여 위해물질의 색출 및 제거활동을 수행한다.
② 근접경호시 경호원의 위치와 경호 대형에 수시로 변화를 주어야 한다.
③ 경호에 관련 없는 언론 및 대중과의 불필요한 접촉을 차단하여야 한다.
④ 근접경호원은 예상되는 손님, 방문객, 보도요원 및 경호대상자에게 서비스를 제공하는 종사요원의 명단을 사전에 획득하여야 한다.

☆ **TIP** ① 사전에 행사장의 안전점검을 실시하여 위해물질의 색출 및 제거활동을 수행하는 것은 사전예방경호원의 근무요령이다.

20 현장답사 사항에 관한 설명으로 옳지 않은 것은?

① 행사장에 도착한 후 행사시작전까지의 경호활동으로서 준비하는 단계를 말한다.

② 경호조치를 위한 취약요소 분석, 병력운용 규모판단, 기동수단 및 거리를 산정한다.

③ 행사장의 승 · 하차 지점, 직시고지, 건물 등 경호환경 및 주요 장소를 최종 판단한다.

④ 주최측과 협조하여 지리적 여건을 고려하고 진입로, 주통로, 기동수단 및 승 · 하차지점을 판단한다.

>  ① 행사장에 도착한 후 행사시작전까지의 경호활동은 경호임무절차의 준비단계로서 사실상 선발경호활동의 핵심으로 행사장 폭발물에 대한 안전검측이 실시되는 단계이다.
>
> ※ 현장답사
> ⊙ 행사장 및 주변 환경에 대한 조사를 한다.
> ⓒ 행사장까지의 기동수단과 시간을 선정한다.
> ⓒ 진입로, 주통로, 주차장 등을 고려하여 승 · 하차 지점을 판단한다.
> ⓔ 경호조치를 위한 취약요소를 분석하고 소요인원 운용규모를 판단한다.
> ⓜ 모든 조사를 끝내고 상황을 정리한 후에는 각 경비요원을 안전대책 · 주차 및 차량담당 · 작전담당 · 행사장내부 또는 외부담당 등의 업무별로 분담한다.

21 경호활동시 안전구역, 경비구역, 경계구역으로 구분하는 원칙은?

① 3중경호의 원칙

② 은밀경호의 원칙

③ 두뇌경호의 원칙

④ 방어경호의 원칙

> ② 은밀경호의 원칙 : 행사의 성격에 따라서 공개적으로 경호요원 자신을 노출시키는 경호를 할 수도 있지만 원칙적으로 경호는 타인의 눈에 띄지 않고 은밀하게 하는 것이 좋다. 은밀경호를 하는 경우에는 경호대상자가 활동을 함에 있어서 제약을 받지 않게 되고, 주변사람들에게 편한 이미지를 줌으로써 경호대상자의 권위유지에 도움을 준다는 장점이 있다.
> ③ 두뇌경호의 원칙 : 경호를 실시함에 있어 사전에 치밀한 계획과 준비를 철저히 하고 위험요소를 제거하는 데 중점을 두어야 하지만, 긴급하고 위험한 상황이 발생하였을 때는 고도의 예리하고 순간적인 판단력이 요구된다는 경호의 원칙을 말한다.
> ④ 방어경호의 원칙 : 경호를 함에 있어서 공격이나 진압보다는 방어에 중점을 두는 경호를 말한다. 급박한 상황이 발생하는 경우에 경호요원은 공격자에 대하여 무기를 사용하는 등의 공격을 하는 것보다는 경호대상자를 빠르게 대피시킴으로써 방어하는 것이 가장 중요하며, 이러한 방어경호를 하는 것이 주변사람들에 대한 피해를 줄여주는 방법이기도 하다

ANSWER 18.② 19.① 20.① 21.①

22 근접경호원의 임무에 관한 설명으로 옳지 않은 것은?

① 경호대상자 주위의 일반인에게 불편을 초래하지 않는 범위 내에서 경호원 자신의 활동 공간을 확보하여야 한다.

② 위해자의 공격가능성을 줄이고 공격시 피해정도를 최소화하기 위하여 이동속도를 가능한 느리게 하여야 한다.

③ 곡각지나 보이지 않는 공간을 통과할 때에는 항상 경호원이 먼저 안전을 확인하고 경호대상자를 통과하도록 하여야 한다.

④ 경호대상자에게 위해를 가하지 않을 것이라는 명백한 확신이 있기 전에는 누구도 경호대상자의 주위에 접근시켜서는 안된다.

☆ **TIP** ② 위해자의 공격가능성을 줄이고 공격시 피해정도를 최소화하기 위하여 이동속도를 가능한 빠르게 하여야 한다.

23 경호정보에 관한 설명으로 옳지 않은 것은?

① 완전성 : 절대적인 완전성이 아니더라도 시간이 허용되는 범위에서 가능한 사용자가 의도한 대상과 관련한 모든 사항이 작성되어야 한다.

② 적시성 : 정확하고 완전한 정보라 하여도 사용자가 필요로 하는 시기에 사용하지 않으면 가치가 없게 된다.

③ 공개성 : 첩보를 통해 생성하는 과정에서 사용자에게 공개적으로 제공하는 것을 의미한다.

④ 정확성 : 사용자가 추구하는 가치의 달성을 위한 정책수립과 수행에 있어 이용 가능한 사전지식으로 그 존재 가치가 정확해야 한다.

☆ **TIP** 경호정보는 정확성, 적시성, 완전성의 요건을 구비하여야 하며, 기본정보, 기획정보, 분석정보, 판단정보, 예고정보 등으로 구분하여 작성하고 활용하여야 한다. 공개성은 경호정보에 해당되지 않는다.

24 차량경호 계획시 사전준비 사항이 아닌 것은?

① 행차로 및 환차로 선택　　　② 행사장내 취약요소 확인
③ 대피소 및 최기병원 선정　　　④ 주도로 및 예비도로의 선정

☆ **TIP** 차량경호 계획시 사전준비 사항
　　　㉠ 차량대형 및 차종의 선택
　　　㉡ 행차로 및 환차로의 선택
　　　㉢ 주도로 및 예비도로의 선정
　　　㉣ 기동간 비상시 대피장소 및 대피로 파악
　　　㉤ 도로상황 및 교통상황 사전 점검
　　　㉥ 최기병원 선정

25 경호안전대책 작용에 관한 설명으로 옳지 않은 것은?

① 안전검사 : 이용하는 기구 및 시설 등의 안전상태 검사
② 안전점검 : 폭발물 등 각종 유해물 탐지 및 제거
③ 안전평가 : 위해 여건을 제공할 수 있는 자연물 · 인공물에 대한 검사 및 유지
④ 안전유지 : 안전점검 및 검사가 이루어진 상태를 관리 · 통제

☆ **TIP** 경호안전대책
　　　㉠ 안전점검 : 폭발물 등 각종 유해물을 탐지하여 제거하는 활동
　　　㉡ 안전검사 : 경호대상자가 이용하는 기구시설 등 안전상태를 검사하는 것
　　　㉢ 안전유지 : 안전점검 및 검사가 이루어진 상태를 유지하는 것

26 다음은 무엇에 관한 설명인가?

> 모든 수단과 방법을 이용하여 각종 위해요소를 사전에 탐지 · 제거 · 봉쇄하여 경호대상자의 절대안전을 위한 예방업무

① 경호안전작용　　　　　　　② 경호평가활동
③ 경호실시활동　　　　　　　④ 경호호위작용

☆ **TIP** 경호안전작용 … 모든 수단과 방법을 동원하여 각종 위해요소를 사전에 탐지 · 봉쇄 · 제거함으로써 허점이 없는 완전무결한 방책을 강구하여 경호대상자의 절대안전을 도모하는 예방업무를 말한다. 이는 정보, 보안, 안전대책작용으로 크게 구분할 수 있다.

ANSWER 　22.② 　23.③ 　24.② 　25.③ 　26.①

27 경호업무 시 행사장 외부담당자의 업무내용으로 옳지 않은 것은?

① 취약요소 및 직시지점을 고려하여 단상을 설치한다.
② 경비 및 경계구역 내에 대한 안전조치를 강화한다.
③ 안전구역에 대한 단일 출입로를 설정한다.
④ 접견예상에 따른 대책 및 참석자 안내계획을 수립한다.

> ☆ **TIP** 행사장 외부담당자의 업무
> ㉠ 안전구역 내 단일 출입로 설정
> ㉡ 외곽 감제고지 · 직시건물에 대한 안전조치
> ㉢ 단상 및 좌석 점검 · 통제
> ㉣ 방탄막 설치 및 비상차량 운용계획 수립
> ㉤ 지하대피 시설 점검 및 확보
> ㉥ 경비 및 경계구역 내 안전조치
> ㉦ 차량 및 공중 강습에 대한 대비책 수립
> ㉧ 순시 · 경계시 인공장벽을 고려하여 근무자 감시구역 확보

28 안전검측원칙에 관한 설명으로 옳지 않은 것은?

① 범인의 입장에서 설치장소를 의심하며 추적한다.
② 점검은 아래에서 위로, 좌에서 우로 등 일정한 방향으로 체계적으로 점검한다.
③ 점검인원의 책임구역을 공동으로 설정하여 계속적으로 반복하여 실시한다.
④ 점과 선에서 실시하되 가까운 곳에서 먼 곳으로 끝까지 추적한다.

> ☆ **TIP** 안전검측원칙
> ㉠ 점과 선에서 확산하여 검측을 실시하며, 정확한 안전유지 상태에서 실시한다.
> ㉡ 책임구역은 명확히 구분하고 밖에서 안으로, 아래에서 위로, 좌에서 우로 체계적인 안전
>   점검을 실시한다.
> ㉢ 통로보다는 양 측면, 아래보다는 높은 곳, 의심나는 곳은 반복해서 실시한다.
> ㉣ 전기제품에 대한 물품은 분해해서 확인한다.
> ㉤ 비금속 물체에서 금속반응을 확인한다.
> ㉥ 확인 불가능한 것은 제거하고 어수선한 분위기는 정돈한다.
> ㉦ 범인의 입장에서 폭발물 설치 가능한 곳을 의심하여 검색한다.
> ㉧ 검측은 위장해서 은밀하게 실시하고, 가능한 현장확보 상태에서 점검하고 지속적인 안전
>   유지를 해야 한다.
> ㉨ 점검은 1, 2차 점검 후 경호병력이 배치 완료된 행사직전에 최종검색을 실시한다.
> ㉩ 테러범은 인간의 위를 보지 않는 습성, 더러운 곳, 공기 탁한 곳 등 싫어하는 습성을 이
>   용한다는 것을 명심하여 사각지점이 없도록 철저하게 검색을 실시한다.
> ㉪ 행사 직전 반입되는 물품이나 화분, 휴지통에 쉽게 소형 폭발물 은폐가 가능하므로 계속
>   적인 검측을 실시한다.

29 행사장 공경호 임무수행 요령에 관한 설명으로 옳지 않은 것은?

① 정문 근무자는 초청장 등을 확인하고 거동수상자를 검문검색한다.

② 국민의례 등에 참여하지 않고 군중경계에 전념하여 돌발사태 대비 자세를 갖춘다.

③ 돌발사태 대비, 비상통로 확보, 소방차, 구급차 등을 대기시킨다.

④ 외곽경비시는 행사장 주변의 취약요소를 봉쇄감시하고 참석자들의 비표패용 여부를 확인한다.

☆ **TIP** 행사장 공경호 임무수행 요령

㉠ 출입자 통제관리를 위하여 행사장 정문 근무자는 행사 주최 측과 협조하여 초청장 발급·비표패용 여부를 확인하고 거동수상자와 정문부근에서 비표 없이 배회하는 자는 철저한 검문검색을 하여야 한다.

㉡ 차량출입문과 도보출입문을 구분하여 입장토록 하되, 승차자 입장 표지를 확인하며, 승차자가 소지하고 있는 위해물품 등은 물품보관소에 보관시키도록 하여야 한다.

㉢ 내부경비(제1선 : 안전구역)는 입장자 및 입장중인 자에 대한 입장표지 패용 등을 확인하고 계속적 경계를 유지하면서 불심자를 색출하며, 입장이 완료되면 복도·화장실·로비·휴게실 등에 근무자 이외에는 한 사람도 없도록 철저히 통제하여야 한다.

㉣ 행사진행 중에는 좌석에서 식순에 없이 일어나거나 움직이는 사람이 없도록 통제하고 근무자는 국민의례 등에 참여하지 않고 오직 군중경계에만 전념하여 돌발사태발생시 육탄방어의 자세를 갖추고 있어야 한다.

㉤ 내곽경비(제2선 : 경비구역)는 돌발 사태에 대비하여 예비대·비상통로·소방차·구급차 등을 확보하여 요원과 함께 대기하여야 하며, 행사장과 부근 건물 등에 대한 안전을 유지하면서 주최 측 요원 및 참석자에 대한 철저한 동정 감시와 순찰조를 운용하여 불심자의 접근을 제지하고 위해요소를 적발하여야 한다.

㉥ 외곽경비(제3선 : 경계구역)는 행사장 주변의 취약요소를 봉쇄 감시할 수 있는 위치를 선정하여 감시조를 운용하며, 도보순찰·기동순찰조를 운용하여 외부로부터 내부로의 불심자의 접근을 차단한다.

㉦ 행사장과 인접한 위치에 예비대를 대기시켜 돌발사태에 대한 즉응태세를 갖추어야 한다. 이상과 같은 행사가 원만하게 이루어지기 위해서는 경호정보업무, 보안업무, 안전대책업무가 지원되어야 한다.

ANSWER ▶ 27.④ 28.③ 29.④

30 도보이동 간 근접경호에 관한 설명으로 옳지 않은 것은?

① 도보대형은 장소와 상황에 따라 융통성 있게 변화시켜야 한다.

② 근접경호원의 위치를 고수하여야 한다.

③ 이동시 위험노출 정도를 최소화하기 위해 최단거리 노선을 선택하여야 한다.

④ 경호대상자에게 이르는 모든 접근로는 통제하여야 한다.

> ☆ **TIP** 도보이동간 근접경호
> ㉠ 가능하면 선정된 도보이동 시기 및 이동경로는 변경되어야 한다.
> ㉡ 근접경호요원은 경호대상자에게 이르는 모든 접근로를 차단하기 위하여 분산되어야 한다.
> ㉢ 근접경호요원은 상대적 위치를 계속적으로 조정해야 한다.
> ㉣ 도보이용을 하는 동안 경호대상자 차량도 근접에서 주행해야 한다.
> ㉤ 이동시에는 위험에 노출되는 정도를 최소화하기 위해서 단거리 직선통로를 이용한다.
> ㉥ 도보대형도 장소와 상황에 따라 융통성 있게 변화시킨다.

31 경호활동 중 위해기도나 행사 방해책동과 관련하여 발생시기나 발생여부 및 피해정도를 모르는 우발적 상황에서 즉각적 행동원칙이 아닌 것은?

① 경고 ② 방호
③ 공격 ④ 대피

> ☆ **TIP** 우발상황이 발생하면 경호요원들은 공격의 인지→경고→방벽형성→방호 및 대피→대적 및 제압의 순서에 따라 상황을 신속히 대처해야 한다.

32 국가대테러활동지침상 관계기관별 업무에 관한 설명으로 옳지 않은 것은?

① 금융위원회 : 테러자금의 차단을 위한 금융거래 감시활동

② 법무부 : 출입국 심사업무의 과학화 및 전문 심사요원의 양성·확보

③ 산업통상자원부 : 테러사건의 발생 시 사건대응조직에 대한 분야별 전문인력·장비 등의 지원

④ 환경부 : 생물테러와 관련한 교육·훈련에 대한 지원

> ☆ **TIP** 국가대테러활동지침상 환경부의 임무〈국가대테러활동지침 제44조〉
> ㉠ 화학테러의 발생시 화학테러사건대책본부의 설치·운영 및 관련 상황의 종합처리
> ㉡ 테러에 이용될 수 있는 유독물질의 관리체계 구축
> ㉢ 화학테러와 관련한 교육·훈련에 대한 지원

33 업무수행 중 총기를 휴대할 수 없는 자는?

① 청원경찰 ② 호송경비원
③ 경호공무원 ④ 특수경비원

☆ TIP 청원경찰은 청원경찰법에 의해서 총기를 휴대할 수 있으며, 경호공무원은 대통령 등의 경호에 관한 법률에 의해서 총기를 휴대할 수 있고, 특수경비원은 경비업법에 의해서 총기를 휴대할 수 있다. 호송경비원은 총기를 휴대할 수 없다.

34 경호대상자를 보호하는데 필요한 호신장비가 아닌 것은?

① 전자충격기 ② 가스분사기
③ 금속탐지기 ④ 경봉

☆ TIP 금속탐지기는 검색장비에 해당한다.
※ 검색장비로는 금속탐지기(문형금속탐지기, 휴대용금속탐지기, 봉형금속탐지기), X-Ray 수하물 검색기, 차량검색 거울, 가스탐지기, 폭발물 탐지기 등이 있다.

35 경호임무수행 중 출혈이 심한 경우 응급처치에 관한 설명으로 옳지 않은 것은?

① 출혈부위를 심장보다 낮게 하여 안정되게 눕힌다.
② 출혈이 멎기 전에는 음료를 주지 않는다.
③ 즉시 지혈한다.
④ 지혈방법은 직접 압박, 지압점 압박, 지혈대 사용 등의 방법이 있다.

☆ TIP 출혈이 심하면 즉시 상처부위를 지혈하고 출혈부위를 심장보다 높게 하여 안정되게 눕혀야 한다. 상처가 크거나 출혈이 심한 경우에는 병원에서 수술을 받게 될 수도 있으므로 부상자에게 물을 주어서는 안 된다.

ANSWER 30.② 31.③ 32.④ 33.② 34.③ 35.①

36 위해기도자의 암살계획수립 내용에 관한 설명으로 옳지 않은 것은?

① 경호정보수집
② 무기 및 장비의 획득
③ 공모자들의 임무분배
④ 인명 및 재산 손실에 대한 분석

☆ **TIP** 위해기도자의 암살수립단계
경호정보의 수립→무기 및 장비의 획득→임무부여→범행의 실행

37 현대사회의 경호환경 요인 중 범죄현상에 관한 설명으로 옳지 않은 것은?

① 범죄수법의 양상이 획일화되어 가고 있다.
② 범죄가 양적으로 증가 추세이며 광역화되어 가고 있다.
③ 범죄현상이 국제화되어 가고 있다.
④ 범죄의 흉폭화, 첨단화, 지능화 현상을 보이고 있다.

☆ **TIP** 범죄수법은 점차 다양화, 지능화되어 가고 있다.

38 탑승예절에 관한 설명으로 옳은 것은?

① 에스컬레이터는 올라갈 때는 하급자가 먼저 올라가고 내려올 때는 상급자가 먼저 내려온다.
② 승용차 탑승시 운전기사가 있을 경우 자동차 좌석의 서열은 뒷자석 왼쪽이 상석이며 그 다음이 오른쪽, 앞자리, 가운데 순이다.
③ 비행기를 타고 내릴 때는 상급자가 먼저 타고 먼저 내린다.
④ 비행기 탑승시 창문가 좌석이 상석이며 통로쪽 좌석이 차석, 상석과 차석 사이가 말석이다.

☆ **TIP** 탑승예절

　㉠ 비행기

- 비행기를 타고 내릴 때는 상급자가 마지막으로 타고, 먼저 내리는 것이 순서이다.
- 비행기에서는 창문가 좌석이 상석, 통로쪽이 차석, 상석과 차석 사이가 말석이다.

　㉡ 승용차

- 운전기사가 있을 경우 자동차 좌석의 서열은 뒷자석 오른편이 상석이고 왼쪽과 가운데 앞자리 순이다.
- 자가 운전자의 경우 자진해서 운전석 옆자리에 앉는 것이 통례이며 그곳이 상석이다. 그리고 뒷자리 오른편, 왼쪽, 가운데 순이다.
- 여성과 동승시 승차시는 여성이 먼저 타고 하차시에는 남성이 먼저 내려 문을 열어준다. 윗사람도 마찬가지이다.

　㉢ 에스컬레이터 : 올라갈 때는 상급자가 먼저 올라가고 내려올 때는 하급자가 먼저 내려온다. 여성의 경우도 마찬가지이다.

39 국가대테러활동지침상 테러의 위협 또는 위험수준에 따른 테러경보 발령단계가 아닌 것은?

① 관심단계　　　　　　　　　　② 주의단계

③ 보통단계　　　　　　　　　　④ 경계단계

☆ **TIP** 테러경보는 테러위협 또는 위험의 정도에 따라 관심 · 주의 · 경계 · 심각의 4단계로 구분하여 발령하고, 단계별 위기평가를 위한 일반적 업무절차는 국가위기관리기본지침에 의한다 〈국가대테러활동지침 제35조 제2항〉.

40 국가대테러활동지침상 테러정보통합센터 설치 및 구성에서 테러정보를 통합 관리하는 기관은?

① 국가정보원　　　　　　　　　② 대통령경호실

③ 국방부　　　　　　　　　　　④ 경찰청

☆ **TIP** 테러 관련 정보를 통합관리하기 위하여 국가정보원에 관계기관 합동으로 구성되는 테러정보통합센터를 둔다〈국가대테러활동지침 제11조 제1항〉.

ANSWER 36.④ 37.① 38.④ 39.③ 40.①

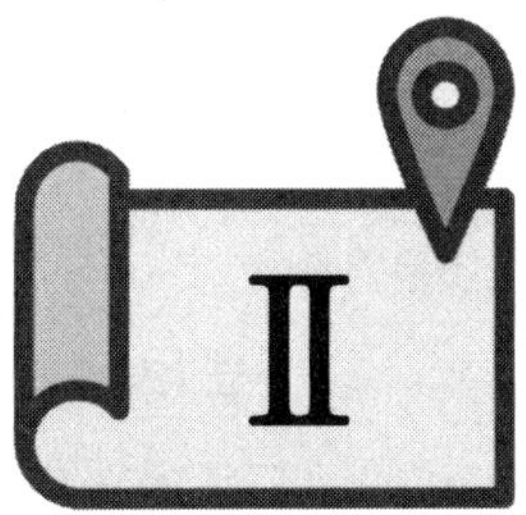

2014. 11. 15. 제16회 시행

제1과목 법학개론
제2과목 민간경비론
제3과목 경비업법(청원경찰법 포함)
제4과목 경호학

1 국가의 전통적 구성요소가 아닌 것은?

① 국민   ② 영토

③ 주권   ④ 헌법재판소

☆ **TIP** 국가의 전통적 구성요소 … 국민, 영토, 주권

2 헌법이 명시하고 있는 법규명령이 아닌 것은?

① 부령   ② 총리령

③ 대통령령   ④ 감사원규칙

☆ **TIP** 감사원규칙은 헌법에 근거하는 것이 아니라, 감사원법에서 명시하고 있다.

　　※ 감사원규칙〈감사원법 제52조〉 … 감사원은 감사에 관한 절차, 감사원의 내부 규율과 감사 사무 처리에 관한 규칙을 제정할 수 있다.

3 신체의 자유에 관한 설명으로 옳지 않은 것은?

① 누구든지 법률에 의하지 아니하고는 체포 · 구속 · 압수 · 수색 또는 심문을 받지 아니한다.

② 체포 · 구속 · 압수 · 수색에는 적법한 절차에 따라 법관의 신청에 의하여 검사가 발부한 영장을 제시하여야 한다.

③ 사법경찰관은 현행범을 발견하였을 경우 영장없이 체포를 할 수 있다.

④ 모든 국민은 고문을 받지 아니하며, 형사상 자기에게 불리한 진술을 강요당하지 아니한다.

☆ **TIP** ② 체포 · 구속 · 압수 또는 수색을 할 때에는 적법한 절차에 따라 검사의 신청에 의하여 법관이 발부한 영장을 제시하여야 한다〈헌법 제12조 제3항〉.
① 헌법 제12조 제1항
③ 현행범인은 누구든지 영장없이 체포할 수 있다〈형사소송법 제212조〉.
④ 헌법 제12조 제2항

4 다음 중 사회적 기본권에 해당하는 것은?

① 사유재산권
② 교육을 받을 권리
③ 국가배상청구권
④ 직업선택의 자유

☆ **TIP** ①④ 사유재산권과 직업선택의 자유는 경제적 기본권이다.
③ 국가배상청구권은 청구권적 기본권이다.

5 국회의 권한으로 옳은 것은?

① 탄핵심판권
② 권한쟁의심판권
③ 긴급명령에 대한 승인권
④ 명령 · 규칙에 대한 최종심사권

☆ **TIP** ③ 대통령은 긴급 처분 또는 명령을 한 때에는 지체없이 국회에 보고하여 그 승인을 얻어야 한다〈헌법 제76조 제3항〉.
①② 헌법재판소의 권한이다.
④ 대법원의 권한이다.
※ 헌법 제111조 제1항 … 헌법재판소는 다음 사항을 관장한다.
　㉠ 법원의 제청에 의한 법률의 위헌여부 심판
　㉡ 탄핵의 심판
　㉢ 정당의 해산 심판
　㉣ 국가기관 상호간, 국가기관과 지방자치단체간 및 지방자치단체 상호간의 권한쟁의에 관한 심판
　㉤ 법률이 정하는 헌법소원에 관한 심판
※ 헌법 제107조 제2항 … 명령 · 규칙 또는 처분이 헌법이나 법률에 위반되는 여부가 재판의 전제가 된 경우에는 대법원은 이를 최종적으로 심사할 권한을 가진다.

ANSWER 1.④ 2.④ 3.② 4.② 5.③

6 다음 중 사회법에 속하는 것은?

① 상법
② 가등기담보 등에 관한 법률
③ 특정범죄 가중처벌 등에 관한 법률
④ 산업재해보상보험법

> ☆ **TIP** ④ 사회법이란 공법도 아니고 사법도 아닌 사회공공적 이익을 실현하기 위한 제3종의 법으로, 산업재해보상보험법은 사회보장법의 하나로 이에 속한다.
> ①② 상법과 가등기담보 등에 관한 법률은 사법이다.
> ③ 특정범죄 가중처벌 등에 관한 법률은 공법이다.

7 근로기준법에 관한 설명으로 옳지 않은 것은?

① 근로조건은 근로자와 사용자가 동등한 지위에서 자유의사에 의하여 결정되어야 한다.
② 근로자와 사용자는 각자가 단체협약, 취업규칙과 근로계약을 지키고 성실하게 이행할 의무가 있다.
③ 사용자는 중대한 사고발생을 방지하거나 국가안전보장을 위해 긴급한 필요가 있는 경우에 근로자를 폭행할 수 있다.
④ 사용자는 근로자가 근로시간 중에 선거권을 행사하기 위하여 필요한 시간을 청구하면 거부하지 못하지만 그 선거권을 행사하는 데에 지장이 없으면 청구한 시간을 변경할 수 있다.

> ☆ **TIP** ③ 사용자는 사고의 발생이나 그 밖의 어떠한 이유로도 근로자에게 폭행을 하지 못한다〈근로기준법 제8조〉.
> ① 근로기준법 제4조
> ② 근로기준법 제5조
> ④ 근로기준법 제10조

8 고용보험법상 고용보험사업으로 명시되지 않은 것은?

① 실업급여
② 육아휴직 급여
③ 직업능력개발 사업
④ 저소득층 생계비지원

> ☆ **TIP** 고용보험법 제4조(고용보험사업) … 보험은 목적을 이루기 위하여 고용보험사업으로 고용안정 · 직업능력개발 사업, 실업급여, 육아휴직 급여 및 출산전후휴가 급여 등을 실시한다.

9 국민연금법에 규정된 내용으로 옳은 것은?

① 급여의 종류에는 노령연금, 장애연금, 유족연금, 반환일시금이 있다.

② 국민연금 가입자는 직장가입자와 임의가입자로 이분(二分)된다.

③ 기여금이란 직장가입자의 사용자가 부담하는 금액을 말한다.

④ 국내에 거주하는 국민으로서 15세 이상 70세 미만인 자는 국민연금 가입 대상이 된다.

> ☆ **TIP** ① 국민연금법 제49조
> ② 가입자는 사업장가입자, 지역가입자, 임의가입자 및 임의계속가입자로 구분한다〈국민연금법 제7조〉.
> ③ 기여금이란 사업장가입자가 부담하는 금액을 말한다〈국민연금법 제3조 제1항 제12호〉.
> ④ 국내에 거주하는 국민으로서 18세 이상 60세 미만인 자는 국민연금 가입 대상이 된다〈국민연금법 제6조〉.

10 국가공무원법에 명시된 공무원의 복무의무가 아닌 것은?

① 범죄 고발의 의무 ② 친절 · 공정의 의무
③ 비밀 엄수의 의무 ④ 정치 운동의 금지

> ☆ **TIP** 국가공무원법상의 복무의무 … 성실 의무, 복종의 의무, 직장 이탈 금지, 친절 · 공정의 의무, 종교중립의 의무, 비밀 엄수의 의무, 청렴의 의무, 외국 정부의 영예 등을 받을 경우 대통령의 허가를 받을 것, 품위 유지의 의무, 영리 업무 및 겸직 금지, 정치 운동의 금지, 집단 행위의 금지

11 행정행위에 관한 설명으로 옳지 않은 것은?

① 내용이 명확하고 실현가능하여야 한다.

② 법률상 절차와 형식을 갖출 필요는 없다.

③ 법률의 규정에 위배되지 않아야 한다.

④ 정당한 권한을 가진 자의 행위라야 한다.

> ☆ **TIP** ② 행정행위의 절차와 형식에 관한 요건은 행정행위의 성립요건으로 법률상 요구하는 절차와 형식을 갖춰야 한다.

ANSWER ▶ 6.④ 7.③ 8.④ 9.① 10.① 11.②

12 행정기관이 그 소관 사무의 범위에서 일정한 행정목적을 실현하기 위하여 특정인에게 일정한 행위를 하거나 하지 아니하도록 지도, 권고, 조언 등을 하는 행정작용은?

① 행정예고　　　　　　　　　　② 행정계획
③ 행정지도　　　　　　　　　　④ 의견제출

> ☆ **TIP**　③ **행정지도** : 행정주체가 행정목적의 달성을 위해 행정객체의 임의적 협력 또는 동의하에 일정한 행정질서의 형성을 유도하는 비권력적 사실행위를 말한다.
> ① **행정예고** : 다수의 국민의 권익에 관련된 사항 등을 국민에게 미리 알리는 제도를 말한다.
> ② **행정계획** : 행정주체가 행정목표를 달성하기 위해 장래의 일정한 행정목표를 설정하고 그 달성을 위해 그와 상호 관련된 다양한 행정수단들을 통합·조정하는 작용 또는 그 결과로 설정된 활동기준 또는 설정행위를 말한다.
> ④ **의견제출** : 행정청이 어떠한 행정작용을 하기 전에 당사자 등이 의견을 제시하는 절차로서 청문이나 공청회에 해당하지 아니하는 절차를 말한다.

13 행정기관에 관한 설명으로 옳은 것은?

① 다수 구성원으로 이루어진 합의제 행정청이 대표적인 행정청의 형태이며 지방자치단체의 경우 지방의회가 행정청이다.
② 감사기관은 다른 행정기관의 사무나 회계처리를 검사하고 그 적부에 관해 감사하는 기관이다.
③ 자문기관은 행정청의 내부 실·국의 기관으로 행정청의 권한 행사를 보좌한다.
④ 의결기관은 행정청의 의사결정에 참여하는 권한을 가진 기관이지만 행정청의 의사를 법적으로 구속하지는 못한다.

> ☆ **TIP**　① 행정청이란 행정주체의 의사를 결정하여 이를 대외적으로 표시하는 권한을 가진 행정기관을 말하며 지방자치단체일 경우 지방자치단체의 장이 행정청이다.
> ③ 자문기관은 행정청의 자문에 응하거나 스스로 행정청에 대해 의견을 제시함을 임무로 하는 행정기관을 말한다.
> ④ 의결기관은 행정주체의 의사를 결정할 권한을 가지고 있으나 이를 대외적으로 표시할 수 있는 권한을 가지지 못한 기관을 말한다.

14 사권(私權)에 관한 설명으로 옳지 않은 것은?

① 사원권이란 단체구성원이 그 구성원의 자격으로 단체에 대하여 가지는 권리를 말한다.

② 타인의 작위·부작위 또는 인용을 적극적으로 요구할 수 있는 권리를 청구권이라 한다.

③ 취소권·해제권·추인권은 항변권이다.

④ 형성권은 권리자의 일방적 의사표시로 권리변동의 효과를 발생시키는 권리이다.

> ☆ **TIP** ③ 취소권·해제권·추인권은 형성권이다.
> ※ **형성권** … 권리자의 일방적 의사표시에 의하여 권리의 변동(발생·변경·소멸 등)을 일으
> 키는 권리를 말한다.

15 다음 중 공법상의 의무가 아닌 것은?

① 납세의무 ② 부양의무
③ 교육의무 ④ 국방의무

> ☆ **TIP** ② 납세의무, 교육의무, 국방의무는 헌법에 명시된 의무로 공법상의 의무이고, 부양의무는
> 민법에 명시된 사법상의 의무이다.

16 다음 각 용어에 관한 설명으로 옳은 것은?

① 권능이란 권리의 내용을 이루는 각개의 법률상의 작용을 말한다.

② 권원이란 일정한 법률상 또는 사실상 행위의 결과로 나타나는 효과를 말한다.

③ 반사적 이익이란 특정인이 법률규정에 따라 일정한 행위를 하였을 때 그 법률상 이익을 직접 누릴 수 있는 권리를 말한다.

④ 법인의 대표이사가 정관 규정에 의하여 일정한 행위를 할 수 있는 힘을 권리라 한다.

> ☆ **TIP** ② 권원이란 법률상 또는 사실상의 행위에 대한 정당성을 부여해 주는 근거를 말한다.
> ③ 반사적 이익이란 특정인 또는 일반인에 대하여 법률이 일정한 행위를 강제함으로써 다
> 른 특정인 또는 일반인이 반사적으로 얻게 되는 이익을 말한다.
> ④ 법인의 대표이사가 정관 규정에 의하여 일정한 행위를 할 수 있는 힘을 권한이라 한다.

ANSWER ▶ 12.③ 13.② 14.③ 15.② 16.①

17 근대민법의 3대원칙에 속하는 것은?

① 계약자유의 원칙　　　　　　　② 소유권 상대의 원칙

③ 신의성실의 원칙　　　　　　　④ 무과실책임의 원칙

☆ **TIP** 근대민법의 3대 원칙 … 소유권 절대의 원칙, 계약자유의 원칙, 과실책임주의의 원칙

18 민법상 물권에 관한 설명으로 옳은 것은?

① 점유권은 소유권이 있어야만 인정되는 물권이다.

② 하나의 물건 위에 둘 이상의 소유권을 인정할 수 있다.

③ 용익물권은 물건의 교환가치를 파악하여 특정한 물건을 채권의 담보로 제공하는 것을 목적으로 한다.

④ 유치권은 법정담보물권이다.

☆ **TIP** ① 점유권은 물건을 사실상 지배하는 사람에게 권리를 부여하는 것으로 소유권이 있어야만 점유권이 인정되는 것은 아니다.
② 소유권은 법률의 범위 내에서 그 소유물을 사용·수익·처분할 전면적 권리를 말하며 하나의 물건 위에 둘 이상의 소유권을 인정할 수 없다.
③ 담보물권은 물건의 교환가치를 파악하여 특정한 물건을 채권의 담보로 제공하는 것을 목적으로 한다.

19 민법상 불법행위로 인한 손해배상을 설명한 것으로 옳은 것은?

① 태아는 불법행위에 대한 손해배상청구에 있어서는 이미 출생한 것으로 본다.

② 피해자가 수인의 공동불법행위로 인하여 손해를 입은 경우 가해자 각자의 기여도에 대해서만 그 손해의 배상을 청구할 수 있다.

③ 고의 또는 과실로 심신상실을 초래하였더라도 심신상실의 상태에서 행해진 것이라면, 배상책임이 인정되지 않는다.

④ 미성년자가 타인에게 손해를 가한 경우에 그 행위의 책임을 변식할 지능이 없는 경우에도 배상책임이 있다.

☆**TIP** ① 민법 제762조
② 수인이 공동의 불법행위로 타인에게 손해를 가한 때에는 연대하여 그 손해를 배상할 책임이 있다〈민법 제760조 제1항〉.
③ 심신상실 중에 타인에게 손해를 가한 자는 배상의 책임이 없다. 그러나 고의 또는 과실로 인하여 심신상실을 초래한 때에는 그러하지 아니하다〈민법 제754조〉.
④ 미성년자가 타인에게 손해를 가한 경우에 그 행위의 책임을 변식할 지능이 없는 때에는 배상의 책임이 없다〈민법 제753조〉.

20 경비업자와 체결하는 경비계약에 관한 설명으로 옳지 않은 것은?

① 경비계약은 유상계약의 성질을 갖는다.
② 경비계약은 일종의 도급계약의 성질을 갖는다.
③ 민간경비계약의 당사자는 경비업자와 고객이다.
④ 경비계약은 합의 후 경비계약서를 인가받은 때에 성립한다.

☆**TIP** ④ 경비계약은 당사자일방이 어느 일을 완성할 것을 약정하고 상대방이 그 일의 결과에 대하여 보수를 지급할 것을 약정함으로써 그 효력이 생기는 도급계약과 유사하다. 따라서 경비업자와 고객이 합의한 때 경비계약이 성립한다.

21 민법상 전형계약이 아닌 것은?

① 증여계약　　　　　　　　　② 교환계약
③ 임치계약　　　　　　　　　④ 중개계약

☆**TIP** 전형계약 … 민법에서는 증여, 매매, 교환, 소비대차, 사용대차, 임대차, 고용, 도급, 여행계약, 현상광고, 위임, 임치, 조합, 종신정기금, 화해의 15종 전형계약을 규정하고 있다.

22 경비업자 등의 손해배상책임에 관한 설명으로 옳은 것은?

① 경비원이 경비업무중 고의로 제3자에게 입힌 손해를 경비업자가 배상한 경우, 경비업자는 경비원에게 구상권을 행사할 수 없다.

② 경비업자는 경비원이 업무수행중 고의로 제3자에게 손해를 입힌 경우에만 이를 배상할 책임이 있다.

③ 경비업무 도급인은 도급 또는 지시에 중대한 과실이 있는 경우에도 경비업자의 경비업무 수행으로 인하여 제3자에게 입힌 손해를 배상할 책임이 없다.

④ 수인(數人)의 경비원이 업무수행중 고의 또는 과실로 경비대상에 손해를 발생시킨 경우에는 연대하여 그 손해를 배상하여야 한다.

☆ **TIP** ① 사용자 또는 감독자는 피용자에 대하여 구상권을 행사할 수 있다〈민법 제756조 제3항〉.
② 고의 또는 과실로 인한 위법행위로 타인에게 손해를 가한 자는 그 손해를 배상할 책임이 있다〈민법 제750조〉. 타인을 사용하여 어느 사무에 종사하게 한 자는 피용자가 그 사무집행에 관하여 제삼자에게 가한 손해를 배상할 책임이 있다〈민법 제756조 제1항〉.
③ 도급인은 수급인이 그 일에 관하여 제삼자에게 가한 손해를 배상할 책임이 없다. 그러나 도급 또는 지시에 관하여 도급인에게 중대한 과실이 있는 때에는 그러하지 아니하다〈민법 제757조〉.

23 경비원이 업무수행 중 과실로 제3자에게 손해를 입힌 경우에 경비업자가 그 제3자에게 지는 책임은?

① 채무불이행책임 　　② 사용자배상책임
③ 부당이득책임 　　④ 진정연대책임

☆ **TIP** 사용자책임 … 타인을 사용하여 어느 사무에 종사하게 한 자(경비업자)는 피용자(경비원)가 직무집행에 관하여 제3자에게 가한 손해를 배상할 책임이 있다.

24 상법상 회사에 관한 설명으로 옳지 않은 것은?

① 합명회사는 2인 이상의 무한책임사원으로 이루어진 회사이다.

② 합자회사의 유한책임사원은 금전 기타 재산으로만 출자할 수 있다.

③ 유한책임회사는 주식회사에 비해 지분양도가 자유롭지 못하다.

④ 상법상 회사의 설립은 인가주의를 취하고 있다.

☆ **TIP** ④ 상법상 회사의 설립은 준칙주의를 취하고 있다.
※ **준칙주의** … 회사의 설립이 일정하게 요건을 정해놓은 준칙에 근거한 경우에는 회사의 설립을 인정하는 입법주의를 말한다.

25 상법상 회사의 종류로 옳은 것은?

① 유한공사 ② 무한책임공사

③ 유한책임회사 ④ 무한회사

> ☆ **TIP** 상법 제170조(회사의 종류) … 회사는 합명회사, 합자회사, 유한책임회사, 주식회사와 유한회사의 5종으로 한다.

26 손해보험으로 볼 수 없는 것은?

① 화재보험 ② 생명보험

③ 자동차보험 ④ 운송보험

> ☆ **TIP** ② 생명보험은 인보험이다.
> ※ 상법상 손해보험 … 화재보험, 운송보험, 해상보험, 책임보험, 자동차보험, 보증보험

27 상법상 보험계약자의 의무가 아닌 것은?

① 보험료지급의무 ② 보험증권교부의무

③ 위험변경증가 통지의무 ④ 중요사항에 관한 고지의무

> ☆ **TIP** ② 보험증권교부의무는 보험자의 의무이다〈상법 640조〉.
> ※ 상법상 보험계약자의 의무 … 보험료지급 의무, 고지 의무, 위험변경증가 통지의무, 위험유지 의무, 사고발생의 통지의무

28 "악법도 법이다"라는 말이 강조하고 있는 법의 목적은?

① 법적 안정성 ② 타당성

③ 형평성 ④ 합목적성

> ☆ **TIP** '악법도 법이다'는 아무리 불합리한 법이라도 법체계를 지켜야 한다는 말로 법적 안정성을 나타내는 말이다. 법적 안정성은 법의 이념이며, 법의 명확성 또는 부동성을 의미하고 이는 사회의 질서로 나타난다. 법적 안정성이 보장된다는 것은 현재 시행되고 있는 법이 안정되어 있어서 사회의 구성원들이 법의 규정을 믿고 행동할 수 있다는 것을 말한다.

ANSWER 22.④ 23.② 24.④ 25.③ 26.② 27.② 28.①

29 다음 (   )에 들어갈 법원(法源)으로 옳은 것은?

> (㉠) : 국가의 조직·통치 및 기본권에 관한 근본법
> (㉡) : 지방자치단체 의회가 제정하는 자치법규
> (㉢) : 문서로써 국가 간에 체결되고 국제법에 의하여 규율되는 합의

① ㉠ 헌법, ㉡ 조례, ㉢ 조약　　② ㉠ 헌법, ㉡ 법률, ㉢ 명령
③ ㉠ 법률, ㉡ 조약, ㉢ 조례　　④ ㉠ 법률, ㉡ 명령, ㉢ 조약

☆ **TIP** ㉠ 헌법 : 국가의 조직·통치 및 기본권에 관한 근본법
㉡ 조례 : 지방자치단체 의회가 제정하는 자치법규
㉢ 조약 : 문서로써 국가 간에 체결되고 국제법에 의하여 규율되는 합의

30 법의 분류에 관한 설명으로 옳지 않은 것은?

① 당사자가 법의 규정과 다른 의사표시를 한 경우 그 법의 규정을 배제할 수 있는 법은 임의법이다.
② 당사자의 의사와 관계없이 강제적으로 적용되는 법은 강행법이다.
③ 국가의 조직과 기능 및 공익작용을 규율하는 행정법은 공법이다.
④ 대한민국 국민에게 적용되는 헌법은 특별법이다.

☆ **TIP** ④ 대한민국 국민에게 적용되는 헌법은 일반법이다.
※ **일반법과 특별법** … 일반법은 특정한 사람·장소·사항에 제한이 없이 일반적으로 넓게 적용되는 법을 말하는 것으로 헌법·형법 등이 이에 해당한다. 특별법은 특정한 사람·장소·사항에 국한하여 일반법보다 특수하고 좁게 적용되는 법을 말하는 것으로 국가공무원법·지방자치법 등이 이에 해당한다.

31 법체계에 관한 설명으로 옳지 않은 것은?

① 일반적으로 승인된 국제법규는 국내법과 같은 효력을 가진다.
② 대통령의 긴급명령은 법률과 같은 효력을 가진다.
③ 민법이 사법이므로 민사소송법도 사법에 속한다.
④ 민법과 상법은 실체법이다.

☆ **TIP** ④ 헌법·형법·소송법·행정법 등이 공법에 해당하며, 민법·주택임대차보호법·공탁법·상법·어음법·수표법 등이 사법에 해당한다.

32 불명확한 사실에 대하여 공익 또는 기타 법정책상의 이유로 사실의 진실성 여부와는 관계 없이 확정된 사실로 의제하여 일정한 법률효과를 부여하고 반증을 허용하지 않는 것은?

① 간주
② 추정
③ 준용
④ 입증

☆ **TIP** ① 간주 : 간주는 추정과는 다르게 분쟁의 방지와 법률적용의 명확성을 위해 일정한 법률관계에 대하여 법령으로 '~한 것으로 본다'라고 의제하는 것을 말한다. 추정이 반증에 번복될 수 있는 것에 비하여 간주의 경우에는 법령에 의하여 의제 되는 것이므로 반증에 의하여서도 번복될 수 없다.
② 추정 : 입증의 곤란을 피하기 위해 사실을 일단 확정한 후 법적 효과를 부여하는 것을 말한다. 따라서 추정을 한 경우에는 사실이 확정되지 않았기 때문에 추정된 사실과 다른 사실을 주장하는 자는 반증을 들어 추정을 번복시킬 수 있다.
③ 준용 : 어떤 사항을 규율하기 위하여 만들어진 법규를 그것과 유사하나 성질이 다른 사항에 대하여 필요한 약간의 수정을 가하여 적용시키는 것을 말한다.
④ 입증 : 사실의 확정을 위하여 객관적 자료를 제출하는 것을 말한다.

33 법의 해석방법 중 유추해석 방법은?

① 서로 반대되는 두 개의 사실 중 하나의 사실에 관해서만 규정이 되어 있을 때 다른 하나에 관해서는 법문과 반대의 결과를 인정하는 해석방법
② 법규의 문자가 가지는 사전적 의미에 따라서 법규의 의미를 확정하는 해석방법
③ 두 개의 유사한 사실 중 법규에서 어느 하나의 사실에 관해서만 규정하고 있는 경우에 나머지 다른 사실에 대해서도 마찬가지의 효과를 인정하는 해석방법
④ 법규의 내용에 포함되는 개념을 문자 자체의 보통의 뜻보다 확장해서 효력을 인정함으로써 법의 타당성을 확보하려는 해석방법

☆ **TIP** ① 반대해석
② 문리해석
④ 확장해석
※ 유추해석 … 어떤 사항을 직접적으로 규정하는 법규가 없는 경우, 이와 유사한 사항을 규정한 법규를 적용하는 것을 말한다.

ANSWER 29.① 30.④ 31.③ 32.① 33.③

34 형법상 범죄의 성립요건이 아닌 것은?

① 구성요건 해당성   ② 위법성

③ 책임성   ④ 객관적 처벌조건

> ☆ **TIP** 범죄의 성립요건
> ㉠ **구성요건 해당성** : 구체적인 사실이 범죄의 구성요건에 해당하는 성질로 형벌을 부과할 행위를 유형적·추상적으로 파악하여 법률에 기술한 것이다.
> ㉡ **위법성** : 구성요건에 해당하는 행위가 법률상 허용되지 않는 성질을 말하며, 구성요건에 해당하는 성질은 원칙적으로 위법하다.
> ㉢ **책임성** : 위법행위를 한 행위자 개인에 대한 비난가능성이다.

35 형법상 재산에 대한 죄가 아닌 것은?

① 절도죄   ② 뇌물죄

③ 사기죄   ④ 손괴죄

> ☆ **TIP** ② 뇌물죄는 국가적 법익에 관한 죄이다.
> **형법상 재산죄** … 절도죄, 강도죄, 사기죄, 공갈죄, 횡령죄, 배임죄, 장물죄, 손괴죄, 권리행사방해죄

36 형사소송법의 기본이념이 아닌 것은?

① 실체적 진실발견의 원리   ② 적정절차의 원리

③ 재판 비공개의 원리   ④ 신속한 재판의 원리

> ☆ **TIP** 형사소송법의 기본이념
> ㉠ **실체적 진실주의 원리** : 법원이 당사자의 사실에 대한 주장과 제출한 증거에 구속되지 않고 사실관계에 대한 진상을 규명하여 객관적인 진실을 찾아내고자 하는 원리를 말한다.
> ㉡ **적정절차의 원리** : 헌법정신을 구현한 공정한 법적절차에 의하여 형벌권이 실현되어야 한다는 원리이다.
> ㉢ **신속한 재판의 원리** : 피고인이 신속하게 재판을 받을 수 있는 권리를 보장하는 것을 말한다.

37 형사소송법상 소송주체가 아닌 것은?

① 검사 ② 피고인
③ 변호인 ④ 법원

☆ TIP ③ 형사소송법상 소송주체는 검사, 피고인, 법원이다. 변호인은 피고인 또는 피의자의 방어력을 보충하기 위하여 선임된 보조자로 소송주체가 아니다.

38 임의수사의 방법이 아닌 것은?

① 체포·구속 ② 참고인진술 청취
③ 감정·통역 또는 번역의 위촉 ④ 피의자 신문

☆ TIP ① 체포·구속은 임의수사가 아니라 강제수사이다.

39 다음 공판절차 중 가장 먼저 이루어지는 것은?

① 인정신문 ② 진술거부권의 고지
③ 피고인 신문 ④ 판결의 선고

☆ TIP '진술거부권의 고지 → 인정신문 → 피고인 신문 → 판결의 선고' 순으로 이루어진다.

40 형사소송법상 상소할 수 없는 자는?

① 검사 ② 피고인
③ 법무부장관 ④ 피고인의 법정대리인

☆ TIP ③ 법무부장관은 상소권자가 아니다.
①② 검사 또는 피고인은 상소를 할 수 있다〈형사소송법 제338조 제1항〉.
④ 피고인의 법정대리인은 피고인을 위하여 상소할 수 있다〈형사소송법 제340조〉.

ANSWER ▶ 34.④ 35.② 36.③ 37.③ 38.① 39.② 40.③

1 민간경비의 개념에 관한 설명으로 옳지 않은 것은?

① 민간경비는 일반통치권에 근거하는 활동이다.
② 민간경비와 공경비는 모두 범죄예방 역할을 수행한다.
③ 현재 우리나라에는 경찰관 신분을 가진 민간경비원이 없다.
④ 국가는 민간경비의 제공 주체에 포함되지 않는다.

☆ **TIP** ① 경찰작용은 일반통치권에 근거하는 활동이다.

2 우리나라 민간경비서비스의 특성에 관한 설명으로 옳지 않은 것은?

① 제공 대상은 비용을 지불할 수 있는 특정고객에 한정된다.
② 제공 내용은 특정고객의 이익을 만족시키기 위한 것이다.
③ 제공 책임은 특정고객과의 계약관계를 통해서 형성된다.
④ 제공 주체가 되려는 자는 관할관청에 신고하여야 한다.

☆ **TIP** ④ 경비업을 영위하고자 하는 법인은 도급받아 행하고자 하는 경비업무를 특정하여 그 법인의 주사무소의 소재지를 관할하는 지방경찰청장의 허가를 받아야 한다〈경비업법 제4조 제1항〉.

3 인력경비와 비교하여 기계경비의 장점으로 볼 수 없는 것은?

① 장기적으로 비용절감 효과를 가져 올 수 있다.
② 넓은 장소를 효과적으로 감시할 수 있다.
③ 24시간 동일한 조건으로 지속적인 감시가 가능하다.
④ 고객과의 친밀한 관계형성이 용이하다.

☆ **TIP** ④ 기계경비는 사람을 대신하여 첨단장비를 이용해 경비를 수행하므로 고객과의 친밀한 관계형성이 어렵다.

　※ 기계경비의 장점
　　㉠ 인건비가 적게 든다.
　　㉡ 광범위한 장소를 효율적으로 감시할 수 있다.
　　㉢ 24시간 감시가 용이하다.
　　㉣ 인명피해를 최소화할 수 있다.

4 **기계경비시스템에 관한 설명으로 옳지 않은 것은?**

① 기계경비업자는 경비대상시설에 관한 경보를 수신한 때에는 신속하게 그 사실을 확인하는 등 필요한 대응조치를 취하여야 하며, 이를 위한 대응체제를 갖추어야 한다.

② 기계경비업자는 관제시설 등에서 경보를 수신한 때에는 경보를 수신한 때부터 늦어도 20분 이내에는 도착시킬 수 있는 대응체제를 갖추어야 한다.

③ 기계경비시스템의 구성요소는 경비대상시설, 관제시설, 기계경비원(관제경비원, 출동경비원) 등이다.

④ 기계경비시스템의 운용목적은 도난·화재 등 위험에 대한 예방 및 대응이라고 할 수 있다.

☆ **TIP** ② 기계경비업자는 관제시설 등에서 경보를 수신한 때에는 경보를 수신한 때부터 늦어도 25분 이내에는 도착시킬 수 있는 대응체제를 갖추어야 한다〈경비업법 시행령 제7조〉.

5 **미국 민간경비 역사에서 핑커톤(A. Pinkerton)에 관한 설명으로 옳지 않은 것은?**

① 남북전쟁 당시에 링컨 대통령의 경호업무를 담당하기도 하였다.

② 마약사범 일당을 검거하는데 결정적인 공헌을 하여 뉴욕경찰의 일원이 되었다.

③ 범죄자를 유형별로 정리하는 방식은 오늘날 프로파일링 수사기법에 영향을 주었다.

④ 핑커톤 국가탐정회사(Pinkerton National Detective Agency)를 설립하여 철도수송 안전확보에 일익을 담당하였다.

☆ **TIP** ② 핑커톤은 남부군이 주도한 위조화폐의 적발을 위해 투입되기도 하였는데 이 임무를 띤 기관의 이름이 1865년에 세워진 '비밀경호국(Secret Service)'이다.

ANSWER 1.① 2.④ 3.④ 4.② 5.②

6 민간경비와 공경비에 관한 설명으로 옳지 않은 것은?

① 민간경비원은 현행범을 영장 없이 체포할 수 있다.

② 공경비의 대상은 일반국민이다.

③ 경비업자는 불특정 다수인에게 경비서비스를 제공할 의무가 없다.

④ 민간경비는 법집행을 통하여 공공의 이익을 추구한다.

☆ **TIP** ④ 공경비는 법집행을 통하여 공공의 이익을 추구한다.
 ※ 민간경비는 여러 가지 위해로부터 개인의 생명, 재산을 보호하기 위해 경비 서비스를 의
 뢰 받은 특정 고객에게 이들로부터 받은 경제적 이득만큼 반대급부를 제공한다.

7 다음 내용이 설명하고 있는 민간경비의 이론적 배경은?

> 경찰의 공권력 작용은 원칙적으로 거시적인 측면에서 체제수호 등과 같은 역할과 기능에
> 한정되고, 사회 구성원 개개인 차원이나 집단과 조직의 안전과 보호는 결국 해당 개인이나
> 조직이 담당하여야 한다.

① 경제환원론 　　　　② 공동화이론
③ 수익자부담이론 　　　④ 이익집단이론

☆ **TIP** ③ **수익자부담이론** : 공경찰의 임무와 역할은 국민의 생명과 재산을 보호하는 공적인 임무만
 수행하고 개인적 편익을 위한 자기보호는 수익자가 부담해야 한다는 이론이다.
 ① **경제환원론** : 경기침체로 인하여 실업이 증가하면 범죄가 증가하고, 이에 대응하기 위해
 민간경비산업이 성장한다는 이론이다.
 ② **공동화이론** : 경찰에게 부여된 범죄예방이나 통제능력이 감소됨으로써 생겨난 공백을 민
 간경비가 메워준다는 이론이다.
 ④ **이익집단이론** : 이익집단은 자신들의 이익을 극대화시키기 위해 행위하며 민간경비 역시
 하나의 이익집단으로 자신들의 이익을 극대화한다는 이론이다.

8 다음의 경우에 해당하는 치안서비스 공동생산의 유형은?

> 시민 A는 이웃감시활동, 시민자율순찰대와 같은 주민들이 공동으로 펼치는 자율방범활동
> 에 참여하였다.

① 개인적, 소극적 공동생산 　　② 개인적, 적극적 공동생산
③ 집단적, 소극적 공동생산 　　④ 집단적, 적극적 공동생산

☆ **TIP** ① **개인적, 소극적 공동생산**: 개인적 차원에서 경찰과 상호작용 없이 소극적으로 자율방범활동을 하는 것을 말한다.

② **개인적, 적극적 공동생산**: 개인적 차원에서 이루어지는 것이지만 범죄피해나 발생에 따른 즉각적인 신고와 아울러 수상한 자에 대한 신고활동 등과 같이 주로 범죄정보를 제공하는 것을 말한다.

③ **집단적, 소극적 공동생산**: 집단적 차원으로 자율방범활동이 이루어지지만 경찰과 상호작용 없이 소극적으로 이루어지는 형태를 말한다.

④ **집단적, 적극적 공동생산**: 집단적 차원에서 경찰과 상호작용하여 자율방범활동이 이루어지는 형태로 자율방범대 활동이 대표적인 예이다.

9 대규모 공연장·행사장 안전관리 업무의 민간위탁에 관한 설명으로 옳지 않은 것은?

① 민간위탁은 경찰의 공적 경비업무 부담을 증가시킨다.

② 민간경비업체는 행사주최 측과 긴밀한 사전 협의 및 협조를 통하여 질서유지 및 상황 발생 시 대처할 수 있어야 한다.

③ 민간경비업체는 상황에 따라 소방대 및 경찰지원을 요청하는 등 탄력성 있는 안전관리활동이 가능하여야 한다.

④ 민간경비업체는 이동 간 거리행사의 경우에 행사기획 단계부터 이동경로의 선택 및 참가예상인원의 파악 등의 업무도 가능하여야 한다.

☆ **TIP** ① 민간위탁은 경찰의 공적 경비업무 부담을 감소시킨다.

10 우리나라의 민간경비 연혁을 역사적 순서에 따라 배열하는 경우에 세 번째에 해당하는 것은?

㉠ 용역경비업법 제정	㉡ 특수경비원제도 도입
㉢ 청원경찰법 제정	㉣ 한국경비협회 설립

① ㉠ ② ㉡

③ ㉢ ④ ㉣

☆ **TIP** ㉢ 청원경찰법 제정(1962년)
㉠ 용역경비업법 제정(1976년)
㉣ 한국경비협회 설립(1978년)
㉡ 특수경비원제도 도입(2001년)

ANSWER 6.④ 7.③ 8.④ 9.① 10.④

11 상업·주거시설의 현대화에 따른 민간경비의 변화에 관한 설명으로 옳지 않은 것은?

① 대규모 상업시설에서의 민간경비는 공중의 접근이 허용되는 사적인 시설물들의 비율이 증가할수록 확대된다.
② 대규모 상업시설에서 민간경비는 소비욕구를 최대화하기 위해 공중의 접근을 극소화시키는 동시에, 상업적 활동을 침해하는 사람들의 불법행위를 통제하는 역할을 수행한다.
③ 대규모 주거시설에서의 범죄예방활동과 위험관리는 공동체 구성원의 참여가 중요하다.
④ 고급 주거시설의 경우에는 주변과의 관계성을 구축하기보다는 자체적이고 독립적인 규모와 기능의 극대화에 초점을 두는 경향이 있다.

☆ **TIP** 대규모 상업시설에서 민간경비는 소비욕구를 최대화하기 위해 공중의 접근을 극대화시키는 동시에, 상업적 활동을 침해하는 사람들의 불법행위를 통제하는 역할을 수행한다.

12 경비업법상 경비지도사의 직무가 아닌 것은?

① 경비원 교육기록의 유지
② 경비현장에 배치된 경비원에 대한 감독
③ 경비원 후생·복지실태 점검
④ 집단민원현장에 배치된 경비원에 대한 지도

☆ **TIP** 경비지도사의 직무〈경비업법 제12조〉
㉠ 경비원의 지도·감독·교육에 관한 계획의 수립·실시 및 그 기록의 유지
㉡ 경비현장에 배치된 경비원에 대한 순회점검 및 감독
㉢ 경찰기관 및 소방기관과의 연락방법에 대한 지도
㉣ 집단민원현장에 배치된 경비원에 대한 지도·감독
㉤ 그 밖에 대통령령이 정하는 직무

13 경찰의 범죄예방능력 한계가 발생하는 원인에 관한 설명으로 옳지 않은 것은?

① 경찰활동에 대한 주민들의 이해부족
② 경찰장비의 부족 및 노후화
③ 경찰과 민간경비의 과도한 치안공조
④ 타 부처 협조업무의 과중

☆ **TIP** 경찰의 방범 실태
㉠ 경찰의 인력이 부족하며, 경찰장비도 노후화되었다.
㉡ 경찰의 민생안전 부서 근무의 기피현상이 있다.
㉢ 경찰에 대한 주민들의 고정관념으로 이해부족 현상이 있다.
㉣ 경찰 고유 업무가 아닌 타부서 협조 업무가 많다.

14 기계경비 오경보의 폐해에 관한 설명으로 옳지 않은 것은?

① 실제 상황이 아님에도 불구하고 기계장치의 자체결함, 이용자의 부적절한 작동, 미세한 환경변화 등에 민감하게 작동하는 경우가 있다.

② 오경보로 인한 헛출동은 경찰력 운용의 효율성에 장애가 되고 있다.

③ 오경보를 방지하기 위한 유지·보수에도 적지 않은 비용이 들며, 이를 위해 전문인력이 투입되어야 한다.

④ 오경보를 줄이기 위하여 경찰청은 경찰관서에 직접 연결하는 기계경비시스템의 운용을 확대하도록 감독명령을 발령하였다.

> ☆ **TIP** 경찰은 관할구역 내의 일반시민을 상대로 한 범죄대응활동에도 업무 부담을 갖는데, 특정 시설과 연결된 기계경비시스템에 대한 대응까지 해야 한다면 더 어려움을 겪을 수 있기 때문에 경찰관서와 직접 연결하는 기계경비시스템의 사용에 대해 거부감을 가질 수 밖에 없다. 오경보로 인한 출동은 경찰력 운용의 효율성에 장애를 가져올 수 있다. 민간경비업체는 경찰과 유기적인 협력관계를 구축하여 중앙통제센터 담당자는 경보장치에 의한 정보를 경찰에게 통보하기 전에 경보의 확실성을 확인하는 등의 융통성을 가지고 적절히 대처하여야 한다.

15 각국 민간경비의 발전에 관한 설명으로 옳지 않은 것은?

① 과거 영국에서는 규환제도(Hue and Cry)를 통하여 범죄가 발생하면 사람들이 고함을 지르고 범죄자를 추적하도록 의무를 부과하였다.

② 미국의 민간경비는 제1차 세계대전 당시 군수공장을 보호하는 임무를 수행하기도 하였다.

③ 일본에서는 '장병위'라는 이름의 직업군인이 출현하여 민간경비의 발전에 장애가 되었다.

④ 우리나라는 1960년대 초 미군부대의 용역경비를 담당한 것이 현대적 민간경비의 시초라고 할 수 있다.

> ☆ **TIP** ③ 일본의 민간경비는 중세시대 지역의 성주가 사적으로 무사를 고용하는 것으로 시작했으며 도쿠가와 시대에는 '장병위'라는 민간경비업자가 생겨났다.

ANSWER 11.② 12.③ 13.③ 14.④ 15.③

16 범죄예방을 위해서는 시민 스스로가 단결해야 한다는 개념을 확립하고, 보우가의 외근기동대(The Bow Street Runners)를 창설하는데 공헌한 사람은?

① 리처드 메인(Richard Mayne)
② 앨런 핑커톤(Allan Pinkerton)
③ 로버트 필(Robert Peel)
④ 헨리 필딩(Henry Fielding)

> ☆ **TIP** ④ 보우가(Bow street)의 치안판사로 임명된 헨리 필딩은 시민들에게 범죄예방을 위해서는 시민 스스로가 단결해야 한다는 개념을 창시하였고, 역사상 최초의 형사기동대라 할 수 있는 'Bow street runner'를 창설하여 영국의 치안유지에 많은 공헌을 하였다.

17 외곽경비에 관한 설명으로 옳지 않은 것은?

① 경계구역 감시를 할 경우 구역 내의 가시지대를 넓히기 위해서 장애물을 제거해야 한다.
② 폐쇄된 출입구의 잠금장치는 특수하게 만들고, 외견상 즉시 확인할 수 없어야 한다.
③ 담장은 시설물 내의 업무활동을 은폐하기 위해서 설치될 수 있다.
④ 긴급목적을 위한 출입문은 외부의 침입으로부터 열리지 않도록 하는 특별한 장치를 갖추고 있어야 한다.

> ☆ **TIP** ② 일정기간 동안 또는 비상시에만 사용하는 문은 평상시에는 폐쇄하고 잠궈져 있어야 한다. 폐쇄된 출입구의 잠금장치는 특수하게 만들어야 하며, 외견상 즉시 확인할 수 있도록 한다. 또한 폐쇄된 출입구는 자주 점검해야 한다.

18 경비업법령상 국가중요시설의 시설주 또는 관리책임자의 무기관리 수칙에 관한 설명으로 옳지 않은 것은?

① 관할경찰관서장이 정하는 바에 의하여 무기의 관리실태를 매월 파악하고 다음 달 3일까지 관할경찰관서장에게 통보하여야 한다.
② 대여받은 무기를 빼앗기거나 대여받은 무기가 분실·도난 또는 훼손되는 등의 사고가 발생한 때에는 관할경찰관서장에게 그 사유를 지체없이 통보하여야 한다.
③ 대여받은 무기를 빼앗기거나 대여받은 무기가 분실·도난 또는 훼손된 때에는 경찰청장이 정하는 바에 의하여 그 전액을 배상하여야 한다. 다만, 전시·사변, 천재·지변 그 밖의 불가항력의 사유가 있다고 지방경찰청장이 인정하는 때에는 그러하지 아니하다.
④ 자체계획을 수립하여 보관하고 있는 무기를 매달 1회 이상 손질할 수 있게 하여야 한다.

> ☆ **TIP** ④ 시설주는 자체계획을 수립하여 보관하고 있는 무기를 매주 1회 이상 손질할 수 있게 하여야 한다〈경비업법 시행규칙 제18조 제1항 제8호〉.

19 노사분규 발생시 경비요령에 관한 설명으로 옳지 않은 것은?

① 경비원들에 대한 사전교육을 실시하고 규율을 확인·점검한다.
② 직원들이 가지고 있는 열쇠를 모두 회수하고 새로운 잠금장치로 교체한다.
③ 평화적인 시위의 경우 이를 보호하려는 노력을 하여야 한다.
④ 일상적인 순찰활동을 통한 정기적인 확인·점검은 필요가 없다.

☆ **TIP** 노사분규 발생시 경비원은 경영자의 입장을 취해야 하므로 경비원의 본연의 임무인 기업이나 시설을 보호하는 것을 소홀히 하여서는 아니된다. 또한 경비원들에 대한 사전교육을 실시하고 규율을 확인·점검하여야 한다. 노사분규가 발생하고 파업이 이루어지면 파업하는 동안 모든 출입구를 봉쇄하여야 하며, 파업에 참가하는 직원들이 가지고 있는 열쇠를 모두 회수하고 새로운 잠금장치로 교체하여야 한다. 또한 모든 경비원은 비상사태에 돌입하여 각자의 위치에서 시위상태를 수시로 점검하여 시위가 확대되는 것을 예방하여야 하며, 일상적인 순찰활동을 통한 정기적인 확인·점검을 필요로 하게 된다.

20 내부절도의 경비요령에 관한 설명으로 옳지 않은 것은?

① 상점의 현금보관장소는 내부인의 직접적인 접근이 이루어지지 않도록 유의할 필요는 없다.
② 직원의 채용단계에서부터 인사담당자와의 협조 하에 신원조사를 실시한다.
③ 경비 프로그램을 수시로 변화시킨다.
④ 감사부서와의 협조 하에 정기적으로 정밀한 회계감사를 실시하는 것도 한 방법이다.

☆ **TIP** ① 판매시설의 현금보관장소는 타인의 접근이 직접적으로 이루어지지 않도록 유의해야 한다. 부정직한 직원들에 의한 판매시설 내부의 절도행위는 외부침입자에 의한 절도행위보다 훨씬 더 심각하며 민간경비원들은 이들에 의한 내부절도를 수시로 감시해야 한다.

21 화재예방과 관련하여, 발화의 3요소로 옳지 않은 것은?

① 연료　　　　　　　　② 바람
③ 산소　　　　　　　　④ 열

☆ **TIP** 발화의 3요소 … 연료(가연물), 산소, 열

ANSWER ▶ 16.④　17.②　18.④　19.④　20.①　21.②

22 매우 밝은 하얀빛을 내고, 경계구역과 사고발생 지역에 사용하기에 매우 유용하나 상대적으로 비싼 것이 단점인 조명은?

① 석영등

② 적외선등

③ 수은등

④ 나트륨등

☆ **TIP** 석영등 … 유리 대신에 투명한 석영 용기를 사용한 등으로 석영 자체가 내열이 강하여 높은 전류를 보낼 수가 있기 때문에 높은 조명을 요하는 곳에 쓰이며 주로 경계구역이나 사고다발지역에 설치한다.

23 호송경비시 위해발생의 대응요령에 대한 설명으로 옳지 않은 것은?

① 위해발생시 인명 및 신체의 안전을 최우선시 한다.

② 위해발생시 신속하게 차량용 방범장치를 해제한 후 탑재물품을 차량에서 분리시켜 보호한다.

③ 경비원이 소지하는 분사기와 경봉은 정당한 범위 내에서 적절하게 사용한다.

④ 습격사고 발생 시에는 큰소리, 확성기, 차량용 경보장치 등으로 주변에 이상상황을 알린다.

☆ **TIP** 호송경비업무 중 위해발생시 우선적으로 인명 및 신체의 안전을 최우선으로 하며, 관제시설 등에 신속하고 정확하게 연락을 취하여 보고한 후 지시에 따르도록 한다. 사고의 확대를 방지하기 위하여 함부로 방범장치를 풀고 탑재물품을 분리시켜서는 아니 된다.

24 경비업법령상 경비원이 휴대할 수 있는 장비에 해당하지 않는 것은?

① 목검

② 경적

③ 단봉

④ 안전방패

☆ **TIP** 경비업법 시행규칙 제20조 제1항 … 경비원은 근무 중 경적, 단봉, 분사기, 안전방패, 무전기 및 그 밖에 경비 업무 수행에 필요한 것으로서 공격적인 용도로 제작되지 아니하는 장비를 휴대할 수 있으며, 안전모 및 방검복 등 안전장비를 착용할 수 있다.

25 우리나라 민간조사제도에 관한 설명으로 옳지 않은 것은?

① 민간조사제도가 하나의 정형화된 형식을 갖추고 제도적으로 정착되어 운영되고 있지 않다.

② 경비업법상 민간조사원이 별도로 규정되어 있지 않다.

③ 민간조사 관련 분야에 종사하고자 하는 자는 관할관청에서 서비스업으로 허가를 받아야 한다.

④ 경비업법상 민간조사업무는 경비업무의 한 영역이라고 보기 어렵다.

> ☆ **TIP** 우리나라에서 민간조사를 대행하는 용역업 형태의 업체들은 자유업 형태로 산재해 있으며 국세청 과세기준을 위한 업종분류표에서는 심부름센터·흥신소, 탐정, 경호 및 경비업으로 분류하고 있으나 정확한 등록업체 수는 파악하기 어려운 실정이다. 특히 이들 중 일부는 직무수행이라는 목적으로 폭력 및 불법행위를 수행하는 사례가 자주 발생하고 있다.

26 확인된 위험의 대응방법에 대한 설명으로 옳지 않은 것은?

① 위험의 제거 : 위험관리에서 최선의 방법은 확인된 모든 위험요소를 제거하는 것이다.

② 위험의 회피 : 범죄 및 손실이 발생할 기회를 아예 제공하지 않는 것이다.

③ 위험의 감소 : 위험성이 높은 보호대상을 한 곳에 집중시키지 않고 여러 곳에 분산시키는 것이다.

④ 위험의 대체 : 직접적으로 위험을 제거하거나 감소 및 최소화시키기보다는 보험과 같은 대체수단을 통해서 손실을 전보하는 방법이다.

> ☆ **TIP** 위험의 분산 … 위험성이 높은 보호대상을 한 곳에 집중시키지 않고 여러 곳에 분산시키는 것이다.

27 민간경비조직에서 통솔범위의 결정요인으로 옳지 않은 것은?

① 직무의 성질   ② 시간적 요인
③ 계급의 수   ④ 참모와 정보관리체제

> ☆ **TIP** 통솔범위 … 한 사람의 상관 또는 감독자가 직접 효과적으로 통솔할 수 있는 부하의 수를 말한다. 직무의 성질이 동질적·단순할수록, 시간적으로 신설된 조직보다 기존에 있던 조직일수록 통솔범위는 확대된다. 또한 참모기관과 정보관리체계가 발달할수록 통솔범위가 확대된다.

ANSWER   22.①   23.②   24.①   25.③   26.③   27.③

28 경비업법령상 특수경비원의 교육훈련 및 감독에 관한 설명으로 옳지 않은 것은?

① 특수경비업자는 특수경비원을 채용한 경우 특수경비원의 부담으로 신임교육을 받도록 할 수 있다.

② 채용 전 3년 이내에 특수경비업무에 종사하였던 경력이 있는 사람을 특수경비원으로 채용한 경우에는 신임교육대상에서 제외할 수 있다.

③ 특수경비업자는 소속특수경비원에 대하여 매월 6시간 이상 직무교육을 실시하여야 한다.

④ 관할경찰관서장은 시설주 및 특수경비원의 무기관리상황을 매월 1회 이상 점검하여야 한다.

> ☆ **TIP** ① 특수경비업자는 특수경비원을 채용한 경우 특수경비원에게 특수경비업자의 부담으로 기관 또는 단체에서 실시하는 특수경비원 신임교육을 받도록 하여야 한다〈경비업법 시행령 제19조 제1항〉.
> ② 경비업법 시행령 제19조 제2항
> ③ 경비업법 시행령 제19조 제3항, 시행규칙 제16조 제1항
> ④ 경비업법 시행령 제21조

29 신용정보회사등이 정보원, 탐정, 그 밖에 이와 비슷한 명칭의 사용을 금지하고 있는 법률은?

① 개인정보보호법

② 신용정보의 이용 및 보호에 관한 법률

③ 정보통신망 이용촉진 및 정보보호 등에 관한 법률

④ 경비업법

> ☆ **TIP** 산용정보회사 등의 금지사항〈신용정보의 이용 및 보호에 관한 법률 제40조〉
> ㉠ 의뢰인에게 허위 사실을 알리는 일
> ㉡ 신용정보에 관한 조사 의뢰를 강요하는 일
> ㉢ 신용정보 조사 대상자에게 조사자료 제공과 답변을 강요하는 일
> ㉣ 특정인의 소재 및 연락처를 알아내거나 금융거래 등 상거래관계 외의 사생활 등을 조사하는 일. 다만, 채권추심업을 허가받은 신용정보회사가 그 업무를 하기 위하여 특정인의 소재 등을 알아내는 경우 또는 다른 법령에 따라 특정인의 소재 등을 알아내는 것이 허용되는 경우에는 그러하지 아니하다.
> ㉤ 정보원, 탐정, 그 밖에 이와 비슷한 명칭을 사용하는 일
> ㉥ 개인신용정보 또는 개인식별정보를 전자적 매체나 방식을 이용하여 영리목적의 광고성 정보를 전송하는 행위에 이용하는 일

30 청원경찰의 운영지도를 담당하는 경찰청의 부서장은?

① 위기관리센터장

② 경비과장

③ 경호과장

④ 생활안전과장

☆ **TIP** ① 경비국 아래에 있는 위기관리센터에서 청원경찰의 운영지도를 담당한다.

31 민간경비원의 임용과 직무에 관한 설명으로 옳은 것은?

① 일반경비원은 시설경비·호송경비·신변보호·기계경비업무를 수행한다.

② 특수경비원은 국가중요시설 등 경비구역 내에서 경비목적을 위해 어떠한 경우에도 무기휴대 및 사용을 할 수 없다.

③ 청원경찰은 경비구역 내에서 경비목적을 위해 필요한 경우, 불심검문, 무기사용 등 경찰공무원법에 따른 경찰관의 직무를 수행할 수 있는 권한을 갖는다.

④ 청원경찰은 지방경찰청장이 임용하되, 청원주의 승인을 받아야 한다.

☆ **TIP** ① 일반경비원은 시설경비, 호송경비, 신변보호, 기계경비 업무를 수행하는 자를 말한다〈경비업법 제2조 제3호〉.

② 지방경찰청장은 국가중요시설에 대한 경비업무의 수행을 위하여 필요하다고 인정하는 때에는 관할경찰관서장으로 하여금 시설주의 신청에 의하여 시설주로부터 국가에 기부채납된 무기를 대여하게 하고, 시설주는 이를 특수경비원으로 하여금 휴대하게 할 수 있다. 이 경우 특수경비원은 정당한 사유없이 무기를 소지하고 배치된 경비구역을 벗어나서는 아니된다〈경비업법 제14조 제4항〉.

③ 청원경찰은 청원주(請願主)와 배치된 기관·시설 또는 사업장 등의 구역을 관할하는 경찰서장의 감독을 받아 그 경비구역만의 경비를 목적으로 필요한 범위에서 「경찰관 직무집행법」에 따른 경찰관의 직무를 수행한다〈청원경찰법 제3조〉.

④ 청원경찰은 청원주가 임용하되, 임용을 할 때에는 미리 지방경찰청장의 승인을 받아야 한다〈청원경찰법 제5조 제1항〉.

ANSWER ▶ 28.① 29.② 30.① 31.①

32 융합보안의 개념에 관한 설명으로 옳은 것은?

① 권한 없는 접근의 제지 및 억제, 지연 그리고 범죄 등에 의한 위험 및 위험의 감지 등의 활동을 말한다.

② 외부차량과 내부직원·계약자·잡상인·방문객 등의 출입에 대해 이들의 신원을 확인·지시·제한하는 활동이다.

③ 컴퓨터시스템에 저장되어 있거나, 컴퓨터 네트워크 상에서 전달되고 있는 정보를 안전하게 관리·보호하는 활동이다.

④ 출입통제, 접근감시, 잠금장치 등과 불법 침입자 정보인식시스템 등을 상호 연계하여 보안의 효과성을 높이는 활동이다.

☆**TIP** 융합보안…물리적 보안과 정보 보안을 융합한 보안개념으로 2008년 지식경제부에서 발표한 'Securing Knowledge Korea 2013'에서 지식정보보안 산업을 정보보안, 물리보안, 융합보안으로 세분화하는 과정에서 태생된 용어이다. 융합보안은 보안기술이 비 IT기술과 융복합되어 창출되는 보안제품 및 서비스로 각종 내·외부적 정보 침해에 따른 대응은 물론 물리적 보안 장비 및 각종 재난·재해 상황에 대한 관제까지를 포함한다.

33 정보보호에 관한 기본원칙으로 옳지 않은 것은?

① 정보시스템 소유자, 공급자, 사용자 및 기타 관련자 간의 책임을 명확하게 해야 한다.

② 정보시스템의 보안은 시간이 경과하더라도 주기적인 재평가가 요구되지 않는다.

③ 정보시스템의 보안은 정보의 합법적 사용과 전달이 상호조화를 이루도록 해야 한다.

④ 정보시스템의 보안은 타인의 권리와 합법적 이익이 존중·보호되도록 운영되어야 한다.

☆**TIP** ② 정보시스템의 보안은 주기적으로 재평가되어야 한다.

34 사이버공격의 유형에서 멀웨어(malware) 공격이 아닌 것은?

① 바이러스　　　　　　　　② 트로이 목마
③ 버퍼 오버플로　　　　　　④ 슬래머

☆**TIP** 멀웨어(malware)…malicious software(악의적인 소프트웨어)의 약자로 사용자의 시스템을 파괴하거나 정보를 유출하는 등 컴퓨터에 악영향을 끼치도록 의도적으로 제작된 소프트웨어를 말한다. 종류로는 바이러스, 트로이 목마, 스파이웨어 등이 있다.
※ 슬래머…SQL Overflow로 윈도 서버(MS-SQL서버)의 허점을 이용하여 대량의 네트워크 트래픽을 유발하여 네트워크를 마비시키는 신종 바이러스를 말한다.

35 컴퓨터범죄에서 자료의 부정조작 유형이 아닌 것은?

① 콘솔조작
② 컴퓨터 스파이
③ 출력조작
④ 프로그램조작

> ☆ **TIP** 자료의 부정조작의 유형
> ㉠ **투입조작**: 일부 자료를 은닉하거나 변경된 자료나 허구의 자료 등을 입력하여 잘못된 산출을 초래하게 하는 방법을 말한다.
> ㉡ **프로그램조작**: 기존 프로그램을 변경하거나 기본 프로그램과 전혀 다른 새로운 프로그램을 작성·투입하는 방법을 말한다.
> ㉢ **콘솔조작**: 컴퓨터 체계의 시동, 정지, 운영상태 감시, 정보처리 내용과 방법의 변경 및 수정에 사용되는 것을 부당하게 조작하거나 기억정보 등을 변경하는 것을 말한다.
> ㉣ **산출물조작**: 정당하게 처리 산출된 결과물을 변경하는 것을 말한다.

36 경제적 이익을 목적으로 컴퓨터에 의하여 처리·보관·전송되는 자료나 처리결과 또는 프로그램을 권한 없이 취득·이용하는 유형의 컴퓨터 범죄수법으로 옳지 않은 것을 모두 고른 것은?

㉠ 쓰레기줍기수법	㉡ 부분잠식수법
㉢ 자료누출수법	㉣ 비동기성공격
㉤ 자료의 부정변개	㉥ 온라인 폭탄

① ㉠㉢㉣
② ㉠㉢㉤
③ ㉡㉣㉤
④ ㉡㉤㉥

> ☆ **TIP** ㉡ **부분잠식수법(Salami Techniques)**: 은행시스템에서 이자 계산 시 떼어버리는 단수를 1개의 계좌에 자동적으로 입금되도록 프로그램을 조작하는 방법으로서 피해자가 알지 못하는 사이에 범죄가 이루어진다.
> ㉤ **자료의 부정변개(Data Diddling)**: 컴퓨터에 입력된 자료를 변조·위조해 끼어넣거나 바꿔치기 하는 것으로 자기 테이프나 디스크 속에 엑스트라 바이트를 만들어 두었다가 데이터를 추가하는 수법이다.
> ㉥ **온라인 폭탄**: 특정조건에 반응하여 시스템이나 프로그램을 파괴하는 것을 말한다.

ANSWER ▶ 32.④ 33.② 34.④ 35.② 36.④

37 다음 설명에 모두 부합하는 용어는?

> • 컴퓨터를 이용한 정보통신은 이것을 통해 이루어진다.
> • 네트워킹 용어로서 논리적인 접점을 말한다.
> • 네트워크상에서 특정 통신경로에 할당된 번호라고 할 수 있다.

① 포트(ports)　　　　　　　② 방화벽(protector)
③ 패치(patch)　　　　　　　④ 스파이웨어(spyware)

> ☆ **TIP** ① **포트(ports)** : 컴퓨터의 주변장치를 접속하기 위해 사용되는 연결 부분을 의미하며, 프로
> 그래밍에서는 논리적인 접속장소를 뜻하기도 한다.
> ② **방화벽** : 컴퓨터의 정보 보안을 위해 외부에서 내부, 내부에서 외부의 정보통신망에 불법
> 으로 접근하는 것을 차단하는 시스템을 말한다.
> ③ **패치(patch)** : 프로그램의 일부를 빠르게 고치기 위해서 일부 파일이나 소스코드 등을 변
> 경해서 추가로 내놓은 수정용 소프트웨어를 말한다.
> ④ **스파이웨어(spyware)** : 다른 사람의 컴퓨터에 잠입하여 중요한 개인정보를 빼가는 소프트
> 웨어를 말한다.

38 청원경찰법상의 내용으로 옳지 않은 것은?

① 청원경찰은 청원경찰의 배치 결정을 받은 자와 배치된 기관·시설 또는 사업장 등의
구역을 관할하는 순찰지구대장의 감독을 받아야 한다.
② 청원경찰의 임용자격, 임용방법 등에 관하여는 대통령령으로 정한다.
③ 청원주는 청원경찰의 봉급과 수당 등의 청원경찰경비를 부담해야 한다.
④ 국가공무원법상의 결격사유에 해당하는 사람은 청원경찰로 임용될 수 없다.

> ☆ **TIP** ① 청원경찰은 청원경찰의 배치 결정을 받은 자와 배치된 기관·시설 또는 사업장 등의 구
> 역을 관할하는 경찰서장의 감독을 받아 그 경비구역만의 경비를 목적으로 필요한 범위
> 에서 「경찰관 직무집행법」에 따른 경찰관의 직무를 수행한다〈청원경찰법 제3조〉.
> ② 청원경찰의 임용자격·임용방법·교육 및 보수에 관하여는 대통령령으로 정한다〈청원경
> 찰법 제5조 제3항〉.
> ③ 청원경찰법 제6조 제1항
> ④ 청원경찰법 제5조 제2항

39 우리나라 민간경비의 개선방안으로 볼 수 없는 것은?

① 경비인력의 전문화
② 청원경찰법과 경비업법의 일원화
③ 기계경비 중심에서 인력경비 중심으로의 비중 확대
④ 기계경비시스템 및 장비의 현대화

> ☆ TIP ③ 최근에 인력경비를 줄이고, 기계경비 중심으로 변화하면서 민간경비의 질적 향상이 도모되고 있다.

40 민간산업보안에 관한 설명으로 옳지 않은 것은?

① 첨단 전자장비의 혁신적 발전으로 산업스파이에 의한 산업기밀이 유출될 수 있는 위험요소들이 더욱 많아지고 있다.
② 국내외 경제침체와 기업의 구조조정 등 사회적·경제적 불안정으로 인한 도덕적 해이 현상이 심화되면서 산업스파이 행위가 사회적 문제가 되고 있다.
③ 보안구역 출입자는 임직원, 상주 협력업체, 상시출입자, 방문객 등으로 구분되지만, 출입권한을 차등화할 필요는 없다.
④ 외부 방문객에 대한 별도 면회실을 운영하고, 외부인 예약방문제도를 실시하는 등 외부인에 대한 시설관리대책이 필요하다.

> ☆ TIP ③ 보안구역 출입자를 임직원, 상주 협력업체, 상시출입자, 방문객 등으로 구분하여 출입권한을 차등하여 관리한다.

ANSWER 37.① 38.① 39.③ 40.③

1 경비업법령상 집단민원현장에 해당하는 것은?

① 건축법에 따라 철거명령이 내려진 장소

② 50명 이상의 사람이 모이는 국제·문화·예술·체육 행사장

③ 도시개발법에 따라 도시개발사업을 시행하기 위하여 지정·고시된 도시개발구역

④ 노동조합 및 노동관계조정법에 따라 노동관계 당사자가 노동쟁의 조정신청을 한 사업장

> ☆ **TIP** 집단민원현장〈경비업법 제2조 제5호〉
> ㉠ 「노동조합 및 노동관계조정법」에 따라 노동관계 당사자가 노동쟁의 조정신청을 한 사업장 또는 쟁의행위가 발생한 사업장
> ㉡ 「도시 및 주거환경정비법」에 따른 정비사업과 관련하여 이해대립이 있어 다툼이 있는 장소
> ㉢ 특정 시설물의 설치와 관련하여 민원이 있는 장소
> ㉣ 주주총회와 관련하여 이해대립이 있어 다툼이 있는 장소
> ㉤ 건물·토지 등 부동산 및 동산에 대한 소유권·운영권·관리권·점유권 등 법적 권리에 대한 이해대립이 있어 다툼이 있는 장소
> ㉥ 100명 이상의 사람이 모이는 국제·문화·예술·체육 행사장
> ㉦ 「행정대집행법」에 따라 대집행을 하는 장소

2 경비업법령상 경비업의 허가에 관한 설명으로 옳지 않은 것은?

① 경비업의 허가를 받고자 하는 법인은 1억원 이상의 자본금을 보유해야 한다.

② 시설경비업의 허가를 받고자 하는 법인은 경비원 20명 이상 및 경비지도사 1명 이상을 확보해야 한다.

③ 기계경비업무의 수행을 위한 관제시설의 신설·이전에 관해서는 지방경찰청장의 허가를 받아야 한다.

④ 경비업의 허가를 받은 법인은 영업을 폐업하거나 휴업한 때에는 지방경찰청장에게 신고해야 한다.

☆ **TIP** ③ 기계경비업무의 수행을 위한 관제시설을 신설·이전 또는 폐지한 때에는 지방경찰청장에게 신고하여야 한다〈경비업법 제4조 제3항 제4호〉.

　※ 경비업의 허가를 받은 법인은 다음의 하나에 해당하는 때에는 지방경찰청장에게 신고하여야 한다〈경비업법 제4조 제3항〉.
　　㉠ 영업을 폐업하거나 휴업한 때
　　㉡ 법인의 명칭이나 대표자·임원을 변경한 때
　　㉢ 법인의 주사무소나 출장소를 신설·이전 또는 폐지한 때
　　㉣ 기계경비업무의 수행을 위한 관제시설을 신설·이전 또는 폐지한 때
　　㉤ 특수경비업무를 개시하거나 종료한 때
　　㉥ 정관의 목적을 변경한 때

3 경비업법령상 경비업자 및 경비업무 도급인 등의 의무에 관한 설명으로 옳은 것은?

① 경비업자는 경비업무에 해당하는 한, 시설주의 관리권의 범위를 넘어 경비업무를 수행할 수 있다.

② 경비업자는 도급을 의뢰받은 경비업무가 부당하더라도 위법하지 않는 한, 이를 거부할 수 없다.

③ 특수경비업자는 국가중요시설에 대한 특수경비업무를 중단하게 되는 경우에는 미리 이를 경비대행업자에게 통보해야 한다.

④ 누구든지 집단민원현장에 경비인력을 10명 이상 배치하려고 할 때에는 경비업자에게 경비업무를 도급해야 한다.

☆ **TIP** ③ 경비업법 제7조 제8항
　① 경비업자는 경비대상시설의 소유자 또는 관리자(시설주)의 관리권의 범위 안에서 경비업무를 수행하여야 하며, 다른 사람의 자유와 권리를 침해하거나 그의 정당한 활동에 간섭하여서는 아니 된다〈경비업법 제7조 제1항〉.
　② 경비업자는 경비업무를 성실하게 수행하여야 하고, 도급을 의뢰받은 경비업무가 위법 또는 부당한 것일 때에는 이를 거부하여야 한다〈경비업법 제7조 제2항〉.
　④ 누구든지 집단민원현장에 경비인력을 20명 이상 배치하려고 할 때에는 그 경비인력을 직접 고용하여서는 아니 되고, 경비업자에게 경비업무를 도급하여야 한다〈경비업법 제7조의2 제2항〉.

ANSWER ▶ 1.④ 2.③ 3.③

4 경비업법령상 경비원의 장비 및 출동차량 등에 관한 설명으로 옳은 것은?

① 경비원이 휴대할 수 있는 장비는 근무 외에도 휴대할 수 있다.

② 경비원은 지방경찰청장의 허가를 받아 장비를 임의로 개조하여 통상의 용법과 달리 사용할 수 있다.

③ 경비원이 사용하는 방검복의 경우는 경찰공무원이 사용하는 방검복과 그 디자인이 구분될 필요가 없다.

④ 지방경찰청장은 경비업자로부터 제출받은 출동차량 등의 사진을 검토한 후 경비업자에게 그 도색 및 표지 변경 등에 대한 시정명령을 할 수 있다.

> ☆ **TIP** ④ 경비업법 제16조의3 제3항
> ① 경비원이 휴대할 수 있는 장비의 종류는 경적 · 단봉 · 분사기 등 행정자치부령으로 정하되, 근무 중에만 이를 휴대할 수 있다〈경비업법 제16조의2 제1항〉.
> ② 누구든지 장비를 임의로 개조하여 통상의 용법과 달리 사용함으로써 다른 사람의 생명 · 신체에 위해를 가하여서는 아니 된다〈경비업법 제16조의2 제3항〉.
> ③ 경찰공무원이 사용하는 방검복과 색상 및 디자인이 명확히 구분되어야 한다〈경비업법 시행규칙 별표5〉.

5 경비업법령상 경비업자가 일반경비원 신임교육 대상에서 제외할 수 있는 사람에 해당하지 않는 자는?

① 일반경비원 신임교육을 받은 사람으로서 채용 5년 전에 경비업무에 종사한 경력이 있는 사람

② 경찰공무원법에 따른 경찰공무원으로 근무한 경력이 있는 사람

③ 군인사법에 따른 부사관 이상으로 근무한 경력이 있는 사람

④ 대통령 등의 경호에 관한 법률에 따른 경호공무원으로 근무한 경력이 있는 사람

> ☆ **TIP** 경비업자가 일반경비원을 일반경비원 신임교육 대상에서 제외할 수 있는 사람〈경비업법 시행령 제18조 제2항〉
> ㉠ 일반경비원 신임교육을 받은 사람으로서 채용 전 3년 이내에 경비업무에 종사한 경력이 있는 사람
> ㉡ 「경찰공무원법」에 따른 경찰공무원으로 근무한 경력이 있는 사람
> ㉢ 「대통령 등의 경호에 관한 법률」에 따른 경호공무원 또는 별정직공무원으로 근무한 경력이 있는 사람
> ㉣ 「군인사법」에 따른 부사관 이상으로 근무한 경력이 있는 사람
> ㉤ 경비지도사 자격이 있는 사람

6 경비업법령상 기계경비업자의 기계경비업무에 관한 설명으로 옳은 것은?

① 경비계약을 체결하는 때에는 계약상대방의 요청이 없는 한 손해배상에 관한 사항을 기재한 서면을 교부할 의무는 없다.

② 경비계약을 체결하는 때에는 오경보를 막기 위하여 계약상대방에게 기기사용요령 및 기계경비운영체계 등에 관하여 구두 또는 서면에 의하여 설명해야 한다.

③ 업무의 원활한 운영과 개선을 위하여 경비대상시설의 명칭·소재지 및 경비계약 기간에 관한 서류를 주사무소에 비치한 경우, 이를 출장소에 비치할 필요는 없다.

④ 경보의 수신 및 현장도착 일시와 조치의 결과 사항을 기재한 서류는 당해 경보를 수신한 날부터 1년간 이를 보관해야 한다.

> ☆ **TIP** ④ 경비업법 시행령 제9조 제2항
> ① 손해배상의 범위와 손해배상액에 관한 사항을 기재한 서면 등을 계약상대방에게 교부하여야 한다〈경비업법 시행령 제8조 제2항〉.
> ② 기계경비업자가 계약상대방에게 하여야 하는 설명은 서면 또는 전자문서(전자문서는 계약상대방이 원하는 경우에 한한다)를 교부하는 방법에 의한다〈경비업법 시행령 제8조 제1항〉.
> ③ 경비대상시설의 명칭·소재지 및 경비계약기간에 관한 서류를 출장소별로 갖추어 두어야 한다〈경비업법 시행령 제9조 제1항〉.

7 경비업법령상 집단민원현장에 배치된 일반경비원에 관한 설명으로 옳지 않은 것은?

① 경비업자는 경비원을 배치하기 48시간 전까지 배치허가를 신청하고, 관할 경찰관서장의 배치허가를 받은 후에 경비원을 배치해야 한다.

② 집단민원현장에 배치되는 일반경비원의 명부는 그 경비원이 배치되는 장소에도 작성·비치해야 한다.

③ 관할 경찰관서장은 배치허가를 함에 있어 필요한 조건을 붙일 수 없다.

④ 관할 경찰관서장은 배치허가 신청을 받은 경우, 불허가사유에 해당하는 때에는 이를 확인하기 위하여 소속 경찰관으로 하여금 그 배치장소를 방문하여 조사하게 할 수 있다.

> ☆ **TIP** ③ 관할 경찰관서장은 배치허가를 함에 있어 필요한 조건을 붙일 수 있다〈경비업법 제18조 제2항〉.
> ① 경비업법 제18조 제2항
> ② 경비업법 제18조 제1항
> ④ 경비업법 제18조 제3항

ANSWER 4.④ 5.① 6.④ 7.③

8 경비업법령상 결격사유의 조회에 관한 설명으로 옳은 것은?

① 지방경찰청장은 직권으로 경비업자의 임원이 결격사유에 해당하는지를 확인하기 위하여 형의 실효 등에 관한 법률에 따른 범죄경력조회를 할 수 있다.

② 경비업자는 선임하려는 경비지도사가 결격사유에 해당하는지를 확인하기 위하여 지방경찰청장에게 채무자회생 및 파산에 관한 법률에 따른 채무내역을 요청할 수 있다.

③ 관할 경찰관서장은 경비업자로부터 요청받은 선임하려는 경비지도사의 범죄경력조회 결과를 경비업자에게 통보할 때에는, 결격사유에 관한 한 제한없이 통보해야 한다.

④ 지방경찰청장은 경비업자의 임원이 결격사유에 해당하는 사실을 알게 된 때에는 경비업법에 따른 경비업자의 요청이 없는 한 그 사실을 통보해서는 아니 된다.

> ☆ **TIP** ① 경비업법 제17조 제1항
> ② 경비업자는 선출·선임·채용 또는 배치하려는 임원, 경비지도사 또는 경비원이 결격사유에 해당하는지를 확인하기 위하여 주된 사무소, 출장소 또는 배치장소를 관할하는 지방경찰청장 또는 경찰관서장에게 「형의 실효 등에 관한 법률」에 따른 범죄경력조회를 요청할 수 있다〈경비업법 제17조 제2항〉.
> ③ 범죄경력조회 요청을 받은 지방경찰청장 또는 관할 경찰관서장은 경비업자에게 그 결과를 통보할 때에는 경비업자의 임원, 경비지도사 또는 경비원이 결격사유에 해당하는지 여부만을 통보하여야 한다〈경비업법 제17조 제3항〉.
> ④ 지방경찰청장 또는 관할 경찰관서장은 경비업자의 임원, 경비지도사 또는 경비원이 결격사유에 해당하는 사실을 알게 되거나 이 법 또는 이 법에 따른 명령을 위반한 때에는 경비업자에게 그 사실을 통보하여야 한다〈경비업법 제17조 제4항〉.

9 경비업법령상 경비지도사의 선임·배치기준에 관한 설명으로 옳지 않은 것은?

① 특수경비업의 경우 특수경비원 교육을 이수한 일반경비지도사를 선임·배치해야 한다.

② 기계경비지도사의 경우 기계경비업과 특수경비업에 한하여 선임·배치해야 한다.

③ 관할하는 지방경찰청의 관할구역별로 경비원 200인까지는 1인씩 선임·배치해야 한다.

④ 관할하는 지방경찰청의 관할구역별로 경비원 200인을 초과하는 경우는 100인까지마다 1인씩을 추가로 선임·배치해야 한다.

> ☆ **TIP** ③ 일반경비지도사는 시설경비업·호송경비업·신변보호업 및 특수경비업에 한하여 선임·배치하고 기계경비지도사는 기계경비업에 한하여 선임·배치한다〈경비업법 시행령 별표3〉.

10 경비업법령상 경비원의 명부와 배치 등에 관한 설명으로 옳은 것은?

① 경비업자는 주된 사무소, 출장소, 집단민원현장에 경비원의 명부를 작성·비치하여 두고 이를 항상 정리해야 한다.

② 경비업자는 경비원을 배치하여 경비업무를 수행하게 하는 때에는 근무상황기록부를 작성하여 2년 동안 보관해야 한다.

③ 경비업자는 형법상 상해죄 또는 폭행죄를 범하여 벌금형을 선고받고 7년이 지나지 아니한 자를 집단민원현장에 일반경비원으로 배치하여서는 아니 된다.

④ 관할 경찰관서장은 경비원이 위력이나 흉기 또는 그 밖의 위험한 물건을 사용하여 집단적 폭력사태를 일으킨 때에는 경비업의 허가를 취소해야 한다.

> ☆ TIP ① 경비업법 시행규칙 제23조
> ② 경비업자는 근무상황기록부를 1년 동안 보관하여야 한다〈경비업법 시행규칙 제24조의3 제2항〉.
> ③ 경비업자는 형법상 상해죄 또는 폭행죄를 범하여 벌금형을 선고받고 5년이 지나지 아니하거나 금고 이상의 형을 선고받고 그 집행이 유예된 날부터 5년이 지나지 아니한 자를 집단민원현장에 일반경비원으로 배치하여서는 아니 된다〈경비업법 제18조 제6항〉.
> ④ 관할 경찰관서장은 경비원이 위력이나 흉기 또는 그 밖의 위험한 물건을 사용하여 집단적 폭력사태를 일으킨 때에는 배치폐지를 명할 수 있다〈경비업법 제18조 제8항〉.

11 경비업법령상 경비원의 복장·장비 등에 관한 설명으로 옳지 않은 것은?

① 경비원은 근무 중 경비업무 수행에 필요한 것으로서 공격적인 용도로 제작된 장비를 휴대할 수 있다.

② 경비업자가 경비원으로 하여금 분사기를 휴대하여 직무를 수행하게 하는 경우에는 총포·도검·화약류 등 단속법에 따라 미리 분사기의 소지허가를 받아야 한다.

③ 경비원은 경비업무 수행 시 이름표를 경비원 복장의 상의 가슴 부위에 부착하여 경비원의 이름을 외부에서 알아볼 수 있도록 해야 한다.

④ 경비업자는 출동차량 등의 도색 및 표지를 정하고 이를 확인할 수 있는 사진을 첨부하여 운행하기 전에 주된 사무소를 관할하는 지방경찰청장에게 신고해야 한다.

> ☆ TIP ① 경비원은 경비업무를 위하여 필요하다고 인정되는 상당한 이유가 있을 때에는 필요한 최소한도에서 장비를 사용할 수 있다〈경비업법 제16조의2 제4항〉.
> ② 경비업법 제16조의2 제2항
> ③ 경비업법 시행규칙 제19조 제4항
> ④ 경비업법 제16조의3 제2항

ANSWER 8.① 9.② 10.① 11.①

12 경비업법령상 특수경비원의 의무에 관한 설명으로 옳은 것은?

① 쟁의행위 유형 중 태업은 할 수 있지만, 파업은 할 수 없다.

② 관할 경찰관서장의 허가없이 경비구역을 벗어나서는 아니 된다.

③ 직무를 수행함에 있어 시설주·관할 경찰관서장 및 소속상사의 직무상 명령에 복종해야 한다.

④ 사람을 향하여 권총을 발사하고자 하는 때에는 구두에 의한 경고가 아닌 공포탄사격에 의한 경고가 선행되어야 한다.

> ☆ **TIP** 특수경비원의 의무〈경비업법 제15조〉
> ㉠ 특수경비원은 직무를 수행함에 있어 시설주·관할 경찰관서장 및 소속상사의 직무상 명령에 복종하여야 한다.
> ㉡ 특수경비원은 소속상사의 허가 또는 정당한 사유 없이 경비구역을 벗어나서는 아니된다.
> ㉢ 특수경비원은 파업·태업 그 밖에 경비업무의 정상적인 운영을 저해하는 일체의 쟁의행위를 하여서는 아니된다.
> ㉣ 특수경비원이 무기를 휴대하고 경비업무를 수행하는 때에는 다음의 무기의 안전사용수칙을 지켜야 한다.
> • 특수경비원은 사람을 향하여 권총 또는 소총을 발사하고자 하는 때에는 미리 구두 또는 공포탄에 의한 사격으로 상대방에게 경고하여야 한다. 다만, 다음에 해당하는 경우로서 부득이한 때에는 경고하지 아니할 수 있다.
> -특수경비원을 급습하거나 타인의 생명·신체에 대한 중대한 위험을 야기하는 범행이 목전에 실행되고 있는 등 상황이 급박하여 경고할 시간적 여유가 없는 경우
> -인질·간첩 또는 테러사건에 있어서 은밀히 작전을 수행하는 경우
> • 특수경비원은 무기를 사용하는 경우에 있어서 범죄와 무관한 다중의 생명·신체에 위해를 가할 우려가 있는 때에는 이를 사용하여서는 아니 된다. 다만, 무기를 사용하지 아니하고는 타인 또는 특수경비원의 생명·신체에 대한 중대한 위험을 방지할 수 없다고 인정되는 때에는 필요한 최소한의 범위 안에서 이를 사용할 수 있다.
> • 특수경비원은 총기 또는 폭발물을 가지고 대항하는 경우를 제외하고는 14세 미만의 자 또는 임산부에 대하여는 권총 또는 소총을 발사하여서는 아니 된다.

13 경비업법령상 특수경비원을 배치한 시설주가 갖추어 두어야 하는 장부 또는 서류에 해당하지 않는 것은?

① 근무일지

② 무기·탄약대여대장

③ 순찰표철

④ 경비구역배치도

☆ **TIP** 특수경비원을 배치한 시설주가 갖추어 두어야 하는 장부 또는 서류〈경비업법 시행규칙 제26조〉
… 특수경비원을 배치한 시설주는 다음의 장부 및 서류를 갖추어 두어야 한다.
　㉠ 근무일지
　㉡ 근무상황카드
　㉢ 경비구역배치도
　㉣ 순찰표철
　㉤ 무기탄약출납부
　㉥ 무기장비운영카드

14 경비업법령상 행정처분의 일반기준에 관한 설명으로 옳은 것은?

① 위반행위가 2 이상인 경우로서 그에 해당하는 각각의 처분기준이 다른 경우에는 그 중 경한 처분기준에 따른다.

② 2 이상의 처분기준이 동일한 영업정지인 경우에는 중한 처분기준의 3분의 1까지 가중할 수 있다.

③ 위반행위의 횟수에 따른 행정처분 기준은 최근 1년간 같은 위반행위로 행정처분을 받은 경우에 적용한다.

④ 영업정지처분에 해당하는 위반행위가 적발된 날 이전 최근 2년간 같은 위반행위로 2회 영업정지처분을 받은 경우에는 그 위반행위에 대한 행정처분기준은 허가취소로 한다.

☆ **TIP** 행정처분의 일반기준〈경비업법 시행령 별표4〉
　㉠ 행정처분이 영업정지인 경우에는 위반행위의 동기, 내용 및 위반의 정도 등을 고려하여 가중하거나 감경할 수 있다.
　㉡ 위반행위가 2 이상인 경우로서 그에 해당하는 각각의 처분기준이 다른 경우에는 그 중 중한 처분기준에 따르며, 2 이상의 처분기준이 동일한 영업정지인 경우에는 중한 처분기준의 2분의 1까지 가중할 수 있다. 다만, 가중하는 경우에도 각 처분기준을 합산한 기간을 초과할 수 없다.
　㉢ 위반행위의 횟수에 따른 행정처분 기준은 최근 2년간 같은 위반행위로 행정처분을 받은 경우에 적용한다. 이 경우 기준 적용일은 위반행위에 대한 행정처분일과 그 처분 후의 위반행위가 다시 적발된 날을 기준으로 한다.
　㉣ 영업정지처분에 해당하는 위반행위가 적발된 날 이전 최근 2년간 같은 위반행위로 2회 영업정지처분을 받은 경우에는 그 위반행위에 대한 행정처분기준은 허가취소로 한다.

ANSWER 12.③　13.②　14.④

15 경비업법령상 일반경비지도사 자격증을 취득하기 위하여 받아야 할 교육의 과목에 해당하지 않는 것은?

① 예절 및 인권교육　　　　　　　　② 호송경비

③ 인력경비개론　　　　　　　　　　④ 경찰관직무집행법 및 청원경찰법

> ☆ TIP　경비지도사 교육의 과목〈경비업법 시행규칙 별표1〉
> ㉠ **공통교육(28시간)** : 경비업법, 경찰관직무집행법 및 청원경찰법, 테러 대응요령, 화재대처법, 응급처치법, 분사기 사용법, 교육기법, 예절 및 인권교육, 체포·호신술, 입교식·평가·수료식
> ㉡ **자격의 종류별 교육(16시간)**
> - 일반경비지도사 : 시설경비, 호송경비, 신변보호, 특수경비, 기계경비개론, 일반경비현장실습
> - 기계경비지도사 : 기계경비운용관리, 기계경비기획 및 설계, 인력경비개론, 기계경비현장실습

16 다음 표는 경비업법 시행령 별표에서 정한 경비지도사 자격정지처분 기준이다. (　) 안에 들어갈 내용으로 옳은 것은?

위반행위	1차 위반	2차 위반	3차 이상 위반
경비업법 제12조 제3항의 규정에 위반하여 직무를 성실하게 수행하지 아니한 때	자격정지 3월	자격정지 (㉠)월	자격정지 (㉡)월
경비업법 제24조의 규정에 의한 경찰청장·지방경찰청장의 명령을 위반한 때	자격정지 (㉢)월	자격정지 6월	자격정지 9월

① ㉠ : 6, ㉡ : 9, ㉢ : 1　　　　　② ㉠ : 6, ㉡ : 9, ㉢ : 3

③ ㉠ : 6, ㉡ : 12, ㉢ : 1　　　　④ ㉠ : 9, ㉡ : 12, ㉢ : 3

> ☆ TIP　경비지도사 자격정지처분 기준〈경비업법 시행령 별표5〉
>
> | 위반행위 | 행정처분기준 | | |
> |---|---|---|---|
> | | 1차 | 2차 | 3차 이상 |
> | 경비업법 제12조 제3항의 규정에 위반하여 직무를 성실하게 수행하지 아니한 때 | 자격정지 3월 | 자격정지 6월 | 자격정지 12월 |
> | 경비업법 제24조의 규정에 의한 경찰청장·지방경찰청장의 명령을 위반한 때 | 자격정지 1월 | 자격정지 6월 | 자격정지 9월 |

17 경비업법령상 경찰청장 또는 지방경찰청장이 청문을 실시해야 하는 경우에 해당하지 않는 것은?

① 경비업 법인의 임원선임 취소
② 경비지도사자격의 정지
③ 경비업 영업정지
④ 경비업 허가의 취소

> ☆ **TIP** 경비업법 제21조(청문) … 경찰청장 또는 지방경찰청장은 다음의 어느 하나에 해당하는 처분을 하고자 하는 경우에는 청문을 실시하여야 한다.
> ㉠ 경비업 허가의 취소 또는 영업정지
> ㉡ 경비지도사자격의 취소 또는 정지

18 경비업법령상 경찰청장이 경비지도사의 자격을 취소해야 하는 경우에 해당하지 않는 것은?

① 경비지도사로서의 결격사유에 해당하게 된 때
② 허위로 경비지도사자격증을 교부받은 때
③ 경비지도사자격증을 다른 사람에게 빌려준 때
④ 경찰청장이 경비업무의 적정한 수행을 위하여 경비지도사를 지도·감독하며 내린 필요한 명령을 경비지도사가 위반한 때

> ☆ **TIP** 자격취소 … 경찰청장은 경비지도사가 다음의 어느 하나에 해당하는 때에는 그 자격을 취소하여야 한다〈경비업법 제20조 제1항〉.
> ㉠ 결격사유에 해당하게 된 때
> ㉡ 허위 그 밖의 부정한 방법으로 경비지도사자격증을 교부받은 때
> ㉢ 경비지도사자격증을 다른 사람에게 빌려주거나 양도한 때
> ㉣ 자격정지 기간 중에 경비지도사로 선임되어 활동한 때
> ※ **자격정지** … 경찰청장은 경비지도사가 다음의 어느 하나에 해당하는 때에는 대통령령이 정하는 바에 따라 1년의 범위 내에서 그 자격을 정지시킬 수 있다.
> ㉠ 직무를 성실하게 수행하지 아니한 때
> ㉡ 경찰청장 또는 지방경찰청장의 명령을 위반한 때

ANSWER ▶ 15.③ 16.③ 17.① 18.④

19 경비업법령상 용어의 정의로 옳지 않은 것은?

① 신변보호업무는 사람의 생명이나 신체에 대한 위해의 발생을 방지하고 그 신변을 보호하는 업무이다.
② 기계경비업무는 경비를 필요로 하는 시설 및 장소에서의 도난·화재 그 밖의 혼잡 등으로 인한 위험발생을 방지하는 업무이다.
③ 호송경비업무는 운반중에 있는 현금·유가증권·귀금속·상품 그 밖의 물건에 대하여 도난·화재 등 위험발생을 방지하는 업무이다.
④ 특수경비업무는 공항 등 대통령령이 정하는 국가중요시설의 경비 및 도난·화재 그 밖의 위험발생을 방지하는 업무이다.

☆ **TIP** 기계경비업무 … 경비대상시설에 설치한 기기에 의하여 감지·송신된 정보를 그 경비대상시설 외의 장소에 설치한 관제시설의 기기로 수신하여 도난·화재 등 위험발생을 방지하는 업무 〈경비업법 제2조 제1호〉

※ **시설경비업무** … 경비를 필요로 하는 시설 및 장소에서의 도난·화재 그 밖의 혼잡 등으로 인한 위험발생을 방지하는 업무〈경비업법 제2조 제1호〉

20 경비업법령상 경비협회에 관한 설명으로 옳은 것은?

① 경비업자는 3인 이상이 발기인이 되어 경비협회를 설립할 수 있다.
② 경비협회에 관하여 경비업법에 특별한 규정이 있는 것을 제외하고는 민법 중 재단법인에 관한 규정을 준용한다.
③ 경비협회는 경비업자의 손해배상책임 보장과 소속 경비원의 고용안정 보장을 위하여 공제사업을 운영할 수 있다.
④ 경비협회의 업무에는 경비원의 후생·복지에 관한 사항 외에도 경비진단에 관한 사항도 포함된다.

☆ **TIP** ① 경비업자는 경비업무의 건전한 발전과 경비원의 자질향상 및 교육훈련 등을 위하여 대통령령이 정하는 바에 따라 경비협회를 설립할 수 있다〈경비업법 제22조 제1항〉. 경비업자가 경비협회를 설립하려는 경우에는 정관을 작성하여야 한다〈경비업법 시행령 제26조 제1항〉.
② 경비협회에 관하여 이 법에 특별한 규정이 있는 것을 제외하고는 민법 중 사단법인에 관한 규정을 준용한다〈경비업법 제22조 제4항〉.
③ 경비협회는 다음의 공제사업을 할 수 있다〈경비업법 제23조 제1항〉.
　㉠ 경비업자의 손해배상책임을 보장하기 위한 사업
　㉡ 경비업자가 경비업을 운영할 때 필요한 입찰보증, 계약보증, 하도급보증을 위한 사업
　㉢ 경비원의 복지향상과 업무상 재해로 인한 손실을 보상하는 사업
　㉣ 경비업무와 관련된 연구 및 경비원 교육·훈련에 관한 사업

21 경비업법령상 경비원이 경비업무 수행 중에 경비업법에 규정된 장비 외에 흉기 그 밖의 위험한 물건을 휴대하고 일정한 형법상의 범죄를 범한 경우 그 법정형의 2분의 1까지 가중 처벌된다. 다음 중 이에 해당되는 형법상 범죄는?

① 형법 제324조의2(인질강요죄)
② 형법 제261조(특수폭행죄)
③ 형법 제136조(공무집행방해죄)
④ 형법 제333조(강도죄)

> ☆ **TIP** 경비원이 경비업무 수행 중에 경비업법에서 정한 장비 외에 흉기 또는 그 밖의 위험한 물건을 휴대하고 형법 제258조의2(특수상해), 제259조(상해치사), 제261조(특수폭행), 제262조(폭행치사상), 제268조(업무상 과실·중과실 치사상), 제276조 제1항(체포, 감금), 제277조 제1항(중체포, 중감금), 제281조 제1항(체포·감금등의 치사상), 제283조 제1항(협박), 제324조 제2항(강요), 제350조의2(특수공갈), 제366조(재물손괴)의 죄를 범한 때에는 그 죄에 정한 형의 2분의 1까지 가중처벌한다〈경비업법 제29조 제2항〉.

22 경비업법령상 벌칙에 관한 설명으로 옳은 것은?

① 국가중요시설에 대한 경비업무 수행 중 국가중요시설의 정상적인 운영을 해치는 장해를 일으킨 특수경비원은 7년 이하의 징역 또는 5천만원 이하의 벌금에 처한다.
② 허가를 받지 아니하고 경비업을 영위한 자는 2년 이하의 징역 또는 2천만원 이하의 벌금에 처한다.
③ 국가중요시설에 대한 경비업무의 수행 중 정당한 사유없이 무기를 소지하고 배치된 경비구역을 벗어난 특수경비원은 3년 이하의 징역 또는 3천만원 이하의 벌금에 처한다.
④ 경비업법 규정에 위반하여 쟁의행위를 한 특수경비원은 2년 이하의 징역 또는 2천만원 이하의 벌금에 처한다.

> ☆ **TIP** ② 허가를 받지 아니하고 경비업을 영위한 자는 3년 이하의 징역 또는 3천만원 이하의 벌금에 처한다〈경비업법 제28조 제2항 제1호〉.
> ③ 정당한 사유없이 무기를 소지하고 배치된 경비구역을 벗어난 특수경비원은 2년 이하의 징역 또는 2천만원 이하의 벌금에 처한다〈경비업법 제28조 제3항〉.
> ④ 경비업법 규정에 위반하여 쟁의행위를 한 특수경비원은 1년 이하의 징역 또는 1천만원 이하의 벌금에 처한다〈경비업법 제28조 제4항 제2호〉.

ANSWER ▶ 19.② 20.④ 21.② 22.①

23 경비업법령상 경찰청장이 지방경찰청장에게 위임할 수 있는 권한에 해당하는 것은?

① 경비지도사의 자격의 취소 및 정지
② 경비지도사 시험의 관리
③ 경비지도사의 교육
④ 경비업 허가의 취소 및 영업정지

> ☆ **TIP** 경찰청장이 지방경찰청장에게 위임할 수 있는 권한〈경비업법 시행령 제31조 제1항〉
> ㉠ 경비지도사의 자격의 취소 및 정지에 관한 권한
> ㉡ 경비지도사 자격의 취소 및 정지에 관한 청문의 권한

24 경비업법령상 경찰관서장의 지도 · 감독 · 점검에 관한 설명으로 옳은 것은?

① 지방경찰청장 또는 관할 경찰관서장은 경비업무의 적정한 수행을 위하여 경비업자 및 경비지도사를 지도 · 감독하며 필요한 명령을 할 수 있다.
② 지방경찰청장은 특수경비업자에 대하여 연 1회 이상의 보안지도 · 점검을 실시하고, 필요한 경우 관계기관에 보안 측정을 요청해야 한다.
③ 지방경찰청장 또는 관할 경찰관서장은 소속 경찰공무원으로 하여금 관할구역안에 있는 경비업자의 주사무소 및 출장소와 경비원 배치장소에 출입하여 감독하며 필요한 명령을 하게 할 수 있다.
④ 지방경찰청장 또는 관할 경찰관서장은 경비업자 또는 배치된 경비원이 경비업법을 위반하는 행위를 하는 경우 그 위반행위의 중지를 명해야 한다.

> ☆ **TIP** ① 경찰청장 또는 지방경찰청장은 경비업무의 적정한 수행을 위하여 경비업자 및 경비지도사를 지도 · 감독하며 필요한 명령을 할 수 있다〈경비업법 제24조 제1항〉.
> ② 지방경찰청장은 특수경비업자에게 비밀취급인가를 하고자 하는 때에는 특수경비업자로 하여금 경찰청장을 거쳐 국가정보원장에게 보안측정을 요청하도록 하여야 한다〈경비업법 시행령 제6조 제2항〉.
> ④ 지방경찰청장 또는 관할 경찰관서장은 경비업자 또는 배치된 경비원이 경비업법이나 경비업법에 따른 명령, 폭력행위 등 처벌에 관한 법률을 위반하는 행위를 하는 경우 그 위반행위의 중지를 명할 수 있다〈경비업법 제24조 제3항〉.

25 경비업법령상 경비업법 위반 횟수에 관계없이 과태료 금액이 동일한 것은?

① 기계경비업자가 경비계약을 체결하면서 계약상대방에게 설명의무를 이행하지 않은 경우
② 무기의 적정관리를 위해 관할 경찰관서장이 감독상 필요한 명령을 발하였으나 무기를 대여받은 시설주가 정당한 이유 없이 이를 이행하지 않은 경우
③ 경비업자가 경비업법을 위반하여 경비원의 복장에 관한 신고를 하지 않고 집단민원현장에 경비원을 배치한 경우
④ 경비업자가 경비업법을 위반하여 경비원의 근무상황을 기록하여 보관하지 않은 경우

> ☆ **TIP** 과태료 부과기준〈경비업법 시행령 별표6〉
>
> | 위반 행위 | 1회 위반 | 2회 위반 | 3회 위반 |
> |---|---|---|---|
> | 설명의무를 이행하지 않은 경우 | 100만원 | 200만원 | 400만원 |
> | 감독상 필요한 명령을 정당한 이유없이 이행하지 않은 경우 | | 500만원 | |
> | 복장 등에 관한 신고규정을 위반하여 신고를 하지 않은 경우 | 100만원 | 200만원 | 400만원 |
> | 경비원의 근무상황을 기록하여 보관하지 않은 경우 | 50만원 | 100만원 | 200만원 |

26 경비업법령상 관할 경찰관서장이 경비원의 배치폐지를 명할 수 있는 경우가 아닌 것은?

① 경비업법상 배치허가를 필요로 하는 경우 배치허가 신청의 내용을 거짓으로 한 경우
② 경비업자가 경비업법을 위반하여 신고를 하지 아니하고 일반경비원을 배치한 경우
③ 경비원 신임교육을 이수하지 아니한 자를 경비원으로 배치한 경우
④ 형법상 사기죄로 기소된 자를 경비원으로 배치한 경우

> ☆ **TIP** 관할 경찰관서장이 경비업자의 배치폐지를 명할 수 있는 경우〈경비업법 제18조 제8항〉
> ㉠ 배치허가를 받지 아니하고 경비원을 배치하거나 경비원 명단 및 배치일시·배치장소 등 배치허가 신청의 내용을 거짓으로 한 때
> ㉡ 결격사유에 해당하는 자를 집단민원현장에 일반경비원으로 배치한 때
> ㉢ 신임교육을 이수하지 아니한 자를 경비원으로 배치한 때
> ㉣ 경비업자 또는 경비원이 위력이나 흉기 또는 그 밖의 위험한 물건을 사용하여 집단적 폭력사태를 일으킨 때
> ㉤ 경비업자가 신고하지 아니하고 일반경비원을 배치한 때

ANSWER ▶ 23.① 24.③ 25.② 26.④

27 경비업법령상 법인이나 개인에게도 벌금형을 과하는 양벌규정이 적용되는 행위자가 될 수 없는 자는?

① 법인의 대표자
② 법인의 대리인
③ 개인의 대리인
④ 개인의 직계비속

> ☆ **TIP** 양벌규정〈경비업법 제30조〉… 법인의 대표자나 법인 또는 개인의 대리인, 사용인, 그 밖의 종업원이 그 법인 또는 개인의 업무에 관하여 위반행위를 하면 그 행위자를 벌하는 외에 그 법인 또는 개인에게도 해당 조문의 벌금형을 과한다. 다만, 법인 또는 개인이 그 위반행 위를 방지하기 위하여 해당 업무에 관하여 상당한 주의와 감독을 게을리하지 아니한 경우 에는 그러하지 아니하다.

28 청원경찰법 제1조의 내용이다. (　　) 안에 들어갈 용어로 옳은 것은?

> 청원경찰법은 청원경찰의 직무·임용·배치·보수·(　　) 및 그 밖에 필요한 사항을 규 정함으로써 청원경찰의 원활한 운영을 목적으로 한다.

① 무기휴대
② 신분보장
③ 사회보장
④ 징계

> ☆ **TIP** 목적〈청원경찰법 제1조〉… 이 법은 청원경찰의 직무·임용·배치·보수·사회보장 및 그 밖 에 필요한 사항을 규정함으로써 청원경찰의 원활한 운영을 목적으로 한다.

29 청원경찰법령상 청원경찰의 직무에 관한 설명으로 옳지 않은 것은?

① 경비구역 내에서의 입초근무, 소내근무, 순찰근무, 대기근무를 수행한다.
② 청원경찰의 배치 결정을 받은 자의 지시와 감독에 의해서만 직무를 수행해야 한다.
③ 직무를 수행할 때에는 경비 목적을 위하여 필요한 최소한의 범위에서 해야 한다.
④ 경찰관 직무집행법에 따른 직무외의 수사활동 등의 직무를 수행해서는 아니 된다

> ☆ **TIP** 청원경찰은 청원경찰의 배치 결정을 받은 자와 배치된 기관·시설 또는 사업장 등의 구역을 관할하는 경찰서장의 감독을 받아 그 경비구역만의 경비를 목적으로 필요한 범위에서 「경찰관 직무집행법」에 따른 경찰관의 직무를 수행한다〈청원경찰법 제3조〉.

30 청원경찰법령상 청원경찰의 교육에 관한 설명으로 옳지 않은 것은?

① 청원경찰은 배치하기 전에 직무수행에 필요한 교육을 받게 해야 한다. 다만 부득이한 경우에는 임용 후 2년 이내에 교육을 받게 할 수 있다.

② 청원경찰의 신임교육기간은 2주이다.

③ 청원주는 소속 청원경찰에게 매월 4시간 이상의 직무교육을 실시해야 한다.

④ 청원경찰의 신임교육과목에는 형사법, 경찰관직무집행법, 화생방 등이 있다.

> ☆**TIP** ① 청원주는 청원경찰로 임용된 사람으로 하여금 경비구역에 배치하기 전에 경찰교육기관에서 직무 수행에 필요한 교육을 받게 하여야 한다. 다만, 경찰교육기관의 교육계획상 부득이하다고 인정할 때에는 우선 배치하고 임용 후 1년 이내에 교육을 받게 할 수 있다〈청원경찰법 시행령 제5조 제1항〉.
> ② 청원경찰법 시행규칙 제6조
> ③ 청원경찰법 시행규칙 제13조 제1항
> ④ 청원경찰법 시행규칙 별표1

31 청원경찰법령상 청원경찰 배치 대상 기관·시설·사업장에 해당하는 것을 모두 고른 것은?

> ㉠ 국내 주재(駐在) 외국기관
> ㉡ 선박, 항공기 등 수송시설
> ㉢ 언론, 통신, 방송을 업으로 하는 시설
> ㉣ 공공의 안녕질서 유지와 국민경제를 위하여 고도의 경비가 필요한 장소

① ㉠㉡
② ㉠㉢㉣
③ ㉡㉢㉣
④ ㉠㉡㉢㉣

> ☆**TIP** 청원경찰의 배치 대상이 되는 기관·시설·사업장〈청원경찰법 제2조〉
> ㉠ 국가기관 또는 공공단체와 그 관리 하에 있는 중요 시설 또는 사업장
> ㉡ 국내 주재(駐在) 외국기관
> ㉢ 그 밖에 행정자치부령으로 정하는 중요 시설, 사업장 또는 장소
> • 선박, 항공기 등 수송시설
> • 금융 또는 보험을 업으로 하는 시설 또는 사업장
> • 언론, 통신, 방송 또는 인쇄를 업으로 하는 시설 또는 사업장
> • 학교 등 육영시설
> • 「의료법」에 따른 의료기관
> • 그 밖에 공공의 안녕질서 유지와 국민경제를 위하여 고도의 경비가 필요한 중요 시설, 사업체 또는 장소

ANSWER 27.④ 28.③ 29.② 30.① 31.④

32 청원경찰법령상 청원주가 지방경찰청장에게 청원경찰 임용승인을 신청할 때 청원경찰 임용승인신청서에 첨부해야 하는 서류가 아닌 것은?

① 주민등록증 사본 1부
② 가족관계등록부 중 가족관계증명서 1부
③ 민간인 신원진술서 1부
④ 최근 3개월 이내에 발행한 채용신체검사서 또는 취업용 건강진단서 1부

> ☆**TIP** 청원경찰 임용승인신청서에 첨부해야 하는 서류〈청원경찰법 시행규칙 제5조 제1항〉
> ㉠ 이력서 1부
> ㉡ 주민등록증 사본 1부
> ㉢ 민간인 신원진술서 1부
> ㉣ 최근 3개월 이내에 발행한 채용신체검사서 또는 취업용 건강진단서 1부
> ㉤ 가족관계등록부 중 기본증명서 1부

33 청원경찰법령상 청원경찰의 근무요령에 관한 설명으로 옳은 것은?

① 대기근무자는 소내근무에 협조하거나 휴식하면서 불의의 사고에 대비한다.
② 소내근무자는 근무 중 특이한 사항이 발생하였을 때에는 지체 없이 관할 지방경찰청장에게 보고하고 그 지시에 따라야 한다.
③ 순찰근무자는 요점순찰(要點巡察) 또는 난선순찰(亂線巡察)을 하되, 청원주가 필요하다고 인정할 때에는 정선순찰(定線巡察)을 할 수 있다.
④ 소내근무자는 경비구역의 정문이나 그 밖의 지정된 장소에서 경비구역의 내부, 외부 및 출입자의 움직임을 감시한다.

> ☆**TIP** 근무요령〈청원경찰법 시행규칙 제14조〉
> ㉠ 자체경비를 하는 입초근무자는 경비구역의 정문이나 그 밖의 지정된 장소에서 경비구역의 내부, 외부 및 출입자의 움직임을 감시한다.
> ㉡ 업무처리 및 자체경비를 하는 소내근무자는 근무 중 특이한 사항이 발생하였을 때에는 지체 없이 청원주 또는 관할 경찰서장에게 보고하고 그 지시에 따라야 한다.
> ㉢ 순찰근무자는 청원주가 지정한 일정한 구역을 순회하면서 경비 임무를 수행한다. 이 경우 순찰은 단독 또는 복수로 정선순찰(定線巡察)을 하되, 청원주가 필요하다고 인정할 때에는 요점순찰(要點巡察) 또는 난선순찰(亂線巡察)을 할 수 있다.
> ㉣ 대기근무자는 소내근무에 협조하거나 휴식하면서 불의의 사고에 대비한다.

34 청원경찰법령상 청원주가 부담해야 하는 청원경찰경비를 모두 고른 것은?

> ㉠ 청원경찰의 교통비 ㉡ 청원경찰의 피복비
> ㉢ 청원경찰의 교육비 ㉣ 청원경찰 본인 또는 유족 보상금

① ㉠㉡㉢ ② ㉠㉡㉣
③ ㉠㉢㉣ ④ ㉡㉢㉣

☆ **TIP** 청원주가 부담해야 할 청원경찰경비〈청원경찰법 제6조 제1항〉
㉠ 청원경찰에게 지급할 봉급과 각종 수당
㉡ 청원경찰의 피복비
㉢ 청원경찰의 교육비
㉣ 청원경찰 본인 또는 그 유족에게 지급하는 보상금
㉤ 퇴직금

35 청원경찰법령상 청원경찰의 경비와 보상 등에 관한 설명으로 옳은 것은?

① 지방자치단체에 근무하는 청원경찰의 봉급·수당의 최저부담기준액은 경찰청장이 정하여 고시한다.
② 지방자치단체에 근무하는 청원경찰의 퇴직금에 관하여는 따로 안전행정부령으로 정한다.
③ 청원경찰이 퇴직할 때에는 급여품 및 대여품을 청원주에게 반납해야 한다.
④ 국가기관에 근무하는 청원경찰의 보수는 재직기간 15년 이상 23년 미만인 경우, 경장에 해당하는 경찰공무원의 보수를 감안하여 대통령령으로 정한다.

☆ **TIP** ① 청원주의 봉급·수당의 최저부담기준액(국가기관 또는 지방자치단체에 근무하는 청원경찰의 봉급·수당은 제외한다)과 비용의 부담기준액은 경찰청장이 정하여 고시한다〈청원경찰법 제6조 제3항〉.
② 국가기관이나 지방자치단체에 근무하는 청원경찰의 퇴직금에 관하여는 따로 대통령령으로 정한다〈청원경찰법 제7조의2〉.
③ 청원경찰이 퇴직할 때에는 대여품을 청원주에게 반납하여야 한다〈청원경찰법 시행규칙 제12조 제2항〉.
※ 국가기관 또는 지방자치단체에 근무하는 청원경찰의 보수는 다음의 구분에 따라 같은 재직기간에 해당하는 경찰공무원의 보수를 감안하여 대통령령으로 정한다〈청원경찰법 제6조 제2항〉.
㉠ 재직기간 15년 미만 : 순경
㉡ 재직기간 15년 이상 23년 미만 : 경장
㉢ 재직기간 23년 이상 30년 미만 : 경사
㉣ 재직기간 30년 이상 : 경위

ANSWER 32.② 33.① 34.④ 35.④

36 청원경찰법령상 청원경찰의 신분 및 근무 등에 관한 설명으로 옳지 않은 것은?

① 청원경찰은 형법이나 그 밖의 법령에 따른 벌칙을 적용할 때에는 공무원으로 본다.

② 국가기관에 근무하는 청원경찰의 직무상 불법행위에 대한 배상책임에 관하여는 민법의 규정을 적용해야 한다.

③ 청원경찰이 직무를 수행할 때 직권을 남용하여 국민에게 해를 끼친 경우에는 6개월 이하의 징역이나 금고에 처한다.

④ 청원경찰은 형의 선고, 징계처분 또는 신체상·정신상의 이상으로 직무를 감당하지 못할 때를 제외하고는 그 의사에 반하여 면직되지 아니한다.

> ☆ **TIP** ② 청원경찰(국가기관이나 지방자치단체에 근무하는 청원경찰은 제외한다)의 직무상 불법행위에 대한 배상책임에 관하여는 「민법」의 규정을 따른다〈청원경찰법 제10조의2〉.
> ① 청원경찰법 제10조 제2항
> ③ 청원경찰법 제10조 제1항
> ④ 청원경찰법 제10조의4 제1항

37 청원경찰법령상 청원경찰의 징계에 관한 설명으로 옳은 것은?

① 청원경찰에 대한 징계의 종류는 파면, 해임, 강등, 정직, 감봉 및 견책으로 구분한다.

② 정직은 1개월 이상 6개월 이하로 하고, 그 기간에 직무에 종사하지 못하며, 보수의 2분의 1을 줄인다.

③ 감봉은 1개월 이상 3개월 이하로 하고, 그 기간에 보수의 3분의 1을 줄인다.

④ 청원주는 청원경찰 배치 결정의 통지를 받았을 때에는 통지를 받은 날부터 30일 이내에 청원경찰에 대한 징계규정을 제정하여 관할 지방경찰청장에게 신고해야 한다.

> ☆ **TIP** ③ 청원경찰법 시행령 제8조 제3항
> ① 청원경찰에 대한 징계의 종류는 파면, 해임, 정직, 감봉 및 견책으로 구분한다〈청원경찰법 제5조의2 제2항〉.
> ② 정직은 1개월 이상 3개월 이하로 하고, 그 기간에 청원경찰의 신분은 보유하나 직무에 종사하지 못하며, 보수의 3분의 2를 줄인다〈청원경찰법 시행령 제8조 제2항〉.
> ④ 청원주는 청원경찰 배치 결정의 통지를 받았을 때에는 통지를 받은 날부터 15일 이내에 청원경찰에 대한 징계규정을 제정하여 관할 지방경찰청장에게 신고하여야 한다. 징계규정을 변경할 때에도 또한 같다〈청원경찰법 시행령 제8조 제5항〉.

38 청원경찰법령상 청원경찰의 무기 휴대 등에 관한 설명으로 옳은 것은?

① 청원주는 청원경찰이 직무를 수행하기 위하여 필요하다고 인정하면 관할 경찰서장으로 하여금 청원경찰에게 무기를 대여하여 지니게 할 수 있다.

② 청원주는 청원경찰에게 지급한 무기와 탄약을 매월 1회 이상 손질하게 해야 한다.

③ 지방경찰청장이 무기를 대여하여 휴대하게 하려는 경우에는 청원주로부터 국가에 기부채납된 무기에 한정하여 관할 경찰서장으로 하여금 무기를 대여하여 휴대하게 할 수 있다.

④ 청원경찰에게 무기를 대여하였을 때에는 지방경찰청장은 청원경찰의 무기관리상황을 수시로 점검해야 한다.

> ☆ **TIP** ③ 청원경찰법 시행령 제16조 제2항
> ① 지방경찰청장은 청원경찰이 직무를 수행하기 위하여 필요하다고 인정하면 청원주의 신청을 받아 관할 경찰서장으로 하여금 청원경찰에게 무기를 대여하여 지니게 할 수 있다〈청원경찰법 제8조 제2항〉.
> ② 청원경찰에게 지급한 무기와 탄약은 매주 1회 이상 손질하게 하여야 한다〈청원경찰법 시행규칙 제16조 제2항 제3호〉.
> ④ 관할 경찰서장은 청원경찰의 무기관리 상황을 수시로 점검하여야 한다〈청원경찰법 시행령 제16조 제3항〉.

39 청원경찰법령상 청원주가 무기와 탄약을 지급해서는 아니되는 청원경찰로 명시되지 않은 자는?

① 민사소송의 피고로 소송 계류 중인 사람
② 사의(辭意)를 밝힌 사람
③ 주벽(酒癖)이 심한 사람
④ 변태적 성벽(性癖)이 있는 사람

> ☆ **TIP** 청원주는 다음의 어느 하나에 해당하는 청원경찰에게 무기와 탄약을 지급해서는 아니 되며, 지급한 무기와 탄약은 회수하여야 한다〈청원경찰법 시행규칙 제16조 제4항〉.
> ㉠ 직무상 비위(非違)로 징계 대상이 된 사람
> ㉡ 형사사건으로 조사 대상이 된 사람
> ㉢ 사의(辭意)를 밝힌 사람
> ㉣ 평소에 불평이 심하고 염세적인 사람
> ㉤ 주벽(酒癖)이 심한 사람
> ㉥ 변태적 성벽(性癖)이 있는 사람

ANSWER 36.② 37.③ 38.③ 39.①

40 청원경찰법령상 청원주가 비치해야 할 문서와 장부에 해당되는 것은?

① 감독 순시부, 징계요구서철

② 경비구역 배치도, 교육훈련 실시부

③ 무기 · 탄약 대여대장, 전출입 관계철

④ 배치 결정 관계철, 청원경찰 임용승인 관계철

> ☆ **TIP** 청원주가 갖춰 두어야 할 문서와 장부〈청원경찰법 시행규칙 제17조 제1항〉
> ㉠ 청원경찰 명부
> ㉡ 근무일지
> ㉢ 근무 상황카드
> ㉣ 경비구역 배치도
> ㉤ 순찰표철
> ㉥ 무기 · 탄약 출납부
> ㉦ 무기장비 운영카드
> ㉧ 봉급지급 조서철
> ㉨ 신분증명서 발급대장
> ㉩ 징계 관계철
> ㉪ 교육훈련 실시부
> ㉫ 청원경찰 직무교육계획서
> ㉬ 급여품 및 대여품 대장
> ㉭ 그 밖에 청원경찰의 운영에 필요한 문서와 장부

※ 제4과목 ‥ 경호학

1 경호의 개념 및 정의로 옳지 않은 것은?

① 미국 비밀경호대(SS)는 '실질적이고 주도면밀한 범행의 성공기회를 최소화하는 것'이라고 정의한다.

② 대통령 등의 경호에 관한 법률에서 정의한 경호의 개념은 실질적 의미의 경호개념이다.

③ 일본의 요인경호대(SP)는 '신변에 위해가 있을 경우 국가와 공공의 안녕 및 질서에 영향을 줄 우려가 있는 자에 대하여 그 신변의 안전을 확보하기 위한 경찰활동'이라고 정의한다.

④ 실질적 의미의 경호개념은 이론적으로 '모든 위험과 곤경으로부터 경호대상자를 안전하게 보호하기 위한 제반활동'이라고 할 수 있다.

☆ TIP ② 대통령 등의 경호에 관한 법률에서 정의한 경호의 개념은 형식적 의미의 경호 개념이다.

※ 대통령 등의 경호에 관한 법률상의 경호(제2조 제1호) … 경호란 경호 대상자의 생명과 재산을 보호하기 위하여 신체에 가하여지는 위해(危害)를 방지하거나 제거하고, 특정 지역을 경계·순찰 및 방비하는 등의 모든 안전 활동을 말한다.

ANSWER 40.② / 1.②

2 다음 상황에 해당하는 경호의 분류로 옳은 것은?

⊙ 영국 여왕의 방한

↓

ⓒ A호텔에서 투숙

↓

ⓒ 사전에 계획된 국제행사에 참석

① ⊙ : 을(B)호, ⓒ : 행사장경호, ⓒ : 공식경호
② ⊙ : 갑(A)호, ⓒ : 행사장경호, ⓒ : 비공식경호
③ ⊙ : 을(B)호, ⓒ : 숙소경호, ⓒ : 비공식경호
④ ⊙ : 갑(A)호, ⓒ : 숙소경호, ⓒ : 공식경호

> ☆**TIP** ⊙ **갑호경호** : 대상에 의한 경호 분류로 대통령과 대통령의 가족, 외국의 원수, 국왕, 대통령
> 당선인과 그 가족, 전직대통령과 그 배우자 및 자녀 경호를 맡는다.
> ⓒ **숙소경호** : 장소에 의한 경호 분류로 경호대상자의 기존 숙소뿐만 아니라 외지에 나갈 경
> 우의 임시숙소를 포함한다.
> ⓒ **공식경호** : 성격에 의한 경호 분류로 관계자가 사전에 통보하고 이에 의하여 계획 · 준비
> 되어 실시되는 경호를 말한다.

3 다음에서 설명하고 있는 경호위기 관리단계는?

법과 제도를 정비하여 우호적인 경호환경을 조성하고, 경호와 관련된 정보와 첩보를 수
집 · 분석하여 경호위협을 평가하고 이를 통하여 경호계획을 수립하는 경호준비과정

① 예방단계   ② 대비단계
③ 대응단계   ④ 학습단계

> ☆**TIP** ② **대비단계** : 경호계획을 근거로 행사보안의 유지와 위해정보 수집을 위한 보안활동을 전개
> 하며, 행사장의 취약요소에 대한 안전대책을 강구하고, 경호위기상황에 대비한 비상대책
> 활동을 실시한다.
> ③ **대응단계** : 잠재적인 위해기도자에게 공격기회를 주지 않기 위하여 경호 인력을 배치하여
> 지속적인 경계활동을 실시하며 경호위기상황에 즉각적으로 대응하고 조치를 취한다.
> ④ **학습단계** : 경호 실시 결과를 분석하고 평가하여 대두된 문제점을 보완하기 위하여 교육
> 과 훈련을 실시한다. 또한 평가결과를 차기 행사에 반영하기 위한 적용을 실시한다.

4 대통령 등의 경호에 관한 법률의 내용으로 옳지 않은 것은?

① 경호실에 특정직 국가공무원인 1급부터 9급까지의 경호공무원과 일반직 국가공무원을 둔다. 다만, 필요하다고 인정할 때에는 경호공무원의 정원 중 일부를 일반직 국가공무원 또는 별정직 국가공무원으로 보할 수 있다.

② 경호실에 파견된 경찰공무원은 이 법에 규정된 임무 외의 경찰공무원의 직무를 수행할 수 없다.

③ 대한민국의 국적을 가지지 아니한 사람은 경호실 직원으로 임용될 수 없다.

④ 경호실장은 경호업무에 필요하다고 판단되는 경우 경호목적 달성을 위해 필요한 최대한의 범위를 경호구역으로 지정할 수 있다.

> ☆ **TIP** ④ 실장은 경호업무의 수행에 필요하다고 판단되는 경우 경호구역을 지정할 수 있다. 경호구역의 지정은 경호 목적 달성을 위한 최소한의 범위로 한정되어야 한다〈대통령 등의 경호에 관한 법률 제5조 제1항, 제2항〉.
> ① 대통령 등의 경호에 관한 법률 제6조 제1항
> ② 대통령 등의 경호에 관한 법률 제18조 제2항
> ③ 대한민국의 국적을 가지지 아니한 사람과 국가공무원법 결격사유에 해당하는 사람은 직원으로 임용될 수 없다〈대통령 등의 경호에 관한 법률 제8조 제2항〉.

5 경호의 일반원칙에 관한 설명으로 옳지 않은 것은?

① 경호원은 신체적 조건도 중요하지만, 두뇌의 역할이 그 무엇보다도 중요하다.

② 경호란 위해기도자를 공격하는 것이 아니라 위해요소로부터 경호대상자를 방어하는 행위이다.

③ 경호원은 은밀하게 침묵 속에서 행동하며, 행동반경은 언제나 경호대상자의 신변을 엄호할 수 있는 곳에 둔다.

④ 3중경호의 원칙은 행사장 내부(1선)를 안전구역으로, 내곽(2선)을 경계구역으로, 외곽(3선)을 경비구역으로 설정한다.

> ☆ **TIP** ④ 3중경호의 원칙은 행사장 내부(1선)을 안전구역으로, 내곽(2선)을 경비구역으로, 외곽(3선)을 경계구역으로 설정한다.

ANSWER 2.④ 3.① 4.④ 5.④

6 고려시대의 경호 관련 조직이 아닌 것은?

① 2군 6위　　　　　　　　　　　　② 삼별초
③ 내금위　　　　　　　　　　　　④ 순군만호부

☆ **TIP**　③ **내금위** : 조선시대의 경호 관련 조직으로 1407년(태종 7년)에 내상직을 개편하여 만든 왕
의 측근에서 호위를 하던 군대이다.
① **2군 6위** : 국왕의 친위부대인 2군과 수도경비와 국경방어를 담당하는 6위로 구성되었다.
② **삼별초** : 최우 집권 시 편성된 좌·우별초, 신의군이 포함되어 조직되었으며 공적인 임무
를 띤 군대로 최씨정권에 의하여 사병화되었고 개경환도 후 몽고에 항쟁하였다.
④ **순군만호부** : 고려 후기에 절도나 풍기를 단속하던 치안기관으로 야간경비를 목적으로 설
립된 기관이다.

7 경호의 구성요소에 관한 설명으로 옳지 않은 것은?

① 경호는 경호대상자의 신변 안전에 위협이 되는 제반 경호환경을 경호원이 관리하고
통제하는 과정이다.
② 경호목적을 달성하기 위해 적극적으로 일정한 경호작용을 주도적으로 실시하는 당사
자를 가리켜 경호주체라 한다.
③ 경호의 객체인 경호대상자는 경호원이 보호해야 하는 대상자를 말하며, '피경호인'이라
고 표현하기도 한다.
④ 경호대상자의 경호에 대한 인식이나 관심은 경호의 결과에 영향을 미치지 않는다.

☆ **TIP**　④ 경호대상자의 경호에 대한 인식이나 관심은 경호업무의 효율성에 커다란 영향을 미친다.

8 경호조직의 원칙 중 경호조직이 국민 속에 깊이 뿌리를 내려 국민과 결합해야 한다는 원
칙은?

① 경호지휘단일성의 원칙　　　　　② 경호체계통일성의 원칙
③ 경호기관단위작용의 원칙　　　　④ 경호협력성의 원칙

☆ **TIP**　① **경호지휘단일성의 원칙** : 경호활동은 그 일의 성격상 위험상황이 발생할 경우 빠르고 신속
하게 조취를 해야 하기 때문에 지휘하는 사람이 단 사람이어야 하며 단일한 명령체계를
갖추어야 한다는 원칙이다.
② **경호체계통일성의 원칙** : 경호활동을 하기 위해서는 그 조직이 상·하로 일관적인 목적을
가지고 있어야 한다는 원칙이다.
③ **경호기관단위작용의 원칙** : 경호활동은 그 성격상 개인적인 활동을 할 수 없으며 일원화된
체계를 기본으로 하여 기관단위작용으로 이루어진다는 원칙이다.

9 경호공무원의 사법경찰권에 관한 내용이다. 다음 (   )에 들어갈 내용이 옳게 짝지어진 것은?

> (   )의 제청으로 서울중앙지방검찰청 검사장이 지명한 경호공무원은 대통령경호업무 수행 중 인지한 그 소관에 속하는 범죄에 대하여 직무상 또는 수사상 긴급을 요하는 한도 내에서 사법경찰관리의 직무를 수행할 수 있다. 여기서 (   ) 이상 경호공무원은 사법경찰관의 직무를 수행하고, (   ) 이하 경호공무원은 사법경찰리의 직무를 수행한다.

① 대통령경호실장, 7급, 8급
② 대통령경호실 차장, 5급, 6급
③ 대통령경호실장, 5급, 6급
④ 대통령경호실 차장, 7급, 8급

☆ **TIP** 경호공무원의 사법경찰권〈대통령 등의 경호에 관한 법률 제17조〉
　　　　 ㉠ 경호공무원(실장의 제청으로 서울중앙지방검찰청 검사장이 지명한 경호공무원)은 경호대상에 대한 경호업무 수행 중 인지한 그 소관에 속하는 범죄에 대하여 직무상 또는 수사상 긴급을 요하는 한도 내에서 사법경찰관리(司法警察官吏)의 직무를 수행할 수 있다.
　　　　 ㉡ ㉠의 경우 7급 이상 경호공무원은 사법경찰관의 직무를 수행하고, 8급 이하 경호공무원은 사법경찰리(司法警察吏)의 직무를 수행한다.

10 각 나라별 경호유관조직의 연결이 옳지 않은 것은?

① 영국 – 비밀정보부(SIS)
② 독일 – 해외안전총국(DGSE)
③ 미국 – 중앙정보국(CIA)
④ 일본 – 공안조사청

☆ **TIP** ② 해외안전총국(DGSE)은 프랑스의 유관기관이며 독일의 유관기관은 연방경찰청, 연방정보부, 연방헌법보호청, 주립경찰, 지역경찰 등이 있다.

11 대통령경호안전대책위원회의 구성원별 분장책임으로 옳은 것을 모두 고른 것은?

> ㉠ 법무부 출입국·외국인정책본부장 – 행사참관 해외동포 입국자에 대한 동향파악 및 보안조치
> ㉡ 국토교통부 항공정책관 – 육로 및 철로와 공중기동수단에 대한 통제 및 협조
> ㉢ 식품의약품안전처 식품안전정책국장 – 식음료 관련 영업장 종사자에 대한 위생교육
> ㉣ 대검찰청 공안기획관 – 위해가능인물의 관리 및 자료수집
> ㉤ 경찰청 보안국장 – 경호유관시설에 대한 보안지원 활동

① ㉠㉡㉢
② ㉠㉢㉤
③ ㉡㉢㉣
④ ㉡㉣㉤

☆ **TIP** 각 구성원의 분장책임〈대통령경호안전대책위원회규정 제4조〉
㉠ **법무부 출입국·외국인정책본부장**
- 입수된 경호 관련 첩보 및 정보의 신속한 전파·보고
- 위해용의자에 대한 출입국 및 체류관련 동향의 즉각적인 전파·보고
- 그 밖에 국내·외 경호행사의 지원

㉡ **국토교통부 항공정책관**
- 입수된 경호 관련 첩보 및 정보의 신속한 전파·보고
- 민간항공기의 행사장 상공비행에 대한 통제 및 협조
- 육로 및 철로와 공중기동수단에 대한 통제 및 협조
- 그 밖에 국내·외 경호행사의 지원

㉢ **식품의약품안전처 식품안전정책국장**
- 식품의약품 안전 관련 입수된 첩보 및 정보의 신속한 전파·보고
- 경호임무에 필요한 식음료 위생 및 안전관리 지원
- 식음료 관련 영업장 종사자에 대한 위생교육
- 식품의약품 안전검사 및 그 밖에 필요한 자료의 지원
- 그 밖에 국내외 경호행사의 지원

㉣ **대검찰청 공안기획관**
- 입수된 경호 관련 첩보 및 정보의 신속한 전파·보고
- 위해음모 발견시 수사지휘 총괄
- 위해가능인물의 관리 및 자료수집
- 국제테러범죄 조직과 연계된 위해사범의 방해책동 사전차단
- 그 밖에 국내·외 경호행사의 지원

㉤ **경찰청 보안국장**
- 입수된 경호 관련 첩보 및 정보의 신속한 전파·보고
- 위해가능인물에 대한 동향파악
- 행사참석자 및 종사자의 신원조사
- 입국체류자중 위해가능인물에 대한 동향 파악
- 행사장·기동로 주변 집회 및 시위관련 정보제공과 비상상황 방지대책의 수립
- 우범지대 및 취약지역에 대한 검문·검색
- 행사장 및 행차로 주변에 산재한 물적 취약요소에 대한 안전조치
- 행차로 요충지 등에 정보센터 설치·운영
- 총포·화약류의 영치관리와 봉인 등 안전관리
- 불법무기류의 색출 및 분실무기의 수사
- 그 밖에 국내·외 경호행사의 지원

12 경호업무 수행절차를 순서대로 옳게 나열한 것은?

> ㉠ 정보수집 · 분석
> ㉡ 검측활동
> ㉢ 위협평가
> ㉣ 경호계획 수립
> ㉤ 근접경호

① ㉠→㉢→㉡→㉣→㉤
② ㉠→㉢→㉣→㉡→㉤
③ ㉠→㉣→㉡→㉢→㉤
④ ㉠→㉣→㉢→㉡→㉤

☆ **TIP** 경호업무 수행절차 ··· 정보수집 · 분석 → 위협평가 → 경호계획 수립 → 검측활동 → 근접경호

13 경호임무의 포함요소 중 행사일정에서 고려할 요소로 옳지 않은 것은?

① 방문지역의 지리적 특성
② 수행원이 유숙할 숙소의 명칭과 위치
③ 기동방법 및 수단
④ 언론의 보도여부 및 제한사항

☆ **TIP** 행사일정에서 고려해야 할 요소로는 경호대상자의 신상 정보, 출발 및 도착 일시, 수행원의
수, 방문지의 지리적 특성, 유숙할 숙소 및 명칭과 위치, 기동방법 및 수단 등이 있다.

14 중첩경호(3중 경호)원칙의 필요성으로 옳지 않은 것은?

① 경호영향권역을 공간적으로 구분하여 상대적으로 차등화된 경호조치를 통한 경호의 효율성 증대
② 3중의 경호막을 통해 조기경보체제를 확립하여 위해행위에 대비
③ 광범위한 지역에 대한 강력한 경호조치로 위협요소 제거
④ 경호자원의 낭비적 요소 제거

☆ **TIP** 3중 경호의 경우 최소한의 지역으로 제한하며 효율성을 기한다.

15 선발경호 단계의 활동으로 볼 수 없는 것은?

① 차량 경호대형 선정　　　　　② 비표 운용
③ 상황실 운영　　　　　　　　④ 비상대피로 선정

☆ **TIP** ① 차량 경호대형 선정은 근접경호 단계의 활동이다.

16 선발경호에서 다음의 업무를 수행하는 담당은?

> 안전구역확보계획 검토, 행사장 취약시설물, 최기병원, 비상 및 일반예비대 운용방법, 공중 감시대책 등 사실적 관계를 확인한다.

① 작전 담당　　　　　　　　　② 안전대책 담당
③ 출입통제 담당　　　　　　　④ 승 · 하차 및 정문 담당

☆ **TIP** 선발경호 업무 담당
　㉠ **작전담당** : 작전정보 수집분석, 병력운영계획, 시간사용계획, 관계관회의 주재, 임무진행 사항 점검
　㉡ **출입통제담당** : 구역별 비표구분, 시차별 입장계획, 주차장 운용계획, M.E, 비표설치장소 및 중간집결지 운용
　㉢ **행사장 내부담당** : 입장자 비표확인, 신원불심자 검문검색, 군중동향감시, 근무자 위치선정 및 경비병력 확인, 행사장 내 인적 · 물적 접근통제 및 차단계획수립
　㉣ **행사장 외부담당** : 안전구역 내 단일 출입로 설정, 외곽 감제고지 · 직시건물에 대한 안전조치, 단상 및 좌석 점검 · 통제, 방탄막 설치, 비상차량 운용계획 수립, 경비 및 경제구역 내 안전조치, 차량 및 공중강습에 대한 대비책 수립

17 비노출 경호에 관한 설명으로 옳은 것은?

① 경호대상자에게 부담을 주지 않고 일반시민의 통제를 최소화하는 경호방식이다.
② 경호인력과 장비의 동원을 최소화하고 노출을 억제함으로써 비용을 절감하기 위한 경호방식이다.
③ 위해기도자의 위해의사를 제압할 수 있는 유·무형적 힘을 이용하여 경호조치를 취하는 방식이다.
④ 경호원의 비공개 활동으로 인하여 경호대상자와 일반시민간의 소통이 단절되는 단점이 있다.

☆ **TIP** 비노출 경호는 일반 군중들이 경호원임을 인식하지 못하도록 자유로운 복장으로 실시하는 경호형태로 장소, 행사의 성격 등을 고려해서 비밀리에 경호를 하는 방법이다.

18 근접경호 임무수행 시 주위경계(사주경계) 방법으로 옳지 않은 것은?

① 주위 사물에 대한 위기의식을 가지고 전체적인 상황에 어울리지 않는 부조화 상황을 찾아야 한다.
② 시각의 한계를 염두에 두고 사주경계의 범위를 선정해야 한다.
③ 경호대상자로부터 먼 곳에서 가까운 곳 순으로 좌우 반복해서 실시한다.
④ 인접해 있는 경호원과의 경계범위를 중첩되게 설정한다.

☆ **TIP** ③ 주위경계 시 가까운 곳에서 먼 곳으로 반복경계를 한다.

19 기동경호대형 중 차량대형 결정시 고려사항이 아닌 것은?

① 도로 및 교통상황
② 행사장의 주차장 운용계획
③ 경호대상자의 성향
④ 행사 성격

☆ **TIP** 차량대형의 결정시 고려사항
　　㉠ 행사의 성격, 도로의 상황, 경호대상자의 성향 등을 고려하여 결정한다.
　　㉡ 경호대상차량을 중심으로 하여 경호대상차량, 선도차량, 후미차량, 경호대 상차량, 예비차량으로 나누어 대열을 형성한다.

ANSWER 14.③ 15.① 16.② 17.① 18.③ 19.②

20 경호차량 선정방법으로 옳지 않은 것은?

① 경호대상자의 권위를 고려하여 최고급 차종의 차량을 선정한다.
② 방향전환이 쉽고 엔진의 성능과 가속장치가 좋은 차량을 선정한다.
③ 차체가 강하고 방탄능력이 있는 차량을 선정한다.
④ 경호대상자의 차량과 성능·모양이 비슷한 차량을 선정한다.

> ☆ **TIP** 경호차량 선정방법
> ㉠ 차량의 색상은 눈에 잘 띄지 않아야 한다.
> ㉡ 경호대상자의 차량과 경호차장은 동일한 차종으로 한다.
> ㉢ 기동성 및 성능이 우수해야 한다.
> ㉣ 경호대상자의 식별이 어렵고 내부관찰을 못하도록 선팅을 한다.
> ㉤ 강철로 제작된 차량이며 방탄 기능을 가져야 한다.
> ㉥ 긴급시 비상차량임을 알릴 수 있는 장치를 갖추어야 한다.
> ㉦ 안전장치가 우수하고 보호장치가 있는 차량이어야 한다.

21 근접경호원의 임무에 관한 설명으로 옳지 않은 것은?

① 경호대상자 주변 일반인의 불편을 초래하지 않는 범위에서 경호원 자신의 활동 공간을 확보하여야 한다.
② 우발공격시에는 대적 및 제압보다는 방호와 대피를 우선한다.
③ 위해자의 공격가능성을 줄이고 피해를 최소화하기 위해 이동 속도를 가능한 한 빠르게 한다.
④ 타 지역으로 이동하기 전에 보안을 고려하여 이동로, 경호대형, 특이상황 등을 경호대상자에게 알려주지 않는다.

> ☆ **TIP** ④ 이동 전 피경호인에게 이동로, 경호대형 및 특이사항을 사전에 알려 주도록 한다.

22 근접도보경호 기법에 관한 설명으로 옳지 않은 것은?

① 근접경호대형은 전방위에 대한 사주경계와 신변안전을 담보할 수 있도록 최대한의 인원으로 형성한다.

② 근접도보경호는 차량경호에 비해 위해자가 범행을 가할 수 있는 기회가 많다.

③ 밀착대형은 경호대상자가 선호하지 않으며, 일반인들에게는 위화감을 줄 수 있는 단점이 있다.

④ 우발상황 발생 시 개방대형에서 밀착대형으로 신속하게 전환되어야 한다.

> ☆ **TIP** 근접도보경호시 적절한 인원(3~6명)의 근접경호원이 근접하여 효과적인 신변보호를 수행하도록 하며, 경호를 부담스러워 하는 경우에는 소수의 인원이 원거리에서 감시활동만을 수행한다.

23 도보대형 이동시 경호원의 근무방법으로 옳은 것은?

① 이동 시 경호대상자와 자주 신체를 접촉하여 경호대상자가 안심할 수 있도록 한다.

② 경호대상자의 체력, 건강상태에 따라 이동속도와 보폭을 적절하게 조절한다.

③ 경호대상자가 군중 속을 통과할 때나 승·하차할 때가 가장 안전하다는 것을 염두에 두어야 한다.

④ 위험에 노출되는 정도를 최소화하기 위해 장거리 우회 통로를 이용한다.

> ☆ **TIP** ① 근접경호원은 경호대상자에게 이르는 모든 접근로를 차단하기 위하여 분산되어야 하며, 경호대상자 주위에서 경호요원 자신의 공간을 확보한다.
> ③ 대부분의 경우 도보이동으로 군중 속을 통과할 때가 가장 취약하다고 할 수 있다.
> ④ 이동 시에는 위험에 노출되는 정도를 최소화하기 위하여 단거리 직선통로를 이용해야 한다.

ANSWER 20.① 21.④ 22.① 23.②

24 에스컬레이터 이용 시 도보대형에 관한 설명으로 옳지 않은 것은?

① 전방 근무자는 이동로를 확보하여 에스컬레이터에서도 이동시간을 단축시킬 수 있도록 한다.

② 이동속도가 느리기 때문에 우발상황 시 신속하게 대피하기가 어려운 면이 있다.

③ 계단이나 엘리베이터로 이동하는 것보다는 상대적으로 안전하다.

④ 될 수 있는 한 걸음을 멈추지 않고 이동하는 것이 바람직하다.

> ☆ **TIP** 에스컬레이터 이용시 도보대형
> ㉠ 이동속도가 느리기 때문에 가능하면 사용하지 않고 계단이나 엘리베이터를 이용하는 것이 안전하다.
> ㉡ 에스컬레이터에서도 걸음을 멈추지 않고 최대한 짧은 시간에 에스컬레이터를 벗어나도록 한다.
> ㉢ 후방 경호원은 주위경계를 실시하면서 갑작스런 기계의 고장이나 경호대상자의 실수로 인한 신체적 변화에 대비하여야 한다.
> ㉣ 측근 경호원이 부축하여 이동할 수 있도록 배려해야 한다.

25 근접경호 방법에 관한 설명으로 옳지 않은 것은?

① 엘리베이터는 가능한 한 별도의 전용 엘리베이터를 이용하는 것이 좋다.

② 경호대상자가 공중화장실을 이용할 경우 약간 멀더라도 일반인이 많지 않은 곳을 이용한다.

③ 경호대상자가 조깅을 즐기는 경우 코스 및 시간을 자주 변경하는 것이 좋다.

④ 출입문 통과 시 가급적 회전문을 사용하는 것이 좋다.

> ☆ **TIP** ④ 출입문이 회전문인 경우 경호원과 경호대상자는 1칸에 한 명씩만 들어가야 하므로 회전문을 사용하지 않는 것이 좋다.

26 우발상황 시 근접경호원의 대응요령으로 옳지 않은 것은?

① 체위를 확장하여 최대의 방호벽을 형성한다.

② 가급적 빠른 시간 내 범인을 제압하고 현장을 보존한다.

③ 육성 경고와 동시에 비상조치계획에 따라 경호대상자를 우선 대피시킨다.

④ 공범에 의한 양동작전에 유념해야 하고, 경호원의 주의를 다른 곳으로 전환하도록 하는 위해기도자의 전술에 휘말려서는 안 된다.

☆ **TIP** ② 우발상황 시 범인을 제압하는 것보다 경호대상자의 안전을 위해 방호 및 대피시키는 것이 우선되어야 한다.

27 즉각조치에 관한 설명으로 옳지 않은 것은?

① 즉각조치의 과정은 경고 – 방호 – 대피의 순서로 전개된다.

② 대적시에는 경고와 동시에 위해자와 가장 가까이에 있는 경호원이 과감히 몸을 던져 공격선을 차단한다.

③ 총으로 공격하는 위해자를 제압할 경우, 위해자의 총을 위로 편향시키고 제압한다.

④ 대적하는 경호원은 경호대상자를 등지고 위험발생지역으로 향한다.

☆ **TIP** ③ 총을 위로 들어 올리는 것보다 아래로 눌러서 제압 하는 것이 좋다. 그러나 경호원의 키가 작거나 상대적으로 범인의 키가 클 때에는 부득이하게 총구를 공중으로 전환시켜야 한다.

ANSWER 24.③ 25.④ 26.② 27.③

28 경호 비표운용에 관한 설명으로 옳지 않은 것은?

① 비표의 종류에는 리본, 명찰, 완장, 모자, 배지 등이 있으며, 대상과 용도에 맞게 적절히 운용한다.

② 행사참석자를 위한 비표는 구역별로 그 색상을 달리하면 식별 및 통제가 용이하다.

③ 비표는 모양이나 색상이 원거리에서도 식별이 용이하도록 단순하고 선명하게 제작하여 사용한다.

④ 비표는 행사참석자에게 초대장, 주차카드와 함께 행사일 전에 배포하여 행사시 출입구의 혼잡을 방지하여야 한다.

> ☆ **TIP** ④ 비표는 경호배치 전에 교양실시 후 지급하고, 경호 종료 즉시 현장에서 반납해야 한다.

29 출입자 통제업무에 관한 설명으로 옳지 않은 것은?

① 지연 참석자에 대해서는 검색 후 별도 지정된 통로로 출입을 허용한다.

② 안내요원은 행사 주최측 요원으로 지정하도록 조정·통제한다.

③ 행사장 및 행사 규모에 따라 참석 대상별 주차지역을 구분하여 선정하고, 본대 주차지역은 행사참석자 주차장을 이용한다.

④ 출입통로는 가능한 한 단일 통로를 원칙으로 한다.

> ☆ **TIP** ③ 행사장 및 행사 규모에 따라 참석 대상별 주차지역을 구분하여 선정하고, 경호대상자 주차지역은 별도로 확보하여 운용한다.

30 검측 및 검식에 관한 설명으로 옳지 않은 것은?

① 검식업무란 경호대상자에 제공되는 음식물에 대하여 구매, 운반, 저장, 조리 및 제공되는 과정에서 위해요소를 제거하는 업무를 의미한다.

② 검식은 행사장의 위생상태 점검 및 수질검사, 전염병의 예방 및 식중독의 예방대책을 포함하는 활동이다.

③ 검측은 위해기도자의 입장에서 실시한다.

④ 건물 내부의 검측은 위층에서 아래층으로 실시하는 것을 원칙으로 한다.

> ☆ **TIP** ④ 건물 내부의 검측은 아래층에서 위층으로 실시하는 것을 원칙으로 한다.

31 경호관련 장비의 휴대 및 사용에 관한 사항을 규정한 법률의 연결로 옳은 것은?

① 신변보호업무를 수행하는 경비원의 분사기 – 위험물안전관리법
② 청원경찰의 권총 – 경찰관 직무집행법
③ 특수경비원의 소총 – 경비업법
④ 경찰관의 권총 – 총포 · 도검 · 화약류 등 단속법

☆ **TIP** ① 경비원의 분사기 – 경비업법
② 청원경찰의 권총 – 청원경찰법
④ 경찰관의 권총 – 경찰관 직무집행법

32 경호장비에 관한 설명으로 옳지 않은 것은?

① 호신장비에는 단봉, 분사기, 쌍안경 등이 있다.
② 분사기는 총기에 준하여 관리하여야 한다.
③ 기동장비에는 차량, 항공기, 선박 등이 있다.
④ 검색장비에는 금속탐지기, 가스탐지기 등이 있다.

☆ **TIP** ① 호신장비는 경호원이 자신의 신체를 보호하기 위하여 사용하는 장비로 단봉 · 분사기 · 충격기 · 가스총 등이 이에 해당한다. 쌍안경은 감시장비이다.

33 대통령경호실에 파견된 사람에게 직무수행을 위하여 필요하다고 인정할 때 무기를 휴대하게 할 수 있는 사람은?

① 경찰청장
② 대통령경호실장
③ 대통령경호실 차장
④ 국가정보원장

☆ **TIP** 무기의 휴대 및 사용 … 실장은 직무를 수행하기 위하여 필요하다고 인정할 때에는 소속공무원에게 무기를 휴대하게 할 수 있다〈대통령 등의 경호에 관한 법률 제19조 제1항〉.

ANSWER 28.④ 29.③ 30.④ 31.③ 32.① 33.②

34 대통령 등의 경호에 관한 법령상 다음 (   )에 들어갈 내용으로 옳은 것은?

> 소속공무원은 대통령경호실의 직무와 관련된 사항을 발간하거나 그 밖의 방법으로 공표하려면 미리 대통령경호실장의 허가를 받아야 한다. 이를 위반한 사람은 (   )년 이하의 징역·금고 또는 (   )만원 이하의 벌금에 처한다.

① 2 - 500

② 2 - 1,000

③ 3 - 500

④ 3 - 1,000

> ☆ **TIP** 비밀의 엄수
> ㉠ 소속공무원은 경호실의 직무와 관련된 사항을 발간하거나 그 밖의 방법으로 공표하려면 미리 실장의 허가를 받아야 한다〈대통령 등의 경호에 관한 법률 제9조 제2항〉.
> ㉡ 이를 위반한 사람은 2년 이하의 징역·금고 또는 500만원 이하의 벌금에 처한다〈대통령 등의 경호에 관한 법률 제21조 제2항〉.

35 경호공무원으로 임용될 수 있는 사람은?

① 피한정후견인

② 파산선고를 받고 복권되지 아니한 자

③ 징계로 해임처분을 받은 때부터 4년이 지난 자

④ 법원의 판결 또는 다른 법률에 따라 자격이 상실되거나 정지된 자

> ☆ **TIP** 결격사유〈국가공무원법 제33조〉
> ㉠ 피성년후견인 또는 피한정후견인
> ㉡ 파산선고를 받고 복권되지 아니한 자
> ㉢ 금고 이상의 실형을 선고받고 그 집행이 종료되거나 집행을 받지 아니하기로 확정된 후 5년이 지나지 아니한 자
> ㉣ 금고 이상의 형을 선고받고 그 집행유예 기간이 끝난 날부터 2년이 지나지 아니한 자
> ㉤ 금고 이상의 형의 선고유예를 받은 경우에 그 선고유예 기간 중에 있는 자
> ㉥ 법원의 판결 또는 다른 법률에 따라 자격이 상실되거나 정지된 자
> ㉦ 공무원으로 재직기간 중 직무와 관련하여 「형법」 제355조 및 제356조에 규정된 죄를 범한 자로서 300만원 이상의 벌금형을 선고받고 그 형이 확정된 후 2년이 지나지 아니한 자
> ㉧ 형법 또는 성폭력범죄의 처벌 등에 관한 특례법에 규정된 죄를 범한 사람으로서 300만원 이상의 벌금형을 선고받고 그 형이 확정된 후 2년이 지나지 아니한 사람
> ㉨ 징계로 파면처분을 받은 때부터 5년이 지나지 아니한 자
> ㉩ 징계로 해임처분을 받은 때부터 3년이 지나지 아니한 자

36 경호의전에서 국기의 게양방법으로 옳지 않은 것은?

① 옥내 회의장이나 강당 등에 국기를 깃대에 달아서 세워 놓을 때에는 단상 등 전면 왼쪽에 위치하도록 한다.

② 옥내 회의장이나 강당 등에 국기의 깃면만을 게시할 경우에는 전면 중앙에 위치하도록 한다.

③ 차량용 국기 게양은 차량의 본네트 앞에 서서 차량을 정면으로 바라볼 때 본네트의 오른쪽이나 오른쪽 유리창문에 단다.

④ 옥외 정부행사장의 경우 이미 설치되어 있는 주게양대에 대형 태극기를 게양하는 것을 원칙으로 한다.

☆ **TIP** 차량용 국기 게양은 차량의 본네트 앞에 서서 차량을 정면으로 바라볼 때 본네트 왼쪽(조수석)에 단다.

37 응급처치를 하는 경호원이 지켜야 할 사항으로 옳지 않은 것은?

① 응급처치는 전문적인 치료를 받기 전까지의 임시적인 처치임을 숙지한다.

② 의약품을 사용하여 처치하는 것이 원칙이다.

③ 환자의 생사판정은 하지 않는다.

④ 빠른 시간 내에 전문 응급의료진에게 인계할 수 있도록 한다.

☆ **TIP** ② 원칙적으로 의약품의 사용을 피한다.

ANSWER 34.① 35.③ 36.③ 37.②

38 경호의 특수적 환경에 관한 설명에 해당되지 않는 것은?

① 북한의 경제적 곤경과 정치적 불안정으로 인하여 테러 및 유격전의 유발이 우려되고 있다.

② 우리나라의 국제적 지위향상과 더불어 해외에서 우리 국민을 대상으로 한 테러위협이 증가되고 있다.

③ 소수인종 및 민족 등 약자층을 대상으로 이유 없는 증오심을 갖고 테러를 자행하는 증오범죄가 등장하고 있다.

④ 생활양식 및 국민의식이 자유주의적이고 개인적으로 변하여 경호작용에서 비협조적 경향이 나타날 우려가 있다.

> ☆ **TIP** ④ 국민의식과 생활양식의 변화는 경호의 일반적 환경에 관한 설명이다.
> ※ **경호의 환경요인**
> ㉠ 일반적 환경요인 : 범죄의 증가 및 다양화, 경제발전과 과학기술의 향상, 동력화의 진전, 정보화, 국민의식과 생활양식의 변화
> ㉡ 특수적 환경요인 : 암살 · 테러의 위협

39 다음에서 설명하는 암살의 동기는?

> 어떤 암살자들은 자신들이 극히 중요하다고 생각하는 사상을 위태롭게 하고 있다고 생각하는 자를 암살하기도 한다.

① 이념적 동기   ② 경제적 동기
③ 심리적 동기   ④ 우발적 동기

> ☆ **TIP** ① **이념적 동기** : 자신이 중요하게 생각하는 이념이나 사상을 위태롭게 하고 있다고 생각되는 경우 암살대상자로 지정해 암살을 한다.
> ② **경제적 동기** : 자신의 가족, 집단, 민족에게 영향을 미칠 수 있는 경제적인 악조건을 타개하거나 금전적인 보상을 위해 누군가 희생이 되어야 한다는 신념에 의해 암살을 한다.
> ③ **심리적 동기** : 정신분열증, 편집증, 조울증, 치매(노인성) 등을 가진 암살자의 심리적 동기에 의해 암살이 일어난다. 이러한 요소들은 한 가지 또는 복합적으로 작용하여 암살이 이루어진다.
> ④ **우발적 동기** : 우발적으로 암살을 저지르는 것을 말한다.

40 국가대테러활동지침상 다음 (   )에 들어갈 내용을 순서대로 나열한 것은?

> • (   )의 대테러업무를 효율적으로 수행하기 위하여 범국가적인 종합대책을 수립
> 하고 지휘 및 협조체제를 단일화한다.
> • 테러경보란 테러의 위협 또는 위험수준에 따라 관심 · 주의 · 경계 · (   )의 4단계
> 로 구분하여 발령하는 경보를 말한다.
> • 국가 대테러정책의 심의 · 결정 등을 위하여 (   ) 소속하에 테러대책회의를 둔다.

① 국가 – 심각 – 대통령
② 국민 – 대응 – 국가정보원장
③ 국가 – 심각 – 국무총리
④ 국민 – 대응 – 대통령경호실장

☆ TIP • 국가의 대테러업무를 효율적으로 수행하기 위하여 범국가적인 종합대책을 수립하고 지휘
및 협조체제를 단일화한다〈국가대테러활동지침 제3조 제1호〉.
• 테러경보라 함은 테러의 위협 또는 위험수준에 따라 관심 · 주의 · 경계 · 심각의 4단계로
구분하여 발령하는 경보를 말한다〈국가대테러활동지침 제2조 제8호〉.
• 국가 대테러정책의 심의 · 결정 등을 위하여 대통령 소속하에 테러대책회의를 둔다〈국가대
테러활동지침 제5조 제1항〉.

ANSWER 38.④ 39.① 40.①

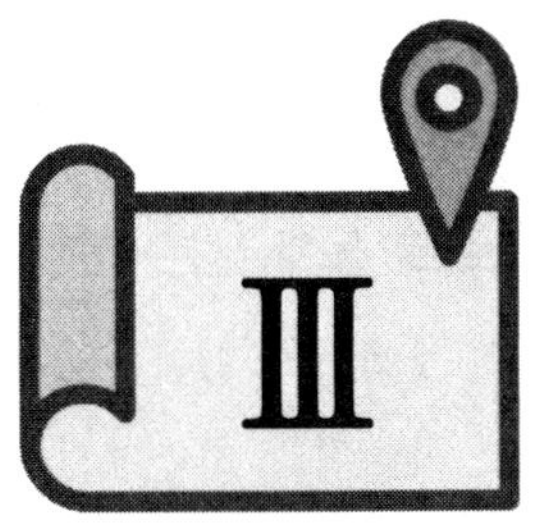

2015. 11. 21. 제17회 시행

제1과목 법학개론
제2과목 민간경비론
제3과목 경비업법(청원경찰법 포함)
제4과목 경호학

1 법과 도덕의 차이점에 관한 설명으로 옳지 않은 것은?

① 법은 강제성이 있지만 도덕은 강제성이 없다.

② 법은 타율성을 갖지만 도덕은 자율성을 갖는다.

③ 법은 내면성을 갖지만 도덕은 외면성을 갖는다.

④ 법은 양면성을 갖지만 도덕은 일면성을 갖는다.

> ☆ **TIP** 법과 도덕의 차이점
> ㉠ 법은 외면성을 갖지만 도덕은 내면성을 갖는다.
> ㉡ 법은 타율성을 갖기만 도덕은 자율성을 갖는다.
> ㉢ 법은 현실성을 갖지만 도덕은 이상성을 갖는다.
> ㉣ 법은 양면성을 갖지만 도덕은 일면성을 갖는다.
> ㉤ 법은 강제성을 갖지만 도덕은 비강제성을 갖는다.

2 법의 효력에 관한 설명으로 옳지 않은 것은?

① 법률의 시행기간은 시행일부터 폐지일까지이다.

② 법률은 특별한 규정이 없는 한 공포일로부터 30일을 경과하면 효력이 발생한다.

③ 범죄 후 법률의 변경이 피고인에게 유리한 경우에는 소급적용이 허용된다.

④ 외국에서 범죄를 저지른 한국인에게 우리나라 형법이 적용되는 것은 속인주의에 따른 것이다.

> ☆ **TIP** 법률은 특별한 규정이 없는 한 공포한 날로부터 20일이 경과한 후 효력이 발생한다. 공포일과 시행일 사이를 주지기간이라고 한다.

3 법의 체계에 관한 설명으로 옳은 것은?

① 강행법과 임의법은 실정성 여부에 따른 구분이다.
② 고유법과 계수법은 적용대상에 따른 구분이다.
③ 일반법과 특별법은 적용되는 효력 범위에 따른 구분이다.
④ 공법과 사법으로 분류하는 것은 영미법계의 특징이다.

> ☆ TIP ① 강행법과 임의법은 당사자의 의사의 적용여부에 따른 구분이다.
> ② 고유법과 계수법은 법사학 또는 법해석 연구방법에 따른 구분이다.
> ④ 공법과 사법으로 분류하는 것은 대륙법계의 특징이다.

4 사회법에 관한 설명으로 옳지 않은 것은?

① 공법영역에 사법적 요소를 가미하는 제3의 법영역이다.
② 노동법, 경제법, 사회보장법은 사회법에 속한다.
③ 자본주의의 부분적 모순을 수정하기 위한 법이다.
④ 사회적·경제적 약자의 이익 보호를 목적으로 한다.

> ☆ TIP 사회법은 시민사회의 자유권 중심적 원리와 자본주의의 결합으로 인한 사회적 모순을 해결
> 하는 과정에서 발달한 법의 영역이다. 시민의 자유권과 보장을 기본으로 하는 공법 또는 사
> 법의 영역과 다른 성격을 지닌다. 사회법은 시민의 자유를 보장하는 사법의 원리인 소유권
> 절대의 원칙과 계약자유의 원칙에 공법적인 제한을 가할 수 있도록 한 것이다. 사법이 공법
> 화 되어 가는 과정에서 중간적인 법 영역인 사회법이 발달하였다.

5 법의 적용에 관한 설명으로 옳지 않은 것은?

① 법을 적용하기 위한 사실의 확정은 증거에 의한다.
② 확정의 대상인 사실이란 자연적으로 인식한 현상 자체를 말한다.
③ 사실의 추정은 확정되지 못한 사실을 그대로 가정하여 법률효과를 발생시키는 것이다.
④ 간주는 법이 의제한 효과를 반증에 의해 번복할 수 없다.

> ☆ TIP 사실의 확정은 사회생활에서 발생한 사실을 있는 그대로 자연적으로 인식하는 것이 아니라
> 법적으로 인식하는 것을 말한다. 사회생활에서 발생하는 구체적 사건들 중에서 법적 가치가
> 있는 사실만을 확정하는 법적 인식 작용을 사실의 확정이라 한다.

ANSWER 1.③ 2.② 3.③ 4.① 5.②

6 법의 효력에 관한 설명으로 옳지 않은 것은?

① 민법은 특별한 규정이 있는 경우 외에는 법률불소급의 원칙이 적용된다.
② 소급법률에 의한 참정권 제한 금지는 헌법에 규정되어 있다.
③ 법이 효력을 가지려면 실효성과 타당성이 동시에 있어야 한다.
④ 하위 법규범으로 상위 법규범을 개폐할 수 없다.

☆ **TIP** 민법 부칙에서는 '본법은 특별한 규정이 있는 경우 외에는 본법 시행일 전의 사항에 대하여도 이를 적용한다.'라고 규정하여 법적 안정성을 도모하기 위한 법률불소급의 원칙에 대한 예외를 인정하고 있다.

7 권리의 주체와 분리하여 양도할 수 없는 권리는?

① 실용신안권 ② 초상권
③ 법정지상권 ④ 분묘기지권

☆ **TIP** 권리의 주체와 분리할 수 없는 인격적 이익을 누리는 것을 내용으로 하는 권리를 인격권이라 한다. 이는 생명, 신체, 정신의 자유(명예, 신용, 정조, 초상, 사행활의 보호 등)에 대한 권리이다.

8 권리에 관한 설명으로 옳지 않은 것은?

① 인격권은 권리자 자신을 객체로 하는 권리이다.
② 사원권은 단체의 구성원이 그 구성원의 지위에서 단체에 대하여 가지는 권리이다.
③ 형성권은 권리자의 일방적 의사표시에 의해 권리변동의 효과가 발생하는 권리이다.
④ 지배권은 배타적 지배를 하면서 타인의 청구를 거절할 수 있는 권리이다.

☆ **TIP** 지배권이란 권리의 대상을 직접 지배할 수 있는 권리이며 타인의 행위를 필요로 하지 않는다. 이에는 물권, 후견권, 친권, 인격권, 무채재산권 등이 있으며, 지배권은 베타적인 권리이기 때문에 절대권, 대세권의 성질을 갖는다. 지배권을 침해하는 경우 즉시 불법행위가 되며, 당연히 물권적 반환청구권, 방해예방청구권, 방해배제청구권 등 그 침해에 대해서 배제를 청구할 수 있다.

9 권리와 구별되는 개념에 관한 설명으로 옳은 것은?

① 의사무능력자는 권능의 주체가 될 수 있다.

② 법규정에 의해 인정되는 반사적 이익은 권리가 될 수 있다.

③ 권원은 그 작용에 따라 지배권, 청구권, 형성권, 항변권으로 분류된다.

④ 권한은 일정한 법률적 또는 사실적 행위를 정당화시키는 법률상의 원인을 말한다.

> ☆ **TIP** ② 반사적 이익은 행정법규가 공익상의 견지에서 행정주체 또는 제3자에 대해 일정한 의무
> 를 부과하고 있는 결과 개인이 간접적으로 받는 이익을 말한다. 반사적 이익은 법의 보
> 호를 받지 못하는 이익이므로 침해된 경우 소송에 의해 구제받을 수 없다. 그러므로 권
> 리가 될 수 없다.
> ③ 권원은 일정한 법률상 또는 사실상의 행위를 하는 것 즉 권리를 정당화시키는 법적원인
> 을 말한다. 권원은 소유권, 부당이득반환청구권, 지상권, 임차권 등이 해당된다.
> ④ 권한은 타인을 위하여 그 자에게 일정한 법률효과를 발생하게 하는 행위를 할 수 있는
> 법률상의 지위나 자격을 말한다. 대리인의 대리권, 법인이사의 대표권, 사단법인 사원의
> 결의권, 선택채권의 선택권 등이 해당된다.

10 우리나라 헌법의 기본질서에 해당하지 않는 것은?

① 사법국가적 기본질서   ② 자유민주적 기본질서

③ 사회적 시장경제질서   ④ 평화주의적 국제질서

> ☆ **TIP** 헌법의 기본질서
> ㉠ 자유민주주의적 기본질서
> ㉡ 사회적 시장경제질서
> ㉢ 문화주의적 기본질서
> ㉣ 평화주의적 국제질서

11 헌법상 기본권보장의 대전제가 되는 최고의 원리는?

① 생명권의 보호   ② 근로3권의 보장

③ 사유재산권의 보호   ④ 인간의 존엄과 가치

> ☆ **TIP** 모든 국민은 인간으로서의 존엄과 가치를 가지며, 행복을 추구할 권리를 가진다. 국가는 개
> 인이 가지는 불가침의 기본적 인권을 확인하고 이를 보장할 의무를 진다〈헌법 제10조〉.

ANSWER ▶ 6.① 7.② 8.④ 9.① 10.① 11.④

12 헌법상 법인이 누릴 수 있는 권리에 해당하지 않는 것은?

① 결사의 자유　　　　　　　　　② 거주이전의 자유

③ 프라이버시권　　　　　　　　　④ 재판을 받을 권리

> ☆TIP 헌법은 제10조에서 인간의 존엄과 가치 및 행복추구권을, 제12조에서 신체의 자유를, 제14
> 조에서 거주의 자유를, 제16조에서 주거의 자유를, 제18조에서 통신의 자유를, 제22조에서
> 학문과 예술의 자유를, 제23조에서 재산권의 보장을, 제36조에서 혼인 및 가족생활의 보호
> 를 각각 규정하고 있어 프라이버시권을 포괄적으로 보호하고 있다. 사생활의 비밀과 자유는
> 구체적으로 사생활의 자유와 사행활의 비밀로 나눌 수 있는데, 전자가 사생활의 설계 및 그
> 내용에 대해서 외부로부터의 간섭을 받지 아니할 권리라고 한다면, 후자는 사생활과 관련된
> 전혀 사사로운 나만의 영역이 본인의사에 반해서 타인에게 알려지지 않도록 나만이 간직할
> 수 있는 권리이다.
>
> ※ 헌법상 법인이 누릴 수 있는 권리 … 거주 이전의 자유, 결사의 자유, 언론출판의 자유, 재
> 　판을 받을 권리, 재산권 보장 등

13 헌법상 국회의원의 권리와 의무에 관한 설명으로 옳지 않은 것은?

① 법률이 정하는 직을 겸할 수 없다.

② 국가이익을 우선하여 양심에 따라 직무를 행한다.

③ 현행범인이라도 회기 중에는 국회의 동의 없이 체포 또는 구금되지 아니한다.

④ 국회에서 직무상 행한 발언과 표결에 관하여 국회 외에서 책임을 지지 아니한다.

> ☆TIP **국회의원의 불체포 특권**
> ㉠ 국회의원은 범죄를 저지른 현장에서 붙잡힌 현행범인 경우를 제외하고는 회기 중 국회
> 　의 동의 없이 체포 또는 구금되지 않는다.
> ㉡ 국회의원이 회기 전에 체포 또는 구금된 경우에는 현행범이 아닌 이상, 국회의 요구가
> 　있으면 회기 중 석방된다.

14 헌법재판소에 관한 설명으로 옳지 않은 것은?

① 포괄적인 재판권과 사법권을 가진다.

② 헌법 규정에 대하여는 위헌심판을 할 수 없다.

③ 공권력의 행사 또는 불행사로 기본권을 침해받은 자는 헌법소원심판을 청구할 수 있다.

④ 법률이 헌법에 위반되는가의 여부는 재판의 전제가 되었을 때 법원은 직권 또는 당사
자의 신청에 의해서 위헌법률심판을 제청한다.

☆ **TIP** 헌법재판소는 사법적 헌법보장기관이고, 대법원은 최고기관으로서의 지위가 인정된다. 우리나라 헌법은 대법원에 대하여는 포괄적인 사법권, 재판권을 부여하는 반면, 헌법재판소에 대하여는 한정된 권한만을 부여하고 있다. 헌법소원의 경우에는 우리나라에서는 재판에 대한 헌법소원을 인정하지 않으므로 헌법재판소가 대법원의 재판에 대하여 원칙적으로 관여하지 못하게 되어 있다.

15 민법상 전형계약이 아닌 것은?

① 화해
② 경개
③ 현상광고
④ 종신정기금

☆ **TIP** 전형계약은 유명계약이라고도 하며, 민법에 이름이 없는 계약인 무명계약 또는 비전형계약과 대립되는 개념이다. 민법 제3편(채권) 제2장(계약)에 열거된 유명계약은 증여 · 매매 · 교환 · 소비대차 · 사용대차 · 임대차 · 고용 · 도급 · 여행계약 · 현상광고 · 위임 · 임치 · 조합 · 종신정기금(終身定期金) · 화해 등이다.

16 제한능력자의 법률행위에 관한 설명으로 옳지 않은 것은?

① 피성년후견인이 법정대리인의 동의를 얻어서 한 재산상 법률행위는 유효하다.
② 법정대리인이 대리한 피한정후견인의 재산상 법률행위는 유효하다.
③ 법정대리인이 범위를 정하여 처분을 허락한 재산은 미성년자가 임의로 처분할 수 있다.
④ 제한능력자가 속임수로써 자기를 능력자로 믿게 한 경우 그 법률행위를 취소할 수 없다.

☆ **TIP** 피성년후견인의 법률행위는 원칙적으로 법정대리인의 동의 유무를 불문하고 취소할 수 있다. 따라서 피성년후견인이 속임수를 써서 법정대리인의 동의가 있는 것으로 믿게 하였더라도 취소할 수 있다.

17 보증채무에 관한 설명으로 옳지 않은 것은?

① 주채무가 소멸하면 보증채무도 소멸한다.

② 보증채무는 주채무가 이행되지 않을 때 비로소 이행하게 된다.

③ 채무를 변제한 보증인은 선의의 주채무자에 대해서는 구상권을 행사하지 못한다.

④ 채권자가 보증인에 대하여 이행을 청구하였을 때, 보증인은 주채무자에게 먼저 청구할 것을 요구할 수 있다.

> ☆ TIP 보증계약은 채권자와 보증인 사이에서 이루어지는 것이므로 보증인이 채무를 변제하는 것은 자신의 채무를 변제하는 것이기는 하지만 주채무자와의 관계에서 보면 타인의 채무를 변제해 주는 것이 된다. 그러므로 보증채무를 변제한 보증인은 주채무자에게 그 상환을 요구할 수 있는 권리인 구상권을 갖는다.

18 경비계약에 관한 설명으로 옳지 않은 것은?

① 경비업자가 경비계약을 체결하는 상대방은 경비대상 시설의 소유자 또는 관리자이다.

② 경비업자는 경비계약상 채무를 선량한 관리자의 주의로 이행하여야 한다.

③ 보수는 시기의 약정이 없으면 관습에 의하고, 관습이 없으면 경비업무를 종료한 후 지체없이 지급하여야 한다.

④ 경비업무 도급인이 파산하면 경비업자는 경비계약을 해제하고 경비업무 도급인에게 손해배상을 청구할 수 있다.

> ☆ TIP 경비업무 도급인이 파산하면 경비업자는 경비계약을 해제할 수 있으나 경비업무 도급인에게 손해배상을 청구할 수는 없다. .

19 경비업자의 채무불이행책임이 발생하는 경우가 아닌 것은?

① 경비원의 부주의로 경비대상 시설이 파손된 경우

② 경비원이 업무수행 과정에서 과실로 제3자에게 부상을 입힌 경우

③ 경비원이 업무수행 과정에서 근무태만으로 인하여 도난사고가 발생한 경우

④ 경비원이 업무수행 과정에서 취득한 고객의 비밀을 누설하여 손해를 끼친 경우

> ☆ TIP 경비업자는 경비원이 업무수행 중 고의 또는 과실로 경비대상에 손해가 발생하는 것을 방지하지 못한 때에는 그 손해를 배상하여야 한다. 또한 경비업자는 경비원이 업무수행 중 고의 또는 과실로 제3자에게 손해를 입힌 경우에는 이를 배상하여야 한다.

20 아파트 경비원이 근무 중 인근의 상가 건물에 화재가 난 것을 보고 달려가서 화재를 진압한 행위에 관한 설명으로 옳지 않은 것은?

① 경비업무의 범위를 벗어난 행위이기 때문에 경비원에게 화재를 진압할 법적 의무가 없다.

② 경비원은 상가 건물주에게 이익이 되는 방법으로 화재를 진압해야 한다.

③ 상가 건물주의 이익에 반하지만 공공의 이익을 위해 화재를 진압하다가 손해를 끼친 경우, 경비원은 과실이 없더라도 손해를 배상할 책임이 있다.

④ 경비원이 상가 건물 임차인의 생명을 구하기 위해 화재를 진압하다가 발생한 손해는 고의나 중과실이 없으면 배상할 책임이 없다.

   ☆ **TIP** 과실책임주의원칙에 따라 고의 또는 과실이 없으면 손해배상책임이 없다.

21 경비업체 甲과 상가 건물의 건물주 乙이 경비계약을 체결한 경우, 경비원 A가 오토바이를 타고 순찰을 하던 중 부주의로 행인 B를 치어 상해를 입혔고 넘어진 오토바이로 인해 상가 건물의 화단이 훼손되었다. 甲과 A의 책임에 관한 설명으로 옳지 않은 것은?

① A는 乙에게 채무불이행에 기한 손해배상책임을 부담한다.

② B는 甲에게 사용자책임을 물어 직접 손해배상을 청구할 수 있다.

③ B는 A에게 불법행위에 기한 손해배상을 청구할 수 있다.

④ 甲은 A의 화단 훼손행위에 의한 손해를 乙에게 배상하여야 한다.

   ☆ **TIP** 채무불이행에 기한 손해배상의 경우, 건물주는 계약의 존재 및 채무자의 채무의 내용에 좇은 이행이 없었다는 점, 손해가 발생하였다는 점 등을 입증하여야 하고, 경비원의 고의, 과실은 입증할 필요가 없으며, 경비원이 자신의 고의 혹은 과실이 없었음을 입증해야 한다.

ANSWER 17.③ 18.④ 19.② 20.③ 21.①

22 물건을 배달하러 온 택배기사를 강도로 착각하여 폭행을 가한 경비원의 행위에 해당하는 것은?

① 정당방위   ② 우연방위

③ 오상방위   ④ 과잉방위

> ☆ **TIP** 오상방위는 정당방위의 객관적 전제사실이 존재하지 않음에도 불구하고 행위자는 그것이 존재하는 것으로 오신하고 방위행위로 나아간 경우이다. 오상방위는 위법성조각사유의 전제사실에 대한 착오(허용구성요건, 허용상황의 착오)에 해당되는 문제이다. 이 경우 다수설인 법효과제한책임설에 의하면 책임고의가 조각되나, 과실범으로의 처벌이 가능하다.
>
> ※ **법효과제한책임설** … 위법성조각사유 전제사실의 착오인 오상방위의 경우 행위자에게 구성요건적 고의는 인정되지만 주관적 정당화 요소인 방위의사를 가지고 행위한 경우이기 때문에 법적대적인 태도(책임고의)가 발현된 것이 아니라 오히려 범수호적인 태도가 발현된 것이다.

23 형법상 재산에 대한 죄를 모두 고른 것은?

㉠ 뇌물죄	㉡ 배임죄
㉢ 손괴죄	㉣ 신용훼손죄
㉤ 장물죄	

① ㉠㉡㉢   ② ㉠㉢㉣

③ ㉡㉢㉤   ④ ㉡㉣㉤

> ☆ **TIP** 형법상 재산에 대한 죄로는 절도죄, 강도죄, 사기·공갈죄, 횡령·배임죄, 장물죄, 손괴죄 등이 있다.

24 우리나라의 형사소송법에 관한 설명으로 옳은 것은?

① 형법의 적용 및 실현을 목적으로 하는 실체법이다.

② 공판절차뿐만 아니라 수사절차도 규정하고 있다.

③ 순수한 직권주의를 기본구조로 하고 있다.

④ 형식적 진실발견, 적정절차의 원칙, 신속한 재판의 원칙을 지도이념으로 한다.

☆ **TIP** 형사소송법은 형사절차에 관한 법으로, 수사 및 형사재판 절차를 규정한 공법으로, 수사의
절차, 재판의 개시, 재판 절차, 판결의 선고, 선고된 판결에 대한 불복 및 확정 등에 대한
일반적인 법 규정을 망라한 절차법이다. 형사절차를 규정하고 있다는 점에서 민사절차를 규
정하고 있는 민사소송법과 구별되며, 범죄의 구성요건과 그에 대한 형벌을 규정하고 있는
실체법으로서의 형법과도 구별된다.

25 법관이 불공평한 재판을 할 현저한 법정의 사유가 있을 때, 해당 법관을 그 재판에서 배제
하는 제도는?

① 제척　　　　　　　　　　　　　　② 기피
③ 회피　　　　　　　　　　　　　　④ 포기

　　☆ **TIP** 제척이란 구체적인 사건을 담당할 법관이 불공평한 재판을 할 염려가 높은 경우를 법률에
유형적으로 규정해 놓고 법관이 그 사유에 해당하면 그 직무집행에서 당연히 배제시키는
제도를 말한다. 제척의 효과는 법률의 규정에 의하여 당연히 발생한다는 점에서 당사자 또
는 법관 스스로의 신청이 있을 때에 재판에 의하여 법관이 직무집행에서 배제되는 기피나
회피와 구별된다.

26 형사소송법상 임의수사에 해당하는 경우를 모두 고른 것은?

㉠ 검증	㉡ 피의자신문
㉢ 사실조회	㉣ 수색

① ㉠㉡　　　　　　　　　　　　　② ㉠㉢
③ ㉡㉢　　　　　　　　　　　　　④ ㉡㉣

　　☆ **TIP** 임의수사의 방법으로는 피의자신문과 피의자 이외의 자의 조사 및 사실조회가 있다.
피의자신문이란 수사기관 즉 검사 또는 사법경찰관이 피의자를 신문하여 피의자로부터 진
술을 듣는 것을 말한다(수사기관이 피의자의 진술을 통하여 직접 증거를 수집하는 절차이자
피의자가 자신에게 유리한 사실을 주장할 수 있는 기회를 제공하는 의미). 피의자신문의 법
적 성질은 피의자의 임의의 진술을 듣는 임의수사라는 설과 강제수사라는 설이 대립된다.
사실조회는 공무소 등에의 조회라고도 한다.
　　※ **형사소송법상 임의수사** … 출석요구, 피의자신문, 참고인조사, 감정·통역·번역의 위촉,
임의제출물 압수, 실황조사, 사실조회, 촉탁수사, 감정이나 통역의 의뢰, 공무소 등에
대한 조회, 경찰관 등의 불심검문, 변사자의 검사 등

ANSWER ▶　22.③　23.③　24.②　25.①　26.③

27 형사상 유죄의 확정판결에 중대한 사실오인이 있는 경우 판결을 받은 자의 이익을 위하여 판결의 부당함을 시정하는 비상구제절차는?

① 상소 ② 재심

③ 항고 ④ 비상상고

> ☆ **TIP** ① 미확정의 재판에 대하여 상급법원에 구제를 구하는 불복신청제도이다.
> ② 확정된 유죄판결에 대하여 일정한 사유가 있는 경우에 유죄판결을 받은 자의 이익을 위하여 주로 사실인정의 부당을 시정함을 내용으로 하는 비상구제절차이다.
> ③ 결정에 대한 상소로 일반항고와 재항고로 구분한다.
> ④ 확정판결에 대하여 그 심리 또는 재판에 법령위반이 있음을 이유로 하여 인정되는 비상구제절차이다.

28 면소의 판결을 하는 경우가 아닌 것은?

① 피고인에 대하여 재판권이 없는 때

② 공소시효가 완성되었을 때

③ 범죄 후 법령개폐로 형이 폐지된 때

④ 사면이 있은 때

> ☆ **TIP** 면소판결의 사유
> ㉠ 확정판결이 있은 때
> • 기판력 일사부재리의 효력이 미치는 재판으로 확정판결
> • 소년법상의 보호처분결정은 제외
> ㉡ 사면이 있은 때
> • 일반사면만 해당
> • 형집행면제에 불과한 특별사면은 제외
> ㉢ 공소시효가 완성되었을 때
> • 공소제기 당시 이미 공소시효가 완성된 경우
> • 공소가 제기된 범죄도 판결의 확정 없이 공소를 제기한 때로부터 25년 경과하면 공소시효가 완성된 것으로 간주 면소판결 선고
> ㉣ 범죄 후 법령개폐로 형이 폐지되었을 때
> • 법령제정이유가 된 법률이념의 변경에 따라 종래의 처벌 자체가 부당하거나 또는 과중하다는 반성적 고려에서 법령이 개폐된 경우
> • 기소된 사건의 적용법조가 헌법재판소의 위헌결정으로 인하여 실효된 경우 무죄판결 선고

29 상사에 관한 법규범의 적용순서를 바르게 나열한 것은?

① 상법 – 상사자치법 – 상관습법 – 민법
② 상법 – 민법 – 상관습법 – 상사자치법
③ 상사자치법 – 상법 – 민법 – 상관습법
④ 상사자치법 – 상법 – 상관습법 – 민법

> ☆ **TIP** 상사에 관한 법규범 적용순서
> 상사자치법 → 상사특별법령 → 상법 → 상관습법 → 민사특별법령 → 민법

30 주식회사에 관한 설명으로 옳지 않은 것은?

① 자본금은 특정 시점에서 회사가 보유하고 있는 재산의 현재가치로서 주식으로 균등하게 분할되어 있다.
② 무액면주식의 발행도 허용되며, 액면주식이 발행되는 경우 1주의 금액은 100원 이상 균일하여야 한다.
③ 주주는 주식의 인수가액을 한도로 출자의무를 부담할 뿐, 회사의 채무에 대하여 책임을 지지 않는다.
④ 주권 발행 이후 주주는 자신의 주식을 자유롭게 양도 및 처분을 할 수 있다.

> ☆ **TIP** 자본금의 구성
> ㉠ 정관으로 정한 경우에는 주식의 전부를 무액면주식으로 발행할 수 있다. 다만, 무액면주식을 발행하는 경우에는 액면주식을 발행할 수 없다.
> ㉡ 액면주식의 금액은 균일하여야 한다.
> ㉢ 액면주식 1주의 금액은 100원 이상으로 하여야 한다.
> ㉣ 회사의 정관으로 정하는 바에 따라 발행된 액면주식을 무액면주식으로 전환하거나 무액면주식을 액면주식으로 전환할 수 있다.
> ㉤ 주주의 책임은 그가 가진 주식의 인수가액을 한도로 한다.
> ※ 자본금은 회사가 보유할 재산액을 표시하는 것이며, 실제로 회사가 보유하고 있는 재산의 총체인 회사재산과 다르다.

ANSWER 27.② 28.① 29.④ 30.①

31 주식회사 정관의 변태설립사항이 아닌 것은?

① 발기인의 성명과 주소
② 현물출자를 하는 자의 성명
③ 회사성립 후에 양수할 것을 약정한 재산의 가격
④ 회사가 부담할 설립비용

☆ **TIP** 변태설립사항
㉠ 발기인이 받을 특별이익과 이를 받을 자의 성명
㉡ 현물출자를 하는 자의 성명과 그 목적인 재산의 종류, 수량, 가격과 이에 대하여 부여할 주식의 종류와 수
㉢ 회사성립 후에 양수할 것을 약정한 재산의 종류, 수량, 가격과 그 양도인의 성명
㉣ 회사가 부담할 설립비용과 발기인이 받을 보수액

32 상법상 손해보험에 해당하는 것은 모두 몇 개인가?

㉠ 책임보험	㉡ 화재보험
㉢ 해상보험	㉣ 생명보험
㉤ 상해보험	㉥ 재보험

① 2개　　　　　　　　　　② 3개
③ 4개　　　　　　　　　　④ 5개

☆ **TIP** 상법상 손해보험의 종류
㉠ 화재보험
㉡ 운송보험
㉢ 해상보험
㉣ 책임보험
㉤ 자동차보험
㉥ 보증보험
㉦ 재보험

33 통상임금에 관한 설명으로 옳지 않은 것은?

① 근로자에게 정기적, 일률적으로 소정 근로 또는 총근로에 대하여 지급하기로 정한 금액을 말한다.

② 근로자가 실제로 연장·야근·휴일근로를 제공하기 전에 미리 확정되어 있어야 한다.

③ 해고예고수당, 법정수당, 연차유급휴가수당 및 평균임금의 최고한도 보장의 산정기초가 된다.

④ 임금의 명칭이나 지급주기의 장단 등 형식적인 기준이 아니라 임금의 객관적 성질이 통상임금의 법적 요건을 충족하여야 한다.

> ☆ **TIP** 통상임금
> ㉠ 통상임금이란 근로자에게 정기적이고 일률적으로 소정근로 또는 총 근로에 대하여 지급하기로 정한 시간급 금액, 일급 금액, 주급 금액, 월급 금액 또는 도급 금액을 말한다.
> ㉡ 통상임금은 평균임금의 최저한도, 해고예고수당, 연장·야간·휴일근로수당, 연차유급휴가수당, 출산전후휴가급여 등을 산정하는데 기초가 된다.

34 산업재해보상보험법상 업무상 재해가 인정되는 사고에 해당하지 않는 것은?

① 휴게시간 중 사업주의 지배관리하에 있다고 볼 수 있는 행위로 발생한 사고

② 사업주가 주관하거나 사업주의 지시에 따라 참여한 행사나 행사준비 중에 발생한 사고

③ 사업주가 제공한 시설물 등을 이용하던 중 시설물의 결함이나 관리소홀로 발생한 사고

④ 사업주의 지배관리하에 있지 않더라도 사업주가 제공한 교통수단을 이용하여 출퇴근 중에 발생한 사고

> ☆ **TIP** 사업주가 제공한 교통수단이나 그에 준하는 교통수단을 이용하는 등 사업주의 지배관리 하에서 출퇴근 중 발생한 사고는 업무상 재해가 인정된다.
> 사업주가 출퇴근용으로 제공한 교통수단이나 사업주가 제공한 것으로 볼 수 있는 교통수단을 이용하던 중에 사고가 발생하여야 하고, 출퇴근용으로 이용한 교통수단의 관리 또는 이용권이 근로사 측의 전속적 권한에 속하지 아니하여야 한다는 조건을 모두 만족해야 업무상 사고로 본다.

ANSWER ▶ 31.① 32.③ 33.③ 34.④

35 사회보험법에 해당하지 않는 것은?

① 고용보험법　　　　　　　　　　② 기초노령연금법
③ 산업재해보상보험법　　　　　　④ 국민기초생활보장법

> ☆ **TIP** 사회보험
> ㉠ **개념** : 국민에게 발생하는 사회적 위험을 보험의 방식으로 대처함으로써 국민의 건강과 소득을 보장하는 제도를 말한다.
> ㉡ **사회보험의 종류** : 국민연금법, 국민건강보험법, 산업재해보상보험법, 고용보험법, 노인장기요양보험법, 기초노령연금법

36 국민연금법상 국민연금의 특성으로 옳지 않은 것은?

① 사회보험　　　　　　　　　　　② 공적연금
③ 단일연금체계　　　　　　　　　④ 전부적립방식

> ☆ **TIP** 국민연금의 특징
> ㉠ 전국민 단일연금체계
> ㉡ 본인 기여 전제의 사회보험방식
> ㉢ 미래 세대의 부담 완화를 위한 부분적립방식
> ㉣ 물가상승을 반영한 급여의 실질가치 보장
> ㉤ 세대내 · 세대간 소득재분배
> ㉥ 공적연금

37 행정기관에 관한 설명으로 옳은 것은?

① 행정청의 자문기관은 합의제이며, 그 구성원은 공무원으로 한정된다.
② 보좌기관은 행정조직의 내부기관으로서 행정청의 권한 행사를 보조하는 것을 임무로 하는 행정기관이다.
③ 국무조정실, 각 부의 차관보 · 실장 · 국장 등은 행정조직의 보조기관이다.
④ 행정청은 행정주체의 의사를 결정하여 외부에 표시하는 권한을 가진 기관이다.

> ☆ **TIP** 행정청은 행정주체의 의사를 결정하고 이를 외부에 표시할 수 있는 권한을 가진 행정기관이다.
> ㉠ **보조기관** : 행정청에 소속되어 행정주체의 의사를 결정, 표시하는 행정청의 권한행사를 보호함을 임무로 하는 행정기관이다.
> ㉡ **보좌기관** : 행정청 또는 그 보조기관을 보좌하는 행정기관을 말한다.
> ㉢ **자문기관** : 행정청의 자문에 응하여 또는 스스로 행정청의 권한행사에 대하여 의견을 제시함을 주된 임무로 하는 행정기관이다.
> ㉣ **의결기관** : 행정주체 내부에서 행정에 관한 의사를 결정할 수 있는 권한만을 가지고 이를 외부적으로 표시할 수 있는 권한은 없는 합의제행정기관을 말한다.
> ㉤ **집행기관** : 행정청의 명을 받아 실력으로 이를 집행하는 기관을 말한다.

38 행정법상 행정주체에 해당하지 않는 것은?

① 국가
② 지방자치단체장
③ 영조물법인
④ 공무수탁사인

> ☆ **TIP** 행정법상 행정주체는 국가와 지방자치단체, 공공조합, 영조물법인·지방공사, 공법상 재단 및 공무수탁사인을 들 수 있다.

39 법무부장관이 외국인 A에게 귀화를 허가한 경우, 선거관리위원장은 귀화허가가 무효가 아닌 한 귀화허가에 하자가 있더라도 A가 한국인이 아니라는 이유로 선거권을 거부할 수 없고, 법무부장관의 귀화허가에 구속되는 행정행위의 효력은?

① 공정력
② 구속력
③ 형식적 존속력
④ 구성요건적 효력

> ☆ **TIP** 구성요건적 효력은 행정행위가 존재하는 이상 비록 흠 있는 행정행위일지라도 무효가 아닌 한 제3의 국가기관은 법률에 특별한 규정이 없는 한 그 행정행위의 존재 및 내용을 존중하는 것을 말한다. 판단의 기초 내지는 구성요건으로 삼아야 하는 구속력을 의미한다.

40 경찰관이 목전에 급박한 장해를 제거할 필요가 있거나 그 성질상 미리 의무를 명할 시간적 여유가 없을 때, 자신이 근무하는 국가중요시설에 무단으로 침입한 자의 신체에 직접 무기를 사용하여 저지하는 행위는?

① 행정대집행
② 행정상 즉시강제
③ 행정상 강제집행
④ 집행벌

> ☆ **TIP** 행정상 즉시강제는 행정강제의 일종으로서 목전의 급박한 행정상 장해를 제거할 필요가 있는 경우에, 미리 의무를 명할 시간적 여유가 없을 때 또는 그 성질상 의무를 명하여 가지고는 목적달성이 곤란할 때에, 직접 국민의 신체 또는 재산에 실력을 가하여 행정상 필요한 상태를 실현하는 작용을 말한다. 예를 들어 전염병환자의 강제격리 및 도로교통법상의 주차위반차량의 강제견인 등이 해당된다. 행정강제는 행정상 강제집행을 원칙으로 하며, 법치국가적 요청인 예측가능성과 법적 안정성에 반하고, 기본권 침해의 소지가 큰 권력작용인 행정작용인 행정상 즉시강제는 어디까지 예외적인 강제수단이다.

ANSWER 35.④ 36.④ 37.④ 38.② 39.④ 40.②

1 민간경비와 공경비의 제 관계에 관한 설명으로 옳지 않은 것은?

① 민간경비의 주체는 민간영리기업이고, 공경비는 국가(지방자치단체)이다.
② 민간경비 법률관계의 근거는 경비계약이고, 공경비는 법령이다.
③ 민간경비의 역할은 범죄예방과 범죄진압이고, 공경비는 범죄예방과 손실예방이다.
④ 민간경비의 직접적인 목적은 사익보호이고, 공경비는 공익 및 사익보호이다.

☆**TIP** 민간경비와 공경비의 제 관계

	민간경비	공경비
대상	의뢰인(고객) – 특정인	일반시민 – 불특정 다수
역할	범죄예방	범죄예방. 범죄대응(법 집행)
구성	영리기업. 단체	정부 – 경찰
강제력	없음	있음
주체	민간영리기업	국가, 지방자치단체
법률관계	경비계약	법령

2 수익자부담이론에 관한 설명으로 옳지 않은 것은?

① 회사 등의 안전과 보호는 국가가 담당해야 한다.
② 경찰은 체제수호 등과 같은 역할과 기능에 한정되어야 한다.
③ 사회구성원 개개인 차원의 안전과 보호는 해당 개인이 담당해야 한다.
④ 경찰의 공권력 작용은 거시적 측면에서 수행되어야 한다.

☆**TIP** 수익자부담이론 … 경찰은 공적임무를 수행하는 데 있어 일부분을 담당하는 공조직으로 파악되어야 한다는 이론으로, 경찰의 공권력 작용은 원칙적으로 거시적 측면에서 질서유지나 체제수호 등과 같은 역할과 기능으로 한정하고, 민간경비는 사회구성원 개개인 차원이나 여타 집단과 조직 등이 담당하여야 한다는 인식에 기초를 둔 이론이다.

3 **민간경비 성장이론에 관한 설명으로 옳은 것은?**

① 공동화이론은 경제적 관점의 이론이다.

② 경제환원이론은 사회적 관점의 이론이다.

③ 공동생산이론은 경찰이 안고 있는 한계를 일부 극복하고 시민의 안전욕구를 증대시키기 위하여 민간부문의 능동적 참여를 다각적으로 유도하는 이론이다.

④ 공동화이론은 그냥 내버려두면 보호받지 못한 채로 방치될 재산을 민간경비가 보호한다는 이론이다.

> ☆ **TIP** ① 공동화이론은 사회적 관점의 이론이다.
> ② 경제환원이론은 경제적 관점의 이론이다.
> ④ 공동화이론은 경찰(공안)의 인적. 물적 측면의 감소로 생겨나는 공동화 상태를 채우기 위한 방법으로 그 모자란 부분은 민간경비가 대신한다는 이론이다.

4 **민영화이론에 관한 설명으로 옳지 않은 것은?**

① 2000년대 이후 복지국가 이념을 구현하고자 등장한 이론이다.

② 2010년 최초로 설립된 민영교도소는 민영화의 사례이다.

③ 공공지출과 행정비용의 감소효과를 유발하기 위한 방법이다.

④ 국민들이 서비스공급에 참여할 수 있으며, 서비스선택의 폭을 확대시켜 준다.

> ☆ **TIP** ① 민영화이론은 1980년대 초 등장한 이론이다.
> ※ 민영화이론은 활동이나 자산소유에 있어 상수도, 교정시설, 가로수정리, 선박수리, 한국통신, 국민은행 등의 매각을 통하여 공공부분이 가지고 있던 것을 민간으로 내주는 것을 의미하며 민간경비에 있어 정부의 역할을 줄이고 민간의 역할을 증대시키는 이론을 말한다.
> ㉠ 정부의 역할을 줄이고 민간의 역할을 증대
> ㉡ 공공차임부담의 해소, 민간 자본시장 자금영입 등 국가비용의 절약
> ㉢ 작은 정부를 수립하여 시민권 성장, 국민권리 성장, 정치 권력의 최소화
> ㉣ 소득재분배 효과로 기업의 경쟁력과 효율성 증가

ANSWER ▶ 1.③ 2.① 3.③ 4.①

5 민간경비에 관한 설명으로 옳지 않은 것은?

① 공공성, 공익성, 비영리성을 특징으로 한다.

② 계약자 등 특정인을 수혜대상으로 한다.

③ 공경비에 비해 한정된 권한을 가지며 각종 제약을 받는다.

④ 시설주의 시설물 보호, 특정고객의 생명·재산보호 등을 목적으로 한다.

> ☆ **TIP** 민간경비의 특징
> ㉠ 계약자 등 특정인을 경비수혜대상으로 한다.
> ㉡ 인적·물적 특정대상을 경비대상으로 한다.
> ㉢ 범죄예방적 기능을 주요 임무로 한다.
> ㉣ 민간경비원의 신분은 민간인과 같이 취급한다.
> ㉤ 공익성보다 영리성을 우선으로 한다.

6 경비업법상 규정된 경비업무의 종류는?

① 인력경비   ② 기계경비

③ 자체경비   ④ 계약경비

> ☆ **TIP** 경비업무의 종류
> ㉠ **시설경비업무** : 경비를 필요로 하는 시설 및 장소(경비대상시설)에서의 도난·화재 그 밖의 혼잡 등으로 인한 위험발생을 방지하는 업무
> ㉡ **호송경비업무** : 운반중에 있는 현금·유가증권·귀금속·상품 그 밖의 물건에 대하여 도난·화재 등 위험발생을 방지하는 업무
> ㉢ **신변보호업무** : 사람의 생명이나 신체에 대한 위해의 발생을 방지하고 그 신변을 보호하는 업무
> ㉣ **기계경비업무** : 경비대상시설에 설치한 기기에 의하여 감지·송신된 정보를 그 경비대상시설외의 장소에 설치한 관제시설의 기기로 수신하여 도난·화재 등 위험발생을 방지하는 업무
> ㉤ **특수경비업무** : 공항(항공기 포함) 등 대통령령이 정하는 국가중요시설의 경비 및 도난·화재 그 밖의 위험발생을 방지하는 업무

7 우리나라 민간경비업의 발전과정에 관한 설명으로 옳지 않은 것은?

① 용역경비업법은 1962년 주한 미8군의 용역경비를 실시하기 위하여 제정되었다.

② 1960~1970년대에 청원경찰에 의한 국가 주요 기간산업체의 경비가 주류를 이루었다.

③ 1980년대 대기업의 참여로 민간경비산업은 본격적으로 발전하기 시작하였다.

④ 2001년 경비업법 개정으로 특수경비원제도가 도입되었으며, 청원경찰과 민간경비의 이원화문제가 대두되었다.

☆ **TIP** 용역경비업법의 제정 … 법 체제의 미비와 국민 및 관계기관의 인식부족으로 어려움을 면치 못하던 민간경비업이 1970년대에 들어서면서부터 국가안보 및 치안능력에 차지하는 비중이 점차 높아져 가고, 1972년 일본에서의 경비업법 제정에 자극을 받은 국내 민간경비업계가 경비업법 제정을 건의하였고 내무부 치안본부도 그 필요성을 인식하여 치안본부 경비와 박진영총경을 중심으로 민간경비에 대한 자료수집과 연구에 착수하였다. 이에 따라서 본격적인 용역경비업법의 제정 작업이 시작되었으며, 1976년 최초의 경비업법이 제정·공포되었다.

8 일본의 민간경비에 관한 설명으로 옳지 않은 것은?

① 2차 세계대전 이전에는 야경, 순시, 보안원 등의 이름으로 계약경비를 실시하여 왔다.

② 1964년 동경올림픽 선수촌 경비를 계기로 민간경비의 역할이 널리 인식되었다.

③ 1970년 오사카 만국박람회(EXPO) 개최 시 민간경비가 투입되었다.

④ 일본 민간경비는 1980년대에 한국과 중국에 진출하였다.

☆ **TIP** 일본의 민간경비의 역사가 짧은 이유는 2차 세계대전 전에는 일본산업계가 야경, 수위, 순시 또는 보안원 등으로 자체경비를 해왔고, 극히 일부분이긴 하지만 필요경비를 기업에서 부담하고 경찰력의 상주파견을 요청하는 청원순사제도가 있었기 때문에 위탁방식에 의한 합리적이고 효율적인 경비시스템의 개발을 막아 이를 도입할 여지가 전혀 없었기 때문이다.

9 우리나라 민간경비산업에 관한 설명으로 옳지 않은 것은?

① 경비회사의 수나 인원 면에서 기계경비보다 인력경비에 대한 의존도가 높다.

② 국가중요시설의 효율성 제고방안으로 특수경비원제도가 도입되어 청원경찰의 입지가 축소되었다.

③ 2000년대 어려움을 겪던 기존의 영세한 민간경비업체들이 대기업의 경비시장진출을 환영하였다.

④ 경찰은 사회 전반의 범죄대응 역량을 강화하기 위해 민간경비업을 적극적으로 지도·육성하고 있다.

☆ **TIP** 2000년대 자본과 기술에서 어려움을 겪던 기존의 영세한 민간경비업체들이 민간경비에 대한 대기업의 진출을 반대하였다.

ANSWER 5.① 6.② 7.① 8.① 9.③

10 각국의 민간경비 발전과정에 관한 설명으로 옳지 않은 것은?

① 우리나라는 한국전쟁 이후 주한미군에 대한 군납경비를 통해 민간경비산업이 태동하게 되었다.
② 우리나라는 경비지도사 시험을 1995년 제1회부터 매년 정기적으로 실시하고 있다.
③ 일본에서 현대 이전의 민간경비는 헤이안(平安)시대에 출현한 무사계급에서 그 뿌리를 찾을 수 있다.
④ 미국에서 핑커톤(A. Pinkerton)은 1850년대에 탐정사무소를 설립하였다.

> ☆ **TIP** 1997년 제1회 경비지도사 시험을 시작으로 경비지도사 수급상황을 고려하여 매년 정기적으로 시험을 실시하고 있다.

11 영국 민간경비의 발달에 관한 내용으로 옳지 않은 것은?

① 민간경비가 크게 성장한 시기는 산업혁명시대이다.
② 규환제도는 개인 각자가 침입자를 추적·체포하는 것이 임무이다.
③ 민간경비차원의 경비개념에서 공경비차원의 치안개념으로 발전시킨 것은 레지스 헨리 시법(The Legis Henrici Law)이다.
④ 최초의 형사기동대에 해당하는 범죄예방조직을 만든 사람은 올리버 크롬웰(Oliver Cromwell)이다.

> ☆ **TIP** 1748년 미들섹스와 웨스트민스터주 장광이었던 헨리 필딩은 경찰활동을 통한 범죄예방의 기본 구상 아래 경찰업무를 시의 한 기능으로 인식하고 충분한 보수를 받는 경찰관, 도보경찰, 기마경철, 경찰법원의 필요성을 주장하였다. 또한 바우가 경찰대(Bow Street Runners)를 도보경찰, 기마경찰, 바우가경찰 등 3개 부문으로 조직하여 범죄예방 및 범죄수사, 범죄자 체포 등의 활동을 하였다. 특히 바우가 경찰은 최초의 형사기동대라고 할 수 있다.

12 각국의 민간경비의 역사적 발전과정에 관한 설명으로 옳지 않은 것은?

① 일본의 경비택시제도는 긴급사태 발생 시 택시가 출동하여 관계기관에 연락하거나 가까운 의료기관에 통보하는 제도이다.
② 미국은 경찰관 신분을 가진 민간경비원이 활동하는 경우가 있다.
③ 우리나라는 1960년대 이후 경제성장에 따른 산업시설의 증가와 더불어 영미법상의 제도인 청원경찰제도가 도입되었다.
④ 식민지시대 미국의 법집행과 관련된 기본적 제도는 영국의 영향을 받은 보안관(sheriff), 치안관(constable), 경비원(watchman) 등이 있다.

 우리나라의 청원경찰제는 1960년대 경제성장에 따른 산업시설의 증가와 북한의 무장 게릴라 침투에 따른 한정된 경찰인력을 보조하여 국가중요시설의 경비를 담당할 목적으로 창설되었다. 이 제도는 일제시대에 전쟁준비를 위한 산업시설의 경비문제를 해결하고자, 필요경비를 기업이 부담하고 경찰력의 상주파견을 구하는 일본의 '청원순사'제도에서 유래한 것으로 정부는 1962년 4월 3일 법률 제1049호로 '청원경찰법'을 제정·공포함으로 시행되었으며 특히 1973년에는 전문개정을 실시하였고 이후 2008년 2월 29일까지 10차에 걸친 개정을 실시하였다. 청원경찰제도는 전 세계적으로 유래를 찾아 볼 수 없는 독특한 제도로서 국가기관 또는 공공단체와 그 관할 하에 있는 중요시설 또는 사업장, 국내주재 외국공관, 기타 행정안전부령으로 정하는 중요 시설 사업장 또는 장소 등의 장이나 시설·사업장의 경영자가 소요경비를 부담할 것을 조건으로 경찰관의 배치를 신청하는 경우에, 그 기관 또는 사업장 등의 경비를 담당하게 하기 위하여 배치하는 경찰을 말한다.

13 민간경비의 성장요인으로 옳지 않은 것은?

① 범죄 및 손실문제의 증가 ② 개인 및 조직의 안전의식 증대
③ 국가(공권력)의 한계인식 ④ 개인주의의 확산

 민간경비 성장요인
㉠ 경찰 및 공권력의 범죄예방 및 통제능력의 한계인식
㉡ 시민의 안전의식 증대
㉢ 범죄 및 손실문제의 증가
㉣ 수익자 부담 원칙의 확산
㉤ 민간의 치안서비스 공동생산 경향

14 기계경비시스템의 범죄 대응과정에 관한 설명으로 옳은 것은?

① 경찰관서에 직접 연결하는 경비시스템의 오작동은 경찰력의 낭비가 발생할 수 있다.
② 대처요원에게 신속하게 연락하며, 각종 물리적 보호장치가 작동되도록 하는 것은 침입에 대한 정보전달과정이다.
③ 경비업법령상 관제시설에서 경보를 수신한 경우 늦어도 30분 이내에 도착할 수 있는 대응체계를 갖추어야 한다.
④ 기계경비시스템은 '불법 침입에 대한 감지 및 경고→침입에 대한 대응→침입정보의 전달' 과정을 거친다.

 오경보는 경비회사의 신뢰도 저하는 물론 지원출동을 하게 되는 경찰에게 피해를 주게 되며, 이로 인한 경찰력 낭비가 우려되고 있을 뿐 아니라 기계경비에 대한 신뢰도 저하로 실제 이상상황 발생 시에도 적극적으로 대응하지 못할 수 있다.

ANSWER ▶ 10.② 11.④ 12.③ 13.④ 14.①

15 기계경비에 관한 장·단점으로 옳은 것은?

① 유지보수에 적지 않은 비용과 전문 인력이 요구된다.

② 단기적으로 설치비용이 적게 든다는 장점이 있다.

③ 시간적 취약대인 야간에 경비효율이 현저히 감소한다고 볼 수 있다.

④ 감시장치의 경우 감시기록유지가 어려워 사후에 범죄의 수사 단서로 활용하기 어렵다.

> ☆ **TIP** 기계경비의 장점
> ㉠ 경비대상시설에 상주 경비원이 없으므로 경영비용이 적게 들어 경제적이다.
> ㉡ 설치한 기계기기는 반영구적으로 24시간 계속 감시하므로 인간의 순시보다 안정되어 있다.
> ㉢ 경비원이 없는 경비업무이므로 인신사고가 발생할 위험이 없다.
> ㉣ 표시장치에 시계나 프린터를 장착시킴으로써 사고를 정확하게 기록할 수 있다.
> ㉤ 인력경비에 비해 책임한계가 명확할 수 있으므로 책임성이 뛰어나다.
> ㉥ 업무가 분업화, 전문화될 수 있으므로 합리적인 경영이 가능하다.
> ※ 기계경비의 단점
> ㉠ 현장에서의 신속한 대처가 어려우며, 현장에 출동하는 시간이 필요하다.
> ㉡ 초기 설치비용이 많이 든다.
> ㉢ 허위 경보 및 오경보 등의 발생률이 비교적 높다.
> ㉣ 전문 인력이 필요하며, 유지보수에 많은 비용이 든다.
> ㉤ 고장시 신속한 대처가 어렵다.
> ㉥ 방범 관련 업무에만 가능하며 경비시스템을 잘 알고 있는 범죄자들에게는 역이용 당할 수 있다.

16 위험관리(risk management)의 과정을 순서대로 나열한 것은?

> ㉠ 우선순위의 설정 　㉡ 위험요소의 분석
> ㉢ 안전성·보안성의 평가 　㉣ 위험요소의 감소
> ㉤ 위험요소의 확인

① ㉡ - ㉠ - ㉤ - ㉢ - ㉣ 　② ㉡ - ㉢ - ㉠ - ㉣ - ㉤
③ ㉤ - ㉠ - ㉡ - ㉢ - ㉣ 　④ ㉤ - ㉡ - ㉠ - ㉣ - ㉢

> ☆ **TIP** 위험관리의 기본과정
> 위험요소의 확인 → 위험요소의 분석 → 우선순위의 설정 → 위험요소의 감소 → 안전성·보안성의 감사 및 평가

17 다음에 해당하는 민간경비의 조직운영원리는?

> 상관은 부하에게 권한의 일부를 위임하고 그 부하는 자기의 권한보다 작은 권한을 바로 밑의 부하에게 위임하는 등급화 과정을 거치게 되며, 이를 통해 명령·복종관계를 명확히 하고 명령이 조직의 정점에서부터 최하위에까지 도달하도록 한다.

① 전문화의 원리
② 계층제의 원리
③ 명령통일의 원리
④ 통솔범위의 원리

☆ **TIP** 민간경비 조직은 경비대상물에 대한 인적, 물적 위험을 예방 및 보호하는 기능을 담당하므로 상하 계층 간에 직무상 지휘, 통제관계가 성립되어 있게 되는데 이렇게 각 계층 사이에 명령 및 복종관계로 등급화가 이루어진 조직을 계층제 조직이라 하고 조직편성을 위해 계층제의 구성이 요구된다는 원리를 계층제의 원리라고 한다.
　① 전문화의 원리는 분업의 원리와 일맥상통하는 것으로서 전문적인 민간경비원을 선발하여 적재적소에 배치해야 한다는 원리이다. 이러한 원리가 지나치게 강조되면 조직 구성원간의 통합을 저해하거나 과도한 경쟁을 부추길 우려가 있다.
　③ 민간경비부서에서 근무하는 하위 경비원은 자신을 직접 관리하고 있는 상관으로부터 명령을 받아야 하고, 항상 그 상관에게 보고해야 한다는 원리이다. 이러한 원리가 지나치게 강조되면 의사소통 통로가 획일화되거나 부하들의 사기를 저하시킬 우려가 있다.
　④ 통솔범위는 한 사람의 상관이 직접 통솔할 수 있는 부하구성원의 합리적인 수를 말한다. 통솔범위는 근본적으로 인간이 지니는 관리 능력의 한계를 전제로 이러한 능력을 극대화시키기 위한 조직편성의 원리이다. 이러한 통솔범위는 획일적으로 규정하여 언급할 수 없는 것을 보고 있으며 시간적 요소, 장소적 요소, 직무의 성질, 리더의 능력, 구성원의 능력, 조직의 역사, 계층제의 수 등에 따라 그 범위가 달라질 수 있다.

ANSWER ▶ 15.① 16.④ 17.②

18 치안서비스의 순수공공재 이론 중 다음 내용에 해당되는 특성은?

> 치안서비스의 이용에 있어서 '추가 이용자의 추가 비용이 발생하지 않는다.'

① 비배제성　　　　　　　　　　② 비경합성
③ 비거부성　　　　　　　　　　④ 비한정성

☆**TIP** 비경합성이란 소비자의 수요가 아무리 증가해도 1인당 소비가 줄어들지 않는 성질을 뜻하며, 배제불가능성은 어느 누구도 그 재화에 대하여 배타적 소유권을 주장할 수 없는 성질을 뜻한다. 예를 들면, 국방과 치안의 경우 어느 누구를 차별하여 국방과 치안 서비스를 제공할 수 없으며 어느 한 사람이 서비스를 받는다고 하여 다른 사람이 서비스를 못 받는 일이 없으므로 전형적인 공공재의 예에 속한다고 할 수 있다. 비경합성은 공동소비가 가능한 것으로, 한 사람이 소비를 늘리거나 줄여도 다른 사람의 소비 가능성에 영향을 주지 않는 것이다. 한 사람이 해외에서 이민을 오거나 갔다고 해서 다른 사람이 받을 수 있는 국방서비스의 소비 가능성에 영향을 미치지 않는 것이다. 비경합성은 다른 사람이 추가로 소비를 늘리는 데 비용이 거의 들지 않는 것을 의미한다.

19 혼잡경비에 관한 설명으로 옳지 않은 것은?

① 혼잡한 상황에서 발생할 가능성이 있는 여러 가지 안전사고를 경계하고 예방하는 제반활동이다.
② 지방자치단체가 주관하는 축제·행사에서 안전사고에 대비하는 질서유지활동이다.
③ 우리나라의 경우 경비업법에서 혼잡경비를 경비업무의 한 유형으로 규정하고 있다.
④ 일본의 경우 혼잡경비를 경비업법에서 규정하고 있으며, 교통유도업무가 대부분을 차지하고 있다.

☆**TIP** 혼잡경비는 각종 기념행사, 경기대회, 제례의식, 기타 행사를 위해 모인 미조직된 군중에 의하여 발생되는 자연적인 혼란상태를 사전에 예방하거나, 경계하고, 위험한 사태가 발생한 경우에는 신속하게 조치하여 확대되는 것을 방지하는 경비활동을 말한다. 내·외 행사시 많은 인원이 모여 있을 때, 행사장에 대한 질서를 확립하고, 인원 및 시설에 대한 보호대책을 강구하여 혼잡사태가 발생될 것에 대비해 사전에 예방대책을 수립하는 경비활동을 그 주요 내용으로 한다.
혼잡경비는 행사의 성격을 가리지 않고, 우리나라의 경우 무조건 경찰력에만 의존하지 않고, 수익자부담의 원칙에 의거하여 주로 행사를 주관하는 기관 또는 단체가 책임을 지는 경향으로 변화되어 가고 있다.

20 민간경비의 조직형태에 관한 설명으로 옳은 것은 모두 몇 개인가?

> - 자체경비는 개인 및 기관, 기업 등이 중요하다고 판단되는 자신들의 보호대상을 보호하기 위하여 자체적으로 관련 업무를 수행할 수 있는 경비부서를 조직화하는 것이다.
> - 계약경비는 개인 및 기관, 기업 등이 중요하다고 판단되는 자신들의 보호대상을 보호하기 위하여 외부와의 계약을 통해서 경비인력 또는 경비시스템을 도입·운영하는 것이다.
> - 청원경찰은 자체경비의 일종이다.
> - 현행 경비업법은 계약경비를 전제로 한 것이다.

① 1개   ② 2개

③ 3개   ④ 4개

> ☆ **TIP** 자체경비란 필요한 경비인력을 직접 고용하거나 경비회사에서 파견된 인력을 시설물의 특성에 맞게 독자적으로 운영하는 경비를 말한다. 계약경비는 경비상품을 갖춘 용역경비전문업체가 경비서비스를 원하는 용역의뢰자와의 일정한 계약행위를 통해 경비서비스를 제공하는 형태를 말한다.
> 청원경찰은 자체경비를 위한 입초근무자는 경비구역의 정문 기타 지정된 장소에서 경비구역의 내부·외부 및 출입자의 동태를 감시한다.
> 경비업법은 도급을 전제로 하므로 계약경비를 전제로 한 것으로 본다.

21 경비위해요소 분석에 관한 설명으로 옳지 않은 것은?

① 경비위해요소는 자연적 위해, 인위적 위해, 특정한 위해 등으로 구분할 수 있다.

② 경비위해요소의 분석단계는 '경비의 위험요소 인지→경비의 비용효과 분석→경비 위험도 평가'의 순이다.

③ 위험요소의 인지는 경비대상 시설이 안고 있는 경비상의 취약점을 파악하는 것이다.

④ 비용효과분석은 투입비용에 대한 산출효과를 비교하여 적절한 경비수준을 결정하는 과정을 말한다.

> ☆ **TIP** 경비위해분석의 단계는 경비위해요소의 사정→경비위험요소의 인지→경비위험요소의 척도화→경비위험도 평가의 순이다.

ANSWER ▶ 18.②   19.③   20.④   21.②

22 경비계획 수립의 기본원칙으로 옳은 것은?

① 건물 출입구 수는 안전규칙의 범위 내에서 최대한으로 유지되어야 한다.
② 통행이 많은 곳에 경비실을 설치하고, 직원들의 출입구는 주차장에서 가급적 멀리 떨어진 곳에 설치한다.
③ 항구·부두 지역 등은 운전자가 바로 물건을 창고지역으로 차량을 움직이도록 하고, 경비원에게 물건의 선적이나 하자를 확인할 수 있도록 설계되어야 한다.
④ 효과적인 경비를 위해서는 안전조명이 설치되어야 하고 물건의 선적지역과 수령지역은 통합되어야 한다.

☆ TIP 경비계획 수립의 기본원칙
　　　㉠ 경계구역과 건물출입구는 안전규칙 범위 내에서 최소한으로 유지
　　　㉡ 외부 유리창이 바닥으로부터 14피트 이내일 경우 벽돌을 이용한 유리창문을 만들고 튼튼한 가로막이나 쇠창살로 보호
　　　㉢ 건물외부의 틈으로 접근이 가능하거나 탈출이 가능한 지점 및 경계구역에 대한 조치
　　　㉣ 안전조명의 설치
　　　㉤ 물건을 선적하거나 받는 지역은 넓게 분리
　　　㉥ 비상출입구나 외딴곳에 있는 출입구에 경보장치 설치
　　　㉦ 외부로 통하는 출입구는 내·외부로 오가는 통행에 대한 통제가 가능하여야 함
　　　㉧ 항구, 부두지역은 차량이 바로 물건을 창고지역으로 움직이지 못하게 해야 하고 경비원에게 선적이나 하차를 보고
　　　㉨ 관리실은 건물전체에서 통행이 가장 많은 장소에 위치
　　　㉩ 직원의 출입구는 주차장으로부터 떨어진 곳에 위치
　　　㉪ 경비원 대기실은 시설물 출입구와 비상구 근처에 위치

23 경비업법령상 경비지도사의 직무에 관한 내용으로 옳지 않은 것은?

① 기계경비지도사는 기계경비업무를 위한 기계장치를 운용·감독한다.
② 기계경비지도사는 오경보방지 등을 위하여 기기관리의 감독을 한다.
③ 경비지도사는 경비현장에 배치된 경비원에 대한 순회점검 및 감독을 월 1회 이상 수행하여야 한다.
④ 경비지도사는 경비원 직무교육 실시대장에 그 내용을 기록하여 1년간 보존하여야 한다.

☆ TIP 경비지도사의 직무 및 준수사항〈경비업법 시행령 제17조〉
　　　㉠ 기계경비업무를 위한 기계장치의 운용·감독(기계경비지도사의 경우에 한한다)
　　　㉡ 오경보방지 등을 위한 기기관리의 감독(기계경비지도사의 경우에 한한다)
　　　㉢ 경비지도사는 경비현장에 배치된 경비원에 대한 순회점검 및 감독을 월 1회 이상 수행하여야 한다.
　　　㉣ 경비지도사는 경비원에 대한 교육을 실시하고, 행정자치부령으로 정하는 경비원 직무교육 실시대장에 그 내용을 기록하여 2년간 보존하여야 한다.

24 비상사태 발생 시 민간경비원의 역할로 옳지 않은 것은?

① 비상사태 발생의 책임소재 파악
② 출입구와 비상구, 위험지역의 출입통제
③ 경제적 가치가 있는 것들에 대한 보호조치의 실행
④ 외부지원기관(경찰서, 소방서, 병원 등)과의 통신업무

> ☆ **TIP** 비상사태 발생 시 민간경비원의 역할
> ㉠ 경찰 및 외부지원기관과의 통신업무
> ㉡ 경제적으로 보호해야 할 가치가 있는 것들에 대해 보호조치 실행
> ㉢ 비상인력과 시설 내의 이동통제
> ㉣ 출입구와 비상구, 위험지역의 출입통제

25 외곽경비에 관한 설명으로 옳은 것은?

① 외곽경비의 기본 목적은 불법침입을 지연시키는 것이다.
② 모든 출입구 수를 파악하고 공기흡입관, 배기관 등은 경비계획에 포함시킬 필요가 없다.
③ 안전유리의 설치목적은 침입자의 침입시도를 완벽하게 저지하는 것보다는 침입시간을 지연시키는데 있다.
④ 차량출입구는 충분히 넓혀야 하며 평상시에는 한쪽방향으로만 유지한다.

> ☆ **TIP** ② 모든 출입구 수를 파악하고 공기흡입관, 배기관 등도 경비계획에 포함시켜야 한다.
> ③ 안전유리의 설치목적은 미관을 유지하면서도 외부로부터의 침입예방 및 침입시간을 지연하는데 있다.
> ④ 차량출입구는 충분히 넓어야 하며 평상시에는 양방통행을 유지한다.
> ※ **외곽경비**
> ㉠ 범죄의도를 가진 자 또는 위해로운 자가 경비대상시설에 불법침입을 할 경우 이를 저지 또는 지연시키기 위한 1차적 방어수단의 경비활동을 말한다.
> ㉡ **자연장벽** : 강, 절벽, 수풀, 협곡, 절벽 등
> ㉢ **인공장벽** : 울타리, 철조망, 벽, 문, 초소, 망루, 기계경보장치 등
> ㉣ **철조망 설치** : 높이는 7피트 이상, 지면에서 2인치 이격 설치, 콘서티나 철사는 군사용 철조망으로 6각형 모양의 코일형 설치

ANSWER 22.② 23.④ 24.① 25.①

26 환경설계를 통한 범죄예방(CPTED)에 관한 설명으로 옳지 않은 것은?

① 환경의 효율적인 이용을 통해 범죄예방의 목적을 달성하기 위하여 자연적 전략에서 조직적·기계적 전략으로 그 중심을 바꾸는데 기여하였다.
② 기본전략은 자연적인 접근통제, 자연적인 감시, 영역성의 강화라는 세 가지 차원에서 출발한다.
③ 동심원 영역론(concentric zone theory)도 CPTED의 접근방법의 하나라고 볼 수 있다.
④ 범죄원인을 개인적 요인보다는 환경적 요인에서 찾고 있다.

> ☆ **TIP** CPTED는 Crime Prevention Through Environmental Design의 약자로, 환경설계를 통해 범죄를 예방하자는 것이다. 셉테드의 목적은 환경디자인을 통한 범죄예방 개념의 실현, 시설 이용 및 교류 촉진을 통한 공동체의식 구현, 시각적 개방감과 자연 감시적 공간구성을 통한 방범환경조성 및 시설물 훼손 방지, 종합 보안 시스템구축 등 건축계획을 통한 안전한 생활 환경 조성이라 할 수 있다.
> CPTED는 감시와 접근통제, 공동체 강화를 기본원리로 하여 자연감시, 접근통제, 영역성 강화, 활동의 활성화, 유지관리의 5가지 실천전략으로 구성된다.

27 다음 감지기에 관련된 내용으로 잘못 연결된 것은?

① 자석감지기 – 영구자석과 리드(reed)　② 적외선 감지기 – 투광기와 수광기
③ 초음파감지기 – 가청주파수　④ 열감지기 – 원적외선 변화량

> ☆ **TIP** 초음파감지기는 도플러 효과를 이용한 것으로 초음파 전파를 이용한 전파의 반사를 이용한 감지기이다. 정면으로 들어오는 침입자의 감지에 효과적이다.

28 잠금장치에 관한 설명으로 옳지 않은 것은?

① 패드록은 시설물과 탈부착이 가능한 형태로 작동하며 강한 외부충격에도 견딜 수 있도록 되어 있다.
② 핀날름 자물쇠는 열쇠의 홈이 한쪽에만 있어 홈과 맞지 않는 열쇠를 꽂으면 열리지 않도록 되어 있다.
③ 카드식 잠금장치는 전기나 전자기방식으로 암호가 입력된 카드를 인식시킴으로써 출입문이 열리도록 한 장치이다.
④ 돌기 자물쇠는 단순철판에 홈도 거의 없는 것이 대부분이며 예방기능이 취약하다

> ☆ **TIP** 핀날름 자물쇠는 가정 및 산업용으로 사용되며, 홈이 열쇠 양쪽에 불규칙적으로 파여 있으며 안전성이 높다.

29 단순한 접촉의 유무를 탐지하여 경보를 전달하는 장치로서 문틈과 문 사이에 접지극을 설치하는 경보센서는?

① 광전자식 센서　　　　　　　　② 자력선식 센서
③ 전자기계식 센서　　　　　　　④ 압력반응식 센서

　　☆**TIP**　전자기계식 센서는 가장 단순한 기능을 가진 센서로 문틈과 문 사이에 접지극을 설치해 붙어 있으면 정상이고 침입자가 문을 열면 회로가 차단, 경보를 울리게 된다.
　　　① 출입문이나 창문 등 출입이 가능한 곳 양쪽에 센서를 설치해 레이져 광선을 발사, 침입자를 발견하는 센서로 정확성과 폭 넓은 감시가 가능하다.
　　　② 담장, 지붕, 천장 등에 설치하여 침입자가 자력선을 접촉하게 되면 경보가 발생하는데 주로 교도소나 은행 외벽 보호에 사용되며 반도체의 두 단자간의 전류를 활용하여 자장의 변화와 이동원리를 이용한 센서이다.
　　　④ 자동문이나 카펫 등에 설치하여 침입자가 건드리거나 밟는 등 압력이 가해지면 작동이 되는 센서이다.

30 폭발물에 의한 테러 위협 시 대응에 관한 설명으로 옳지 않은 것은?

① 폭발물에 의한 테러 위협을 당하면 우선적으로 사람을 건물 밖으로 대피시켜야 한다.
② 건물 내 폭발물에 의한 위협이 발생되었을 때 경비책임자는 경찰과 소방서에 통보하고 후속조치를 기다려야 한다.
③ 폭발물이 발견되면 그 지역을 출입하는 사람이나 출입이 제한된 사람들의 명단을 신속히 파악한다.
④ 폭발물의 폭발력 약화를 위해서 모든 창과 문은 닫아 두어야 한다.

　　☆**TIP**　폭발물의 폭발력 약화를 위해서는 모든 창과 문을 열어 두어야 한다.

31 정보보호의 목표가 아닌 것은?

① 무결성(integrity)　　　　　　② 비밀성(confidentiality)
③ 가용성(availability)　　　　　④ 적법성(legality)

　　☆**TIP**　정보보호의 목표 … 비밀성, 무결성, 가용성

ANSWER　26.①　27.③　28.②　29.③　30.④　31.④

32 인화성 액체, 가연성 액체 등이 타고나서 재가 남지 않는 화재를 유류화재라 한다. 유류화재에 대한 소화기의 적응화재별 표시로 옳은 것은?

① A급   ② B급
③ C급   ④ D급

> ☆**TIP** 화재별 표시
> ㉠ A급 화재 – 일반화재
> ㉡ B급 화재 – 유류화재
> ㉢ C급 화재 – 전기화재
> ㉣ D급 화재 – 금속화재
> ㉤ K급 화재 – 주방화재(식물성, 동물성기름)

33 컴퓨터 사이버테러에 관한 설명으로 옳지 않은 것은?

① 허프건(huffgun) – 고출력 전자기장을 발생시켜 컴퓨터의 자기기록 정보를 파괴한다.
② 플레임(flame) – 네티즌들이 공통의 관심사를 논의하기 위해 개설한 토론방에 고의로 가입하여 개인 등에 대한 악성 루머를 유포한다.
③ 스누핑(snooping) – 인터넷상에 떠도는 IP(Internet Protocol) 정보를 몰래 가로채는 행위이다.
④ 논리폭탄(logic bomb) – 고출력 에너지로 순간적인 마이크로웨이브파를 발생시켜 컴퓨터 내의 전자 및 전기회로를 파괴한다.

> ☆**TIP** 논리 폭탄(Logic Bomb) … 특정 데이터의 출현과 소멸에 의해 동작되는 프로그램으로 보통의 프로그램에 오류를 발생시키는 프로그램 루틴을 무단으로 삽입하여 특정한 조건의 발생이나 특정한 데이터를 입력할 때 컴퓨터에서 부정한 행위를 실행한다. 따라서 프로그램에 전혀 예상하지 못한 치명적인 오류가 발생하게 된다.

34 컴퓨터 범죄의 특징으로 옳지 않은 것은?

① 발견 · 증명의 곤란성   ② 광범위성과 자동성
③ 범행의 불연속성   ④ 고의입증의 곤란성

> ☆**TIP** 컴퓨터 범죄의 특징
> ㉠ 범행의 자동성, 연속성 및 광범위성
> ㉡ 범행의 발견과 증명의 어려움
> ㉢ 고의입증의 어려움
> ㉣ 수사절차상의 특수성

35 컴퓨터 시스템 안전대책에 관한 설명으로 옳지 않은 것은?

① 컴퓨터실과 파일보관 장소는 허가받은 사람만이 출입할 수 있도록 엄격히 통제하여야 한다.

② 컴퓨터기기의 경우 물에 접촉하면 치명적인 손상을 가져오기 때문에 이산화탄소나 할론가스를 이용한 소화장비를 설치·사용하여야 한다.

③ 컴퓨터시스템의 보안성 유지를 위하여 프로그램 개발자와 컴퓨터 운영자를 통합하여 운용한다.

④ 컴퓨터 시스템 사용이 불가능하게 될 경우를 대비하여 백업용 컴퓨터 기기를 준비해 둔다.

☆ **TIP** 컴퓨터 소프트웨어를 개발하는 프로그래머와 컴퓨터를 조작하는 오퍼레이터의 상호업무분리 원칙을 준수하여야 한다. 통합하여 운용하면 안 된다.

36 민간경비와 경찰의 상호관계에 관한 설명으로 옳지 않은 것은?

① 민간경비는 경찰이 제공하는 서비스의 보충적·보조적 기능을 수행하는 것으로 인식되고 있다.

② 경찰활동의 재원은 세금이지만 민간경비의 재원은 고객이 지급하는 도급계약의 대가(代價)라고 할 수 있다.

③ 민간경비의 모든 운영 및 활동은 관할 경찰서장의 허가 및 지도·감독을 받게 되어 있다.

④ 사회경제적 요인 등으로 인해 민간경비의 역할이 중요시되고 점차 독자적으로 시장규모를 확대시켜나가고 있다.

☆ **TIP** 민간경비와 경찰은 상호 업무에 대한 이해의 부족, 방범활동에 대한 정책 빈곤, 상호지원체제의 미흡 등으로 인하여 민간경비와 경찰의 상호협조체제의 구축은 잘 이루어지지 않고 있는 상황이다.

ANSWER ▶ 32.② 33.④ 34.③ 35.③ 36.③

37 경비업법령상 경비업의 허가를 받은 법인이 신고하여야 할 사항이 아닌 것은?

① 영업을 폐업하거나 휴업한 때

② 기계경비업무를 개시하거나 종료한 때

③ 법인의 명칭이나 대표자 · 임원을 변경한 때

④ 법인의 주사무소나 출장소를 신설 · 이전 또는 폐지한 때

> ☆ **TIP** 경비업의 허가를 받은 법인은 다음에 해당하는 경우 지방경찰청장에게 신고하여야 한다〈경
> 비업법 제4조 제3항〉.
> ㉠ 영업을 폐지하거나 휴업한 때
> ㉡ 법인의 명칭이나 대표자 임원을 변경한 때
> ㉢ 법인의 주사무소나 출장소를 신설 · 이전 또는 폐지한 때
> ㉣ 기계경비업무의 수행을 위한 관제시설을 신설 · 이전 또는 폐지한 때
> ㉤ 특수경비업무를 개시하거나 종료한 때
> ㉥ 그 밖에 정관의 목적을 변경하는 때

38 민간경비원 관리와 감독관련 자격증제도에 관한 설명으로 옳지 않은 것은?

① CPP는 미국산업안전협회에서 시행하는 공인경비사자격제도이다.

② 우리나라는 2013년 경비업법상 경비지도사의 직무로 집단민원현장에 배치된 경비원에
대한 지도 · 감독이 추가되었다.

③ 일본의 경비원지도교육책임자는 국가공안위원회에서 관리한다.

④ 우리나라의 경비지도사 자격증은 3년마다 갱신해야 한다.

> ☆ **TIP** 우리나라 경비지도사 자격을 얻기 위해서는 시험에 합격하고 44시간의 기본교육을 이수해
> 야 하며, 자격증은 경찰청장의 명의로 교부된다. 갱신은 없다.

39 민간경비원의 권한관계에 관한 설명으로 옳지 않은 것은?

① 민간경비원은 자구행위를 할 수 있다.

② 민간경비원은 현행범을 체포할 수 없다.

③ 특수경비원이 휴대할 수 있는 무기종류는 권총 및 소총으로 한다.

④ 청원경찰은 경비구역 내에서 경비목적을 위해 필요한 경우 불심검문 및 무기사용을
할 수 있다.

> ☆ **TIP** 민간경비원은 원칙적으로 현행범을 제외하고는 범죄자에 대한 체포 권한이 없다.

40 우리나라 민간경비산업의 전망에 관한 설명으로 옳은 것을 모두 고른 것은?

> ㉠ 경찰업무의 과다로 민간경비업은 급속히 발전할 것이다.
> ㉡ 민간경비업의 홍보활동이 적극적으로 전개될 것이다.
> ㉢ 지역 특성에 맞는 민간경비 상품의 개발이 요구될 것이다.
> ㉣ 경찰 및 교정업무의 민영화 추세는 민간경비업 증가의 한 요인이 된다.

① ㉡㉣
② ㉠㉡㉢
③ ㉠㉢㉣
④ ㉠㉡㉢㉣

☆ **TIP** 민간경비산업의 전망
  ㉠ 경비업체와 경비원의 수가 증가하고 있다.
  ㉡ 경찰의 인력과 예산은 크게 증가하기 않았다.
  ㉢ 앞으로 민간경비의 적극적 홍보활동 및 업무 범위가 확대될 것이다.
  ㉣ 선진국의 경비 시스템의 도입과 첨단기기의 기술제휴가 증가하고 있다.
  ㉤ 경비산업 자체에서 기계경비가 차지하는 비중이 점차 증가하고 있다.
  ㉥ 경찰력의 한계와 안전수요의 증가로 경비수요는 지속적으로 증가할 것이다.
  ㉦ 기존의 비효율적 인력경비의 측면은 감소되고 첨단기계경비는 증가할 것이다.

ANSWER 37.② 38.④ 39.② 40.④

1 경비업법상 집단민원현장에 해당하지 않는 것은?

① 「행정대집행법」에 따라 대집행을 하는 장소

② 특정 시설물의 설치와 관련하여 민원이 있는 장소

③ 주주총회와 관련하여 이해대립이 있어 다툼이 있는 장소

④ 70명의 사람이 모여 있는 국제 · 문화 · 예술 · 체육 행사장

> **TIP** 집단민원현장〈경비업법 제2조 제5호〉
> ㉠ 노동조합 및 노동관계조정법에 따라 노동관계 당사자가 노동쟁의 조정신청을 한 사업장 또는 쟁의행위가 발생한 사업장
> ㉡ 도시 및 주거환경정비법에 따른 정비사업과 관련하여 이해대립이 있어 다툼이 있는 장소
> ㉢ 특정 시설물의 설치와 관련하여 민원이 있는 장소
> ㉣ 주주총회와 관련하여 이해대립이 있어 다툼이 있는 장소
> ㉤ 건물 · 토지 등 부동산 및 동산에 대한 소유권 · 운영권 · 관리권 · 점유권 등 법적 권리에 대한 이해대립이 있어 다툼이 있는 장소
> ㉥ 100명 이상의 사람이 모이는 국제 문화 · 예술 · 체육 행사장
> ㉦ 행정대집행법에 따라 대집행을 하는 장소

2 경비업법령상 경비업의 시설 등의 기준에 따라 기계경비업 허가신청서를 제출하는 법인이 출장소를 서울, 인천, 대전의 3곳에 두려고 하는 경우에 최종적으로 갖추어야 할 출동차량은 최소 몇 대인가?

① 3대   ② 6대

③ 9대   ④ 12대

> **TIP** 기계경비업무의 경우 출장소별로 출동차량 2대 이상을 갖추어야 한다. 문제에서 출장소가 3곳이므로 최소 6대는 갖추어져야 한다.

3 경비업법상 허가사항에 해당하는 것은?

① 경비업의 허가를 받은 법인이 영업을 폐업한 때
② 경비업의 허가를 받은 법인이 영업을 휴업한 때
③ 경비업의 허가를 받은 법인이 임원을 변경한 때
④ 경비업의 허가를 받은 법인이 경비업무를 변경하는 경우

☆ **TIP** 경비업법의 허가를 받으려는 경우에는 허가신청서에 경비업의 허가를 받은 법인이 허가를 받은 경비업무를 변경하거나 새로운 경비업무를 추가하려는 경우에는 변경허가신청서에 행정자치부령으로 정하는 서류를 첨부하여 법인의 주사무소를 관할하는 지방경찰청장 또는 해당 지방경찰청 소속의 경찰서장에게 제출하여야 한다.

4 경비업법령상 (   ) 안에 들어갈 내용으로 옳은 것은?

> 경비업의 허가를 받은 법인은 법인의 주사무소나 출장소를 신설·이전 또는 폐지한 때에는 그 사유가 발생한 날부터 (   )일 이내에 신고하여야 한다.

① 7
② 10
③ 15
④ 30

☆ **TIP** 경비업의 허가를 받은 법인은 법인의 명칭이나 대표자·임원을 변경한 때, 법인의 주사무소나 출장소를 신설·이전 또는 폐지한 때, 기계경비업무의 수행을 위한 관제시설을 신설·이전 또는 폐지한 때, 특수경비업무를 개시하거나 종료한 때, 그 밖에 대통령령이 정하는 중요사항을 변경하는 경우에 따른 신고는 그 사유가 발생한 날부터 30일 이내에 하여야 한다 〈경비업법 시행령 제5조 제5항〉.

ANSWER 1.④ 2.② 3.④ 4.④

5 경비업법상 경비업을 영위하는 법인의 임원 결격사유에 해당하지 않는 것은?

① 피성년후견인
② 파산선고를 받고 복권되지 아니한 자
③ 금고 이상의 형의 선고를 받고 그 형이 실효되지 아니한 자
④ 시설경비업무를 수행하는 법인의 경우, 경비업법에 위반하여 벌금형의 선고를 받고 3년이 지나지 아니한 자

> ☆ **TIP** 임원의 결격사유〈경비업법 제5조〉
> ㉠ 피성년후견인 또는 피한정후견인
> ㉡ 파산선고를 받고 복권되지 아니한 자
> ㉢ 금고 이상의 형의 선고를 받고 그 형이 실효되지 아니한 자
> ㉣ 이 법 또는 대통령 등의 경호에 관한 법률에 위반하여 벌금형의 선고를 받고 3년이 지나지 아니한 자
> ㉤ 이 법 또는 이 법에 의한 명령에 위반하여 허가가 취소된 법인의 허가취소 당시의 임원이었던 자로서 그 취소 후 3년이 지나지 아니한 자
> ㉥ 경비업무의 범위를 벗어난 행위를 하게 한 이유로 허가가 취소된 법인의 허가취소 당시의 임원이었던 자로서 허가가 취소된 날부터 5년이 지나지 아니한 자

6 경비업법령상 기계경비업무에 관한 설명으로 옳지 않은 것은?

① 기계경비업무를 수행하는 경비원은 일반경비원에 해당한다.
② 기계경비업자는 관제시설 등에서 경보를 수신한 때에는 경보를 수신한 때부터 늦어도 25분 이내에는 도착시킬 수 있는 대응체제를 갖추어야 한다.
③ 기계경비업자는 경보의 수신 및 현장도착 일시와 조치의 결과를 기재한 서류를 당해 경보를 수신한 날부터 최소 2년간 이를 보관하여야 한다.
④ 기계경비지도사의 직무에는 기계경비업무를 위한 기계장치의 운용·감독 및 오경보 방지 등을 위한 기기관리의 감독이 포함된다.

> ☆ **TIP** 기계경비업자는 출장소별로 경비대상시설의 명칭·소재지 및 경비계약기간, 기계경비지도사의 명단·배치일자·배치장소와 출동차량의 대수, 경보의 수신 및 현장도착 일시와 조치의 결과, 오경보인 경우 오경보가 발생한 경비대상시설 및 그 오경보에 대한 조치의 결과를 기재한 서류를 갖추어 두어야 한다. 이 사항을 기재한 서류는 당해 경보를 수신한 날부터 1년간 이를 보관하여야 한다〈경비업법 시행령 제9조〉.

7 경비업법령상 특수경비원은 될 수가 없으나 경비지도사가 될 수 있는 자는? (단, 다른 결격사유는 고려하지 않음)

① 팔과 다리가 완전하고 두 눈의 교정시력이 각각 0.8인 자
② 금고 이상의 형의 선고유예를 받고 그 유예기간 중에 있는 자
③ 금고 이상의 형의 집행유예선고를 받고 그 유예기간 중에 있는 자
④ 「형법」 제114조(범죄단체 등의 조직)의 죄를 범하여 벌금형을 선고받은 날부터 10년이 지나지 아니한 자

☆ **TIP** 특수경비원은 될 수 없으나 경비지도사가 될 수 있는 자〈경비업법 제10조〉
 ㉠ 만 18세 미만 또는 만 60세 이상인 자, 피성년후견인, 피한정후견인
 ㉡ 파산선고를 받고 복권되지 아니한 자, 금고 이상의 실형의 선고를 받고 그 집행이 종료(집행이 종료된 것으로 보는 경우 포함)되거나 집행이 면제된 날부터 5년이 지나지 아니한 자, 금고 이상의 형의 집행유예선고를 받고 그 유예기간 중에 있는 자, 벌금형을 선고받은 날부터 10년이 지나지 아니하거나 금고 이상의 형을 선고받고 그 집행이 종료된(종료된 것으로 보는 경우 포함) 날 또는 집행이 유예·면제된 날부터 10년이 지나지 아니한 자, 벌금형을 선고받은 날부터 5년이 지나지 아니하거나 금고 이상의 형을 선고받고 그 집행이 유예된 날부터 5년이 지나지 아니한 자, 치료감호를 선고받고 그 집행이 종료된 날 또는 집행이 면제된 날부터 10년이 지나지 아니한 자 또는 치료감호를 선고받고 그 집행이 면제된 날부터 5년이 지나지 아니한 자, 벌금형을 선고받은 날부터 5년이 지나지 아니하거나 금고 이상의 형을 선고받고 그 집행이 유예된 날부터 5년이 지나지 아니한 자
 ㉢ 금고 이상의 형의 선고유예를 받고 그 유예기간 중에 있는 자
 ㉣ 행정자치부령이 정하는 신체조건(팔과 다리가 완전하고 두 눈의 맨눈시력 각각 0.2 이상 또는 교정시력 각각 0.8 이상)에 미달되는 자

8 A 특수경비업체에서 5개월 동안 근무한 甲이 경비업법령상 특수경비원으로서 받았어야 할 신임교육과 직무교육의 시간을 합하면 최소 몇 시간인가? (단, 甲은 신임교육 대상 제외자에 해당하지 않음)

① 69　　　　　　　　　　② 88
③ 94　　　　　　　　　　④ 118

☆ **TIP** 특수경비원 신임교육 시간은 이론교육 15시간, 실무교육 69시간, 기타 4시간으로 이루어져 있고, 직무교육 시간은 매월 6시간이므로 문제에서 5개월 동안 근무를 하였으므로 신임교육 총 88시간에 직무교육 30시간을 합하면 118시간이 된다.

9 경비업법령상 기계경비지도사 자격증 취득자가 자격증 취득일부터 3년 이내에 일반경비지도사 시험에 합격하여 교육을 받을 경우, 받아야 하는 교육과목에 해당하지 않는 것은?

① 체포 · 호신술
② 신변보호
③ 특수경비
④ 기계경비개론

> ☆ **TIP** 기계경비지도사 취득자가 3년 이내에 일반경비지도사 시험에 합격하여 교육을 받을 경우에는 공통교육은 면제한다.
> 공통교육과목으로는 경비업법, 경찰관직무집행법 및 청원경찰법, 테러 대응요령, 화재대처법, 응급처치법, 분사기 사용법, 교육기법, 예절 및 인권교육, 체포 · 호신술, 입교식 · 평가 · 수료식이 해당된다.

10 경비업법령상 특수경비원의 직무 및 무기사용에 관한 설명으로 옳지 않은 것은?

① 관할 경찰서장은 경비업자 및 특수경비원의 무기관리 상황을 수시로 점검하여야 한다.
② 관할 경찰관서장은 무기의 적정한 관리를 위하여 무기를 대여받은 시설주에 대하여 필요한 명령을 발할 수 있다.
③ 특수경비원은 국가중요시설의 경비를 위하여 무기를 사용하지 아니하고는 다른 수단이 없다고 인정되는 때에는 필요한 한도안에서 무기를 사용할 수 있다.
④ 지방경찰청장은 국가중요시설에 대한 경비업무의 수행을 위하여 필요하다고 인정하는 때에는 관할경찰관서장으로 하여금 시설주의 신청에 의하여 시설주로부터 국가에 기부채납된 무기를 대여하게 할 수 있다.

> ☆ **TIP** 시설주가 규정에 의하여 대여받은 무기에 대하여 시설주 및 관할 경찰관서장은 무기의 관리책임을 지고, 관할 경찰관서장은 시설주 및 특수경비원의 무기관리상황을 매월 1회 이상 점검하여 지도 · 감독하여야 한다〈경비업법 제14조 제5항〉.

11 경비업법령상 특수경비원의 의무에 관한 설명으로 옳은 것은?

① 특수경비원은 시설주의 허가 또는 정당한 사유없이 경비구역을 벗어나서는 아니 된다.

② 인질사건에 있어서 작전을 수행하는 경우라도 권총 또는 소총을 발사하고자 하는 때에는 반드시 미리 구두로 경고를 하여야 한다.

③ 특수경비원은 총기 또는 폭발물을 가지고 대항하는 경우에도 14세 미만의 자 또는 임산부에 대하여는 권총 또는 소총을 발사하여서는 아니 된다.

④ 특수경비원은 파업·태업 그 밖에 경비업무의 정상적인 운영을 저해하는 일체의 쟁의행위를 하여서는 아니 된다.

> ☆ **TIP** 특수경비원의 의무〈경비업법 제15조〉
> ㉠ 특수경비원은 직무를 수행함에 있어 시설주, 관할 경찰관서장 및 소속상사의 직무상 명령에 복종하여야 한다.
> ㉡ 특수경비원은 소속상사의 허가 또는 정당한 사유없이 경비구역을 벗어나서는 아니된다.
> ㉢ 특수경비원은 파업·태업 그 밖에 경비업무의 정상적인 운영을 저해하는 일체의 쟁의행위를 하여서는 아니된다.
> ㉣ 특수경비원은 무기를 휴대하고 경비업무를 수행하는 때에는 무기의 안전사용수칙을 지켜야 한다.
> • 특수경비원은 사람을 향하여 권총 또는 소총을 발사하고자 하는 때에는 미리 구두 또는 공포탄에 의한 사격으로 상대방에게 경고하여야 한다. 다만, 다음에 해당하는 경우로서 부득이한 때에는 경고하지 아니할 수 있다.
>   －특수경비원을 급습하거나 타인의 생명·신체에 대한 중대한 위험을 야기하는 범행이 목전에 실행되고 있는 등 상황이 급박하여 경고할 시간적 여유가 없는 경우
>   －인질·간첩 또는 테러사건에 있어서 은밀히 작전을 수행하는 경우
> • 특수경비원은 무기를 사용하는 경우에 있어서 범죄와 무관한 다중의 생명·신체에 대한 중대한 위협을 방지할 수 없다고 인정되는 때에는 필요한 최소한의 범위 안에서 이를 사용할 수 있다.
> • 특수경비원은 총기 또는 폭발물을 가지고 대항하는 경우를 제외하고는 14세 미만의 자 또는 임산부에 대하여는 권총 또는 소총을 발사하여서는 아니된다.

12 경비업법령상 경비원의 복장·장비 등에 관한 설명으로 옳지 않은 것은?

① 경비업자는 경찰공무원 또는 군인의 제복과 색상 및 디자인 등이 명확히 구별되는 소속 경비원의 복장을 정하여 주된 사무소를 관할하는 경찰서장에게 신고하여야 한다.

② 경비원은 근무 중 경적, 단봉, 분사기, 안전방패, 무전기 및 그 밖에 경비 업무 수행에 필요한 것으로서 공격적인 용도로 제작되지 아니한 장비를 휴대할 수 있다.

③ 경비업자가 경비원으로 하여금 분사기를 휴대하여 직무를 수행하게 하는 경우에는 「총포·도검·화약류 등 단속법」에 따라 미리 분사기의 소지허가를 받아야 한다.

④ 장비를 임의로 개조하여 통상의 용법과 달리 사용함으로써 다른 사람의 생명·신체에 위해를 가하여서는 아니 된다.

> ☆ **TIP** 경비원의 복장〈경비업법 제16조〉
> ㉠ 경비업자는 경찰공무원 또는 군인의 제복과 색상 및 디자인 등이 명확히 구별되는 소속 경비원의 복장을 정하고 이를 확인할 수 있는 사진을 첨부하여 주된 사무소를 관할하는 지방경찰청장에게 행정자치부령으로 정하는 바에 따라 신고하여야 한다.
> ㉡ 경비업자는 경비업무 수행 시 경비원에게 소속 경비업체를 표시한 이름표를 부착하도록 하고, 신고된 동일한 복장을 착용하게 하여야 하며, 복장에 소속 회사를 오인할 수 있는 표시를 하거나 다른 회사의 복장을 착용하게 하여서는 아니된다. 다만, 집단민원현장이 아닌 곳에서 신변보호업무를 수행하는 경우 또는 경비업무의 성격상 부득이한 사유가 있어 관할 경찰관서장이 허용하는 경우에는 그러하지 아니하다.
> ㉢ 지방경찰청장은 제출받은 사진을 검토한 후 경비업자에게 복장 변경 등에 대한 시정명령을 할 수 있다.
> ㉣ 시정명령을 받은 경비업자는 이를 이행하여야 하고, 지방경찰청장에게 행정자치부령으로 정하는 바에 따라 이행보고를 하여야 한다.
> ※ **경비원의 장비**〈경비업법 제16조의2〉
> ㉠ 경비원이 휴대할 수 있는 장비의 종류는 경적·단봉·분사기 등 행정지치부령으로 정하되, 근무 중에만 이를 휴대할 수 있다.
> ㉡ 경비업자가 경비원으로 하여금 분사기를 휴대하여 직무를 수행하게 하는 경우에는 총포·도검·화약류 등 단속법에 따라 미리 분사기의 소지허가를 받아야 한다.
> ㉢ 누구든지 장비를 임의로 개조하여 통상의 용법과 달리 사용함으로써 다른 사람의 생명·신체에 위해를 가하여서는 아니 된다.
> ㉣ 경비원은 경비업무를 위하여 필요하다고 인정되는 상당한 이유가 있을 때에는 필요한 최소한도에서 장비를 사용할 수 있다.

13 경비업법령상 경비원의 배치에 관한 설명이다. (   ) 안에 들어갈 내용을 순서대로 옳게 나열한 것은?

> 경비업자는 시설경비업무를 수행하기 위하여 (   )일 이상 경비원을 배치하거나 그 기간을 연장하려는 때에는 경비원을 배치한 후 (   )일 이내에 경비원 배치신고서를 배치지를 관할하는 경찰관서장에게 제출하여야 한다.

① 10, 5
② 10, 7
③ 20, 5
④ 20, 7

☆ **TIP** 경비업자는 경비업무를 수행하기 위하여 20일 이상 경비원을 배치하거나 그 기간을 연장하려는 때에는 경비원을 배치한 후 7일 이내에 경비원 배치신고서를 배치지를 관할하는 경찰관서장에게 제출하여야 한다. 다만, 집단민원현장이 아닌 곳에서 신변보호업무를 수행하는 일반경비원과 특수경비원을 배치하는 경우에는 경비원을 배치하는 기간과 관계없이 경비원을 배치하기 전까지 제출하여야 한다〈경비업법 시행규칙 제24조 제1항〉.

14 다음은 경비업법 시행령 별표에서 정한 행정처분의 개별기준이다. (   ) 안에 들어갈 내용으로 옳은 것은?

위반행위	1차 위반	2차 위반	3차 이상 위반
경비업법 제4조제1항 후단을 위반하여 지방경찰청장의 허가 없이 경비업무를 변경한 때	(㉠)	(㉡)	(㉢)

① ㉠ 경고, ㉡ 영업정지 1개월, ㉢ 영업정지 3개월
② ㉠ 경고, ㉡ 영업정지 6개월, ㉢ 허가취소
③ ㉠ 영업정지 1개월, ㉡ 영업정지 3개월, ㉢ 영업정지 6개월
④ ㉠ 영업정지 1개월, ㉡ 영업정지 3개월, ㉢ 허가취소

☆ **TIP** 행정처분 기준 별표4 개별기준

위반행위	행정처분 기준		
	1차 위반	2차 위반	3차 이상 위반
경비업법 제4조 제1항 후단을 위반하여 지방경찰청장의 허가 없이 경비업무를 변경한 때	경고	영업정지 6개월	허가취소

ANSWER ▶ 12.① 13.④ 14.②

15 경비업법상 일반경비원의 결격사유에 해당하지 않는 경우는?

① 만 18세인 자
② 피성년후견인
③ 피한정후견인
④ 파산선고를 받고 복권되지 아니한 자

☆ TIP 일반경비원 결격사유〈경비업법 제10조 제1항〉
㉠ 만 18세 미만인 자, 피성년후견인, 피한정후견인
㉡ 파산선고를 받고 복권되지 아니한 자
㉢ 금고 이상의 실형의 선고를 받고 그 집행이 종료(집행이 종료된 것으로 보는 경우를 포함)되거나 집행이 면제된 날부터 5년이 지나지 아니한 자
㉣ 금고 이상의 형의 집행유예선고를 받고 그 유예기간중에 있는 자
㉤ 다음에 해당하는 죄를 범하여 벌금형을 선고받은 날부터 10년이 지나지 아니하거나 금고 이상의 형을 선고받고 그 잡행이 종료된(종료된 것으로 보는 경우 포함) 날 또는 집행이 유예 · 면제된 날부터 10년이 지나지 아니한 자
  • 형법상 범죄단체 등의 조직의 죄
  • 폭력행위 등 처벌에 관한 법률상 단체 등의 구성 · 활동의 죄
  • 형법상 유사강간, 강제추행, 준강간, 준강제추행, 미수범, 강간 등의 상해 · 치상, 강간 등 살인 · 치사, 미성년자 등에 대한 간음, 업무상위력 등에 의한 간음, 미성년자에 대한 간음, 추행, 상습범의 죄
  • 성폭력범죄의 처벌 등에 관한 특례법상 특수강도강간 등, 특수강간 등, 친족관계에 의한 강간 등, 장애인에 대한 강간 · 강제추행 등, 13세 미만의 미성년자에 대한 강간, 강제추행 등, 강간 등 상해 · 치상, 강간 등 살인 · 치사, 업무상 위력 등에 의한 추행, 공중 밀집 장소에서의 추행, 미수범의 죄
  • 아동 · 청소년의 성보호에 관한 법률상 아동 · 청소년에 대한 강간 · 강제추행 등, 장애인인 아동 · 청소년에 대한 간음 등의 죄
  • 형법, 성폭력범죄의 처벌 등에 관한 특례법, 아동 · 청소년의 성보호에 관한 법률에 따른 죄로서 다른 법률에 따라 가중처벌되는 죄
㉥ 다음의 어느 하나에 해당하는 죄를 범하여 벌금형을 선고받은 날부터 5년이 지나지 아니하거나 금고 이상의 형을 선고받고 그 집행이 유예된 날부터 5년이 지나지 아니한 자
  • 형법상 절도, 야간주거침입절도, 특수절도, 자동차 등의 불법사용, 상습범, 강도, 특수강도, 준강도, 인질강도, 강도상해, 치상, 강도살인 · 치사, 강도강간, 해상강도, 상습범, 미수범, 예비, 음모의 죄
  • 위의 죄로서 다른 법률에 따라 가중처벌되는 죄
㉦ ㉤의 어느 하나에 해당되는 죄를 범하여 치료감호를 선고받고 그 집행이 종료된 날 또는 집행이 면제된 날부터 10년이 지나지 아니한 자 또는 ㉥의 어느 하나에 해당하는 죄를 범하여 치료감호를 선고받고 그 집행이 면제된 날부터 5년이 지나지 아니한 자
㉧ 이 법이나 이 법에 따른 명령을 위반하여 벌금형을 선고받은 날부터 5년이 지나지 아니하거나 금고 이상의 형을 선고받고 그 집행이 유예된 날부터 5년이 지나지 아니한 자

16 경비업법상 경비업 허가 취소대상에 해당하는 것을 〈보기〉에서 모두 고른 것은?

> 〈보기〉
> ㉠ 허위 그 밖의 부정한 방법으로 허가를 받은 때
> ㉡ 허가받은 경비업무 외의 업무에 경비원을 종사하게 한 때
> ㉢ 정당한 사유없이 최종 도급계약 종료일의 다음 날부터 1년 이내에 경비 도급실적이 없을 때
> ㉣ 영업정지처분을 받고 계속하여 영업을 한 때

① ㉠㉡
② ㉢㉣
③ ㉠㉡㉣
④ ㉠㉡㉢㉣

☆ TIP 경비업의 허가 취소대상〈경비업법 제19조 제1항〉
㉠ 허위 그 밖의 부정한 방법으로 허가를 받은 때
㉡ 허가받은 경비업무외의 업무에 경비원을 종사하게 한 때
㉢ 경비업 및 경비관련업외의 영업을 한 때
㉣ 정당한 사유없이 허가를 받은 날부터 1년 이내에 경비 도급실적이 없거나 계속하여 1년 이상 휴업한 때
㉤ 정당한 최종 도급계약 종료일의 다음 날부터 1년 이내에 경비 도급실적이 없을 때
㉥ 영업정지처분을 받고 계속하여 영업을 한 때
㉦ 소속 경비원으로 하여금 경비업무의 범위를 벗어난 행위를 하게 한 때
㉧ 관할 경찰관서장의 배치폐지 명령에 따르지 아니한 때

17 경비업법령상 경찰청장 또는 지방경찰청장이 해당 처분을 하기 위해 청문을 실시하여야 하는 경우가 아닌 것은?

① 특수경비원의 징계
② 경비지도사 자격의 취소
③ 경비지도사 자격의 정지
④ 경비업 허가의 취소 또는 영업정지

☆ TIP 청문〈경비업법 제21조〉 … 경찰청장 또는 지방경찰청장은 다음에 해당하는 처분을 하고자 하는 경우에는 청문을 실시하여야 한다.
㉠ 경비업 허가의 취소 또는 영업정지
㉡ 경비지도사자격의 취소 또는 정지

ANSWER ▶ 15.① 16.④ 17.①

18 경비업법령상 경비협회에 관한 설명으로 옳은 것은?

① 경비협회를 설립하려면 경비업자 10인 이상으로 구성된 발기인을 필요로 한다.
② 경비협회의 업무에는 경비진단에 관한 사항도 포함된다.
③ 경비협회는 공익법인이므로 회원으로부터 회비를 징수하여서는 아니된다.
④ 경비협회에 관하여 경비업법에 특별한 규정이 있는 것을 제외하고는 「민법」 중 재단
법인에 관한 규정을 준용한다.

> ☆ **TIP** ① 경비협회는 법인으로 하며, 경비협회를 설립하려는 경우에는 정관을 작성하여야 한다.
> ③ 경비협회는 정관이 정하는 바에 의하여 회원으로부터 회비를 징수할 수 있다.
> ④ 경비협회에 관하여 이 법에 특별한 규정이 있는 것을 제외하고는 민법 중 사단법인에
> 관한 규정을 준용한다.

19 경비업법상 경비업자 및 경비지도사에 대한 감독에 관한 설명으로 옳지 않은 것은?

① 경찰청장 또는 지방경찰청장은 경비업무의 적정한 수행을 위하여 경비업자 및 경비지
도사를 지도·감독하며 필요한 명령을 할 수 있다.
② 관할 경찰관서장은 배치된 경비원이 경비업법을 위반하는 행위를 하는 경우 그를 지
도·감독하는 경비지도사의 자격을 취소하여야 한다.
③ 지방경찰청장 또는 관할 경찰관서장은 경비업무 장소가 집단민원현장으로 판단되는
경우에는 그 때부터 48시간 이내에 경비업자에게 경비원 배치 허가를 받을 것을 고지
하여야 한다.
④ 지방경찰청장 또는 관할 경찰관서장은 소속 경찰공무원으로 하여금 관할구역 안에 있
는 경비업자의 주사무소 및 출장소와 경비원배치장소에 출입하여 근무상황 및 교육훈
련상황 등을 감독하며 필요한 명령을 하게 할 수 있다.

> ☆ **TIP** 감독〈경비업법 제24조〉
> ㉠ 경찰청장 또는 지방경찰청장은 경비업무의 적정한 수행을 위하여 경비업자 및 경비지도
> 사를 지도·감독하며 필요한 명령을 할 수 있다.
> ㉡ 지방경찰청장 또는 관할 경찰관서장은 소속 경찰공무원으로 하여금 관할구역 안에 있는
> 경비업자의 주사무소 및 출장소와 경비원배치장소에 출입하여 근무상황 및 교육훈련상
> 황 등을 감독하며 필요한 명령을 하게 할 수 있다. 이 경우 출입하는 경찰공무원은 그
> 권한을 표시하는 증표를 관계인에게 내보여야 한다.
> ㉢ 지방경찰청장 또는 관할 경찰관서장은 경비업자 또는 배치된 경비원이 이 법이나 이 법
> 에 따른 명령, 「폭력행위 등 처벌에 관한 법률」을 위반하는 행위를 하는 경우 그 위반행
> 위의 중지를 명할 수 있다.
> ㉣ 지방경찰청장 또는 관할 경찰관서장은 경비업무 장소가 집단민원현장으로 판단되는 경우에
> 는 그 때부터 48시간 이내에 경비업자에게 경비원 배치허가를 받을 것을 고지하여야 한다.

20 경비업법상 경비협회가 할 수 있는 공제사업에 해당하지 않는 것은?

① 경비지도사의 손해배상책임과 형사책임을 보장하기 위한 사업
② 경비원의 복지향상과 업무상 재해로 인한 손실을 보상하는 사업
③ 경비업무와 관련한 연구 및 경비원 교육·훈련에 관한 사업
④ 경비업자가 경비업을 운영할 때 필요한 입찰보증, 계약보증, 하도급보증을 위한 사업

> ☆ **TIP** 경비협회가 할 수 있는 공제사업〈경비업법 제23조〉
> ㉠ 경비업자의 손해배상책임을 보장하기 위한 사업
> ㉡ 경비업자가 경비업을 운영할 때 필요한 입찰보증, 계약보증(이행보증 포함), 하도급보증
> 을 위한 사업
> ㉢ 경비원의 복지향상과 업무상 재해로 인한 손실을 보상하는 사업
> ㉣ 경비업무와 관련한 연구 및 경비원 교육·훈련에 관한 사업

21 경비업법령상 경비업자에 대한 보안지도·점검에 관한 내용이다. (   ) 안에 들어갈 내용
을 순서대로 옳게 나열한 것은?

지방경찰청장은 (   )에 대하여 연 (   )회 이상의 보안지도·점검을 실시하여야 한다.

① 특수경비업자, 1
② 기계경비업자, 1
③ 특수경비업자, 2
④ 기계경비업자, 2

> ☆ **TIP** 보안지도·점검 등〈경비업법 시행령 제29조〉… 지방경찰청장은 특수경비업자에 대하여 연 2
> 회 이상의 보안지도·점검을 실시하여야 한다.

ANSWER ▶ 18.② 19.② 20.① 21.③

22 경비업법령상 경찰청장이 지방경찰청장에게 위임할 수 있는 권한에 해당하지 않는 것은?

① 경비지도사의 자격의 취소에 관한 권한

② 경비지도사의 자격의 정지에 관한 권한

③ 경비지도사의 자격의 정지에 관한 청문의 권한

④ 경비지도사 시험의 관리 및 자격증의 교부에 관한 권한

> ☆ **TIP** 경찰청장은 다음의 권한을 지방경찰청장에게 위임할 수 있다〈경비업법 시행령 제31조 제1항〉.
> ㉠ 경비지도사의 자격의 취소 및 정지에 관한 권한
> ㉡ 경비지도사 자격의 취소 및 정지에 관한 청문의 권한

23 경비업법령상 수수료 납부에 관한 설명으로 옳은 것은?

① 경비업의 갱신허가를 받고자 하는 자는 2만원의 수수료를 납부하여야 한다.

② 허가사항의 변경신고로 인한 허가증 재교부의 경우에는 2천원의 수수료를 납부하여야 한다.

③ 시험에 응시하고자 하는 자의 귀책사유로 시험에 응시하지 못한 경우 납부한 응시수수료 전액을 반환받는다.

④ 경찰청장은 시험응시자가 시험시행일 20일 전까지 접수를 취소하는 경우, 응시수수료의 100분의 50을 반환하여야 한다.

> ☆ **TIP** 허가증 등의 수수료〈경비업법 시행령 제28조〉
> ㉠ 경비업의 허가를 받거나 허가증을 재교부받고자 하는 자는 다음의 수수료를 납부하여야 한다.
> • 경비업의 허가(추가 · 변경 · 갱신허가 포함)의 경우에는 1만원
> • 허가사항의 변경신고로 인한 허가증 재교부의 경우에는 2천원
> ㉡ 수수료는 허가 등의 신청서에 수입인지를 첨부하여 납부한다.
> ㉢ 시험에 응시하고자 하는 자는 경찰청장이 정하여 고시하는 수수료를 납부하여야 한다.
> ㉣ 경찰청장은 다음의 어느 하나에 해당하는 경우에는 받은 응시수수료의 전부 또는 일부를 다음의 구분에 따라 반환하여야 한다.
> • 응시수수료를 과오납한 경우 : 과오납한 금액 전액
> • 시험시행기관의 귀책사유로 시험에 응시하지 못한 경우 : 응시수수료 전액
> • 시험시행일 20일 전까지 접수를 취소하는 경우 : 응시수수료 전액
> • 시험시행일 10일 전까지 접수를 취소하는 경우 : 응시수수료의 100분의 50
> ㉤ 경찰청장 및 지방경찰청장은 정보통신망을 이용하여 전자화폐 · 전자결제 등의 방법으로 수수료를 납부하게 할 수 있다.

24 경비업법상 위반행위를 한 행위자에 대한 법정형이 같은 것으로 묶인 것은?

> ㉠ 허가를 받지 아니하고 경비업을 영위한 자
> ㉡ 경비업법에서 정한 장비 외에 흉기를 휴대하고 경비업무를 수행한 경비원
> ㉢ 경비업무 수행 중 과실로 인하여 국가중요시설의 정상적인 운영을 해치는 장해를 일으킨 특수경비원
> ㉣ 국가중요시설에 대한 경비업무 중 정당한 사유 없이 무기를 소지하고 배치된 경비구역을 벗어난 특수경비원

① ㉠㉢ ② ㉠㉣
③ ㉡㉢ ④ ㉡㉣

☆ **TIP** 경비업법 제28조(벌칙)
㉠ 3년 이하의 징역 또는 3천만원 이하의 벌금
㉡ 1년 이하의 징역 또는 1천만원 이하의 벌금
㉢ 3년 이하의 징역 또는 3천만원 이하의 벌금
㉣ 2년 이하의 징역 또는 2천만원 이하의 벌금

25 경비업법령상 과태료의 부과기준으로서 과태료 금액이 가장 많은 것은? (단, 최초 1회 위반을 기준으로 함)

① 집단민원현장에 일반경비원을 배치하면서 일반경비원 명부를 그 배치장소에 비치하지 아니한 경우
② 경비업법상 복장 등에 관한 신고규정을 위반하여 신고를 하지 않은 경우
③ 경비원 명단 및 배치일시·배치장소 등 배치허가 신청의 내용을 거짓으로 한 경우
④ 기계경비업자가 경비계약을 체결하면서, 오경보를 막기 위하여 계약상대방에게 기기사용요령 및 기계경비운영체계 등에 관한 설명의무를 이행하지 아니한 경우

☆ **TIP** ① 600만원
② 100만원
③ 1,000만원
④ 100만원

ANSWER 22.④ 23.② 24.① 25.③

26 경비업법상 경비원이 경비업무 수행 중에 경비업법에 규정된 장비 외에 흉기 또는 그 밖의 위험한 물건을 휴대하고 범죄를 범한 경우 그 법정형의 2분의 1까지 가중처벌되는 형법상의 범죄가 아닌 것은?

① 형법 제262조(폭행치사상죄)
② 형법 제268조(업무상과실치사상죄)
③ 형법 제319조(주거침입죄)
④ 형법 제324조(강요죄)

☆ **TIP** 경비원이 경비업무 수행 중에 경비업버에서 정한 장비 외에 흉기 또는 그 밖의 위험한 물건을 휴대하고 범죄를 범한 경우 그 법정형의 2분의 1까지 가중처벌되는 형법상의 범죄의 종류〈경비업법 제29조 제2항〉
㉠ 형법 제258조의2 특수상해죄
㉡ 형법 제259조 상해치사죄
㉢ 형법 제261조 특수폭행죄
㉣ 형법 제262조 폭행치사상죄
㉤ 형법 제268조 업무상과실·중과실 치사상죄
㉥ 형법 제276조 체포, 감금, 존속체포, 존속감금죄
㉦ 형법 제277조 중체포, 중감금, 존속중체포, 존속중감금죄
㉧ 형법 제281조 체포·감금 등의 치사상죄
㉨ 형법 제283조 협박, 존속협박죄
㉩ 형법 제324조 강요죄
㉪ 형법 제350조의2 특수공갈죄
㉫ 형법 제366조 재물손괴죄

27 경비업법령상 민감정보 및 고유식별정보를 처리할 수 있는 사무가 아닌 것은?

① 기계경비운영체계의 오작동여부 확인에 관한 사무
② 경비업 허가의 취소에 따른 행정처분에 관한 사무
③ 경비지도사의 결격사유 확인을 위한 범죄경력조회 등에 관한 사무
④ 특수경비업자에 대한 보안지도·점검 및 보안측정에 관한 사무

☆ **TIP** 민감정보 및 고유식별정보를 처리할 수 있는 사무〈경비업법 시행령 제31조의2〉
㉠ 경비업의 허가 및 갱신허가 등에 관한 사무
㉡ 경비지도사 시험 등에 관한 사무
㉢ 경비원의 교육 등에 관한 사무
㉣ 특수경비원의 직무 및 무기사용 등에 관한 사무
㉤ 결격사유 확인을 위한 범죄경력조회 등에 관한 사무
㉥ 경비원 배치허가 등에 관한 사무
㉦ 행정처분에 관한 사무
㉧ 경비업자 및 경비지도사의 지도·감독에 관한 사무
㉨ 보안지도·점검 및 보안측정에 관한 사무
㉩ ㉠에서 ㉨까지의 규정에 따른 사무를 수행하기 위하여 필요한 사무

28 청원경찰법령상 청원경찰에 관한 설명으로 옳지 않은 것은?

① 청원경찰은 「경찰관 직무집행법」에 따른 직무 외의 수사활동 등 사법경찰관리의 직무를 수행해서는 아니 된다.

② 청원경찰은 「형법」이나 그 밖의 법령에 따른 벌칙을 적용하는 경우를 제외하고는 공무원으로 본다.

③ 청원경찰이 직무를 수행할 때에는 경비 목적을 위하여 필요한 최소한의 범위에서 하여야 한다.

④ 청원경찰이 직무를 수행할 때에 「경찰관 직무집행법」 및 같은 법 시행령에 따라 하여야 할 모든 보고는 관할 경찰서장에게 서면으로 보고하기 전에 지체 없이 구두로 보고하고 그 지시에 따라야 한다.

> ☆ **TIP** 청원경찰은 「형법」이나 그 밖의 법령에 따른 벌칙을 적용하는 경우와 법 및 이 영에서 특별히 규정한 경우를 제외하고는 공무원으로 보지 아니한다〈청원경찰법 시행령 제18조〉.

29 청원경찰법령상 근무요령 중 '업무처리 및 자체경비를 하며, 근무 중 특이한 사항이 발생하였을 때에는 지체 없이 청원주 또는 관할 경찰서장에게 보고하고 그 지시에 따라야 하는' 근무자는 누구인가?

① 입초근무자   ② 순찰근무자
③ 소내근무자   ④ 대기근무자

> ☆ **TIP** 업무처리 및 자체경비를 하는 소내근무자는 근무 중 특이한 사항이 발생하였을 때에는 지체 없이 청원주 또는 관할 경찰서장에게 보고하고 그 지시에 따라야 한다〈청원경찰법 시행규칙 제14조 제2항〉.
> ① 자체경비를 하는 입초근무자는 경비구역의 정문이나 그 밖의 지정된 장소에서 경비구역의 내부, 외부 및 출입자의 움직임을 감시한다〈청원경찰법 시행규칙 제14조 제1항〉.
> ② 순찰근무자는 청원주가 지정한 일정한 구역을 순회하면서 경비 업무를 수행한다. 이 경우 순찰은 단독 또는 복수로 정선순찰을 하되, 청원주가 필요하다고 인정할 때에는 요점순찰 또는 난선순찰을 할 수 있다〈청원경찰법 시행규칙 제14조 제3항〉.
> ④ 대기근무자는 소내근무에 협조하거나 휴식하면서 불의의 사고에 대비한다〈청원경찰법 시행규칙 제14조 제4항〉.

ANSWER ▶ 26.③ 27.① 28.② 29.③

30 청원경찰법상 청원경찰의 복무에 관하여 경찰공무원법 규정이 준용되는 것은?

① 거짓 보고 등의 금지　　　　　② 비밀 엄수의 의무
③ 집단 행위의 금지　　　　　　④ 복종의 의무

　☆ **TIP**　청원경찰의 복무에 관하여는 경찰공무원법 제18조의 거짓 보고 등의 금지 규정을 준용한다
　〈청원경찰법 제5조 제4항〉.

31 청원경찰법령상 임용방법 등에 관한 내용이다. (　　) 안에 들어갈 내용을 순서대로 옳게 나열한 것은?

> • 청원주는 청원경찰의 배치 결정의 통지를 받은 날부터 (　)일 이내에 배치 결정된 인원 수의 임용예정자에 대하여 청원경찰 임용승인을 지방경찰청장에게 신청하여야 한다.
> • 청원주가 청원경찰을 임용하였을 때에는 임용한 날부터 (　)일 이내에 그 임용사항을 관할 경찰서장을 거쳐 지방경찰청장에게 보고하여야 한다.

① 10, 30　　　　　　　　　　② 15, 30
③ 30, 10　　　　　　　　　　④ 30, 15

　☆ **TIP**　임용방법 등〈청원경찰법 시행령 제4조〉
　　㉠ 청원경찰의 배치 결정을 받은 자(청원주)는 그 배치 결정의 통지를 받은 날부터 30일 이
　　　내에 배치 결정된 인원수의 임용예정자에 대하여 청원경찰 임용승인을 지방경찰청장에
　　　게 신청하여야 한다.
　　㉡ 청원주가 청원경찰을 임용하였을 때에는 임용한 날부터 10일 이내에 그 임용사항을 관
　　　할 경찰서장을 거쳐 지방경찰청장에게 보고하여야 한다. 청원경찰이 퇴직하였을 때에도
　　　또한 같다.

32 청원경찰법령상 청원경찰의 교육에 관한 설명으로 옳지 않은 것은?

① 청원경찰의 교육과목에는 대공이론, 국가보안법, 통합방위법이 포함된다.
② 청원주는 소속 청원경찰에게 그 직무집행에 필요한 교육을 매월 4시간 이상 하여야
　한다.
③ 전투경찰순경을 포함한 경찰공무원 또는 청원경찰에서 퇴직한 사람이 퇴직한 날부터
　3년 이내에 청원경찰로 임용되었을 때에는 신임 교육을 면제할 수 있다.
④ 청원경찰의 신임 교육기간은 2주로 한다.

☆ **TIP** 청원경찰의 교육과목으로는 정신교육, 형사법, 청원경찰법, 경찰관직무집행법, 방범업무, 경범죄처벌법, 시설경비, 소방, 대공이론, 불심검문, 민방공, 화생방, 체포술 및 호신술이 있다〈청원경찰법 시행규칙 제6조 별표1〉.

33 청원경찰법령상 청원경찰이 퇴직할 때 청원주에게 반납해야 하는 것은?

① 장갑

② 허리띠

③ 방한화

④ 호루라기

☆ **TIP** 청원경찰은 퇴직할 때에는 대여품(허리띠, 경찰봉, 가슴표장, 분사기, 포승)을 청원주에게 반납하여야 한다〈청원경찰법 시행규칙 제12조 제2항〉.

34 청원경찰법령상 청원경찰 경비 등에 관한 설명으로 옳지 않은 것은?

① 청원경찰의 교육비는 청원주가 해당 청원경찰의 입교 후 3일 이내에 해당 경찰교육기관에 낸다.

② 청원주는 보상금의 지급을 이행하기 위하여 「산업재해보상보험법」에 따른 산업재해보상보험에 가입하거나, 「근로기준법」에 따라 보상금을 지급하기 위한 재원을 따로 마련하여야 한다.

③ 봉급과 각종 수당은 청원주가 그 청원경찰이 배치된 기관·시설·사업장 또는 장소의 직원에 대한 보수 지급일에 청원경찰에게 직접 지급한다.

④ 청원주는 청원경찰이 직무상의 부상·질병으로 인하여 퇴직하거나, 퇴직 후 2년 이내에 사망한 경우 청원경찰 본인 또는 그 유족에게 보상금을 지급하여야 한다.

☆ **TIP** 교육비는 청원주가 해당 청원경찰의 입교 3일 전에 해당 경찰교육기관에 낸다〈청원경찰법 시행규칙 제8조 제3호〉.

ANSWER 30.① 31.③ 32.① 33.② 34.①

35 청원경찰법령상 청원경찰의 보수에 관한 설명으로 옳지 않은 것은?

① 국가기관 또는 지방자치단체에 근무하는 청원경찰 보수의 호봉 간 승급기간은 경찰공무원의 승급기간에 관한 규정을 준용한다.

② 국가기관에 근무하는 청원경찰의 보수는 그 재직기간이 25년인 경우, 경찰공무원 경사의 보수를 감안하여 대통령령으로 정한다.

③ 국가기관 또는 지방자치단체에 근무하는 청원경찰의 봉급·수당에 관한 청원주의 최저부담기준액은 경찰청장이 정하여 고시한다.

④ 국가기관 또는 지방자치단체에 근무하는 청원경찰의 각종 수당은 「공무원수당 등에 관한 규정」에 따른 수당 중 가계보전수당, 실비변상 등으로 하며, 그 세부항목은 경찰청장이 정하여 고시한다.

> ☆ **TIP** 청원주의 청원경찰에 따른 봉급·수당의 최저부담기준액(국가기관 또는 지방자치단체에 근무하는 청원경찰의 봉급·수당은 제외)과 비용의 부담기준액은 경찰청장이 정하여 고시한다 〈청원경찰법 제6조 제3항〉.

36 청원경찰법령상 청원경찰의 지휘·감독을 위한 감독자 지정기준에 관한 설명으로 옳지 않은 것은?

① 근무인원이 9명인 경우 반장 1명을 지정하여야 한다.

② 근무인원이 30명인 경우 반장 1명, 조장 3~4명을 지정하여야 한다.

③ 근무인원이 60명인 경우 대장 1명, 반장 2명, 조장 6명을 지정하여야 한다.

④ 근무인원이 100명인 경우 대장 1명, 반장 4명, 조장 12명을 지정하여야 한다.

> ☆ **TIP** 감독자 지정기준〈청원경찰법 시행규칙 제19조 제2항〉
> ㉠ 근무인원이 9명까지인 경우 조장 1명을 지정하여야 한다.
> ㉡ 근무인원이 10명 이상 29명 이하인 경우 반장 1명, 조장 2~3명을 지정하여야 한다.
> ㉢ 근무인원이 30명 이상 40명 이하인 경우 반장 1명, 조장 3~4명을 지정하여야 한다.
> ㉣ 근무인원이 41명 이상 60명 이하인 경우 대장 1명, 반장 2명, 조장 6명을 지정하여야 한다.
> ㉤ 근무인원이 61명 이상 120명 이하인 경우 대장 1명, 반장 4명, 조장 12명을 지정하여야 한다.

37 청원경찰법령상 청원경찰의 징계 및 불법행위 책임에 관한 설명으로 옳지 않은 것은?

① 청원경찰이 직무를 수행할 때 직권을 남용하여 국민에게 해를 끼친 경우에는 6개월 이하의 징역이나 금고에 처한다.

② 국가기관이나 지방자치단체에 근무하는 청원경찰의 직무상 불법행위에 대한 배상책임에 관하여는 「민법」의 규정을 따른다.

③ 청원주는 청원경찰이 직무상의 의무를 위반하거나 직무를 태만히 한 때, 품위를 손상하는 행위를 한 때에는 대통령령으로 정하는 징계절차를 거쳐 징계처분을 하여야 한다.

④ 청원경찰에 대한 징계처분 중 정직(停職)은 1개월 이상 3개월 이하로 하고, 그 기간에 청원경찰의 신분은 보유하나 직무에 종사하지 못하며, 보수의 3분의 2를 줄인다.

☆ **TIP** 청원경찰(국가기관이나 지방자치단체에 근무하는 청원경찰은 제외)의 직무상 불법행위에 대한 배상책임에 관하여는 「민법」의 규정을 따른다〈청원경찰법 제10조의2〉.

38 청원경찰법령상 무기관리수칙에 관한 설명으로 옳지 않은 것은?

① 청원주는 청원경찰에게 지급한 무기와 탄약을 매주 1회 이상 손질하게 하여야 한다.

② 청원주는 사의(辭意)를 밝힌 청원경찰에게 무기와 탄약을 지급해서는 안 된다.

③ 청원주는 수리가 필요한 무기가 있을 때에는 그 목록과 무기장비 운영카드를 첨부하여 관할 지방경찰청장에게 수리를 요청할 수 있다.

④ 청원경찰은 무기를 지급받거나 반납할 때 또는 인계인수할 때에는 반드시 '앞에 총' 자세에서 '검사 총'을 하여야 한다.

☆ **TIP** 수리가 필요한 무기가 있을 때에는 그 목록과 무기장비 운영카드를 첨부하여 관할 경찰서장에게 수리를 요청할 수 있다〈청원경찰법 시행규칙 제16조 제2항〉.

ANSWER 35.③ 36.① 37.② 38.③

39 청원경찰법상 500만원 이하의 과태료를 부과하는 대상이 아닌 자는?

① 지방경찰청장의 배치 결정을 받지 아니하고 청원경찰을 배치한 자
② 정당한 사유 없이 경찰청장이 고시한 최저부담기준액 이상의 보수를 지급하지 아니한 자
③ 지방경찰청장의 감독상 필요한 명령을 정당한 사유 없이 이행하지 아니한 자
④ 청원경찰로서 직무에 관하여 허위로 보고한 자

☆ **TIP** 500만원 이하의 과태료 부과대상〈청원경찰법 제12조 제1항〉
　㉠ 지방경찰청장의 배치 결정을 받지 아니하고 청원경찰을 배치하거나 지방경찰청장의 승인을 받지 아니하고 청원경찰을 임용한 자
　㉡ 정당한 사유 없이 경찰청장이 고시한 최저부담기준액 이상의 보수를 지급하지 아니한 자
　㉢ 지방경찰청장의 감독상 필요한 명령을 정당한 사유 없이 이행하지 아니한 자

40 청원경찰법령상 관할 경찰서장과 청원주가 공통으로 비치해야 할 문서와 장부에 해당하는 것은?

① 전출입 관계철　　　　　　　② 교육훈련 실시부
③ 신분증명서 발급대장　　　　④ 경비구역 배치도

☆ **TIP** 문서와 장부의 비치〈청원경찰법 시행규칙 제17조〉
　㉠ 청원주가 비치해야 할 문서와 장부
　　• 청원경찰 명부
　　• 근무일지
　　• 근무 상황카드
　　• 경비구역 배치도
　　• 순찰표철
　　• 무기 탄약 출납부
　　• 무기장비 운영카드
　　• 봉급지급 조서철
　　• 신분증명서 발급대장
　　• 징계 관계철
　　• 교육훈련 실시부
　　• 청원경찰 직무교육계획서
　　• 급여품 및 대여품 대장
　　• 그 밖에 청원경찰의 운영에 필요한 문서와 장부
　㉡ 관할 경찰서장이 비치해야 할 문서와 장부
　　• 청원경찰 명부
　　• 감독 순시부
　　• 전출입 관계철
　　• 교육훈련 실시부
　　• 무기 탄약 대여대장
　　• 징계요구서철
　　• 그 밖에 청원경찰의 운영에 필요한 문서와 장부

1 형식적 의미의 경호개념에 관한 설명으로 옳은 것은?

① 경호주체가 국가, 민간에 관계없이 경호대상자를 보호하는 모든 활동을 말한다.

② 경호의 개념을 본질적·이론적 입장에서 이해한 것이다.

③ 현실적인 경호기관을 기준으로 정립된 개념이다.

④ 학문적 측면에서 고찰된 개념이다.

☆ **TIP** 형식적 의미의 경호개념
　　⊙ 현실적인 경호기관을 중심으로 정립된 개념이다.
　　ⓒ 실정법상 일반 경호기관의 권한에 속하는 일체의 경호작용을 의미한다.

2 장소에 의한 경호의 분류가 아닌 것은?

① 연도경호　　　　　　　　② 숙소경호
③ 선발경호　　　　　　　　④ 행사장경호

☆ **TIP** 선발경호는 업무형태에 따른 분류에 해당한다.
　　※ 장소에 의한 경호의 분류
　　　⊙ 행사장경호
　　　ⓒ 숙소경호
　　　ⓒ 연도경호

ANSWER 39.④ 40.② / 1.③ 2.③

3 경호수준에 의한 분류 중 사전경호조치가 전무한 상황 하의 각종행사 시의 경호는?

① 1(A)급 경호

② 2(B)급 경호

③ 3(C)급 경호

④ 4(D)급 경호

> ☆ **TIP** 3급 경호는 준비가 되지 않은 상태에서 갑자기 국빈 또는 정치적·경제적·사회적인 경쟁 관계에 있는 당사자의 주변인·가족을 보호하기 위한 경호를 말한다.

4 공경호와 민간경호의 특성에 관한 설명으로 옳지 않은 것은?

① 공경호는 경호대상이 관련법규에 근거하고, 민간경호는 의뢰인과의 계약에 의해 정해진다.

② 경호조직의 운영에 있어 공경호는 폐쇄성·보안성·기동성의 특성을 가지나, 민간경호는 이러한 특성을 갖지 않는다.

③ 공경호는 국가기관에 의해 행해지는 경호활동이고, 민간경호는 민간에 의해 행해지는 경호활동이다.

④ 공경호는 국가요인의 신변보호를 통해 국가안전에 기여하며, 민간경호는 의뢰인에 대한 안전 보장을 통해 영리를 추구한다.

> ☆ **TIP** 공경호는 보안성, 합리성, 중심유지, 첩보 및 정보, 사명감의 특성을 가지며, 민간경호는 수익자부담, 민간복지행정, 법규준수, 보안성, 공경호와의 협력증진 등의 특성을 갖는다.

5 3중 경호의 원리에 관한 설명으로 옳지 않은 것은?

① 경호영향권역을 공간적으로 구분한 3중의 경호막을 통해 구역별로 동등한 경호조치로 위해요소에 대한 중첩확인이 이루어진다.

② 세계의 주요 경호기관이 3중 경호의 원리를 적용하고 있으나 적용범위와 방법 등에서는 차이가 존재한다.

③ 안전구역은 완벽한 통제가 이루어져야 하며, 경호원의 확인을 거치지 않은 인원의 출입은 금지한다.

④ 위해행위에 대한 조기경보체제를 확립하고 경호자원과 시간을 효율적으로 활용할 수 있는 여건을 제공한다.

☆ **TIP** 3중 경호의 원리 … 위해기도시 시간 및 공간적으로 이를 지연시키거나 피해의 범위를 최소
화하기 위한 방어 전략이다. 경호의 일반적인 원리 중 하나로 경호대상자의 위치를 중심으
로 3중 경호체계에 의한 효율적인 경호가 실시되어야 한다는 것이다.
ㄱ 내부 : 근접경호에 의한 완벽한 통제로 안전지역이다.
ㄴ 내곽 : 근접경호원 및 경비경찰에 의한 부분적 통제로 경비지역이다.
ㄷ 외곽 : 인적·물적·자연적 취약요소에 대한 첩보 및 경계로 경계지역이다.

6 다음에서 설명하고 있는 경호활동의 원칙은?

> 경호대상자에게 접근할 수 있는 출입구나 통로는 하나만 필요하고, 통제된 출입구나 통로
> 라도 접근자는 경호원에게 허가 절차 등을 거쳐야 한다.

① 3중 경호의 원칙
② 방어경호의 원칙
③ 은밀경호의 원칙
④ 하나의 통제된 지점을 통한 접근의 원칙

☆ **TIP** 하나의 통제된 지점을 통한 접근의 원칙 … 피경호자와 접근할 수 있는 통로는 경호상 통제된
하나의 통로만이 필요하다는 것으로 하나의 통제된 출입문이나 통로를 통한 접근도 반드시
경호원에 의하여 확인된 후 허가절차를 밟아 이루어져야 한다는 원칙이다.

7 조선시대의 경호관련기관이 아닌 것은?

① 내금위　　　　　　　　　② 겸사복
③ 도방　　　　　　　　　　④ 호위청

☆ **TIP** ③ 고려시대에 해당한다.
① 1407년 태종 때 내상직을 개편하여 만든 왕의 측근에서 호위하던 군대
② 1409년 태종 때 처음으로 만들어져 1464년 세조에 의해 조직이 정비된 병역제도로 왕궁
　호위와 병사양성 등의 임무를 맡은 친위병
④ 조선 후기 인조원년에 설립된 기관

ANSWER ▶ 3.③ 4.② 5.① 6.④ 7.③

8 경호의 기본원리 및 경호기법에 관한 설명으로 옳지 않은 것은?

① 위해기도자의 위치가 고정된 경우, 수평적 방벽효과는 경호원이 위해기도자와 가까이 위치할수록 감소한다.

② 위해기도 시 위해기도자와 가장 가까이 위치한 경호원이 위해기도자를 대적한다.

③ 위력경호는 위해기도자의 위해기도 의사를 제압할 수 있는 유형적 · 무형적 힘을 이용한다.

④ 위해기도 시 경호대상자를 방호해야 하는 경호원은 위해기도자의 공격선상에서 최대한 몸을 크게 벌려 공격을 막는다.

> ☆ **TIP** 수평적 방벽효과와 수직적 방벽효과
> ㉠ 수평적 방벽효과는 경호대상자와 위해기도자의 중간에 위치하여 위해기도자의 공격선을 차단하게 되는데, 경호원의 위치에 따라 경호대상자를 보호하는 범위의 크기, 즉 방벽효과에 차이가 나타난다.
> ㉡ 수직적 방벽효과는 위해기도자의 위치를 모르는 야외에서의 경호행사 시에 경호원이 경호대상자와 보다 가까이 위치할수록 높은 방벽효과를 제공하기 때문에 주변의 상황을 고려하여 경호원의 위치를 확보한다.

9 대한민국정부 수립 이후 경호제도의 변천에 관한 설명으로 옳지 않은 것은?

① 1949년에는 그동안 구왕궁을 관할하고 있던 경복궁경찰대가 폐지되고 경무대경찰서가 신설되었다.

② 1960년에는 청와대경찰관파견대가 대통령 경호 및 대통령관저의 경비를 담당하였다.

③ 1961년에는 군사혁명위원회가 국가재건최고회의로 발족되면서 국가재건최고회의의장 경호대가 임시로 편성되었다.

④ 1963년에는 박정희 대통령이 취임하면서 대통령경호실이 출범하였다.

> ☆ **TIP** ① 1940년 2월에 창덕궁경찰서가 폐지되면서 경무대경찰서가 신설되었다.

10 대통령 등의 경호에 관한 법률의 내용으로 옳지 않은 것은?

① 5급 이상 경호공무원은 대통령경호실장의 제청으로 대통령이 임용한다.

② 임용권자는 직원(별정직 국가공무원은 제외)이 신체적·정신적 이상으로 6개월 이상 직무를 수행하지 못할 만한 지장이 있으면 직권으로 면직할 수 있다.

③ 5급 이상 경호공무원의 정년은 58세이고, 6급 이하 경호공무원의 정년은 55세이다.

④ 대통령경호실장의 제청으로 서울중앙지방검찰청 검사장이 지명한 경호공무원은 일반 범죄에 대하여 수사상 긴급을 요하는 한도 내에서 사법경찰관리의 직무를 수행할 수 있다.

> ☆ **TIP** 경호공무원(실장의 제청으로 서울중앙지방검찰청 검사장이 지명한 경호공무원)은 경호대상에 대한 경호업무 수행 중 인지한 그 소관에 속하는 범죄에 대하여 직무상 또는 수사상 긴급을 요하는 한도 내에서 사법경찰관리의 직무를 수행할 수 있다〈대통령 등의 경호에 관한 법률 제17조〉.

11 대통령 등의 경호에 관한 법령상 다음에서 설명하는 구역은?

> 소속공무원과 관계기관의 공무원으로서 경호업무를 지원하는 사람이 경호활동을 할 수 있는 구역으로, 대통령경호실장이 경호업무의 수행에 필요하다고 판단되는 경우 지정할 수 있는 구역

① 안전구역　　　　　　　　　　② 경비구역
③ 경호구역　　　　　　　　　　④ 통제구역

> ☆ **TIP** 경호구역이란 소속공무원과 관계기관의 공무원으로서 경호업무를 지원하는 사람이 경호활동을 할 수 있는 구역을 말한다〈대통령 등의 경호에 관한 법률 제2조 제2호〉.
> 실장은 경호업무의 수행에 필요하다고 판단되는 경우 경호구역을 지정할 수 있다〈대통령 등의 경호에 관한 법률 제5조 제1항〉.

ANSWER 8.① 9.① 10.④ 11.③

12 대통령 등의 경호에 관한 법령상 대통령경호안전대책위원회에 관한 설명으로 옳지 않은 것은?

① 대통령경호실의 경호대상에 대한 경호업무를 수행할 때에는 관계기관의 책임을 명확하게 하고, 협조를 원활하게 하기 위하여 비서실에 대통령경호안전대책위원회를 둔다.

② 대통령경호안전대책위원회는 위원장과 부위원장 각 1명을 포함한 20명 이내의 위원으로 구성한다.

③ 위원장은 실장이 되고, 부위원장은 차장이 되며, 위원은 대통령령으로 정하는 관계기관의 공무원이 된다.

④ 대통령경호안전대책위원회는 대통령 경호와 관련된 첩보 · 정보의 교환 및 분석업무를 관장한다.

> ☆ **TIP** 대통령경호안전대책위원회〈대통령 등의 경호에 관한 법률 제16조〉
> ㉠ 경호대상에 대한 경호업무를 수행할 때에는 관계기관의 책임을 명확하게 하고, 협조를 원활하게 하기 위하여 경호실에 대통령경호안전대책위원회를 둔다.
> ㉡ 위원회는 위원장과 부위원장 각 1명을 포함한 20명 이내의 위원으로 구성한다.
> ㉢ 위원장은 실장이 되고, 부위원장은 차장이 되며, 위원은 관계기관의 공무원이 된다.
> ㉣ 위원회는 다음의 사항을 관장한다.
> • 대통령 경호에 필요한 안전대책과 관련된 업무의 협의
> • 대통령 경호와 관련된 첩보 · 정보의 교환 및 분석
> • 그 밖에 경호대상에 대한 경호에 필요하다고 인정되는 업무
> ㉤ 위원회의 구성 및 운영에 필요한 사항은 대통령령으로 정한다.

13 대통령 등의 경호에 관한 법령상 다음 (   ) 안에 들어갈 내용으로 옳은 것은?

> 대통령경호실장은 대통령 등의 경호에 관한 법률에 따른 경호대상에 대한 경호를 위하여 필요한 경우 (   ), (   ) 및 경호 · 안전관리 업무를 지원하는 관계기관에 근무할 예정인 사람에게 신원진술서 및 「가족관계의 등록 등에 관한 법률」에서 정하는 증명서와 그 밖에 필요한 자료의 제출을 요구할 수 있다. 이 경우 대통령경호실장은 제출된 자료의 내용을 확인하기 위하여 관계기관에 조회 또는 그 밖에 필요한 협조를 요청할 수 있다.

① 대통령비서실, 국가안보실

② 대통령비서실, 국방부 조사본부실

③ 대검찰청 공안기획실, 국가안보실

④ 대검찰청 공안기획실, 국방부 조사본부실

☆ **TIP** 대통령경호실장은 대통령 등의 경호에 관한 법률에 규정된 경호대상에 대한 경호를 위하여 필요한 경우 대통령비서실, 국가안보실 및 경호·안전관리 업무를 지원하는 관계기관에 근무할 예정인 사람에게 신원진술서 및 「가족관계의 등록 등에 관한 법률」에서 정하는 증명서와 그 밖에 필요한 자료의 제출을 요구할 수 있다. 이 경우 실장은 제출된 자료의 내용을 확인하기 위하여 관계기관에 조회 또는 그 밖에 필요한 협조를 요청할 수 있다〈대통령 등의 경호에 관한 법률 시행령 제3조의3 제1항〉.

14 대통령경호안전대책위원회규정상 대통령경호안전대책위원회의 위원이 아닌 자는?

① 법무부 출입국·외국인정책본부장

② 경찰청 경비국장

③ 국토교통부 항공정책관

④ 국방부 조사본부장

☆ **TIP** 대통령경호안전대책위원회 위원〈대통령경호안전대책위원회규정 제4조〉
　　㉠ 대통령경호실장
　　㉡ 국가정보원 테러정보통합센터장
　　㉢ 외교부 재외동포영사국장
　　㉣ 법무부 출입국·외국인정책본부장
　　㉤ 국방부 조사본부장
　　㉥ 문화체육관광부 관광산업국장
　　㉦ 미래창조과학부 통신정책국장
　　㉧ 국토교통부 항공정책관
　　㉨ 식품의약품안전처 식품안전정책국장
　　㉩ 관세청 조사감시국장
　　㉪ 대검찰청 공안기획관
　　㉫ 경찰청 보안국장
　　㉬ 해양경찰청 경비안전국장
　　㉭ 소방방재청 소방정책국장
　　㉮ 합동참모본부 작전부 작전처장
　　㉯ 국군기무사령부 2부장
　　㉰ 수도방위사령부 참모장

---

15 경호조직의 조직구조와 운영에 관한 설명으로 옳은 것은?

① 경호조직은 모든 동원요소가 최상의 기능을 발휘할 수 있도록 수직적 구조가 아닌 수 평적 구조를 이루어야 한다.

② 경호조직은 단위조직, 권한과 책임 등이 경호업무의 목적달성에 잘 기여할 수 있도록 통합되어야 한다.

③ 경호조직의 권위는 권력의 힘에 의존하는 데에서 탈피하여 경호의 전문성에서 찾아야 한다.

④ 현대 경호조직은 과거와 비교하여 규모가 축소되고 있다.

☆ **TIP** ① 경호조직의 업무수행은 상관에 의한 하명으로 그 임무가 이루어지며, 상급자와 하급자 등 상하관계로 이루어지는 기관의 단위작용이기도 하므로 수직적 구조를 이루어야 한다.
② 경호조직은 조직의 목적달성을 추구하기 위하여 기구단위, 권한과 책임 등이 경호업무에 각각 기여할 수 있도록 분화되어야 하며, 경호조직 안에 있는 경호 중추세력은 권한의 계층을 통하여 분화된 노력을 상호 조정, 통제함으로써 경호에 만전을 기할 수 있도록 통합 활동을 하여야 한다.
④ 현대 경호조직은 과거에 비해서 그 기구 및 인원 면에 있어서 점차로 대규모화하는 경 향이 두드러진다.

16 하나의 경호조직이 단독으로 경호임무 수행에 필요한 모든 정보활동을 수행할 수 없다는 특성과 가장 관련있는 경호조직의 특성은?

① 기동성   ② 보안성
③ 통합성   ④ 협력성

☆ **TIP** ① 현대사회는 교통기관의 발달과 인구의 집중현상, 환경보호 나아가서는 세계공동체를 향 한 외교활동의 증대로 경호조직도 기동성을 띤 조직으로 변해가고 있다. 암살 및 테러장 비의 고도화에 따른 안전대책 및 지상, 공중, 해상 등의 경호를 위한 기동장비의 확보 등 경호장비의 과학화 및 지원체계를 갖춘 행정업무의 컴퓨터화 등 고도의 과학기술로 무장된 기동성 있는 경호조직을 요구하고 있다.
② 경호를 완전무결하게 수행하기 위해서는 경호조직의 비공개와 경호기법의 비노출 등 폐 쇄성이라는 특성을 갖추어야 한다. 또한 모든 경호는 예방경호에 중점을 두는 것이므로 경호의 규모를 비공개하기도 한다. 경호조직은 경호대상자에 대한 경호를 완벽하게 수행 하기 위하여 암살자나 위해기도자에게 잘 알려지지 않도록 비밀문서로서 관리하거나 법 령 배포의 일부 제한 등으로 비공개주의를 택하고 있다.
③ 경호수요에 대응하기 위해서는 경호조직은 전체 구조가 통일체적인 피라밋형을 구성하 면서 지휘, 감독 등의 방법에 의하여 경호목적을 통일적으로 실행하여야 한다.

17 다음 중 신분상 성격이 다른 것은?

① 대통령경호실 직원
② 신변보호업무를 수행하는 일반경비원
③ 헌병
④ 경찰공무원

> ☆ **TIP** 일반경비원은 경비업법에 따라 관할 지방경찰청장으로부터 경비업 허가를 받은 법인이 채용한 고용인을 말한다.

18 경호작용 중 위협평가(위해평가)에 관한 설명으로 옳지 않은 것은?

① 모든 수준의 위협으로부터 경호대상자를 경호하려는 시도는 효과적이지도 않고 능률적이지도 않기 때문에 위협평가가 선행되어야 한다.
② 위협의 실체를 정확히 인식하고 가용자원의 효율적인 분배를 통하여 불필요한 인력과 자원의 낭비를 최소화하기 위함이다.
③ 경호대상자는 위협평가 후 경호대안 수립에 있어 자신이 경호업무의 일부분이 되어야 한다는 점을 인식할 필요는 없다.
④ 보이지 않는 적의 실체를 파악하여 그에 대한 경호방책을 강구하기 위한 첫걸음이다.

> ☆ **TIP** 경호작전에서 위협수준을 과학적인 절차에 의하여 객관적인 수치로 계량화하고 인식하도록 하는 과정을 위협평가라고 한다. 위협평가는 경호작전의 단초로서 복잡한 분석과정과 생산과정을 거쳐 경호요원들에게 배포되어 예상되는 우발사태를 다양하게 예측하도록 하고, 위기의식을 갖도록 하여 집중력을 높일 수 있는 작전요소이다.

ANSWER ▶ 15.③ 16.④ 17.② 18.③

19 경호작용의 기본요소에 관한 설명으로 옳은 것은 모두 몇 개인가?

> • 우발상황에 대처할 수 있는 계획이 수립되어야 한다.
> • 경호임무는 명확하게 부여되어야 하며, 각각의 임무형태에 대한 책임이 부여되어야 한다.
> • 인적자원 뿐만 아니라 다양한 물적자원의 적절한 이용이 중요하다.
> • 경호대상자와 수행원, 행사 세부일정에 대한 보안의 유출은 엄격히 통제되어야 한다.

① 1개   ② 2개

③ 3개   ④ 4개

☆ **TIP** 경호작용의 기본요소

㉠ 계획수립
- 사전계획은 전체 경호활동의 성공여부를 결정하는 데 핵심적인 요소로 선발경호에 의한 현장답사 전에 이루어지는 가장 기본적인 1단계 경호계획과 현장답사 후 위해분석과 타 기관의 연락체계가 실현된 후 수립되는 2단계 경호계획이 있다.
- 경호임무는 사전에 신중하게 계획되어야 하며 융통성 있게 수립되어야 한다. 예비 및 우발적인 상황에 대처할 수 있는 계획이 수립되어야 한다.
- 경호임무를 위해 선정된 요인들의 지원을 받는 계획전담 요원이 계획을 수립하는 일을 하며, 방문에 포함된 수행원은 물론 주관부서와의 협조는 필수적이다.

㉡ 책임
- 경호임무는 명확하게 부여되어야 하며, 특정요원들은 각각의 임무형태에 대한 책임이 부여되어야 한다.
- 특별한 행사를 주관하는 주최 요원과 의전 및 계획관은 행동의 일치를 이루어야 하며, 책임은 경호임무상의 요구와 부합되도록 설정되어야 한다.
- 둘 이상의 경호대상자가 동일한 행사에 참석하게 되면 서열이 높은 경호대상자에 대한 경호요구가 기타의 경호대상자보다 우선한다.

㉢ 자원
- 경호활동의 성공적인 수행은 다양한 물적 자원의 효과적인 이용에 달려 있으며, 효율적인 이용은 사전에 자원동원체계를 효율적으로 구축하고 철저히 분석된 위해자료를 통하여 자원을 동원하고 이용을 결정하는 데 있다.
- 경호대상자의 대중에 대한 노출이나 제반여건에 의해서 필연적으로 노출을 수반하는 행차의 지속시간에 따라 소요되는 자원이 결정되며, 사전에 위해첩보수집에 의하여 획득된 내재적인 위협분석에 따라 소요되는 자원이 결정된다.

㉣ 보안 : 경호대상자와 수행원, 행사세부일정, 경비상황에 관한 보안의 유출은 엄격히 통제되어야 하며, 정보요원은 정보가 인가된 자 이외의 사람에게 유출하거나 언급해서는 안 된다.

20 경호활동을 '예방−대비−대응−평가'의 4단계로 분류할 경우, 대응단계의 활동에 해당하지 않는 것은?

① 모든 출입요소에 대한 통제 및 경계 ② 정보의 수집 및 생산
③ 기동경호 ④ 근접경호

☆ **TIP** 경호활동
　㉠ 예방단계(정보활동) : 경호환경 조성, 정보의 수집 및 분석, 위협의 평가
　㉡ 대비단계(안전활동) : 경호계획의 수립, 보안활동, 안전대책활동
　㉢ 대응단계(경호활동) : 경호작전, 비상대책활동, 즉각조치활동
　㉣ 평가단계(평가활동) : 평가 및 자료존안, 교육훈련, 피드백

21 선발경호 시 다음의 업무를 수행하는 담당은?

> 주최측의 행사진행계획을 면밀히 검토하여 참석대상, 성격분석, 시차별 입장계획 등을 작전담당에게 전달

① 승·하차 및 정문 담당 ② 안전대책 담당
③ 주 행사장 담당 ④ 출입통제 담당

☆ **TIP** 선발경호 담당업무
　㉠ 작전담당 : 작전정보수집분석, 병력운영계획, 시간사용계획, 관계관회의 주재, 임무진행사항 점검
　㉡ 출입통제 담당 : 구역별 비표구분, 시차별 입장계획, 주차장 운용계획, M.E, 비표설치장소, 중간집결지 운용
　㉢ 안전대책 담당 : 안전구역확보계획 검토, 건물의 안전성여부, 상황별 비상대피로 구상, 행사장 취약시설물 파악, 최기병원 파악, 비상 및 일반예비대 운용방법 검토, 직시건물·공중감시대책 등 검토
　㉣ 행사장내부 담당 : 입장자 비표확인, 신원·불심자에 대한 검문검색, 행사 10분전부터 개별행동 통제, 군중 동향 감시, 경호대상자 동선 및 좌석 위치에 따른 비상대책 강구, 근무자 위치선정 및 경비병력 확인, 각종 집기류 최종 점검, 행사장 내 인적·물적 접근통제 및 차단계획수립, 정전 등 우발상황 대비, 경호대상자의 휴게실 및 화장실의 위치 파악
　㉤ 행사장외부 담당 : 안전구역 내 단일 출입로 설정, 외곽 감제고지·직시건물에 대한 안전조치, 단상 및 좌석 점검·통제, 방탄막 설치 및 비상차량 운용계획 수립, 지하대피 시설 점검 및 확보, 경비 및 경계구역 내 안전조치, 차량 및 공중 강습에 대한 대비책 수립, 순시·경계시 인공장벽을 고려하여 근무자 감시구역 확보

ANSWER ▶ 19.④ 20.② 21.④

22 선발경호의 목적으로 옳지 않은 것은?

① 발생한 위험에 대응하여 경호대상자를 보호한다.
② 우발상황에 대응하기 위한 비상대책을 강구한다.
③ 사전에 각종 위해요소를 제거하거나 최소화한다.
④ 행사지역의 경호관련 정보를 수집·제공한다.

> ☆ **TIP** 선발경호의 목적
> ㉠ **경호안전작용** : 각종 위해요소를 사전에 탐지, 봉쇄, 제거함으로써 허점이 없는 완전무결한 방책을 강구하여 경호대상자의 절대 안전을 도모하는 예방 업무
> ㉡ **경호정보작용** : 경호대상자의 신변안전을 위협하는 인적(참석자 성향, 위해자 색출, 출입통제), 물적(폭발물 탐지, 각종 무기류), 지리적(기동수단의 결정, 주변직시) 취약요소를 사전에 수집·분석·예고함으로써 예방경호를 수행하는 업무
> ㉢ **경호보안작용** : 경호와 관련된 인원, 문서, 시설, 지역, 자재, 통신 등에 대하여 불순분자로부터 완벽한 보호대책(VIP 신변사항, 행사일정, 장소, 병력배치계획)을 수립하여 지속적으로 보안을 유지 및 안전을 도모하는 사전예방 작용
> ㉣ **경호안전대책작용** : 행사지역 내·외부에 산재한 인적, 물적, 지리적 취약요소에 대한 안전대책 강구, 행사장 내·외곽 시설물에 대한 폭발물 탐지 제거 및 안전점검, 경호대상자에게 제공 되어지는 각종 음식물에 대한 검식작용 등 통합적 안전작용
> ㉤ **경호행사시 돌발사태 조치** : 돌발사태 발생시 육성이나 무전기로 전 경호원에게 상황내용을 통보 및 경고한 후 근접경호원이 육탄방어의 희생정신을 가지고 경호대상자 주변에 방벽을 형성하여 방어 및 신속대피를 시키는 것

23 차량경호업무 내용으로 옳지 않은 것은?

① 차량이동 시 속도를 평상시보다 빠르게 하는 것이 경호에 유리한 여건을 조성한다.
② 차량이 하차지점에 도착하면 제일 먼저 차량 문을 개방하여 경호대상자가 하차하도록 해야 한다.
③ 경호책임자는 경호대상자 승·하차시 차량 문의 개폐와 잠금장치를 통제한다.
④ 운전요원은 경호대상자가 하차 후 안전한 곳으로 이동시까지 차량에 대기해야 한다.

> ☆ **TIP** 하차 시 운전석 옆에 탑승한 경호원은 차문의 잠금장치를 풀고 차에서 내려 경호대상자 탑승문 뒤쪽을 보강한다. 경호팀장은 준비가 완료되면 경호대상자 차의 잠금장치를 풀고 경호대상자를 차에서 내리게 한 후 경호대상자가 신속하게 건물 안으로 이동할 수 있도록 한다.

24 사주경계에 관한 설명으로 옳지 않은 것은?

① 행사 상황이나 분위기에 어울리지 않는 복장을 착용하거나 수상한 행동을 하는 사람을 중점 감시한다.

② 사주경계의 대상은 인적·물적·지리적 취약요소를 망라한다.

③ 사람들의 손, 표정, 행동을 전체적으로 경계한다.

④ 육감에 의지하지 말고 직접 보고 들은 것에만 집중해서 관찰한다.

☆ **TIP** 사주경계

㉠ 의의 : 경호원이 경호대상자의 신변보호를 위하여 자신의 책임구역에서 경호대상자를 중심으로 360도 전방향을 감시하면서 위해기도를 인지하기 위한 경계활동이다.

㉡ 대상

• 인적 경계대상

－경호대상자의 주변 모든 사람들이 경계의 대상이다.

－수행원이나 보도요원 및 행사장의 직원, 경찰근무자도 경계의 대상이 된다.

• 물적 경계대상

－경호대상자의 주변에 있는 모든 시설물과 인위적·자연적 산물이다.

－경호대상자의 부주의로 위해가 될 수 있는 시설물 등이 모두 포함된다.

• 지리적 경계대상

－경호대상자를 공격하기 좋은 장소로서 감제고지, 건물의 후미진 곳, 열려진 창문, 옥상 등이 해당된다.

－경호대상자에 대한 위해에 이용당하기 쉬운 자연물이나 시설물 등이 포함된다.

㉢ 요령

• 경호대상자 주위의 모든 사람과 사물에 대하여 관찰한다.

• 항상 주위 사물에 대한 위기의식을 가지고 전체적으로 보아 상황에 어울리지 않은 부조화를 찾아야 한다.

• 위해를 가하려는 자는 심리적으로 대중들 가운데에서 둘째 열에 위치하는 경우가 많다는 것을 참고한다.

• 인접해 있는 경호요원과 경계범위는 중복되게 실시한다.

• 시각의 한계를 고려하여 사주경계의 범위를 정한다.

• 복도의 좌우측 문 모퉁이, 창문 주위 등에 관심을 가지고 경계한다.

• 우발상황을 제외하고는 고개를 너무 좌우로 돌리거나 완전히 뒤돌아보는 것을 지양하여야 한다.

• 공격목표를 설정한 사람은 대개 웃지 않고 몸을 움직이지 않으며 목표를 집중하여 주시한다는 것을 알아야 한다.

• 더운 날씨나 추운 날씨 등 주변의 환경과 어울리지 않는 복장과 행동을 한 사람에 대하여 주의한다.

ANSWER 22.① 23.② 24.④

25 경호기법 중 기만경호에 관한 설명으로 옳지 않은 것은?

① 위해기도자에게 행사상황을 오판하도록 허위 흔적을 제공한다.

② 위해기도자로부터 공격행위를 포기하게 하거나 실패하도록 유도하는 비계획적이고 정형적인 경호기법이다.

③ 경호대상자의 차량위치, 차량의 종류를 수시로 바꾼다.

④ 경호대상자와 용모가 닮은 사람을 경호요원이나 수행요원으로 선발하여 배치한다.

> ☆ **TIP** 기만경호기법
> ㉠ 테러기도자로 하여금 위해기도를 포기하거나 테러기도가 실패되도록 유도하는 계획적이고 변칙적인 경호기법을 말한다.
> ㉡ 주로 행차로 상에서 이용된다.
> ㉢ 테러기도자가 경호대상자의 행차로 및 기타의 경호대상자의 모든 활동을 알았을 것으로 판단하고, 기설정된 행차로 및 행사방문 예정시간을 변경하여 활동하는 것이다.
> ㉣ 경호환경 및 경호작용에 따라 다르게 작용하므로 경호환경을 잘 고려하여 적용하여야 한다.

26 근접경호에서 경호대상자가 엘리베이터에 탑승할 경우의 경호기법에 관한 설명으로 옳지 않은 것은?

① 가능한 한 별도의 전용 엘리베이터를 이용한다.

② 경호대상자를 먼저 신속히 탑승시킨 후 경호원은 내부안쪽에 방호벽을 형성하고 경호대상자를 엘리베이터 문 가까이 위치하도록 하여야 한다.

③ 전용 엘리베이터는 이동층 표시등, 문의 작동속도, 작동상 이상유무를 점검해 두어야 한다.

④ 엘리베이터를 타고 내리는 지점과 경비구역을 사전에 철저히 점검해야 한다.

> ☆ **TIP** 경호대상자가 엘리베이터에 탑승했을 때에는 문이 열렸을 때 외부인의 시야에 바로 노출되지 않도록 내부 안쪽 모서리에 탑승시킨 후 방벽을 형성하고 경계하여야 한다.

27 근접경호원의 임무에 관한 설명으로 옳지 않은 것은?

① 경호대상자가 심리적 안정감을 느낄 수 있도록 경호대상자가 볼 수 있는 지점에 위치한다.

② 이동속도는 경호대상자의 건강상태, 신장, 보폭 등을 고려하지 않고 최대한 빠르게 하여야 한다.

③ 경호대상자 주위의 모든 사람들의 손을 주의해서 관찰하고, 흉기를 소지하고 있다는 가정 하에 대비책을 구상한다.

④ 타 지역으로 이동하기 전에 이동로, 경호대형, 특이상황, 주의사항 등을 경호대상자에게 알려 주어야 한다.

> ☆ **TIP** 근접경호원의 임무
> ㉠ 경호대상자 주위의 일반인에게 불편을 초래하지 않는 범위 내에서 경호원 자신의 활동 공간을 확보하여야 한다.
> ㉡ 경호원 각자 주어진 책임구역에 따라 사주경계를 실시하고 돌발적인 위해 발생시 인적 방벽을 형성하여 경호대상자를 완벽하게 보호해야 한다.
> ㉢ 우발적인 공격을 당했을 때에는 대적 및 제압보다는 경호대상자를 방호하여 안전한 곳으로 대피시키는 것을 우선으로 해야 한다.
> ㉣ 경호대상자에게 위해를 가하지 않을 것이라는 명백한 확신이 서기 전까지는 누구도 경호대상자의 주위에 접근시켜서는 안 된다.
> ㉤ 항상 경호대상자 주위의 모든 사람들의 손을 주의해서 관찰하고 흉기를 소지하고 있다는 가정 하에 대비책을 구성해야 한다.
> ㉥ 경호원은 항상 경호대상자의 최근접에서 움직이도록 하여야 한다.
> ㉦ 경호대상자가 심리적 안정감을 느낄 수 있도록 항상 경호대상자가 볼 수 있는 지점에 위치하여야 한다.
> ㉧ 복도, 도로, 계단 등에서 수행할 때에는 경호대상자를 공간의 중간으로 유도하여 위해 발생시 여유공간을 확보하도록 하여야 한다.
> ㉨ 위해자의 공격가능성을 줄이고, 공격시 피해정도를 최소화하기 위하여 이동속도를 가능한 한 빠르게 하여야 한다.
> ㉩ 문을 통과할 경우에는 항상 경호원이 먼저 통과하여 안전을 확인한 후 경호대상자를 통과시켜야 한다.
> ㉪ 경호원이 사전에 점검하지 않은 지역이나 장소에는 경호대상자가 절대 접근하지 않도록 한다.
> ㉫ 곡각지나 보이지 않는 공간을 통과할 때에는 항상 경호원이 먼저 안전을 확인하고 경호대상자를 통과하도록 하여야 한다.
> ㉬ 이동속도는 경호대상자의 건강상태, 신장, 보폭 등을 고려하여 정하고, 상황에 따라 속도를 조절할 때는 경호원 상호간에 연락하여 조절하도록 한다.
> ㉭ 타 지역으로 이동 전에 경호원은 이동로, 소요시간, 경호대형, 주위의 특이상황, 주의사항 및 경호대상자의 이동 위치를 사전에 경호대상자에게 알려 주어야 한다.
> ㉮ 경호대상자가 이동시에는 항상 좌측전방 경호원의 뒤쪽에서 이동할 수 있도록 사전에 알려 주어야 하고, 좌측전방 경호원은 경호대상자의 시야를 가리지 않고록 하고 서로 손과 발이 부딪히지 않도록 주의해야 한다.

ANSWER 25.② 26.③ 27.②

28 출입자 통제대책에 관한 설명으로 옳지 않은 것은?

① 경호구역을 설정하여 행사와 무관한 사람의 출입을 차단한다.
② 비표를 운용하여 모든 출입요소의 인가여부를 확인한다.
③ 금속탐지기를 운용하여 위해요소의 반입을 차단한다.
④ 비표는 식별이 용이하도록 선명하여야 하고, 구역의 구분 없이 동일하게 제작 · 운용한다.

☆ **TIP** 비표는 식별이 용이하도록 선명하여야 하고, 지역별 · 구역별 구분이 되도록 제작 · 운용하여야 한다.

29 우발상황 발생 시 경호원의 대처 자세로 옳지 않은 것은?

① 근접경호원은 경호대상자의 주변에 방벽을 형성하여 방어한다.
② 위해기도자가 단독범이 아니고 공범이 있을 경우를 예상하여 다른 방향에서의 공격에 대비한다.
③ 위해기도자의 위치파악과 대응 및 제압으로 사태가 안정된 후 경호대상자를 대피시킨다.
④ 위해기도자들의 계략이나 공격 여건을 조성하기 위해 유도하는 전술에 휘말려서는 안 된다.

☆ **TIP** 우발상황 발생시 행동요령
㉠ 우발상황이 발생하면 경호요원들은 공격의 인지 – 경고 – 방벽형성 – 방호 및 대피 – 대적 및 제압의 순서에 따라 신속히 대처하여야 한다.
㉡ 공격의 인지 : 경호대상자의 안전을 위협하는 우발상황에는 먼저 상대방의 공격을 인지하여 신속히 대응하여야 한다.
㉢ 경고 : 다른 경호요원에게 위험의 발생 위치, 위험의 종류와 성격 등을 간략하고 신속하게 경고해야 한다.
㉣ 방호
• 근접요원은 자세를 최대로 확장하여 공격해 오는 위해자로부터 방벽을 형성한다.
• 근접경호요원 이외의 다른 경호요원들은 자기담당구역 책임의 원칙에 따라 맡은 지역에서 계속 임무를 수행한다.
㉤ 대피
• 공범에 의한 공격과 제2, 제3의 공격을 차단하기 위하여 방호 대피대형을 형성한다.
• 가장 이상적인 조치는 경호대상자를 신속히 안전지대로 대피시키는 것이다.
• 경호대상자에게 신체적 무리가 있더라도 대피시에는 예의를 무시하고 과감하고 신속하게 행동한다.
• 대피는 적 공격의 반대 방향이나 비상구 쪽으로 대피한다.
㉥ 대적 및 제압
• 경호대상자를 보호하고 제2, 제3의 공격을 방어하기 위하여 대적하여 범인을 제압하여야 한다.
• 대적은 불가피한 경우에만 하고 보복공격을 하지 말아야 한다.

30 우발상황 발생 시 경호원이 '경고, 방호, 대피'의 조치를 취할 때 '경고'에 해당하는 사항은?

① 육성이나 무전으로 전 경호원에게 상황 내용을 간단명료하게 전파하는 것
② 최단시간 내에 범인에게 총격으로 제압 및 보복공격을 하는 것
③ 위험지역에서 안전지역으로 신속히 경호대상자를 이동시키는 것
④ 경호원 자신의 체위를 확장하여 방벽효과를 높이는 것

☆ **TIP** ① 경고
② 대적 및 제압
③ 대피
④ 방호

31 우발상황의 특성에 관한 설명으로 옳은 것을 모두 고른 것은?

> ㉠ 그 발생 여부가 불확실하다.
> ㉡ 상황에 대처할 충분한 시간적 여유가 없다.
> ㉢ 경호대상자의 신변에 중대한 결과를 초래할 수 있다.

① ㉠㉡   ② ㉠㉢
③ ㉡㉢   ④ ㉠㉡㉢

☆ **TIP** 우발상황의 특성
㉠ 우발상황이 발생하기 전에는 우발상황이 발생할 시간, 장소, 방법에 대하여 사전에 전혀 알 수가 없어 예측이 불가능하다.
㉡ 충격적 상황에 따른 심리적인 공포와 불안에 휩싸여 혼란이 야기되며 이 혼란으로 인하여 무질서가 나타난다.
㉢ 우발상황의 발생으로 총소리 또는 폭발음소리가 들리면 자기 자신을 보호하려고 하며, 경호요원이 순간적으로 자세를 낮추어 자기자신을 보호하는 것은 경호요원의 본분을 잊어버리는 것이다. 경호요원은 임무를 망각하지 않도록 평소에 훈련을 하여야 한다.
㉣ 근접요원은 우발상황이 발생하면 신속하게 이동하여 경호대상자에 대한 방호, 재빠른 대피, 공격자에 대한 대적을 즉각적으로 취해야 한다.

ANSWER 28.④ 29.③ 30.① 31.④

32 검측활동에 관한 설명으로 옳지 않은 것은?

① 화재나 정전 등을 이용한 행사 방해행위를 예방한다.

② 경호계획에 의거하여 공식행사에서 실시함을 원칙으로 하며, 비공식행사에서는 실시할 수 없다.

③ 폭발물 매설 등으로 인한 의도된 위해행위를 거부한다.

④ 행사장과 경호대상자의 이동로를 중심으로 구역을 명확히 구분하여 담당구역별로 실시한다.

> ☆ **TIP** 검측활동은 행사장의 제반시설물에 대한 안전점검을 실시하여 모든 취약요소 및 위해물질을 사전에 탐지, 색출, 제거 및 안전 조치를 하는 행동을 말한다.
> ㉠ 검측은 타 업무보다 우선하며 원칙에 예외를 불허한다.
> ㉡ 검측은 경호계획에 의거하여 공식행사시 실시함을 원칙으로 하며 비공식 행사시에는 비노출 검측활동을 실시할 수 있다.
> ㉢ 검측활동은 경호 선발대장의 지침에 따라 선 선발 개념으로 실시하고 세부 실시계획을 수립·시행한다.
> ㉣ 검측활동 중 행사보안 및 통신보안과 함께 경호대상자에 관하여는 최고도의 보안을 유지한다.
> ㉤ 검측활동시 인원 및 장소를 최대한 지원받아 활용한다.
> ㉥ 검측활동 중 원격조정장치에 의한 폭발물 등은 전자 검측장비를 이용한다.

33 경호의전과 예절에 관한 설명으로 옳지 않은 것은?

① 비행기를 타고 내릴 때는 상급자가 마지막에 타고 먼저 내린다.

② 기차에서 두 사람이 나란히 앉는 좌석에서는 창가 쪽이 상석이다.

③ 여성과 남성이 승용차에 동승할 때에는 여성이 먼저 타고, 하차 시에는 남성이 먼저 내려 차 문을 열어 준다.

④ 선박의 경우, 객실등급이 정해져 있지 않을 경우 선체의 오른쪽이 상석이 된다.

> ☆ **TIP** 선박의 경우 객실등급이 정해져 있지 않을 경우 선체의 중심부가 상석이 된다.

34 안전검측의 원칙에 관한 설명으로 옳지 않은 것은?

① 주요 인사가 임석하는 장소를 중심으로 이동하는 통과지점의 상, 하, 좌, 우를 중점 점검한다.

② 위해기도자의 입장에서 설치장소를 의심하며 추적한다.

③ 주변에 흩어져 있는 물건은 완벽하게 정리 정돈하며, 확인 불가능한 것은 현장에서 제거한다.

④ 한 번 점검한 지역은 인간의 오관을 이용하지 않고, 장비에 의거하여 재점검한다.

> ☆ **TIP** 안전검측의 원칙
>
> ㉠ 검측은 점과 선에서 확산하여 검측을 실시하며 가까운 곳에서 멀리, 정확한 안전유지 상태에서 실시한다.
>
> ㉡ 책임구역은 명확히 구분하고 밖에서 안으로, 아래에서 위로, 좌에서 우로 체계적인 안전점검을 실시한다.
>
> ㉢ 통로보다는 양 측면, 아래보다는 높은 곳, 의심나는 곳은 반복해서 실시한다.
>
> ㉣ 선을 의심하고 추적해서 확인한다.
>
> ㉤ 화분, 음식물, 녹지대 등 비금속물체에서 금속반응을 확인한다.
>
> ㉥ 확인 불가능한 것은 제거하고 어수선한 분위기는 정돈한다.
>
> ㉦ 적의 입장에서 폭발물 설치 가능한 곳을 의심하여 검색한다.
>
> ㉧ 검측은 위장해서 은밀하게 실시하고, 가능한 현장확보 상태에서 점검하고 지속적인 안전유지를 하여야 한다.
>
> ㉨ 장비를 이용하되 인간의 오관을 최대한 이용한다.
>
> ㉩ 점검은 1, 2차 점검 후 경호병력이 배치 완료된 행사 직전에 최종검색을 실시한다.
>
> ㉪ 테러범은 인간의 위를 보지 않는 습성, 더러운 곳, 공기 탁한 곳 등 싫어하는 습성을 이용한다는 것을 명심하여 사각지대가 없도록 철저한 검색을 실시한다.
>
> ㉫ 행사직전 반입되는 물품이나 화분, 휴지통에 쉽게 소형 폭발물 은폐가 가능하므로 계속적인 검측을 실시한다.

ANSWER 32.② 33.④ 34.④

35 의전에 있어 태극기 게양방법으로 옳지 않은 것은?

① 국군의 날은 태극기를 전국적으로 게양하여야 하는 날이다.

② 현충일은 조기를 게양한다.

③ 공항·호텔 등 국제적인 교류장소는 태극기를 가능한 한 연중 게양하여야 한다.

④ 국제 행사가 치러지는 건물 밖에 여러 개의 국기를 동시에 게양 시, 총 국기의 수가 짝수이고 게양대의 높이가 동일할 경우 건물 밖에서 바라볼 때를 기준으로 태극기를 가장 오른쪽에 게양한다.

☆ **TIP** 국제 행사가 치러지는 건물 밖에 여러 개의 국기가 동시에 게양 시, 총 국기의 수가 짝수이고 게양대의 높이가 동일할 경우 건물 밖에서 바라볼 때를 기준으로 태극기를 가장 왼쪽에 게양한다.

36 다음 ( )에 알맞은 내용은?

> ( )(이)란 의식장애나 호흡, 순환기능이 정지되거나 현저히 저하된 상태로 인하여 사망의 위험이 있는 자에 대하여 즉시 기도를 개방하고 인공호흡과 심장압박을 실시해서 즉각적으로 생명유지를 도모하는 처치방법이다.

① 환자관찰   ② 심폐소생술

③ 응급구조   ④ 보조호흡

☆ **TIP** 심폐소생술 … 의식장애 또는 호흡. 순환기능이 정지되거나 현저히 저하된 상태로 인하여 사망의 위험이 있는 자에 대하여 즉시 기도를 개방하고 인공호흡과 심장압박을 실시해서 즉각적으로 생명유지를 꾀하는 처치방법이다. 호흡. 순환기능이 정지되면 곧 심장정지 사태가 발생되는데 이때 5분 이내에 응급처치를 실시하지 않는다면 뇌손상이 초래되고 환자의 회복가능성이 감소되며 급기야는 사망에까지 이르게 된다. 즉 시간이 경과될수록 소생율은 저하되기 때문에 1초라도 빨리 심폐소생법을 시작해야만 한다. 심폐소생법의 성공 가능성은 신속하고 정확한 처치 방법에 달려있으며 즉시 심폐소생법을 실시하더라도 그 방법이 잘못되면 효과를 보지 못하거나 역으로 손상을 입힐 수 있다. 따라서 심폐소생법에 대한 바른 지식과 기술을 습득하는 것이 무엇보다 중요하다.

37 암살의 동기에 관한 설명으로 옳지 않은 것은?

① 이념적 동기 – 전쟁 중에 있는 적국의 지도자를 제거함으로써 승전으로 이끌 수 있다고 판단하는 경우

② 개인적 동기 – 복수·증오·분노와 같은 개인의 감정으로 인한 경우

③ 정치적 동기 – 현존하는 정권이나 정부를 재구성하려는 욕망으로 인한 경우

④ 심리적 동기 – 정신분열증, 편집병, 조울증, 노인성 치매 등의 요소들 중 한 가지 또는 그 이상의 요소들이 복합적으로 작용하는 경우

> ☆ **TIP** 암살의 동기
> ㉠ **개인적 동기** : 암살대상자에 대한 원한, 증오, 분노 등 개인적인 동기에 의하여 암살이 이루어진다.
> ㉡ **정치적 동기** : 현재의 정권을 교체하려거나 새로운 정부를 재구성해보려는 욕망에서 개인 또는 집단이 대통령이나 정부의 수반을 제거하기 위해서 암살이라는 방법을 택한다.
> ㉢ **경제적 동기** : 자신이 속해 있는 집단이나 가족, 민족에게 영향을 미치는 경제적 악조건을 타개하거나 금전의 보상을 위하여 어떤 인물이 희생되어야 한다는 신념에 의해 암살이 행하여진다.
> ㉣ **이념적 동기** : 암살대상자가 자신들이 중요시하는 사상을 위태롭게 하고 있다고 생각되는 때에는 그 인물을 제거하기 위하여 암살이 이루어진다.
> ㉤ **전략적 동기** : 진행 중이거나 적대관계에 있는 적국의 지도자의 제거로 승리를 이끌 수 있거나 전쟁발발의 기회를 얻을 수 있거나 사회혼란이 조성될 수 있다는 전략적 판단에서 암살이 이루어지기도 한다.
> ㉥ **심리적 동기** : 암살자가 지니고 있는 정신분열증, 조울증, 편집증, 노인성 치매 등이 한 가지 또는 복합적으로 작용하여 암살이 이루어진다.

38 국가대테러활동지침상 테러대책상임위원회의 위원이 아닌 자는? (단, '그 밖에 상임위원회의 위원장이 지명하는 자'는 고려하지 않는다.)

① 국민안전처장관 　　　　　　② 국무조정실장
③ 경찰청 보안국장 　　　　　　④ 국가정보원장

> ☆ **TIP** 테러대책상임위원회의 위원〈국가대테러활동지침 제8조 제2항〉
> ㉠ 외교부장관·통일부장관·국방부장관 및 국민안전처장관
> ㉡ 국가정보원장
> ㉢ 국가안보실장 및 국무조정실장
> ㉣ 경찰청장
> ㉤ 그 밖에 상임위원회의 위원장이 지명하는 자

ANSWER ▶ 35.④ 36.② 37.① 38.③

39 뉴테러리즘(New Terrorism)의 특징에 관한 설명으로 옳지 않은 것은?

① 요구조건이나 공격 주체가 구체적이고 분명하다.

② 과학화·정보화의 특성을 반영하여 조직이 고도로 네트워크화되어 있다.

③ 테러행위에 소요되는 시간이 짧아 대처할 시간이 부족하다.

④ 전통적 테러리즘에 비해 그 피해가 상상을 초월한다.

☆ **TIP** 뉴테러리즘의 특징
  ㉠ 테러단체와 비호세력을 보호하고 공포효과를 극대화하기 위하여 요구조건 제시도 없고 정체도 밝히지 않아 테러단체 색출 또는 근절에 많은 한계가 있다.
  ㉡ 전쟁수준의 무차별 공격으로 불특정 다수를 대량 살상하기에 그 피해는 상상을 초월하고 있다.
  ㉢ 그물망 조직으로 무력화가 곤란하다. 이는 테러단체가 여러 국가와 지역에 걸쳐 조직되어 있다.
  ㉣ 초대형 여객기를 납치하여 세계무역센터 등에 자살공격하기까지 불과 1시간 이내에 모든 상황이 종료되는 긴박성으로 인하여 대응시간이 부족하다.
  ㉤ 재래식 무기인 폭발물 등은 제한적으로 색출 가능하다.
  ㉥ 대량살상무기의 사용으로 새로운 대응방식을 요구하고 있다.
  ㉦ 테러단체나 테러범은 핸드폰 동영상, 디지털 카메라 등을 이용하여 테러행위를 언론매체에 전송함으로써 전 세계에 공포와 두려움 확산을 극대화하고 있다.
  ㉧ 테러행위가 국가적 재난으로 인식될 만큼 대형화됨에 따라 국가 안보 차원에서 대비하여야 하는 정치, 경제적 부담이 증가하고 있다.
  ㉨ 중산층, 대학교 재학 이상의 학력을 소지한 인텔리 계층이 테러조직에 충원되고 있다.

40 국가대테러활동지침상 테러사건 발생시 초동조치 사항으로 옳지 않은 것은?

① 사건현장의 신속한 정리 및 복구

② 인명구조 등 사건피해의 확산방지조치

③ 현장에 대한 조치사항을 종합하여 관련 기관에 전파

④ 관련 기관에 대한 지원요청

> ☆ **TIP** 초동조치〈국가대테러활동지침 제41조〉
> ㉠ 관계기관의 장은 테러사건이 발생한 경우에는 사건현장을 통제·보존하고, 후발 사태의 발생 등 사건의 확산을 방지하기 위하여 신속한 초동조치를 하여야 하며, 증거물의 멸실을 방지하기 위하여 가능한 한 현장을 보존하여야 한다.
> ㉡ 초동조치 사항
> • 사건현장의 보존 및 통제
> • 인명구조 등 사건피해의 확산방지조치
> • 현장에 대한 조치사항을 종합하여 관련 기관에 전파
> • 관련 기관에 대한 지원요청

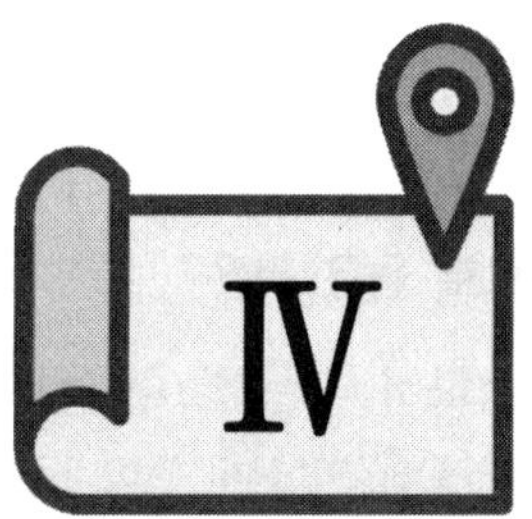

2016. 11. 19. 제18회 시행

제1과목 법학개론
제2과목 민간경비론
제3과목 경비업법(청원경찰법 포함)
제4과목 경호학

1 법의 시간적 효력에 관한 설명으로 옳은 것은?

① 법률은 시행일을 특별히 규정하지 않는 한 공포한 날로부터 효력을 발생한다.

② 형법에서는 범죄후 법률의 변경에 의하여 형이 구법보다 경한 때에는 신법에 의한다.

③ 신법우선의 원칙은 특별법이 개정되는 경우에는 적용되지 않는다.

④ 신법이 시행되면 구법에 의하여 이미 발생한 기득권은 보장되지 않는다.

> ☆ **TIP** 시간적 효력
> ㉠ 법의 시행과 폐지
> 성문법은 그 시행일로부터 효력을 갖는다. 법의 시행일이 특별히 정하여져 있지 아니한
> 경우에는 공포한 날로부터 20일을 경과함으로써 효력을 발생한다.
> ㉡ 법률불소급의 원칙
> • 의의 : 법은 그 시행기간 중에 발생한 사항에 대해서만 적용되고 그 시행 이전에 발생한
> 사항에 대해서는 소급하여 적용되지 않는다는 원칙을 말하며, 이는 법적 안정을 해치고
> 기득권을 침해하는 것을 방지하기 위함이지만 법률불소급의 원칙도 입법할 때에 일정한
> 범위에서 소급효를 인정할 수 있다.
> • 민법의 효력 – 제2조 (본법의 소급효) : 본법은 특별한 규정이 있는 경우 외에는 본법 시
> 행일전의 사항에 대하여도 이를 적용한다. 그러나 이미 구법에 의하여 생긴 효력에 영향
> 을 미치지 아니한다.

2 관습법에 관한 설명으로 옳지 않은 것은?

① 민법은 관습법의 보충적 효력을 인정한다.

② 상법에서는 민법보다 상관습법을 우선 적용한다.

③ 죄형법정주의에 따라 관습형법은 인정되지 않는다.

④ 헌법재판소는 관습헌법을 인정하지 않는다.

> ☆ **TIP** 관습법은 법원의 판결을 통해서 그 존재가 인정된다.

3 법의 체계에 관한 설명으로 옳지 않은 것은?

① 국가에 의하여 제정되는 법규범은 실정법에 해당한다.

② 관습법은 불문법에 해당한다.

③ 헌법, 행정법, 상법 및 형사소송법 등은 공법에 속한다.

④ 지방자치단체는 법령의 범위안에서 자치에 관한 규정을 제정할 수 있다.

> ☆ **TIP** 법의 체계
> ㉠ **사법** : 일반법 – 민법, 특별법 – 상법
> ㉡ **공법**
> • 실체법 : 헌법, 행정법, 형법, 국제법 등
> • 절차법 : 형사소송법, 민사소송법 등

4 실체법과 절차법에 관한 설명으로 옳지 않은 것은?

① 실체법은 권리 · 의무의 실체적인 사항을 규정한 법이다.

② 행정심판법은 실체법에 해당한다.

③ 절차법은 권리 · 의무의 실현을 위한 수단과 방법을 규정한 법이다.

④ 부동산등기법은 절차법에 해당한다.

> ☆ **TIP** 실체법과 절차법
> ㉠ **실체법** : 법률관계의 실체(권리와 의무의 발생 · 변경 · 소멸 등)를 규정하는 법으로, 헌법 · 민법 · 상법 · 형법 등이 이에 해당하며 여기서 법률관계의 실체란 권리 · 의무의 내용 · 범위 · 귀속자 등을 말한다.
> ㉡ **절차법** : 실체적인 권리의 내용을 구체적으로 실현하기 위하여 그 절차와 방법 등을 규정하는 법으로, 민사소송법 · 가사소송법 · 형사소송법 · 행정소송법 등이 이에 해당한다.

5 다음 중 지배권이 아닌 것은?

① 채권   ② 소유권

③ 저당권   ④ 저작권

> ☆ **TIP** 지배권 … 권리의 객체를 직접적으로 지배하고 그에 대한 이익을 누릴 수 있는 권리로서 물권이 가장 대표적인 지배권이며, 채권은 청구권이다.

ANSWER 1.② 2.④ 3.③ 4.② 5.①

6 법의 해석에 관한 설명으로 옳지 않은 것은?

① 법해석의 방법은 해석의 구속력 여부에 따라 유권해석과 학리해석으로 나눌 수 있다.
② 법해석의 목표는 법적 안정성을 저해하지 않는 범위 내에서 구체적 타당성을 찾는 데 두어야 한다.
③ 법의 해석에 있어 법률의 입법취지도 고려의 대상이 된다.
④ 민법, 형법, 행정법에서는 유추해석이 원칙적으로 허용된다.

> ☆ **TIP** 유추해석금지의 원칙은 법률에 규정이 없는 사항에 대해 그것과 유사한 성질을 가지는 사항에 관한 법률을 적용하는 것을 금하는 형법상의 법리를 말한다. 형벌법규에 처벌의 대상으로서 명시되지 않은 사항에 대하여 그 유추적용을 해서는 안 된다는 것이다.

7 법의 적용에 관한 설명으로 옳지 않은 것은?

① 법의 적용은 법원의 재판에 한정된다.
② 사실의 인정을 위하여 증거를 내세우는 것을 입증이라고 한다.
③ 간주된 사실은 반증을 들어 이를 뒤집을 수 없다.
④ 추정된 사실과 다른 주장을 하는 자는 반증을 들어 추정의 효과를 뒤집을 수 있다.

> ☆ **TIP** 법의 적용 … 일반적이고 추상적인 법을 구체적인 사회현실에 실현되도록 하는 것을 말한다. 법의 적용을 위해서는 법이 적용되어야 하는 사실을 확정한 후 그 사실에 적용할 법을 발견하고 해석하는 과정이 필요하다.

8 아리스토텔레스의 정의론에 관한 설명으로 옳은 것은?

① 정의는 일반적 정의와 특수적 정의로 나뉜다.
② 일반적 정의는 평균적 정의와 배분적 정의로 나뉜다.
③ 평균적 정의는 상대적·실질적 평등을 의미한다.
④ 배분적 정의는 절대적·형식적 평등을 의미한다.

> ☆ **TIP** 아리스토텔레스의 정의론
> ㉠ **평균적 정의**: 모든 인간에 대한 절대적인 평등을 인정하는 것으로, 각자의 개성이나 능력의 차이를 인정하지 않고 모든 것을 균등하게 조화시키려는 정의를 의미한다. (형식적, 절대적 평등)
> ㉡ **배분적 정의**: 인간의 능력과 개성에 따라 재화를 분배하고 명예를 얻을 수 있도록 하는 것을 의미하는 것으로, 모든 사람에게 발전의 기회를 평등하게 부여한다는 점에서 법의 이념에 가장 적합하다고 할 수 있다. (실질적, 상대적 평등)

9 권리와 의무에 관한 설명으로 옳은 것은?

① 권리와 의무는 사법(私法)관계에서만 표리관계를 이룬다.
② 계약해제권은 청구권으로서 그에 대응하는 의무가 있다.
③ 형성권은 청구권자의 이행청구에 대하여 이를 거절하는 형식으로 행사된다.
④ 자연인과 법인은 권리와 의무의 주체가 된다.

> ☆ **TIP** 권리와 의무의 주체란 권리를 갖거나 의무를 질 수 있는 자를 말하며, 권리와 의무의 주체에는 자연인과 법인이 있다.

10 헌법개정절차에 관한 설명으로 옳지 않은 것은?

① 헌법개정은 국회재적의원 과반수 또는 대통령의 발의로 제안된다.
② 헌법개정안은 발의된 날부터 30일 이내에 국회 재적의원 3분의 2 이상이 찬성해야 의결된다.
③ 대통령의 임기연장을 위한 헌법개정은 그 제안 당시의 대통령에 대하여는 효력이 없다.
④ 헌법개정안은 국회가 의결한 후 30일 이내에 국민투표에 붙여야 한다.

> ☆ **TIP** 국회는 헌법개정안이 공고된 날부터 60일 이내에 의결하여야 하며, 국회의 의결은 재적의원 3분의 2이상의 찬성을 얻어야 한다.

11 기본권의 주체에 관한 설명으로 옳은 것을 모두 고른 것은?

> ㉠ 외국인은 대한민국에 입국할 자유를 보장받는다.
> ㉡ 태아는 제한적으로 기본권의 주체가 될 수 있다.
> ㉢ 사법인(私法人)은 언론·출판의 자유, 재산권의 주체가 된다.

① ㉠, ㉡   ② ㉠, ㉢
③ ㉡, ㉢   ④ ㉠, ㉡, ㉢

> ☆ **TIP** 인간의 존엄과 가치는 헌법상 최고의 가치이며, 모든 국민의 재산권은 보장되고 그 내용과 한계는 법률로 정한다.

ANSWER 6.④ 7.① 8.① 9.④ 10.② 11.③

12 청구권적 기본권에 관한 설명으로 옳지 않은 것은?

① 국민이 국가기관에 청원할 때에는 법률이 정하는 바에 따라 문서로 해야 한다.

② 형사피고인과 달리 형사피의자에게는 형사보상청구권이 없다.

③ 군인이 훈련 중에 받은 손해에 대하여는 법률이 정하는 보상 외에는 이중배상이 금지된다.

④ 재판청구권에는 공정하고 신속한 공개재판을 받을 권리뿐만 아니라 재판절차에서 진술할 권리도 포함된다.

> ☆ **TIP** 형사보상청구권 … 헌법은 형사피고인 또는 형사피의자로서 구금되었던 자가 법률이 정하는 불기소처분을 받거나 무죄판결을 받은 때에는 법률이 정하는 바에 의하여 국가에 대하여 정당한 보상을 청구할 권리를 규정하고 있다.

13 탄핵소추에 관한 설명으로 옳지 않은 것은?

① 대통령이 그 직무집행에 있어서 헌법이나 법률을 위배한 때에는 탄핵소추의 대상이 된다.

② 대통령에 대한 탄핵소추는 국회 재적의원 3분의 2 이상의 찬성이 있어야 의결된다.

③ 대통령이 탄핵소추의 의결을 받은 때에는 국무총리, 법률이 정한 국무위원의 순서로 그 권한을 대행한다.

④ 탄핵결정으로 공직으로부터 파면되면 민사상의 책임은 져야 하나, 형사상의 책임은 면제된다.

> ☆ **TIP** 탄핵은 일반적인 사법절차나 징계절차에 따라서 소추하거나 징계하기 곤란한 행정부의 고위공무원이나 신분이 보장된 공무원인 법관, 선거관리위원회위원 등이 직무상 중대한 비위를 범한 경우 국회가 소추하고 헌법재판소가 심판하여 처벌 또는 파면하는 제도이며, 민형사상의 책임을 물을 수 있다.

14 헌법 규정상 헌법재판소가 관장하는 사항으로 옳은 것은?

① 위헌·위법명령 심사권
② 선거와 관련된 선거소송과 당선소송
③ 지방자치단체 상호간의 권한쟁의심판
④ 재판에 대한 헌법소원심판

> ☆ **TIP** 헌법재판소의 권한
> ㉠ **위헌법률심판권** : 법률의 위헌 여부를 심판하여 위헌법률의 효력을 상실시키거나 적용을 거부함으로써 헌법의 최고규범성을 지키는 권한이다.
> ㉡ **탄핵심판권** : 탄핵은 일반적인 사법절차나 징계절차에 따라서 소추하거나 징계하기 곤란한 행정부의 고위공무원이나 신분이 보장된 공무원인 법관, 선거관리위원회위원 등이 직무상 중대한 비위를 범한 경우 국회가 소추하고 헌법재판소가 심판하여 처벌 또는 파면하는 제도이다.
> ㉢ **정당해산심판권** : 정당의 목적이나 활동이 민주적 기본질서에 위배되는 때에는 정부는 헌법재판소에 그 해산을 제소할 수 있고, 정당은 헌법재판소의 심판에 의하여 해산된다.
> ㉣ **권한쟁의심판권** : 국가기관 또는 지방자치단체 간에 권한의 존부나 범위에 관하여 적극적 또는 소극적 분쟁이 발생한 경우에 독립적 지위를 가진 제3의 기관이 이를 명백히 하여 분쟁을 해결하는 제도를 말한다.
> ㉤ **헌법소원심판권** : 헌법에 위반하는 법령이나 처분 등 공권력의 행사 또는 불행사로 인하여 자신의 헌법상 보장된 기본권이 직접적 그리고 현실적으로 침해당한 경우에 헌법재판소에 대하여 당해 공권력의 행사 또는 불행사의 위헌 여부를 심사해서 그 권리를 구제해 주도록 청구할 수 있는 제도를 말한다.

15 민법상 대리에 관한 설명으로 옳지 않은 것은?

① 행위능력자가 아니면 대리인이 될 수 없다.
② 대리인이 파산하면 대리권은 소멸된다.
③ 불법행위에서는 대리가 인정될 수 없다.
④ 복대리인은 그 권한내에서 본인을 대리한다.

> ☆ **TIP** 대리관계
> ㉠ **소멸원인** : 본인의 사망, 대리인의 사망, 성년후견의 개시 또는 파산
> ㉡ **대리인의 능력** : 대리인은 권리의 귀속주체가 아니므로 행위능력자가 아니어도 관계없지만 의사능력은 있어야 한다. 따라서 대리인의 무능력을 이유로는 취소권을 행사하지 못한다.

ANSWER ▶ 12.② 13.④ 14.③ 15.①

16 민법상 소멸시효기간이 3년인 것은?

① 의복의 사용료 채권
② 여관의 숙박료 채권
③ 연예인의 임금 채권
④ 도급받은 자의 공사에 관한 채권

☆ **TIP** 민법 제163조(3년의 단기소멸시효) 다음 각호의 채권은 3년간 행사하지 아니하면 소멸시효
가 완성한다.
1. 이자, 부양료, 급료, 사용료 기타 1년이내의 기간으로 정한 금전 또는 물건의 지급을 목
   적으로 한 채권
2. 의사, 조산사, 간호사 및 약사의 치료, 근로 및 조제에 관한 채권
3. 도급받은 자, 기사 기타 공사의 설계 또는 감독에 종사하는 자의 공사에 관한 채권
4. 변호사, 변리사, 공증인, 공인회계사 및 법무사에 대한 직무상 보관한 서류의 반환을 청
   구하는 채권
5. 변호사, 변리사, 공증인, 공인회계사 및 법무사의 직무에 관한 채권
6. 생산자 및 상인이 판매한 생산물 및 상품의 대가
7. 수공업자 및 제조자의 업무에 관한 채권

17 민법상 동산과 부동산 모두에 성립할 수 있는 물권은?

① 질권　　　　　　　　　　② 유치권
③ 지역권　　　　　　　　　④ 지상권

☆ **TIP** ① **질권** : 동산에만 인정되는 권리로, 채권의 담보로 채무자 또는 제3자가 제공한 동산을 점
　유하고 그 동산에 대하여 다른 채권자보다 자기채권의 우선변제를 받을 권리를 말한다.
② **유치권** : 타인의 물건 또는 유가증권을 점유한 자가 그 물건이나 유가증권에 관하여 생긴
　채권이 변제기에 있는 경우 변제를 받을 때까지 그 물건 또는 유가증권을 유치할 수 있
　는 권리를 말한다(그 점유가 불법행위로 인한 경우에 적용하지 아니한다).
③ **지역권** : 일정한 목적을 위하여 타인의 토지를 자기토지의 편익에 이용하는 권리를 말한다.
④ **지상권** : 타인의 토지에 건물, 기타 공작물이나 수목을 소유하기 위하여 그 토지를 사용
　하는 권리를 말한다.

18 민법상 연대채무자 1인에게 생긴 사유 중 절대적 효력이 인정되는 경우가 아닌 것은?

① 상계
② 면제
③ 혼동
④ 시효중단

> ☆ **TIP** ① 상계 : 쌍방이 서로 같은 종류를 목적으로 한 채무를 부담한 경우에 그 쌍방의 채무의 이행기가 도래한 때에는 채무의 성질이 상계를 허용하지 아니할 때를 제외하고는 각 채무자는 대등액에 관하여 상계할 수 있다.
> ② 면제 : 채권자가 채무자에게 채무를 면제하는 의사를 표시한 때에는 채권은 소멸한다.
> ③ 혼동 : 채권과 채무가 동일한 주체에 귀속한 때에는 채권은 소멸한다.

19 경비원이 근무 중 과실로 행인을 다치게 한 경우, 경비업자가 행인에 대하여지는 책임은?

① 사용자의 책임
② 채무불이행의 책임
③ 도급인의 책임
④ 공작물 점유자의 책임

> ☆ **TIP** 민법 제756조(사용자의 배상책임) 제1항 … 타인을 사용하여 어느 사무에 종사하게 한 자는 피용자가 그 사무집행에 관하여 제삼자에게 가한 손해를 배상할 책임이 있다. 그러나 사용자가 피용자의 선임 및 그 사무감독에 상당한 주의를 한 때 또는 상당한 주의를 하여도 손해가 있을 경우에는 그러하지 아니하다.

20 경비계약이 무효로 되는 경우는?

① 사기에 의해 청약의 의사표시를 한 경우
② 진의가 아닌 청약임을 알고서 승낙한 경우
③ 동기의 착오로 승낙의 의사표시를 한 경우
④ 계약내용의 중요부분에 착오가 있는 경우

> ☆ **TIP** 무효(無效)는 법률적으로 사법(私法)에서, 어떤 원인 때문에 법률 행위의 내용에 따른 법률 효과가 당연히 생기지 않는 일을 말하며, 의사 무능력자의 법률 행위, 사회 질서에 반하는 법률 행위, 불공정한 법률 행위 따위는 이것에 해당하는 법률 행위이다. 즉, 무효는 어떤 행위의 원인자체가 성립되지 않는 경우이다.

ANSWER ▶ 16.④ 17.② 18.④ 19.① 20.②

21 경비업자 甲이 乙과 체결한 경비계약상의 채무를 이행하지 않은 경우, 甲의 乙에 대한 손해배상책임에 관한 설명으로 옳지 않은 것은?

① 甲의 채무불이행으로 인한 손해배상은 통상의 손해를 그 한도로 한다.
② 甲과 乙이 행한 채무불이행에 관한 손해배상액의 예정은 이행의 청구나 계약의 해제에 영향을 미치지 않는다.
③ 특별한 사정으로 인한 손해는 甲이 그 사정을 알았을 때에 한하여 배상의 책임이 있다.
④ 乙에게도 과실이 있는 때에는 법원은 甲의 주장이 없더라도 손해배상의 책임 및 그 액을 정함에 이를 참작해야 한다.

> ☆ **TIP** 특별한 사정이 있는 경우라고 하더라도 쌍방 간의 합의가 없다면 그 사정을 알았을 때에 한해서 배상하는 것이 아니고 전체적으로 보상해야 한다.

22 죄형법정주의의 내용이 아닌 것은?

① 소급효 금지의 원칙
② 관습형법 금지의 원칙
③ 유추해석 금지의 원칙
④ 상대적 부정기형 금지의 원칙

> ☆ **TIP** 죄형법정주의의 파생원칙
> ㉠ 관습형법의 배제
> ㉡ 유추해석 금지의 원칙
> ㉢ 형벌불소급의 원칙
> ㉣ 절대적 부정기형의 금지의 원칙
> ㉤ 적정성의 원칙
> ㉥ 명확성의 원칙

23 형법에 규정된 범죄가 아닌 것은?

① 컴퓨터등 사용사기죄
② 과실손괴죄
③ 직권남용죄
④ 인신매매죄

> ☆ **TIP** 재물손괴죄는 있지만 과실손괴죄는 없다.

24 우리나라 형사소송법의 기본원리에 관한 설명으로 옳은 것은?

① 규문주의를 취하고 있다.
② 탄핵주의를 배척하고 있다.
③ 국가소추주의를 취하고 있다.
④ 당사자주의를 기본으로 하고 직권주의를 보충적으로 가미하고 있다.

☆ **TIP** 형사소송법이란 형사절차를 규율하는 국가의 법체계로서 우리나라는 국가소추주의를 채택하고 있다.

25 고소와 고발에 관한 설명으로 옳지 않은 것은?

① 피해자가 아니면 고발할 수 없다.
② 고소를 취소한 자는 다시 고소하지 못한다.
③ 고소의 취소는 대리인으로 하여금 하게 할 수 있다.
④ 고소와 고발은 서면 또는 구술로써 검사 또는 사법경찰관에게 해야 한다.

☆ **TIP** 누구든지 범죄가 있다고 생각하면 고발할 수 있으며, 자기 또는 배우자의 직계존속은 고발하지 못한다.

26 다음 (   )에 들어갈 숫자로 옳은 것은?

> 형사소송법상 검사 또는 사법경찰관이 피의자를 긴급 체포한 경우 피의자를 구속하고자 할 때에는 체포한 때부터 (   )시간 이내에 구속영장을 청구해야 한다.

① 12   ② 24
③ 48   ④ 72

☆ **TIP** 피의자를 체포한 후 구속하고자 하는 경우 체포한 때부터 48시간 이내에 구속영장을 청구해야 한다.

ANSWER 21.③ 22.④ 23.② 24.③ 25.① 26.③

27 친고죄에 있어서 고소가 취소된 때, 법원이 행하는 재판의 종류는?

① 무죄판결　　　　　　　　　　② 면소판결

③ 공소기각판결　　　　　　　　④ 공소기각결정

> ☆ TIP　형사소송법 제327조(공소기각의 판결) 다음 경우에는 판결로써 공소기각의 선고를 하여야
> 한다.
> 1. 피고인에 대하여 재판권이 없는 때
> 2. 공소제기의 절차가 법률의 규정에 위반하여 무효인 때
> 3. 공소가 제기된 사건에 대하여 다시 공소가 제기되었을 때
> 4. 제329조의 규정에 위반하여 공소가 제기되었을 때
> 5. 고소가 있어야 죄를 논할 사건에 대하여 고소의 취소가 있은 때
> 6. 피해자의 명시한 의사에 반하여 죄를 논할 수 없는 사건에 대하여 처벌을 희망하지 아니
> 하는 의사표시가 있거나 처벌을 희망하는 의사표시가 철회되었을 때

28 형사소송법상 상소에 관한 설명으로 옳지 않은 것은?

① 상고심은 원칙적으로 법률심이다.

② 법원의 결정에 불복하는 상소는 '항고'이다.

③ 피고인을 위하여 항소한 사건에는 불이익변경금지의 원칙이 적용된다.

④ 항소의 제기기간은 14일로 한다.

> ☆ TIP　민사소송법과 형사소송법에 나온 항소 제기기간은 다르다. 형사사건은 7일, 민사사건은 14
> 일이고 즉시항고 기간도 민사와 형사가 다른데 형사소송법상으로는 3일 내, 민사집행법상으
> 로는 7일 내에 제기해야 한다.

29 상법상 주식회사에 관한 설명으로 옳지 않은 것은?

① 주식회사는 주주가 출자한 자본으로 구성되는 물적 회사이다.

② 주식은 자본을 이루는 최소의 구성단위이다.

③ 주식회사의 자본은 5천만원 이상이어야 한다.

④ 발행주식의 총수는 주식회사 설립등기의 기재사항이다.

> ☆ TIP　주식회사의 자본금은 법 개정으로 규정되어 있지 않다.

30 상법상 합명회사에 관한 규정이다. 다음 ( )에 들어갈 숫자로 옳은 것은?

> 회사의 설립의 무효는 그 사원에 한하여, 설립의 취소는 그 취소권 있는 자에 한하여 회사 성립의 날로부터 (   )년내에 소만으로 이를 주장할 수 있다.

① 1 ② 2
③ 3 ④ 4

☆ **TIP** 상법 제184조(설립무효, 취소의 소) 제1항 … 회사의 설립의 무효는 그 사원에 한하여, 설립의 취소는 그 취소권있는 자에 한하여 회사성립의 날로부터 2년 내에 소만으로 이를 주장할 수 있다.

31 상법상 인보험에 해당하는 것을 모두 고른 것은?

> ㉠ 해상보험 ㉡ 생명보험
> ㉢ 운송보험 ㉣ 상해보험

① ㉠, ㉡ ② ㉠, ㉢
③ ㉡, ㉣ ④ ㉢, ㉣

☆ **TIP** 인보험 … 보험의 목적이 사람인 경우로 생명보험과 상해보험, 질병보험이 해당된다.

32 상법상 보험에 관한 설명으로 옳은 것은?

① 손해보험계약은 금전으로 산정할 수 있는 이익에 한하여 보험계약의 목적으로 할 수 있다.
② 보험계약은 그 계약전의 어느 시기를 보험기간의 시기로 할 수 없다.
③ 보험금청구권의 소멸시효는 1년이다.
④ 보험자가 파산선고를 받은 때에도 보험계약자는 계약을 해지할 수 없다.

☆ **TIP** 손해보험의 보험계약은 금전으로 산정할 수 있는 이익에 한하여 보험계약의 목적으로 할 수 있다.

ANSWER 27.③ 28.④ 29.③ 30.② 31.③ 32.①

33 근로기준법의 내용으로 옳지 않은 것은?

① 사용자는 근로자를 해고하려면 해고사유와 해고시기를 서면으로 통지해야 한다.

② 사용자는 근로계약 불이행에 대한 위약금 또는 손해배상액을 예정하는 계약을 체결하지 못한다.

③ 사용자로부터 부당해고를 당한 근로자는 노동위원회에 구제를 신청할 수 있다.

④ 사용자가 지방노동위원회의 구제명령에 불복하여 중앙노동위원회에 재심신청을 한 경우 그 구제명령의 효력은 정지된다.

> ☆ **TIP** 근로기준법 제32조(구제명령 등의 효력) … 노동위원회의 구제명령, 기각결정 또는 재심판정은 제31조에 따른 중앙노동위원회에 대한 재심 신청이나 행정소송 제기에 의하여 그 효력이 정지되지 아니한다.

34 산업재해보상보험법상 다음 설명에 해당하는 용어는?

> 업무상의 부상 또는 질병에 따른 정신적 또는 육체적 훼손으로 노동능력이 상실되거나 감소된 상태로서 그 부상 또는 질병이 치유되지 아니한 상태를 말한다.

① 진폐   ② 폐질

③ 장해   ④ 장애

> ☆ **TIP** "폐질"이란 업무상의 부상 또는 질병에 따른 정신적 또는 육체적 훼손으로 노동능력이 상실되거나 감소된 상태로서 그 부상 또는 질병이 치유되지 아니한 상태를 말한다.

35 사회보험 분야에 해당하는 법률이 아닌 것은?

① 고용보험법

② 국민연금법

③ 국민건강보험법

④ 국민기초생활 보장법

> ☆ **TIP** 사회보험의 유형으로는 국민건강보험, 기초노령연금, 산업재해보상보험, 고용보험, 연금보험(국민연금, 공무원연금, 군인연금 등) 등이 있다.

36 사회보장기본법에 관한 내용으로 옳지 않은 것은?

① 국가와 지방자치단체는 사회보장에 관한 책임과 역할을 합리적으로 분담해야 한다.

② 국내에 거주하는 외국인은 국적을 불문하고 우리나라의 사회보장제도의 혜택을 받을 수 없다.

③ 사회보장수급권은 관계 법령에서 정하는 바에 따라 다른 사람에게 양도할 수 없다.

④ 사회보장수급권은 정당한 권한이 있는 기관에 서면으로 통지하여 포기할 수 있다.

☆ **TIP** 사회보장기본법은 국적에 관계없이 국민이면 국민의 복지증진에 기여함을 목적으로 한다.

37 행정벌에 관한 설명으로 옳은 것은?

① 행정벌은 장래의 의무이행을 촉구하기 위한 행정상 강제집행을 말한다.

② 행정벌은 행정형벌, 행정질서벌, 행정상 직접강제로 구분된다.

③ 행정질서벌은 행정법규 위반에 대하여 과태료를 부과하는 행정벌이다.

④ 행정질서벌의 부과·징수는 형사소송법에 따른다.

☆ **TIP** 행정질서벌(行政秩序罰)이란 행정벌의 하나로서, 행정형벌과는 달리 형법에 없는 과태료를 과하는 경우를 말한다. 행정질서벌은 행정상의 질서위반에 대하여 금전으로 제재를 가하는 행정법상 의무이행 확보수단의 하나이며 형벌이 아니므로, 형법총칙의 적용을 받지 않으며, 처벌절차도 형사소송법에 의하지 않는다.

38 행정청이 타인의 법률행위를 보충하여 그 행위의 효력을 완성시켜 주는 행정 행위의 강학상 용어는?

① 인가   ② 면제

③ 허가   ④ 특허

☆ **TIP** 인가(認可)는 제3자의 법률적 행위를 행정청이 동의·승인의 형식으로 보충하여 그 법률상 효과를 완성시켜 주는 행정행위를 말한다. 인가제도는 공익과 밀접한 관련이 있는 타인의 법률행위에 행정주체가 관여하여 그 행위의 효력발생을 행정주체의 의사에 종속시키는 제도로서, 강학상의 인가는 실정법상 허가·면허·승인 등으로 다양하게 표현되고 있다.

ANSWER ▶ 33.④ 34.② 35.④ 36.② 37.③ 38.①

39 행정에 관한 국가의사를 결정 · 표시하는 권한을 가진 행정기관의 종류는?

① 행정관청
② 보좌기관
③ 자문기관
④ 집행기관

☆ **TIP** 행정관청 … 행정에 관한 국가 의사를 결정하고, 그 의사를 표시 · 집행하는 권한을 가지는 행정 기관, 그 권한이 전국에 미치는 것을 중앙 행정 관청, 특정 지역에 한정되는 것을 지방 행정관청이라 한다.

40 행정작용 중 원칙적으로 비권력적 사실행위에 해당하는 것은?

① 공법상 계약
② 행정상 즉시강제
③ 행정처분
④ 행정지도

☆ **TIP** 행정지도(行政指導)는 일정한 행정목적을 달성하기 위하여 상대방인 국민에게 임의적인 협력을 요청하는 비권력적 사실행위를 말한다. 개별법령상으로는 지도, 권고 등으로 불리기도 한다. 행정지도는 비정식적 행정작용의 일종이다.

제2과목 ·· 민간경비론

1 민간경비의 성장이론 중 이익집단이론에 관한 설명으로 옳은 것은?

① 그냥 내버려 두면 보호받지 못한 채로 방치될 재산 등을 민간경비가 보호한다.

② 공경비의 힘이 미치지 못하는 치안환경의 사각지대를 민간경비가 메워주어야 한다.

③ 정부의 비용절감을 위하여 공경비의 역할을 줄이는 대신 민간경비의 역할이 확대된다.

④ 사회구성원 개개인 차원의 안전과 사유재산의 보호는 해당 개인이나 집단이 담당하여야 한다.

> ☆ **TIP** 이익집단이론의 전제적 조건
> ㉠ 이익집단은 자신들의 이익을 극대화시키기 위해 행위를 한다.
> ㉡ 민간경비 역시 하나의 이익집단으로 자신들의 이익을 극대화한다.
> ㉢ 그냥 두면 보호받지 못하게 될 재산을 민간경비가 보호한다는 시각에서 출발한 이론이다.
> ㉣ 경찰과 민간경비가 상호보완 관계를 갖는다는 공동화이론이나 경제환원론의 입장을 부정하면서 제기되었다.

2 우리나라 민간경비의 역할 및 업무범위로 옳지 않은 것은?

① 기계경비업무

② 신변보호업무

③ 시설경비업무

④ 교통유도경비업무

> ☆ **TIP** 민간경비의 역할 및 업무범위 … 시설경비업무, 호송경비업무, 신변보호업무, 기계경비업무, 특수경비업무 등이 있다.

ANSWER 39.① 40.④ / 1.① 2.④

3 민간경비와 공경비의 공통점에 관한 설명으로 옳은 것은?

① 특정 고객을 서비스 대상으로 하고 있다.
② 범인체포 및 범죄수사와 조사를 목적으로 하고 있다.
③ 범죄예방 및 위험방지, 질서유지 업무를 수행하고 있다.
④ 임무수행 시 강제력 사용에 있어 제약을 받지 않고 있다.

☆ **TIP** 민간경비와 공경비의 업무 비교

구분 \ 종류	민간경비	공경비
비용부담자	의뢰자(계약 당사자)	국민
수혜자	비용을 부담한 자	국민
대상	계약당사자	일반 국민
임무	범죄 예방업무	범죄 대응과 예방업무
주체	영리기업(민간 경비법인 등)	국가(경찰)
목적	개인재산의 보호 및 손실 감소	법집행(범죄의 수사 및 범인체포)
제약조건	강제성이 한계에 있음	강제력이 있음
공통부분	질서유지와 범죄예방 및 위험(해)방지	
내용	• 부담한 비용만큼 서비스를 제공한다. • 경제적 손실방지에 주력한다. • 범죄 대응에 치중한다. • 이질의 서비스를 제공한다.	• 법 집행 위주로 업무를 수행한다. • 범죄 예방과 억제에 주력한다. • 동질의 서비스를 제공한다.

4 민간경비의 성장이론 중 경제환원론에 관한 설명으로 옳지 않은 것은?

① 거시적 차원에서 범죄의 증가원인을 실업의 증가에서 찾는다.
② 경제침체와 민간경비 부문의 수요증가의 관계를 인과적 성격으로 보고 있다.
③ 경제침체기 미국 민간경비 시장의 성장과정에 대한 경험적 관찰에 기초한 이론이다.
④ 사회현상이 직접적으로 경제와 무관하더라도 발생원인을 경제문제에서 찾고자한다.

☆ **TIP** 경제환원론

㉠ 전제
• 경기 침체로 인한 실업의 증가를 가정한다.
• 실업의 증가는 범죄의 증가를 초래한다.
• 범죄의 증가는 민간경비시장의 성장으로 연결된다.
㉡ 내용
• 미국이 경기침체를 보였던 1965~1972년에 민간경비시장의 성장이 다른 서비스업의 증가보다 두드러졌다는 단순하고 단기적인 경험적 관찰에 의한 내용이다.
• 현상 자체를 지나치게 경제적으로 풀어나가려고 한다.
• 경기침체와 민간경비의 성장이 인과적 관계를 지닌다고 볼 수 없다.
• 이론적인 설명이 취약하다.

5 민간경비와 공경비에 관한 설명으로 옳지 않은 것은?

① 민간경비원은 현행범을 영장없이 체포할 수 있다.

② 민간경비의 역할은 범죄의 예방, 진압 및 수사가 포함된다.

③ 경비업자는 불특정 다수인에게 경비서비스를 제공할 의무가 없다.

④ 민간경비의 목적은 사익보호이고, 공경비의 목적은 공익 및 사익보호이다.

☆ **TIP** 민간경비의 특성… 공경비에 비해 권한이 한정되고 제약을 받는 부분이 많지만 범죄발생을 사전에 예방하는 기능을 주요 업무로 하지만 수사 활동은 할 수 없다.

6 우리나라 민간경비산업에 관한 설명으로 옳지 않은 것은?

① 2001년 경비업법의 개정으로 기계경비업무가 허가제에서 신고제로 변경되었다.

② 우리나라의 민간경비산업은 1986년 아시안게임, 1988년 서울올림픽, 1993년 대전엑스포를 계기로 급성장하였다.

③ 1970년대 후반부터 일부 업체는 미국이나 일본 등지에서 방범기기를 구입하거나 종합적인 경비시스템 구축을 위한 노하우를 도입하였다.

④ 우리나라의 민간경비산업은 양적 팽창을 이뤄냈지만 인력경비 중심의 영세한 경호·경비업체의 난립으로 민간경비의 발전에 걸림돌로 작용하고 있다.

☆ **TIP** 2001년 「경비업법」이 전면 개정되면서 경비업무의 종류에 특수경비업무가 추가되었고, 기계경비 산업이 급속히 발전하여 종전의 기계경비업무가 신고제에서 허가제로 변경되고, 특수 경비원제도가 추가되어 청원경찰의 입지가 축소되었다.

7 우리나라 민간경비에 관한 설명으로 옳지 않은 것은?

① 1999년에 용역경비업법을 경비업법으로 법률명을 변경하였다.

② 민간경비서비스 제공 주체가 되려는 자는 관할관청에 신고하여야 한다.

③ 1978년 내무부장관의 승인으로 사단법인 한국용역경비협회가 설립되었다.

④ 경찰은 사회 전반의 범죄대응역량을 강화하기 위해 민간경비업을 적극적으로 지도·육성하고 있다.

☆ **TIP** 경비업을 영위하고자 하는 법인은 관할 지방경찰청장의 허가를 받아야 한다.

ANSWER 3.③ 4.② 5.② 6.① 7.②

8 우리나라 민간경비산업 현황에 관한 설명으로 옳지 않은 것은?

① 청원경찰 제도는 외국에서는 보기 어려운 특별한 제도이다.
② 민간경비업의 경비인력 및 업체 수가 일부 지역에 편중되어 있다.
③ 비용절감 등의 효과로 인하여 자체경비보다 계약경비가 발전하고 있다.
④ 경비회사의 수나 인원 면에서 아직까지 기계경비에 대한 의존도가 높다.

☆ **TIP** 우리나라는 아직까지는 경비회사의 수나 인원 면에서 기계경비보다 인력경비에 대한 의존도가 높은 실정이다.

9 각국의 민간경비 발전과정에 관한 설명으로 옳지 않은 것은?

① 일본은 경비업법 제정 당시에는 신고제로 운영되었다가 1982년 허가제로 바뀌었다.
② 한국은 청원경찰법, 용역경비업법이 제정되어 제도적인 발전의 기틀을 마련하였다.
③ 일본은 1972년에 경비업법을 제정하여 민간경비의 규제보다는 보호 및 자율적 성장을 위한 계기를 마련하였다.
④ 미국연방정부는 서부개척시대에 철도경찰법을 제정하여 일정한 구역 내에서 경찰권한을 부여한 민간경비조직을 설치하였다.

☆ **TIP** 1970년 오사카에서 개최된 만국박람회로 민간경비업은 양적·질적으로 성장하였다.

10 각국의 민간경비제도 발전에 관한 설명으로 옳지 않은 것은?

① 미국에서 항공교통량의 급증에 따른 항공기납치는 민간경비산업의 성장에 영향을 끼쳤다.
② 한국은 청원경찰과 민간경비 간 지휘체계, 신분보장 등 이원화와 관련된 문제가 대두되고 있는 실정이다.
③ 일본과 한국은 국가가 관리·규제하는 공인탐정제도를 도입하기 위한 입법적 노력을 지속적으로 펼치고 있다.
④ 미국에서 19세기말 유럽사회의 사회주의, 무정부주의의 영향을 받은 노동자운동은 민간경비산업의 발달에 영향을 주었다.

☆ **TIP** 우리나라에는 아직 없지만 탐정제도의 역사는 267년 전 영국의 보스트리트의 치안판사로 임명된 'H.필딩'이 범죄정보수집을 위해 만든 '보스트리트러너'라는 소수 정예의 탐정조직에서 시작됐다고 보고 있으며, 이 제도는 그 유용성이 검증되어 오늘날 미국·영국·프랑스·일본 등 대다수 선진국들은 탐정을 직업화·치안 자원화·서비스 산업화 하고 있다.

11 미국의 민간경비 발전과정에 관한 설명으로 옳지 않은 것은?

① 철도경찰의 설립과 민간경비의 발전에 큰 역할을 한 사람은 헨리 필딩(Henry Fielding)이다.

② 제1차 세계대전 직전까지의 산업화 · 도시화에 따른 산업시설 보호와 스파이 방지를 위하여 자본가들의 민간경비 수요가 증가하였다.

③ 제2차 세계대전 이후에는 군사, 산업시설의 안전보호와 군수물자 및 장비 또는 기밀 등의 보호를 위한 경비 수요의 증가가 민간경비 발전의 토대가 되었다.

④ 1800년대 서부지역 개발과 관련하여 철도가 운행되고, 철도는 사람들이 거주하지 않는 불모지를 통과하는 경우가 많아 민간경비산업이 발전하였다.

☆ **TIP** 엘런 핀카톤은 시카고 최초의 형사로 핀카톤 흥신소를 설립하여 50년에 걸쳐 미국 철도수송의 안전을 도모하는 경비회사가 조직되었다.

12 핑커톤(Allan Pinkerton)에 관한 설명으로 옳지 않은 것은?

① 위폐사범 일당을 검거하는데 결정적 공헌을 하여 부보안관으로 임명되었다.

② 범죄자를 유형별로 정리하여 프로파일링(profiling) 수사기법의 전형을 세웠다.

③ 1858년에 최초의 경보회사(Central-Station Burglar Alarm Company)를 설립하였다.

④ 경찰당국의 자료요청에 응하여 경찰과 민간경비업체의 바람직한 관계를 정립하였다.

☆ **TIP** 엘런 핀카톤은 1850년 시카고 최초의 형사로 핀카톤 흥신소를 설립하여 50년에 걸쳐 미국 철도수송의 안전을 도모하는 경비회사가 조직되었다.

13 경비원에 의한 경비 등과 같이 단일 예방체제에 의존하는 경비형태는?

① 1차원적 경비

② 단편적 경비

③ 반응적 경비

④ 총체적 경비

☆ **TIP** 1차원적 경비 … 경비원이 행하는 경비와 같이 단일예방체제에 의존하는 것을 말한다.

ANSWER 8.④ 9.③ 10.③ 11.① 12.③ 13.①

14 계약경비와 비교하여 자체경비의 장점으로 옳지 않은 것은?

① 이직률이 낮은 편이다.
② 자질이 우수한 사람들이 지원한다.
③ 인사관리 및 행정관리가 용이하다.
④ 경비원 등에 대한 통제를 강화할 수 있다.

> ☆ **TIP** 자체경비의 장점
> ㉠ 계약경비에 비해 안정적이고 임금이 높기 때문에 이직율이 낮다.
> ㉡ 경비원에 대한 위상과 급여가 높기 때문에 자질이 우수한 사람들이 지원한다.
> ㉢ 경비원들을 시설주가 직접 관리하기 때문에 경비원들에 대한 통제를 강화할 수 있으며, 알맞은 교육과 훈련과정의 효율성을 측정하기가 쉽다.
> ㉣ 사용자(고용주)에 대한 충성심이 강하며, 고용주의 요구에 신속하게 대처할 수 있다.
> ㉤ 직접 고용됨으로 안정적이기 때문에 자기발전과 계발을 위한 노력을 함으로서 장기 근무에 따른 회사의 운영 및 인사 등에 대한 지식이 높다.

15 인력경비와 비교하여 기계경비의 장점으로 옳지 않은 것은?

① 인명피해를 예방할 수 있다.
② 장기적으로 비용 절감효과를 가져올 수 있다.
③ 잠재적인 범죄자 등에 대해 경고효과가 크다.
④ 상황발생 시 현장에서 신속하게 대응할 수 있다.

> ☆ **TIP** 기계경비의 장·단점
> ㉠ 장점
> • 인건비의 감축으로 인해 소요경비가 적게 든다.
> • 광범위한 장소를 효율적으로 감시할 수 있다.
> • 24시간 감시가 용이하다.
> • 강력범죄로 인한 피해와 화재 및 가스사고 등으로 인한 인명피해를 최소화할 수 있다.
> • 외부환경에 크게 지장을 받지 않고 경비 취약시간대인 야간에도 효율성이 높고 시간적인 제약을 받지 않는다.
> • 화재예방을 위한 다른 기계장치와 통합적으로 운영이 가능하며, 사고 발생 시 기록저장시스템에 의하여 증거를 보존할 수 있고 사고의 책임소재를 명확히 할 수 있다.
> • 기계장치의 오작동이 적을 경우 사용자로부터 호감을 얻을 수 있고 침입자에게 경고성을 발휘할 수 있다.
> ㉡ 단점 : 상황발생(비상)시 현장대응이 어렵다.

16 민간경비조직의 운영원리로 옳지 않은 것은?

① 일반화의 원리
② 명령통일의 원리
③ 계층제의 원리
④ 조정 · 통합의 원리

☆ TIP 민간경비의 조직운영원리
ㄱ 계층제의 원리 : 권한과 책임의 정도에 따라 직무를 등급화 함으로써 상하 계층 간에 직무상 지휘, 감독 관계에 서게 하는 것을 말한다.
ㄴ 통솔범위의 원리 : 한 사람의 상관이 효과적으로 감독할 수 있는 최대한의 부하의 수이다.
ㄷ 명령통일의 원리 : 각 구성원들은 오직 한 사람의 감독자 또는 상관을 가지고 있고, 그 상관의 명령만을 따라야 한다는 원리이다.
ㄹ 전문화의 원리 : 조직의 전체 기능을 성질별로 나누어 가급적 한 사람에게 동일한 업무를 분담시키는 것이다.
ㅁ 조정, 통합의 원리 : 공동의 목표를 달성하기 위하여 하위체제 간의 노력에 통일을 기하기 위한 과정을 말한다.

17 교통유도경비에 관한 설명으로 옳지 않은 것은?

① 일본의 경우 민간경비원이 실시하는 교통유도경비업무는 경찰관이 실시하는 교통정리와 마찬가지로 법적 강제력이 있다.
② 교통유도경비업무란 도로에 접속한 공사현장 및 사람과 차량의 통행에 위험이 있는 장소 또는 도로를 점유하는 행사장에서 부상 등 사고발생을 방지하는 업무이다.
③ 일본 경비업법에서 정의하고 있는 경비업무 중에는 '사람 혹은 차량의 혼잡한 장소와 통행에 위험이 있는 장소에서의 부상 등의 사고 발생을 경계하여 방지하는 업무'를 포함한다.
④ 미국의 교통유도원(flagger)제도는 각 주에서는 다양한 방법 및 기관을 통해 교육과정을 개설하고 있으며, 일부 주에서는 필기 및 실기시험을 통과한 후 인증서를 발급하여 유도원 채용 시 반드시 인증서를 제출하도록 하는 등 체계적으로 관리하고 있다.

☆ TIP 민간경비는 법적 강제력이 없다.

ANSWER 14.③ 15.④ 16.① 17.①

18 다음에 해당하는 경비중요도에 따른 분류는?

> 일정한 패턴이 없는 외부의 행동을 방해하고 탐지할 수 있도록 계획된 체계라 할 수 있다. 단순한 물리적 장벽과 자물쇠가 설치되고 거기에 보강된 출입문, 창문의 창살, 보다 복잡한 수준의 자물쇠, 조명시스템, 기본적 경보시스템, 기본적 안전 장벽 등이 설치될 수 있다. 작은 소매상점, 저장창고 등이 해당된다.

① 최저수준 경비(Level Ⅰ)
② 하위수준 경비(Level Ⅱ)
③ 중간수준 경비(Level Ⅲ)
④ 상위수준 경비(Level Ⅳ)

> ☆ **TIP** 하위수준 경비 … 작은 소매상점이나 저장창고에서 이루어지는 경비시스템으로 창문에 창살이나 보강된 출입문 및 경비시스템 등 기본적인 경보 시스템을 갖춘 경비수준을 의미한다.

19 경비업법상 경비원의 교육에 관한 설명으로 옳지 않은 것은?

① 경비원이 되려는 사람은 교육기관에서 미리 일반경비원 신임교육을 받을 수 있다.
② 일반경비원의 교육 시 관할경찰서 소속 경찰공무원이 교육기관에 입회하여 지도·감독하여야 한다.
③ 특수경비업자는 특수경비원 신임교육을 받지 아니한 자를 특수경비업무에 종사하게 하여서는 아니 된다.
④ 경비업자는 경비업무를 적정하게 실시하기 위하여 경비원으로 하여금 경비원신임교육 및 직무교육을 받게 하여야 한다.

> ☆ **TIP** 일반경비원에 대한 교육 … 경비업자는 일반경비원을 채용한 경우 해당 일반경비원에게 경비업자의 부담으로 다음의 기관 또는 단체에서 실시하는 일반경비원 신임교육을 받도록 하여야 한다.
> ㉠ 경비협회
> ㉡ 「경찰공무원 교육훈련규정」에 따른 경찰교육기관
> ㉢ 경비업무 관련 학과가 개설된 대학 등 경비원에 대한 교육을 전문적으로 수행할 수 있는 인력과 시설을 갖춘 기관 또는 단체 중 경찰청장이 지정하여 고시하는 기관 또는 단체

20 경비위해요소의 분석단계로 옳은 것은?

① 위해요소 인지→위해요소 손실발생 예측→위해정도 평가→비용효과분석

② 위해요소 손실발생 예측→위해요소 인지→위해정도 평가→비용효과분석

③ 위해요소 인지→위해요소 손실발생 예측→비용효과분석→위해정도 평가

④ 위해요소 손실발생 예측→위해요소 인지→비용효과분석→위해정도 평가

☆ **TIP** 경비위해요소의 분석단계 ··· 위해요소의 인지→위해요소의 손실발생 가능성 예측→위해정도의 평가→비용효과 분석

21 민간경비원의 법적 지위와 권한에 관한 설명으로 옳지 않은 것은?

① 민간경비원은 정당방위나 자구행위를 할 수 있다.

② 민간경비원의 법적 지위는 일반시민과 같은 사인(私人)에 불과하다.

③ 특수경비원은 인질·간첩 또는 테러사건에 있어서 은밀히 작전을 수행하는 부득이한 경우에는 경고 없이 소총을 발사할 수 있다.

④ 특수경비원은 배치된 기관·시설 또는 사업장 등의 구역을 관할하는 지방경찰청장의 감독을 받아 그 경비구역만의 경비를 목적으로 경찰관 직무집행법에 따른 경찰관의 권한을 행사한다.

☆ **TIP** 민간경비원은 경찰관의 권한을 행사할 수 없다.

22 비상사태 발생 시 민간경비원의 역할에 관한 설명으로 옳지 않은 것은?

① 출입구와 비상구의 출입을 통제(control)하여야 한다.

② 비상인력과 경비대상시설 밖의 이동을 통제(control)하여야 한다.

③ 보호할 가치가 있는 자산에 대하여 보호조치를 실시하여야 한다.

④ 장애인 등 특별한 대상의 보호 및 응급조치를 실시하여야 한다.

☆ **TIP** 내부에 있는 인원을 경비 대상 시설 밖으로 신속히 대피시켜야 한다.

ANSWER 18.② 19.② 20.① 21.④ 22.②

23 화재의 분류와 표시색상의 연결이 옳은 것은?

① 유류화재 – 황색
② 가스화재 – 청색
③ 전기화재 – 백색
④ 금속화재 – 적색

☆**TIP** 화재의 종류별 급수

급수	A급	B급	C급	D급	E급
화재의 종류	일반화재	유류화재	전기화재	금속화재	가스화재
색상	백색	황색	청색	무색	황색

24 CCTV에 관한 설명으로 옳지 않은 것은?

① 다수의 장소를 관찰할 수 있다.
② 보이지 않는 영역을 관찰할 수 있다.
③ 다수인에 의한 동시관찰을 할 수 있다.
④ 환경이 열악하거나 근접이 가능한 장소만 관찰할 수 있다.

☆**TIP** 환경이 열악하거나 특정 중요 장소에 설치하여 사후에 침입자를 검거할 때 유용하다.

25 외곽경비에 관한 설명으로 옳지 않은 것은?

① 배기관, 맨홀뚜껑은 경비계획에 포함시킬 필요가 없다.
② 비상시에만 사용하는 문은 평상시에는 잠겨 있어야 한다.
③ 상품판매시설은 직원용 출입구와 고객용 출입구를 구분하는 것이 좋다.
④ 일정기간 동안 또는 비상시에만 사용하는 문의 잠금장치는 특수하게 만들어야 한다.

☆**TIP** 모든 출입구의 수를 파악하고 특히 배수관, 배수로, 하수구, 배기관, 공기 흡입관, 낙하장치, 맨홀 뚜껑, 낙하장치 등을 출입구와 같은 차원에서 경비계획에 포함시켜야 한다.

26 외곽경비에 관한 설명으로 옳지 않은 것은?

① 자연적인 장벽에는 강, 절벽 등이 해당된다.

② 담장 위에 철조망을 설치하면 방범효율이 증대된다.

③ 외곽경비는 장벽, 출입구, 건물 자체 순으로 수행된다.

④ 경계구역 내에서는 가시지대를 넓히기 위해 모든 장애물을 제거할 필요는 없다.

☆ **TIP** 가시적인 범위 내에서 감시가 가능하도록 장애물을 양쪽 벽에서 제거하는 것이다.

27 경비계획 수립의 순서로 옳은 것은?

> ㉠ 경비요소 및 위해분석
> ㉡ 경비문제 발생 및 인지
> ㉢ 경비목표 설정
> ㉣ 경비대안 비교검토 및 최종안 선택
> ㉤ 경비 실시 및 평가

① ㉠ - ㉡ - ㉢ - ㉣ - ㉤

② ㉡ - ㉢ - ㉠ - ㉣ - ㉤

③ ㉢ - ㉠ - ㉡ - ㉣ - ㉤

④ ㉢ - ㉡ - ㉣ - ㉠ - ㉤

☆ **TIP** 경비계획 수립의 순서
① 문제의 인지→② 목표의 설정→③ 자료 및 정보의 수집 분석→④ 전체적인 계획의 검토→⑤ 대안 작성 및 비교와 검토→⑥ 최종아의 선택→⑦ 경비의 실시 및 평가→⑧ 피드백

ANSWER ▶ 23.① 24.④ 25.① 26.④ 27.②

28 비상계획서에 포함되어야 할 사항으로 옳지 않은 것은?

① 명령지휘부의 지정
② 외부기관과의 통신수단 마련
③ 대중 및 언론에 대한 정보 차단
④ 비상시 사용될 장비·시설의 위치 지정

> ☆**TIP** 비상계획서에 포함되어야 할 사항
> ㉠ 비상업무를 수행해야 하는 기관과 명령지휘부의 지정
> ㉡ 비상 시 기관이나 전화 등 명령체계와 보고업무의 체계 수립
> ㉢ 특별한 대상의 보호와 응급구조 조치
> ㉣ 비상위원회에 경비감독관을 반드시 포함시킬 것
> ㉤ 이동의 신속성을 위해 비상팀에 대한 훈련과 조직의 점검
> ㉥ 대중이나 언론에 대한 정보 제공과 외부기관과의 통신수단 마련
> ㉦ 비상시에 사용 될 장비와 목록, 위치, 설계, 수량, 도면 등 시설의 위치를 지정

29 정보보호의 기본원칙 중 윤리성에 관한 설명은?

① 정보시스템 소유자와 공급자의 책임을 명확하게 해야 한다.
② 정보시스템보안은 정보의 합법적 사용 및 전달과 상호조화를 이루도록 해야 한다.
③ 정보와 정보시스템의 사용을 허가받은 사람이 언제든지 사용할 수 있도록 보장해야
한다.
④ 정보시스템과 정보시스템의 보안은 타인의 권리와 합법적 이익이 존중 보호될 수 있
도록 사용되어야 한다.

> ☆**TIP** 정보시스템과 정보시스템의 보안은 타인의 권리와 합법적 이익이 존중되고 보호될 수 있도
> 록 사용되어야 한다.

30 컴퓨터범죄의 특징으로 옳은 것은?

① 범죄행위자의 고령화 경향
② 범죄행위의 증명 용이
③ 범죄행위의 단발성
④ 범죄행위자의 초범성

> ☆**TIP** 컴퓨터범죄의 특징은 범죄 행위자의 측면에서 볼 때 컴퓨터의 전문가, 연소화의 경향, 범죄
> 의식의 희박, 완전범죄, 초범성의 경향을 띠고 있다.

31 컴퓨터범죄 예방을 위한 법적 안전대책은?

① 시스템 백업

② 침입차단시스템

③ 스케줄러 점검

④ 컴퓨터 스파이에 대한 처벌

> ☆ **TIP** 법적 안전대책은 컴퓨터 스파이 등 범죄자들에 대한 처벌을 강화해야 한다.

32 문자메시지(SMS)와 피싱(phishing)의 합성어로 '무료쿠폰 제공, 돌잔치 초대장, 모바일 청첩장 등을 내용으로 하는 문자메시지 내의 인터넷 주소를 클릭하면 악성코드가 스마트폰에 설치되어 피해자가 모르는 사이에 소액결제 피해 발생 또는 개인의 금융정보를 탈취하는 신종금융범죄수법은?

① 스미싱(smishing)

② 메모리 해킹(memory hacking)

③ 파밍(pharming)

④ 보이스피싱(voice phishing)

> ☆ **TIP** 스미싱 … 문자메시지 피싱(SMS phishing, 스미싱, Smishing)은 문자메시지를 이용한 피싱이다. 스미싱은 SMS(문자메시지)와 피싱(Phising)의 합성어로 신뢰할 수 있는 사람 또는 기업이 보낸 것처럼 가장하여 개인비밀정보를 요구하거나 휴대폰 소액 결제를 유도한다. 최근 들어 스마트폰 이용자들이 늘어남에 따라 돌잔치, 결혼 청첩장 등이 도착하였다고 하면서 링크를 걸어 안드로이드 애플리케이션 설치파일인 apk 파일을 설치하도록 유도하여 휴대폰 내의 정보를 빼가는 수법이 늘고 있다.

33 어떤 조건을 넣어주고 그 조건이 충족될 때마다 자동으로 불법행위가 이루어 지도록 하는 것으로 컴퓨터의 일정한 사항이 작동시마다 부정행위가 일어날 수 있도록 프로그램을 조작하는 컴퓨터범죄 수법은?

① 트로이 목마(trojan horse)

② 데이터 디들링(data diddling)

③ 논리폭탄(logic bomb)

④ 살라미 기법(salami techniques)

> ☆ **TIP** 논리폭탄은 특정 날짜나 시간 등 조건이 충족되었을 때 악의적인 function이 유발할 수 있게 만든 코드의 일부분으로 소프트웨어 시스템에 의도적으로 삽입된 것이다. 논리폭탄은 약간의 프로그래밍 지식만 있으면 쉽게 만들수 있기 때문에 초보자들이 선호하는 해킹 프로그램이다.

ANSWER ▶ 28.③ 29.④ 30.④ 31.④ 32.① 33.③

34 우리나라 민간경비산업의 문제점으로 옳지 않은 것은?

① 경비업체의 영세성

② 경비원의 낮은 이직률

③ 청원경찰과 민간경비의 이원적 운영

④ 청원경찰에 비해 민간경비원의 직업적 안정성 확보의 어려움

> ☆ **TIP** 민간경비제도의 문제점
> ㉠ **총괄 관리 법규의 부재** : 경비업법과 청원경찰법이 이원화 되어 있어 경비의 효율성 등이 저하된다.
> ㉡ **전문성의 부족** : 민간경비원의 전문성과 자질이 부족하며, 경비분야에 대한 연구전문인력이 부족한 실정이다.
> ㉢ 경비입찰단가가 비현실적으로 대부분의 업체가 영세한 편이다. 따라서 경비원의 이직율이 높다.
> ㉣ 민간경비의 시장성이나 규모가 일부 지역에 편중되어 있고 기계경비 보다 인력경비에 치중되고 있다.

35 경찰과 민간경비의 상호협력방안에 관한 설명으로 옳지 않은 것은?

① 지역방범 및 정보교환 네트워크 구축

② 관련 전문지식, 교육훈련 등의 지속적 교환

③ 지휘·감독 강화를 통한 수직적 관계의 유지

④ 민간경비의 오경보(false alarm) 감소를 위한 상호노력

> ☆ **TIP** 경찰과 민간경비업체 간의 협력체제 구축
> ㉠ 범죄의 예방과 치안을 담당한다는 공통적인 업무를 수행함에 있어서 경찰과 민간경비업체 간에는 동반자 의식을 가지고 상호 간 업무를 협조해야 한다.
> ㉡ 원활한 업무 협조를 위해서는 경찰과 민간경비업체 간에 중재역할을 할 수 있는 조정기구와 협의기구를 구성하여 상호간의 입장과 역할을 확인할 수 있는 협의체가 필요할 것이다.
> ㉢ 업무를 수행함에 있어서 경찰과 민간경비업체 간의 업무적인 갈등을 방지하기 위해 상호 간의 역할과 책임에 대한 기준이 필요하다.
> ※ 수직적 관계가 아니라 상호 협력관계가 되어야 한다.

36 민간경비와 경찰의 차이점으로 옳은 것은?

① 전달조직 : 민간경비는 정부, 경찰은 정부 및 영리기업
② 권력 : 민간경비는 권력 보유, 경찰은 원칙적 권력 미보유
③ 권한의 근거 : 민간경비는 위탁자의 사권(私權), 경찰은 통치권
④ 역할 : 민간경비는 범죄예방 및 범죄진압, 경찰은 범죄예방 및 손실예방

> ☆ **TIP** 경찰은 통치권적 차원의 공적인 반면 민간경비는 위탁을 받아 업무를 진행하는 사권적 측면이다.

37 우리나라 민간경비산업의 발전방안 및 전망으로 옳지 않은 것은?

① 경비원의 적정 임금을 보장하여야 한다.
② 경찰과 민간경비원의 합동순찰제도를 도입하여야 한다.
③ 지역적 특성을 고려한 민간경비 상품을 개발하여야 한다.
④ 기계경비산업보다 인력경비산업의 성장속도가 훨씬 빠를 것이다.

> ☆ **TIP** 산업화, 정보화, 핵가족화가 되면서 경찰인력의 부족은 민간경비업의 발달로 이어지고 지역과 업무에 따라 민간경비업무는 다양하게 발달될 것이며, 인력경비 보다는 기계경비가 비약적으로 발달할 것이다.

38 미국의 경찰과 민간경비원의 관계에 관한 설명으로 옳지 않은 것은?

① 범죄예방 활동을 위하여 상호 간 긴밀한 협조관계를 유지하고 있다.
② 경비원 선발을 위한 배경조사에 있어서 상호협력이 되고 있지 않다.
③ 주(州)마다 차이는 있지만 경찰관 신분으로 민간경비회사에서 part-time job을 하기도 한다.
④ 주(州)마다 차이는 있지만 경찰과 민간경비원 상호 간에 보수, 신분상의 차이를 느끼지 않는다.

> ☆ **TIP** 미국에서는 경찰과 민간경비회사는 범죄의 예방활동을 위해 상호간에 긴밀한 협조체제를 유지하고 있다.

ANSWER ▶ 34.② 35.③ 36.③ 37.④ 38.②

39 경찰방범활동의 장애요인으로 옳지 않은 것은?

① 경찰인력의 부족
② 민간경비업체의 증가
③ 타 부처의 업무협조 증가
④ 경찰관의 민생안전 부서 근무 기피

> ☆ **TIP** 경찰의 방범 실태
> ㉠ 고된 업무와 위험에 비하여 떨어지는 보수와 근무조건 등으로 지원자의 선호가 감소하여 경찰의 인력이 부족하다.
> ㉡ 경찰장비가 노후되었다.
> ㉢ 경찰의 안전을 보장하는 장치가 충분하지 못하다.
> ㉣ 경찰의 민생안전 부서 근무의 기피현상이 있다.
> ㉤ 경찰의 주민들에 대한 고정관념으로 인한 이해부족 현상이 있다.
> ㉥ 일반인의 협조가 미비하다,
> ㉦ 고유 업무가 아닌 타부서 협조 업무가 많다.

40 경비조명에 관한 설명으로 옳지 않은 것은?

① 조명시설의 위치가 경비원의 시야를 방해해서는 안 된다.
② 보안조명은 타인의 사생활을 방해하도록 설치되어서는 안 된다.
③ 석영등은 노란 빛을 내며 매우 강한 빛을 방출하여 안개 발생지역에서도 식별 가능하도록 할 수 있는 등이다.
④ 프레이넬등은 넓은 폭의 빛을 내는 조명등으로서 비교적 어두운 시설물에 침입을 감시하는 경우 유용하게 사용되는 등이다.

> ☆ **TIP** 석영등은 하얀빛을 발하며 빛을 빨리 발산하여 밝은 조명을 요구하는 경계구역과 안개 및 사고발생 다발지역에 적합하며 가격이 비싼 것이 흠이다.

1 경비업법에 규정된 용어의 정의이다. (　　) 안에 들어갈 단어가 올바르게 짝지어진 것은?

> 시설경비업무란 경비를 필요로 하는 시설 및 장소에서의 (㉠)·화재 그 밖의 (㉡) 등으로 인한 위험발생을 방지하는 업무를 말한다.

① ㉠ : 위해, ㉡ : 소란　　　　② ㉠ : 도난, ㉡ : 혼잡

③ ㉠ : 위해, ㉡ : 혼잡　　　　④ ㉠ : 도난, ㉡ : 소란

> ☆ **TIP** 시설경비업무 … 경비를 필요로 하는 시설 및 장소에서의 도난·화재 그 밖의 혼잡 등으로 인한 위험발생을 방지하는 업무를 말한다.

2 경비업법상 집단민원현장에 해당하는 것은?

① 30명의 사람이 모이는 예술 행사장

② 50명의 사람이 모이는 문화 행사장

③ 90명의 사람이 모이는 체육 행사장

④ 120명의 사람이 모이는 국제 행사장

> ☆ **TIP** "집단민원현장"이란 다음 각 목의 장소를 말한다.
> ㉠ 「노동조합 및 노동관계조정법」에 따라 노동관계 당사자가 노동쟁의 조정신청을 한 사업장 또는 쟁의행위가 발생한 사업장
> ㉡ 「도시 및 주거환경정비법」에 따른 정비사업과 관련하여 이해대립이 있어 다툼이 있는 장소
> ㉢ 특정 시설물의 설치와 관련하여 민원이 있는 장소
> ㉣ 주주총회와 관련하여 이해대립이 있어 다툼이 있는 장소
> ㉤ 건물·토지 등 부동산 및 동산에 대한 소유권·운영권·관리권·점유권 등 법적 권리에 대한 이해대립이 있어 다툼이 있는 장소
> ㉥ 100명 이상의 사람이 모이는 국제·문화·예술·체육 행사장
> ㉦ 「행정대집행법」에 따라 대집행을 하는 장소

ANSWER 39.② 40.③ / 1.② 2.④

3 경비업법상 경비업 허가를 받은 법인이 지방경찰청장에게 신고해야 하는 경우가 아닌 것은?

① 영업을 폐업한 때
② 도급받아 행하고자 하는 경비업무를 변경하는 때
③ 법인의 주사무소를 이전한 때
④ 특수경비업무를 개시한 때

☆ **TIP** 경비업의 허가를 받은 법인은 다음에 해당하는 때에는 지방경찰청장에게 신고하여야 한다.
　　㉠ 영업을 폐업하거나 휴업한 때
　　㉡ 법인의 명칭이나 대표자·임원을 변경한 때
　　㉢ 법인의 주사무소나 출장소를 신설·이전 또는 폐지한 때
　　㉣ 기계경비업무의 수행을 위한 관제시설을 신설·이전 또는 폐지한 때
　　㉤ 특수경비업무를 개시하거나 종료한 때
　　㉥ 그 밖에 대통령령이 정하는 중요사항을 변경한 때

4 경비업법상 경비업을 영위하는 법인의 임원이 될 수 있는 자는?

① 만 60세인 자
② 피성년후견인
③ 파산선고를 받고 복권되지 아니한 자
④ 금고 이상의 형의 선고를 받고 그 형이 실효되지 아니한 자

☆ **TIP** 다음에 해당하는 자는 경비업을 영위하는 법인(㉣에 해당하는 자의 경우에는 특수경비업무를 수행하는 법인을 말하고, ㉤에 해당하는 자의 경우에는 허가취소사유에 해당하는 경비업무와 동종의 경비업무를 수행하는 법인을 말한다)의 임원이 될 수 없다.
　　㉠ 피성년후견인 또는 피한정후견인
　　㉡ 파산선고를 받고 복권되지 아니한 자
　　㉢ 금고 이상의 형의 선고를 받고 그 형이 실효되지 아니한 자
　　㉣ 이 법 또는 「대통령 등의 경호에 관한 법률」에 위반하여 벌금형의 선고를 받고 3년이 지나지 아니한 자
　　㉤ 이 법(제19조제1항제2호 및 제7호는 제외한다) 또는 이 법에 의한 명령에 위반하여 허가가 취소된 법인의 허가취소 당시의 임원이었던 자로서 그 취소 후 3년이 지나지 아니한 자
　　㉥ 제19조제1항제2호 및 제7호의 사유로 허가가 취소된 법인의 허가취소 당시의 임원이었던 자로서 허가가 취소된 날부터 5년이 지나지 아니한 자

5 경비업법령상 기계경비업무 등에 관한 설명으로 옳지 않은 것은?

① 경비업 허가를 받기 위한 기계경비업무의 자본금 보유 기준은 1억원 이상이다.

② 경비업 허가를 받기 위한 기계경비업무의 경비인력 기준은 전자·통신 분야 기술자격증 소지자 5명을 포함한 일반경비원 10명 이상과 경비지도사 1명 이상이다.

③ 기계경비업자는 관제시설 등에서 경보를 수신한 때에는 경보를 수신한 때부터 늦어도 25분 이내에는 도착시킬 수 있는 대응체제를 갖추어야 한다.

④ 오경보인 경우 오경보가 발생한 경비대상시설 및 그 오경보에 대한 조치의 결과를 기재한 서류는 당해 경보를 수신한 날부터 6개월간 이를 보관하여야 한다.

> ☆ **TIP** 오경보인 경우 오경보가 발생한 경비대상시설 및 그 오경보에 대한 조치의 결과를 기재한 서류는 당해 경보를 수신한 날부터 1년간 이를 보관하여야 한다.

6 경비업법령상 경비지도사에 관한 설명으로 옳지 않은 것은?

① 경비지도사는 경비원에 대한 직무교육을 실시하고, 행정자치부령으로 정하는 경비원 직무교육 실시대장에 그 내용을 기록하여 2년간 보존하여야 한다.

② 일반경비지도사 자격증 취득자가 자격증 취득일부터 3년 이내에 기계경비지도사 시험에 합격하여 교육을 받을 경우에는 공통교육은 면제한다.

③ 일반경비지도사란 시설경비업무, 호송경비업무, 신변보호업무, 특수경비업무에 종사하는 경비원을 지도·감독 및 교육하는 경비지도사를 말한다.

④ 경비업자는 선임·배치된 경비지도사에 결원이 있거나 자격정지 등의 사유로 그 직무를 수행할 수 없는 때에는 30일 이내에 경비지도사를 새로이 충원하여야 한다.

> ☆ **TIP** 경비업자는 선임·배치된 경비지도사에 결원이 있거나 자격정지 등의 사유로 그 직무를 수행할 수 없는 때에는 15일 이내에 경비지도사를 새로이 충원하여야 한다.

ANSWER 3.② 4.① 5.④ 6.④

7 경비업법령상 경비지도사 제1차 시험의 면제 대상으로 옳은 것은?

① 경찰공무원법에 따른 경찰공무원으로 5년 이상 재직한 사람

② 경비업법에 따른 특수경비업무에 3년 이상 종사하고 행정자치부령으로 정하는 교육과정을 이수한 사람

③ 고등교육법에 따른 전문대학을 졸업한 사람으로서 재학 중 경비지도사 시험과목을3과목 이상을 이수하고 졸업한 후 경비업무에 종사한 경력이 3년 이상인 사람

④ 공무원임용령에 따른 행정직군 교정 직렬 공무원으로 3년 이상 재직한 사람

> ☆ **TIP** 다음 각 호의 어느 하나에 해당하는 사람은 경비지도사 제1차 시험을 면제한다.
> ㉠ 「경찰공무원법」에 따른 경찰공무원으로 7년 이상 재직한 사람
> ㉡ 「대통령 등의 경호에 관한 법률」에 따른 경호공무원 또는 별정직공무원으로 7년 이상 재직한 사람
> ㉢ 「군인사법」에 따른 각 군 전투병과 또는 헌병병과 부사관 이상 간부로 7년 이상 재직한 사람
> ㉣ 「경비업법」에 따른 경비업무에 7년 이상(특수경비업무의 경우에는 3년 이상) 종사하고 행정자치부령으로 정하는 교육과정을 이수한 사람
> ㉤ 「고등교육법」에 따른 대학 이상의 학교를 졸업한 사람으로서 재학 중 제12조제3항에 따른 경비지도사 시험과목을 3과목 이상을 이수하고 졸업한 후 경비업무에 종사한 경력이 3년 이상인 사람
> ㉥ 「고등교육법」에 따른 전문대학을 졸업한 사람으로서 재학 중 제12조제3항에 따른 경비지도사 시험과목을 3과목 이상을 이수하고 졸업한 후 경비업무에 종사한 경력이 5년 이상인 사람
> ㉦ 일반경비지도사의 자격을 취득한 후 기계경비지도사의 시험에 응시하는 사람 또는 기계경비지도사의 자격을 취득한 후 일반경비지도사의 시험에 응시하는 사람
> ㉧ 「공무원임용령」에 따른 행정직군 교정직렬 공무원으로 7년 이상 재직한 사람

8 경비업법령상 경비원 교육에 관한 설명으로 옳은 것은?

① 일반경비원의 신임교육에서 이론교육은 6시간이고 과목은 경비업법, 범죄예방론, 형사법이다.

② 특수경비업자는 채용 전 5년 이내에 특수경비업무에 종사하였던 경력이 있는 사람을 특수경비원으로 채용한 경우에는 신임교육을 면제할 수 있다.

③ 경비업자는 소속 일반경비원에게 매월 4시간 이상의 직무교육을 받도록 하여야 한다.

④ 특수경비업자는 소속 특수경비원에게 매월 8시간 이상의 직무교육을 받도록 하여야 한다.

> ☆ **TIP** 경비업자는 법 제13조제1항에 따라 소속 일반경비원에게 법 제12조에 따라 선임한 경비지도사가 수립한 교육계획에 따라 매월 행정자치부령으로 정하는 시간(4시간) 이상의 직무교육을 받도록 하여야 한다.

9 경비업법령상 시설주가 무기를 지급할 수 있는 특수경비원은?

① 민사재판에 증인으로 출석 예정인 특수경비원
② 형사사건으로 인하여 조사를 받고 있는 특수경비원
③ 사의를 표명한 특수경비원
④ 정신질환자인 특수경비원

> ☆ TIP 시설주는 다음에 해당하는 특수경비원에 대하여 무기를 지급하여서는 아니되며, 지급된 무기가 있는 경우 이를 즉시 회수하여야 한다.
> ㉠ 형사사건으로 인하여 조사를 받고 있는 사람
> ㉡ 사의를 표명한 사람
> ㉢ 정신질환자
> ㉣ 그 밖에 무기를 지급하기에 부적합하다고 인정되는 사람

10 경비업법령상 특수경비원에 관한 내용으로 옳지 않은 것은?

① 특수경비원은 소속 상사의 허가 또는 정당한 사유 없이 경비구역을 벗어나서는 아니 된다.
② 특수경비원의 교육 시 관할경찰서 소속 경찰공무원이 교육기관에 입회하여 대통령령이 정하는 바에 따라 지도 · 감독하여야 한다.
③ 특수경비원은 국가중요시설에 대한 경비업무 수행 중 국가중요시설의 정상적인 운영을 해치는 장해를 일으켜서는 아니 된다.
④ 특수경비원은 총기 또는 폭발물을 가지고 대항하는 경우를 제외하고는 18세 미만의 자에 대하여는 권총을 발사하여서는 아니 된다.

> ☆ TIP 특수경비원은 총기 또는 폭발물을 가지고 대항하는 경우를 제외하고는 14세 미만의 자 또는 임산부에 대하여는 권총 또는 소총을 발사하여서는 아니된다.

11 경비업법령상 경비원의 장비 등에 관한 설명으로 옳지 않은 것은?

① 경비원이 휴대할 수 있는 장비의 종류는 경적·단봉·분사기 등 대통령령으로 정하되, 근무시간 이외에도 이를 휴대할 수 있다.

② 경비업자가 경비원으로 하여금 분사기를 휴대하여 직무를 수행하게 하는 경우에는 총포·도검·화약류 등 단속법에 따라 미리 분사기의 소지허가를 받아야 한다.

③ 누구든지 경비원의 장비를 임의로 개조하여 통상의 용법과 달리 사용함으로써 다른 사람의 생명·신체에 위해를 가하여서는 아니 된다.

④ 경비원은 경비업무를 위하여 필요하다고 인정되는 상당한 이유가 있을 때에는 필요한 최소한도에서 경비원의 장비를 사용할 수 있다.

> ☆ **TIP** 경비원이 휴대할 수 있는 장비의 종류는 경적·단봉·분사기 등 행정자치부령으로 정하되, 근무 중에만 이를 휴대할 수 있다.

12 경비업법령상 경비원 등의 결격사유 확인을 위한 범죄경력조회 등에 관한 설명으로 옳지 않은 것은?

① 경찰청장, 지방경찰청장 또는 관할 경찰관서장은 직권으로 또는 경비업자의 범죄경력조회 요청이 있는 경우 경비업자의 임원, 경비지도사 또는 경비원이 경비업법상 결격사유에 해당하는 지를 확인하기 위하여 범죄경력조회를 할 수 있다.

② 범죄경력조회 요청을 받은 지방경찰청장 또는 관할 경찰관서장은 경비업자에게 그 결과를 통보할 때에는 경비업자의 임원, 경비지도사 또는 경비원이 경비업법 상의 결격사유에 해당하는지 여부만을 통보하여야 한다.

③ 지방경찰청장 또는 관할 경찰관서장은 경비업자의 임원, 경비지도사 또는 경비원이 경비업법상의 결격사유에 해당하는 사실을 알게 된 때에는 경비업자에게 그 사실을 통보하여야 한다.

④ 범죄경력조회 요청은 범죄경력조회 신청서(전자문서 포함) 또는 구두로 한다.

> ☆ **TIP** 결격사유 확인을 위한 범죄경력조회 요청
> ㉠ 법 제17조제2항에 따른 범죄경력조회 요청은 별지 제13호의5서식의 범죄경력조회 신청서(전자문서로 된 신청서를 포함한다)에 따른다.
> ㉡ 경비업자는 제1항에 따라 범죄경력조회를 요청하는 경우 다음 각 호의 서류를 첨부하여야 한다.
> • 경비업 허가증 사본
> • 별지 제13호의6서식의 취업자 또는 취업예정자 범죄경력조회 동의서

13 경비업법령상 경비원의 명부와 배치허가 등에 관한 설명으로 옳지 않은 것은?

① 관할 경찰관서장은 신임교육을 받지 아니한 경비원이 100분의 21 이상인 경우 배치허가를 하여서는 아니 된다.

② 경비업자가 특수경비원을 배치한 경우에는 대통령령이 정하는 바에 따라 경비원을 배치하기 48시간 전까지 관할 경찰관서장에게 신고하여야 한다.

③ 경비업자 또는 경비원이 위력이나 흉기 또는 그 밖의 위험한 물건을 사용하여 집단적 폭력사태를 일으킨 때에는 관할 경찰관서장은 배치폐지를 명할 수 있다.

④ 경비업자는 상해죄를 범하여 벌금형을 선고받고 5년이 지나지 아니한 자를 집단민원현장에 일반경비원으로 배치하여서는 아니 된다.

> ☆ **TIP** 경비업자가 경비원을 배치하거나 배치를 폐지한 경우에는 행정자치부령이 정하는 바에 따라 관할 경찰관서장에게 신고하여야 한다. 다만, 다음 제1호의 경우에는 경비원을 배치하기 48시간 전까지 행정자치부령으로 정하는 바에 따라 배치허가를 신청하고, 관할 경찰관서장의 배치허가를 받은 후에 경비원을 배치하여야 하며(제2호 및 제3호의 경우에는 경비원을 배치하기 전까지 신고하여야 한다), 이 경우 관할 경찰관서장은 배치허가를 함에 있어 필요한 조건을 붙일 수 있다.

14 경비업법령상 행정처분의 일반기준에 관한 설명으로 옳지 않은 것은?

① 행정처분이 영업정지인 경우에는 위반행위의 동기, 내용 및 위반의 정도 등을 고려하여 가중하거나 감경할 수 있다.

② 위반행위가 2 이상인 경우로서 그에 해당하는 각각의 처분기준이 다른 경우에는 그 중 중한 처분기준에 따른다.

③ 위반행위가 2 이상인 경우로서 2 이상의 처분기준이 동일한 영업정지인 경우에는 각 처분기준을 합산한 기간으로 한다.

④ 영업정지처분에 해당하는 위반행위가 적발된 날 이전 최근 2년간 같은 위반행위로 2회 영업정지처분을 받은 경우에는 개별기준에도 불구하고 그 위반행위에 대한 행정처분기준은 허가취소로 한다.

> ☆ **TIP** 위반행위가 2 이상의 처분기준이 동일한 영업정지인 경우에는 중한 처분기준의 2분의 1까지 가중할 수 있다. 다만, 가중하는 경우에도 각 처분기준을 합산한 기간을 초과할 수 없다.

ANSWER 11.① 12.④ 13.② 14.③

15 경비업법상 경비업의 영업정지를 명할 수 있는 경우가 아닌 것은?

① 특수경비업자가 지방경찰청장의 감독상 명령에 따르지 아니한 경우
② 특수경비업자가 경비관련업 외의 영업을 한 경우
③ 특수경비업자가 도급을 의뢰받은 경비업무가 위법한 것임에도 이를 거부하지 아니한 경우
④ 특수경비업자가 신임교육을 받지 않은 사람을 경비원으로 배치한 경우

☆**TIP** 허가관청은 경비업자가 다음 각 호의 어느 하나에 해당하는 때에는 대통령령으로 정하는 행정처분의 기준에 따라 그 허가를 취소하거나 6개월 이내의 기간을 정하여 영업의 전부 또는 일부에 대하여 영업정지를 명할 수 있다.
ㄱ 지방경찰청장의 허가 없이 경비업무를 변경한 때
ㄴ 도급을 의뢰받은 경비업무가 위법한 것임에도 이를 거부하지 아니한 때
ㄷ 경비지도사를 집단민원현장에 선임·배치하지 아니한 때
ㄹ 경비대상 시설에 관한 경보 대응체제를 갖추지 아니한 때
ㅁ 제관련 서류를 작성·비치하지 아니한 때
ㅂ 결격사유에 해당하는 경비원을 배치하거나 결격사유에 해당하는 경비지도사를 선임·배치한 때
ㅅ 경비지도사를 선임한 때
ㅇ 제경비원으로 하여금 교육을 받게 하지 아니한 때
ㅈ 경비원의 복장 등에 관한 규정을 위반한 때
ㅊ 경비원의 장비 등에 관한 규정을 위반한 때
ㅋ 경비원의 출동차량 등에 관한 규정을 위반한 때
ㅌ 집단민원현장에 일반경비원 명부를 작성·비치하지 아니한 때
ㅍ 배치허가를 받지 아니하고 경비원을 배치하거나 경비원 명단 및 배치일시·배치장소 등 배치허가 신청의 내용을 거짓으로 한 때
ㅎ 결격사유에 해당하는 일반경비원을 집단민원현장에 배치한 때
ⓐ 감독상 명령에 따르지 아니한 때
ⓑ 손해를 배상하지 아니한 때

16 경비업법상 경비지도사 자격을 정지시킬 수 있는 경우는?

① 집단민원현장에 배치된 경비원에 대한 지도·감독 직무를 성실하게 수행하지 아니한 때
② 자격정지 기간 중에 경비지도사로 선임되어 활동한 때
③ 허위 그 밖의 부정한 방법으로 경비지도사 자격증을 교부받은 때
④ 경비지도사 자격증을 다른 사람에게 빌려주거나 양도한 때

☆**TIP** 경찰청장은 경비지도사가 다음에 해당하는 때에는 대통령령이 정하는 바에 따라 1년의 범위 내에서 그 자격을 정지시킬 수 있다.
ㄱ 직무를 성실하게 수행하지 아니한 때
ㄴ 경찰청장 또는 지방경찰청장의 명령을 위반한 때

17 경비업법령상 경비지도사가 경찰청장·지방경찰청장의 명령을 1차 위반할 때의 행정처분기준으로 옳은 것은?

① 자격정지 1월 　　　　　② 자격정지 3월
③ 자격정지 6월 　　　　　④ 자격취소

☆TIP

경비지도사 자격정지처분 기준(25조 관련)				
위반행위	해당법조문	행정처분기준		
		1차	2차	3차 이상
1. 법 제12조제3항의 규정에 위반하여 직무를 성실하게 수행하지 아니한 때	법 제20조 제2항 제1호	자격정지 3월	자격정지 6월	자격정지 12월
2. 법 제24조의 규정에 의한 경찰청장·지방경찰청장의 명령을 위반한 때	법 제20조 제2항 제2호	자격정지 1월	자격정지 6월	자격정지 9월
비고 : 위반행위의 횟수에 따른 행정처분의 기준은 당해 위반행위가 있은 이전 최근 2년간 같은 위반행위로 행정처분을 받은 경우에 적용한다.				

18 경비업법에 관한 설명으로 옳지 않은 것은?

① 지방경찰청장이 경비업 허가의 취소 또는 영업정지를 하고자 하는 경우에는 청문을 실시하여야 한다.
② 지방경찰청장은 경비지도사의 자격을 정지하는 때에는 청문을 실시하지 않는다.
③ 경찰청장이 경비지도사의 자격을 정지한 때에는 그 정지기간 동안 경비지도사자격증을 회수하여 보관하여야 한다.
④ 허가관청은 경비업자가 영업정지처분을 받고 계속하여 영업을 한 때에는 그 허가를 취소하여야 한다.

☆TIP 경찰청장 또는 지방경찰청장은 다음에 해당하는 처분을 하고자 하는 경우에는 청문을 실시하여야 한다.
ⓐ 제19조의 규정에 의한 경비업 허가의 취소 또는 영업정지
ⓑ 제20조제1항 또는 제2항의 규정에 의한 경비지도사자격의 취소 또는 정지

ANSWER 15.② 16.① 17.① 18.②

19 경비업법령상 경비협회의 업무 등에 관한 내용으로 옳지 않은 것은?

① 경비협회의 업무에는 경비원의 후생·복지에 관한 사항이 포함된다.

② 경비협회는 경비업자가 경비업을 운영할 때 필요한 이행보증을 포함한 계약보증을 위한 공제사업을 할 수 있다.

③ 경비업자는 경비업무의 건전한 발전과 경비원의 자질향상 및 교육훈련 등을 위하여 행정자치부령이 정하는 바에 따라 경비협회를 설립할 수 있다.

④ 경찰청장은 경비업법에 따른 공제사업의 건전한 육성과 가입자의 보호를 위하여 공제사업의 감독에 관한 기준을 정할 수 있다.

☆ **TIP** 경비업자는 경비업무의 건전한 발전과 경비원의 자질향상 및 교육훈련 등을 위하여 대통령령이 정하는 바에 따라 경비협회를 설립할 수 있다.

20 경비업법령에 관한 설명으로 옳지 않은 것은?

① 지방경찰청장은 특수경비업자에 대하여 연 2회 이상의 보안지도·점검을 실시하여야 한다.

② 경찰청장은 경비업무의 적정한 수행을 위하여 경비업자를 지도·감독하며 필요한 명령을 할 수 있다.

③ 경찰청장은 집단민원현장 배치 불허가 기준에 대하여 5년 마다 그 타당성을 검토하여 개선 등의 조치를 하여야 한다.

④ 관할경찰관서장은 시설주의 신청에 의하여 특수경비원이 배치된 국가중요시설 등에 경비전화를 가설할 수 있다.

☆ **TIP** 경찰청장은 다음 각 호의 사항에 대하여 다음 각 호의 기준일을 기준으로 3년마다(매 3년이 되는 해의 기준일과 같은 날 전까지를 말한다) 그 타당성을 검토하여 개선 등의 조치를 하여야 한다.
㉠ 제3조제2항 및 별표 1에 따른 경비업의 시설 등의 기준 : 2014년 6월 8일
㉡ 제22조에 따른 집단민원현장 배치 불허가 기준 : 2014년 6월 8일
㉢ 제24조 및 별표 4에 따른 행정처분 기준 : 2014년 6월 8일
㉣ 제32조제1항 및 별표 6에 따른 과태료의 부과기준 : 2014년 6월 8일

21 경비업법령상 경비협회, 공제사업에 관한 설명으로 옳지 않은 것은?

① 경비협회는 법인으로 한다.

② 경비협회는 정관이 정하는 바에 의하여 회원으로부터 회비를 징수할 수 있다.

③ 경찰청장은 경비협회의 공제규정을 승인하는 때에는 미리 금융위원회와 협의하여야 한다.

④ 경비협회에 관하여 경비업법에 특별한 규정이 있는 것을 제외하고는 민법 중 재단법인에 관한 규정을 준용한다.

> ☆ **TIP** 경비협회에 관하여 이 법에 특별한 규정이 있는 것을 제외하고는 민법 중 사단법인에 관한 규정을 준용한다.

22 경비업법에 관한 설명으로 옳지 않은 것은?

① 경비업자는 경비원이 업무수행 중 고의로 제3자에게 손해를 입힌 경우에는 이를 배상하여야 한다.

② 경비업자는 경비원이 업무수행 중 과실로 제3자에게 손해를 입힌 경우에는 배상 책임이 면제된다.

③ 경비업자는 경비원이 업무수행 중 고의 또는 과실로 경비대상에 손해가 발생하는 것을 방지하지 못한 때에는 그 손해를 배상하여야 한다.

④ 기계경비업자는 대응조치 등 업무의 원활한 운영과 개선을 위하여 대통령령이 정하는 바에 따라 관련 서류를 작성·비치하여야 한다.

> ☆ **TIP** 손해배상 등
> ㉠ 경비업자는 경비원이 업무수행중 고의 또는 과실로 경비대상에 손해가 발생하는 것을 방지하지 못한 때에는 그 손해를 배상하여야 한다.
> ㉡ 경비업자는 경비원이 업무수행중 고의 또는 과실로 제3자에게 손해를 입힌 경우에는 이를 배상하여야 한다.

ANSWER ▶ 19.③ 20.③ 21.④ 22.②

23 경비업법상 지방경찰청장은 경비업무 장소가 집단민원현장으로 판단되는 경우에는 그 때부터 몇 시간 이내에 경비업자에게 경비원 배치 허가를 받을 것을 고지하여야 하는가?

① 48시간　　　　　　　　　　　② 60시간
③ 72시간　　　　　　　　　　　④ 84시간

> ☆**TIP**　지방경찰청장 또는 관할 경찰관서장은 경비업무 장소가 집단민원현장으로 판단되는 경우에는 그 때부터 48시간 이내에 경비업자에게 경비원 배치 허가를 받을 것을 고지하여야 한다.

24 경비업법상 법정형 3년 이하의 징역 또는 3천만원 이하의 벌금에 처해지지 않는 자는?

① 경비업 허가를 받지 않고 경비업을 영위한 자
② 집단민원현장에 경비원을 배치하면서 경비업 허가를 받지 아니한 자에게 경비업무를 도급한 자
③ 경비원으로 하여금 직무를 수행함에 있어 타인에게 위력을 과시하거나 물리력을 행사하는 등 경비업무의 범위를 벗어난 행위를 하게 한 자
④ 파업·태업 그 밖에 경비업무의 정상적인 운영을 저해하는 쟁의행위를 한 특수경비원

> ☆**TIP**　다음 각 호의 어느 하나에 해당하는 자는 3년 이하의 징역 또는 3천만원 이하의 벌금에 처한다. 〈개정 2005.8.4, 2013.6.7, 2015.7.20〉
> ㉠ 제4조제1항의 규정에 의한 허가를 받지 아니하고 경비업을 영위한 자
> ㉡ 제7조제4항의 규정에 위반하여 직무상 알게 된 비밀을 누설하거나 부당한 목적을 위하여 사용한 자
> ㉢ 제7조제8항의 규정에 위반하여 경비업무의 중단을 통보하지 아니하거나 경비업무를 즉시 인수하지 아니한 특수경비업자 또는 경비대행업자
> ㉣ 집단민원현장에 경비원을 배치하면서 제7조의2제1항을 위반하여 제4조제1항에 따른 허가를 받지 아니한 자에게 경비업무를 도급한 자
> ㉤ 제7조의2제2항을 위반하여 집단민원현장에 20명 이상의 경비인력을 배치하면서 그 경비인력을 직접 고용한 자
> ㉥ 제7조의2제3항을 위반하여 경비업자의 경비원 채용 시 무자격자나 부적격자 등을 채용하도록 관여하거나 영향력을 행사한 도급인
> ㉦ 과실로 인하여 제14조제2항의 규정에 위반하여 국가중요시설의 정상적인 운영을 해치는 장해를 일으킨 특수경비원
> ㉧ 특수경비원으로서 경비구역 안에서 시설물의 절도, 손괴, 위험물의 폭발 등의 사유로 인한 위급사태가 발생한 때에 제15조제1항 또는 제2항의 규정에 위반한 자
> ㉨ 제15조의2제2항의 규정을 위반하여 경비원에게 경비업무의 범위를 벗어난 행위를 하게 한 자

25 경비업법에 관한 규정이다. (   ) 안에 들어갈 내용으로 올바르게 짝지어진 것은?

> • 경찰청장은 경비지도사의 시험 및 교육에 관한 업무를 대통령령이 정하는 바에 따라 관계 전문기관 또는 단체에 (㉠)할 수 있다.
> • 경비업법에 의한 경찰청장의 권한은 대통령령이 정하는 바에 따라 그 일부를 지방경찰청 장에게 (㉡)할 수 있다.

① ㉠ : 위탁, ㉡ : 위임
② ㉠ : 위임, ㉡ : 위임
③ ㉠ : 위임, ㉡ : 위탁
④ ㉠ : 위탁, ㉡ : 위탁

☆ **TIP** 위임 및 위탁
　　㉠ 이 법에 의한 경찰청장의 권한은 대통령령이 정하는 바에 따라 그 일부를 지방경찰청장 에게 위임할 수 있다.
　　㉡ 경찰청장은 제11조의 규정에 의한 경비지도사의 시험 및 교육에 관한 업무를 대통령령이 정하는 바에 따라 관계전문기관 또는 단체에 위탁할 수 있다.

26 경비업법령상 기계경비업자가 출장소별로 갖추어 두어야 하는 서류가 아닌 것은?

① 경비대상시설의 명칭 · 소재지 및 경비계약기간을 기재한 서류
② 기계경비지도사의 명단 · 배치일자 · 배치장소와 출동차량의 대수를 기재한 서류
③ 가입고객의 주민등록번호 등 개인정보를 기재한 서류
④ 경보의 수신 및 현장도착 일시와 조치의 결과를 기재한 서류

☆ **TIP** 기계경비업자의 관리 서류
　　㉠ 기계경비업자는 법 제9조제2항의 규정에 의하여 출장소별로 다음 각호의 사항을 기재한 서류를 갖추어 두어야 한다.
　　• 경비대상시설의 명칭 · 소재지 및 경비계약기간
　　• 기계경비지도사의 명단 · 배치일자 · 배치장소와 출동차량의 대수
　　• 경보의 수신 및 현장도착 일시와 조치의 결과
　　• 오경보인 경우 오경보가 발생한 경비대상시설 및 그 오경보에 대한 조치의 결과
　　㉡ 제1항제3호 및 제4호의 규정에 의한 사항을 기재한 서류는 당해 경보를 수신한 날부터 1년간 이를 보관하여야 한다.

ANSWER 23.① 24.④ 25.① 26.③

27 경비업법령상 과태료의 부과기준에서 1회 위반 시 부과되는 과태료 금액이 다른 것은?

① 경비지도사를 선임하지 않은 경우
② 경비원 명부를 비치하지 않은 경우
③ 결격사유에 해당하는 경비지도사를 선임·배치한 경우
④ 경비원 명단 및 배치일시·배치장소 등 배치허가 신청의 내용을 거짓으로 한 경우

☆ **TIP** 과태료의 부과기준(제32조제1항 관련)

위반행위	해당 법조문	과태료 금액(단위: 만원)		
		1회 위반	2회 위반	3회 이상
1. 법 제4조제3항 또는 제18조제2항을 위반하여 신고를 하지 않은 경우	법 제31조제2항제1호			
가. 1개월 이내의 기간 경과			50	
나. 1개월 초과 6개월 이내의 기간 경과			100	
다. 6개월 초과 12개월 이내의 기간 경과			200	
라. 12개월 초과의 기간 경과			400	
2. 법 제7조제7항을 위반하여 경비대행업자 지정신고를 하지 않은 경우	법 제31조제2항제2호			
가. 허위로 신고한 경우			400	
나. 그 밖의 사유로 신고하지 않은 경우			300	
3. 법 제9조제1항을 위반하여 설명의무를 이행하지 않은 경우	법 제31조제2항제3호	100	200	400
4. 법 제10조제3항을 위반하여 결격사유에 해당하는 경비원을 배치하거나 결격사유에 해당하는 경비지도사를 선임·배치한 경우	법 제31조제2항제6호	100	200	400
5. 법 제12조제1항을 위반하여 경비지도사를 선임하지 않은 경우	법 제31조제2항제4호	100	200	400
6. 법 제14조제6항에 따른 감독상 필요한 명령을 정당한 이유없이 이행하지 않은 경우	법 제31조제2항제5호		500	
7. 법 제16조제1항을 위반하여 복장 등에 관한 신고규정을 위반하여 신고를 하지 않은 경우	법 제31조제2항제7호	100	200	400
8. 법 제16조제1항을 위반하여 경비원의 복장에 관한 신고를 하지 않고 집단민원현장에 경비원을 배치한 경우	법 제31조제1항제1호	600	1200	2400
9. 법 제16조제2항을 위반하여 이름표를 부착하게 하지 않거나, 신고된 동일 복장을 착용하게 하지 않고 경비원을 경비업무에 배치한 경우	법 제31조제2항제8호	100	200	400

		600	1200	2400
10. 법 제16조제2항을 위반하여 이름표를 부착하게 하지 않거나, 신고된 동일 복장을 착용하게 하지 않고 집단민원현장에 경비원을 배치한 경우	법 제31조제1항제2호	600	1200	2400
11. 법 제18조제1항 본문을 위반하여 명부를 작성·비치하지 않은 경우	법 제31조제2항제9호			
가. 경비원 명부를 비치하지 않은 경우		100	200	400
나. 경비원 명부를 작성하지 않은 경우		50	100	200
12. 법 제18조제1항 단서를 위반하여 집단민원현장에 배치되는 일반경비원의 명부를 그 배치 장소에 작성·비치하지 않은 경우	법 제31조제1항제3호			
가. 경비원 명부를 비치하지 않은 경우		600	1200	2400
나. 경비원 명부를 작성하지 않은 경우		300	600	1200
13. 법 제18조제2항 각 호 외의 부분 단서를 위반하여 배치허가를 받지 않고 경비원을 배치하거나, 경비원 명단 및 배치일시·배치장소 등 배치허가 신청의 내용을 거짓으로 한 경우	법 제31조제1항제4호	1000	2000	3000
14. 법 제18조제5항을 위반하여 경비원의 근무상황을 기록하여 보관하지 않은 경우	법 제31조제2항제10호	50	100	200
15. 법 제18조제7항을 위반하여 법 제13조에 따른 신임교육을 이수하지 않은 자를 법 제18조제2항 각 호의 경비원으로 배치한 경우	법 제31조제1항제5호	600	1200	2400

비고 : 위반행위의 횟수에 따른 과태료의 부과기준은 최근 2년간 같은 위반행위로 과태료 부과처분을 받은 경우에 적용한다. 이 경우 기준 적용일은 위반행위에 대한 과태료 부과처분일과 그 처분 후의 위반행위가 다시 적발된 날을 기준으로 한다.

28 청원경찰법령상 청원경찰 배치에 관한 설명으로 옳은 것은?

① 청원경찰을 배치받으려는 자는 행정자치부령으로 정하는 바에 따라 경찰청장에게 청원경찰 배치를 신청하여야 한다.

② 청원경찰의 배치를 받으려는 자는 청원경찰 배치신청서에 경비구역 평면도 1부와 배치계획서 1부를 첨부하여야 한다.

③ 사회복지법에 따른 사회복지시설은 청원경찰 배치 대상이다.

④ 금융 또는 보험을 업(業)으로 하는 시설 또는 사업장은 청원경찰 배치 대상이 아니다.

ANSWER 27.④ 28.②

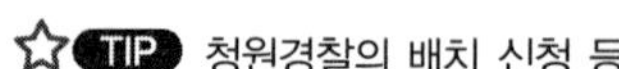 청원경찰의 배치 신청 등

「청원경찰법」제4조제1항에 따라 청원경찰의 배치를 받으려는 자는 청원경찰 배치신청서에 다음 각 호의 서류를 첨부하여 법 제2조 각 호의 기관·시설·사업장 또는 장소의 소재지를 관할하는 경찰서장을 거쳐 지방경찰청장에게 제출하여야 한다. 이 경우 배치 장소가 둘 이상의 도(특별시, 광역시, 특별자치시 및 특별자치도를 포함한다.)일 때에는 주된 사업장의 관할 경찰서장을 거쳐 지방경찰청장에게 한꺼번에 신청할 수 있다.

㉠ 경비구역 평면도 1부
㉡ 배치계획서 1부

29 청원경찰법령상 청원경찰로 임용이 된 경우에 이수하여야 할 교육과목과 수업시간으로 옳지 않은 것은? (단, 교육면제자는 고려하지 않는다.)

① 형사법 – 5시간
② 청원경찰법 – 5시간
③ 경찰관직무집행법 – 5시간
④ 시설경비 – 6시간

TIP 청원경찰의 교육과목 및 수업시간표(제6조 관련)

학과별	과목		시간
정신교육	정신교육		8
학술교육	형사법		10
	청원경찰법		5
실무교육	경무	경찰관직무집행법	5
	방범	방범업무	3
		경범죄처벌법	2
	경비	시설경비	6
		소방	4
	정보	대공이론	2
		불심검문	2
	민방위	민방공	3
		화생방	2
	기본훈련		5
	총기조작		2
	총검술		2
	사격		6
술과	체포술 및 호신술		6
기타	입교·수료 및 평가		3

30 청원경찰법령상 청원경찰의 교육에 관한 설명으로 옳지 않은 것은?

① 경찰공무원(의무경찰을 포함한다)에서 퇴직한 사람이 퇴직한 날부터 3년 이내에 청원경찰로 임용되었을 때에는 직무수행에 필요한 교육을 면제할 수 있다.

② 청원주는 청원경찰로 임용된 사람으로 하여금 경비구역에 배치하기 전에 경찰교육기관에서 직무 수행에 필요한 교육을 받게 하여야 한다. 다만, 경찰교육기관의 교육계획상 부득이하다고 인정할 때에는 우선 배치하고 임용 후 1년 이내에 교육을 받게 할 수 있다.

③ 청원경찰의 교육과목에는 법학개론, 민사소송법, 민간경비론이 있다.

④ 청원주는 소속 청원경찰에게 그 직무집행에 필요한 교육을 매월 4시간 이상 하여야 한다.

☆ TIP

청원경찰의 교육과목 및 수업시간표(제6조 관련)			
학과별	과목		시간
정신교육	정신교육		8
학술교육	형사법		10
	청원경찰법		5
실무교육	경무	경찰관직무집행법	5
	방범	방범업무	3
		경범죄처벌법	2
	경비	시설경비	6
		소방	4
	정보	대공이론	2
		불심검문	2
	민방위	민방공	3
		화생방	2
	기본훈련		5
	총기조작		2
	총검술		2
	사격		6
술과	체포술 및 호신술		6
기타	입교 · 수료 및 평가		3

ANSWER 29.① 30.③

31 청원경찰법령에 관한 설명으로 옳지 않은 것은?

① 청원경찰은 청원주가 임용하되, 임용을 할 때에는 미리 지방경찰청장의 승인을 받아야 한다.

② 청원경찰의 배치 결정을 받은 자는 그 배치 결정의 통지를 받은 날부터 60일 이내에 임용예정자에 대한 임용승인을 관할 경찰서장에게 신청하여야 한다.

③ 청원주가 청원경찰을 임용하였을 때에는 임용한 날부터 10일 이내에 그 임용사항을 관할 경찰서장을 거쳐 지방경찰청장에게 보고하여야 한다.

④ 청원주가 청원경찰을 면직시켰을 때에는 그 사실을 관할 경찰서장을 거쳐 지방경찰청장에게 보고하여야 한다.

> ☆ **TIP** 임용방법 등
> ㉠ 법 제4조제2항에 따라 청원경찰의 배치 결정을 받은 자는 법 제5조제1항에 따라 그 배치 결정의 통지를 받은 날부터 30일 이내에 배치 결정된 인원수의 임용예정자에 대하여 청원경찰 임용승인을 지방경찰청장에게 신청하여야 한다.
> ㉡ 청원주가 법 제5조제1항에 따라 청원경찰을 임용하였을 때에는 임용한 날부터 10일 이내에 그 임용사항을 관할 경찰서장을 거쳐 지방경찰청장에게 보고하여야 한다. 청원경찰이 퇴직하였을 때에도 또한 같다.

32 청원경찰법령상 청원경찰경비 등에 관한 설명으로 옳지 않은 것은?

① 지방자치단체에 근무하는 청원경찰의 각종 수당에는 공무원수당 등에 관한 규정에 따른 수당 중 가계보전수당은 포함되지 않는다.

② 지방자치단체에 근무하는 재직기간이 22년인 청원경찰의 보수는 같은 재직기간에 해당하는 경찰공무원 중 경장의 보수를 감안하여 대통령령으로 정한다.

③ 국가기관 또는 지방자치단체에 근무하는 청원경찰 보수의 호봉 간 승급기간은 경찰공무원의 승급기간에 관한 규정을 준용한다.

④ 청원경찰의 피복비의 지급방법은 행정자치부령으로 정한다.

> ☆ **TIP** 국가기관 또는 지방자치단체에 근무하는 청원경찰의 각종 수당은 「공무원수당 등에 관한 규정」에 따른 수당 중 가계보전수당, 실비변상 등으로 하며, 그 세부 항목은 경찰청장이 정하여 고시한다.

33 청원경찰법상 청원주가 청원경찰 본인 또는 그 유족에게 보상금을 지급해야 하는 경우가 아닌 것은?

① 청원경찰이 직무상의 부상·질병으로 인하여 퇴직한 경우
② 청원경찰이 직무수행으로 인하여 부상을 입은 경우
③ 청원경찰이 고의·과실에 의한 위법행위로 타인에게 손해를 가한 경우
④ 청원경찰이 직무수행으로 인하여 사망한 경우

> ☆ **TIP** 보상금
> 청원주는 청원경찰이 다음 각 호의 어느 하나에 해당하게 되면 대통령령으로 정하는 바에 따라 청원경찰 본인 또는 그 유족에게 보상금을 지급하여야 한다.
> ㉠ 직무수행으로 인하여 부상을 입거나, 질병에 걸리거나 또는 사망한 경우
> ㉡ 직무상의 부상·질병으로 인하여 퇴직하거나, 퇴직 후 2년 이내에 사망한 경우

34 청원경찰법에 관한 설명으로 옳지 않은 것은?

① 청원경찰 업무에 종사하는 사람은 형법이나 그 밖의 법령에 따른 벌칙을 적용할때에는 공무원으로 본다.
② 국가기관이나 지방자치단체에 근무하는 청원경찰의 직무상 불법행위에 대한 배상책임에 관하여는 민법의 규정을 따른다.
③ 청원경찰법에 따른 지방경찰청장의 권한은 그 일부를 대통령령으로 정하는 바에 따라 관할 경찰서장에게 위임할 수 있다.
④ 청원경찰이 직무를 수행할 때 직권을 남용하여 국민에게 해를 끼친 경우에는 6개월 이하의 징역이나 금고에 처한다.

> ☆ **TIP** 청원경찰의 불법행위에 대한 배상책임 … 청원경찰(국가기관이나 지방자치단체에 근무하는 청원경찰은 제외한다)의 직무상 불법행위에 대한 배상책임에 관하여는 「민법」의 규정을 따른다.

ANSWER 31.② 32.① 33.③ 34.②

35 청원경찰법령상 청원주가 무기와 탄약을 지급할 수 있는 청원경찰은?

① 직무상 비위(非違)로 징계 대상이 된 사람
② 사의(辭意)를 밝힌 사람
③ 변태적 성벽(性癖)이 있는 사람
④ 근무 중 휴대전화를 자주 사용하는 사람

> ☆ **TIP** 무기관리수칙(규칙 제16조 제4항) … 청원주는 다음 각 호의 어느 하나에 해당하는 청원경찰
> 에게 무기와 탄약을 지급해서는 아니 되며, 지급한 무기와 탄약은 회수하여야 한다.
> ㉠ 직무상 비위(非違)로 징계 대상이 된 사람
> ㉡ 형사사건으로 조사 대상이 된 사람
> ㉢ 사의(辭意)를 밝힌 사람
> ㉣ 평소에 불평이 심하고 염세적인 사람
> ㉤ 주벽(酒癖)이 심한 사람
> ㉥ 변태적 성벽(性癖)이 있는 사람

36 청원경찰법 제12조(과태료) 제2항에 관한 규정이다. (   ) 안에 들어갈 내용으로 옳은 것은?

> 제1항에 따른 과태료는 대통령령으로 정하는 바에 따라 (   )이(가)부과 · 징수한다.

① 경찰청장
② 지방경찰청장
③ 지방자치단체장
④ 청원주

> ☆ **TIP** 과태료
> ㉠ 다음 각 호의 어느 하나에 해당하는 자에게는 500만원 이하의 과태료를 부과한다.
> • 제4조제2항에 따른 지방경찰청장의 배치 결정을 받지 아니하고 청원경찰을 배치하거나
> 제5조제1항에 따른 지방경찰청장의 승인을 받지 아니하고 청원경찰을 임용한 자
> • 정당한 사유 없이 제6조제3항에 따라 경찰청장이 고시한 최저부담기준액 이상의 보수를
> 지급하지 아니한 자
> • 제9조의3제2항에 따른 감독상 필요한 명령을 정당한 사유 없이 이행하지 아니한 자
> ㉡ 제1항에 따른 과태료는 대통령령으로 정하는 바에 따라 지방경찰청장이 부과 · 징수한다.

37 청원경찰법령상 무기관리수칙에 관한 설명으로 옳지 않은 것은?

① 청원주는 대여받은 무기와 탄약에 분실·도난·피탈 또는 훼손 등의 사고가 발생하였을 때에는 지체 없이 그 사유를 지방자치단체장에게 통보하여야 한다.

② 청원주가 무기와 탄약을 대여받았을 때에는 경찰청장이 정하는 무기·탄약 출납부 및 무기장비 운영카드를 갖춰 두고 기록하여야 한다.

③ 청원주는 수리가 필요한 무기가 있을 때에는 그 목록과 무기장비 운영카드를 첨부하여 관할 경찰서장에게 수리를 요청할 수 있다.

④ 청원주는 주벽이 심한 청원경찰에게 무기와 탄약을 지급해서는 아니 되며, 지급한 무기와 탄약은 회수하여야 한다.

> ☆ **TIP** 청원주는 대여받은 무기와 탄약에 분실·도난·피탈(被奪) 또는 훼손 등의 사고가 발생하였을 때에는 지체 없이 그 사유를 관할 경찰서장에게 통보하여야 한다.

38 청원경찰법령상 청원경찰의 복제에 관한 설명으로 옳지 않은 것은?

① 부속물에는 모자표장, 가슴표장, 휘장, 계급장, 넥타이핀, 단추 및 장갑이 있다.

② 제복의 제식 및 재질은 청원주가 결정하되, 경찰공무원 또는 군인 제복의 색상과 명확하게 구별될 수 있어야 하며, 사업장별로 통일하여야 한다.

③ 청원경찰이 그 배치지의 특수성 등으로 특수복장을 착용할 필요가 있을 때에는 청원주는 지방경찰청장의 승인을 받아 특수복장을 착용하게 할 수 있다.

④ 장구의 종류에는 허리띠, 경찰봉, 권총이 있다.

> ☆ **TIP** 복제 … 영 제14조에 따른 청원경찰의 제복·장구(裝具) 및 부속물의 종류는 다음 각 호와 같다.
> ㉠ 제복 : 정모(正帽), 기동모, 근무복(하복, 동복), 성하복(盛夏服), 기동복, 점퍼, 비옷, 방한복, 외투, 단화, 기동화 및 방한화
> ㉡ 장구 : 허리띠, 경찰봉, 호루라기 및 포승(捕繩)
> ㉢ 부속물 : 모자표장, 가슴표장, 휘장, 계급장, 넥타이핀, 단추 및 장갑

ANSWER 35.④ 36.② 37.① 38.④

39 청원경찰법상 청원경찰에 대한 징계의 종류가 아닌 것은?

① 직위해제
② 해임
③ 정직
④ 감봉

> ☆ **TIP** 청원경찰의 징계
> ㉠ 청원주는 청원경찰이 다음 각 호의 어느 하나에 해당하는 때에는 대통령령으로 정하는 징계절차를 거쳐 징계처분을 하여야 한다.
> • 직무상의 의무를 위반하거나 직무를 태만히 한 때
> • 품위를 손상하는 행위를 한 때
> ㉡ 청원경찰에 대한 징계의 종류는 파면, 해임, 정직, 감봉 및 견책으로 구분한다.
> ㉢ 청원경찰의 징계에 관하여 그 밖에 필요한 사항은 대통령령으로 정한다.

40 청원경찰법령상 청원주가 비치하여야 할 문서와 장부가 아닌 것은?

① 경비구역 배치도
② 징계관계철
③ 감독순시부
④ 교육훈련실시부

> ☆ **TIP** 문서와 장부의 비치 … 청원주는 다음 각 호의 문서와 장부를 갖춰 두어야 한다.
> ㉠ 청원경찰 명부
> ㉡ 근무일지
> ㉢ 근무 상황카드
> ㉣ 경비구역 배치도
> ㉤ 순찰표철
> ㉥ 무기 · 탄약 출납부
> ㉦ 무기장비 운영카드
> ㉧ 봉급지급 조서철
> ㉨ 신분증명서 발급대장
> ㉩ 징계 관계철
> ㉪ 교육훈련 실시부
> ㉫ 청원경찰 직무교육계획서
> ㉬ 급여품 및 대여품 대장
> ㉭ 그 밖에 청원경찰의 운영에 필요한 문서와 장부

1 경호의 개념에 관한 설명으로 옳지 않은 것은?

① 형식적 의미의 경호는 실정법상 경호기관이 수행하는 일체의 경호작용이다.

② 실질적 의미의 경호는 경호대상자를 여러 가지 위해로부터 보호하는 모든 활동이다.

③ 대통령 등의 경호에 관한 법률에서의 경호는 호위와 경비 중 호위만을 포함하고 있다.

④ 본질적·이론적 입장에서 접근하여 학문적 측면에서 고찰된 개념은 실질적 의미의경호이다.

> ☆ **TIP** 대통령에 대한 경호를 효율적으로 수행하기 위하여 대통령경호실의 조직·직무범위 등을 규정한 대통령 등의 경호에 관한 법률에서는 '경호'를 경호대상자의 생명과 재산을 보호하기 위하여 신체에 가하여지는 위해를 방지 또는 제거하고, 특정한 지역을 경계·순찰 및 방비하는 등의 모든 안전활동을 말한다고 규정되어 있으며, 국민의 자유와 권리의 보호 및 사회공공의 질서유지를 위한 경찰관의 직무수행에 필요한 사항을 규정한 경찰관 직무집행법에서는 경비·요인경호 및 대간첩작전수행이 경찰관의 직무범위 중 하나로 규정되어 있다.

2 경호정보와 첩보에 관한 설명으로 옳지 않은 것은?

① 경호첩보는 가공되지 않은 정보의 자료가 되는 2차적인 지식을 의미한다.

② 경호정보의 분류에는 인적정보, 물적정보, 지리정보, 교통정보, 기상정보 등이 있다.

③ 경호정보는 사용자가 필요로 하는 시기에 제공되어야 하는 적시성이 있어야 한다.

④ 경호정보는 시간이 허용되는 범위에서 사용자가 의도한 대상과 관련한 모든 사항을 망라하여 작성해야 하는 완전성이 있어야 한다.

> ☆ **TIP** 정보와 첩보 … 일반적인 의미에서 첩보란 평가·해석, 즉 가공되지 않은 정보의 자료가 되는 1차적인 지식을 의미한다. 즉, 첩보란 정보로 가공되기 전의 모든 사회적 현상을 말하는 것으로 부정확하고 단편적인 불규칙한 사실에 대한 견문이고, 보고들은 모든 것이라고 할 수 있다.

ANSWER ▶ 39.① 40.③ / 1.③ 2.①

3 경호의 성격에 의한 분류 중 경호관계자의 사전 통보에 의해 계획준비되는 경호활동은?

① 공식경호

② 직접경호

③ 약식경호

④ 비공식경호

☆**TIP** 공식경호(1호) … 관계자가 사전에 통보하고 이에 의하여 계획·준비되어 실시되는 경호를 말한다.

4 경호경비 관련법의 제정년도를 순서대로 옳게 나열한 것은?

> ㉠ 청원경찰법
> ㉡ 경찰관 직무집행법
> ㉢ 경비업법
> ㉣ 대통령 등의 경호에 관한 법률

① ㉠ - ㉡ - ㉣ - ㉢

② ㉠ - ㉢ - ㉡ - ㉣

③ ㉡ - ㉠ - ㉣ - ㉢

④ ㉡ - ㉣ - ㉢ - ㉠

☆**TIP** 경호경비 관련법의 제정 년도 … 경찰관 직무집행법→1953년 12월, 청원경찰법→1962년 4월, 대통령 등의 경호에 관한 법률→1963년 12월, 경비업법→1976년 12월 제정

5 경호의 원칙에 관한 설명으로 옳은 것은?

① 3중 경호의 원칙 : 경호대상자가 위치한 지역으로부터 경호행동반경을 거리개념으로 전개한 원칙

② 은밀경호의 원칙 : 경호대상자는 어떠한 상황 하에서도 절대적으로 보호되어야 한다는 원칙

③ 두뇌경호의 원칙 : 위해기도자로부터 경호대상자를 떼어 놓는다는 원칙

④ 하나의 통제된 지점을 통한 접근의 원칙 : 자신의 책임구역에 대해서는 자신이 책임을 져야 한다는 원칙

☆ **TIP** 경호의 일반원칙

　　㉠ 3중경호의 원칙 : 경호대상자가 위치한 행사장이나 시설로부터 근접(내부), 내곽(중앙), 외곽(외부)으로 나누어 중첩된 형태로 전개되는 경호의 원칙을 말한다.

　　㉡ 두뇌경호의 원칙 : 우발상황이 발생하는 경우에 경호요원은 공격자에 대하여 무기를 사용하는 등의 공격을 하는 것보다는 경호대상자를 빠르게 대피시킴으로써 방어하는 것이 가장 중요하며, 이러한 방어경호를 하는 것이 주변사람들에 대한 피해를 줄여주는 방법이기도 하다.

　　㉢ 은밀경호의 원칙 : 행사의 성격에 따라서 공개적으로 경호요원 자신을 노출시키는 경호를 할 수도 있지만 원칙적으로 경호는 타인의 눈에 띄지 않고 은밀하게 하는 것이 좋다. 은밀경호를 하는 경우에는 경호대상자가 활동을 함에 있어서 제약을 받지 않게 되고, 주변사람들에게 편한 이미지를 줌으로써 경호대상자의 권위유지에 도움을 준다는 장점이 있다.

　　㉣ 하나의 통제된 지점을 통한 접근의 원칙 : 경호대상자에게 접근할 수 있는 출입구나 통로가 여러 개 있는 경우에는 공격자가 경호대상자에게 접근하기가 훨씬 수월해질 수 있다. 따라서 경호대상자에게 접근할 수 있는 출입구나 통로를 하나만 두고 경호요원이 철저한 확인을 하여 사람들을 통과시키는 절차가 필요하다.

6　대통령경호공무원에 관한 설명으로 옳지 않은 것은?

① 대통령경호실장은 경호공무원 및 별정직 국가공무원에 대하여 모든 임용권을 가진다.

② 대통령경호실장의 제청으로 서울중앙지방검찰청 검사장이 지명한 경호공무원은 사법경찰권을 가질 수 있는 경우가 있다.

③ 대통령경호실장은 경호업무의 수행에 필요하다고 판단되는 경우, 경호목적 달성을 위한 최소한의 범위로 한정하여 경호구역을 지정할 수 있다.

④ 대통령경호실장은 정무직공무원으로 대통령이 임명한다.

☆ **TIP** 임용권자〈대통령 등의 경호에 관한 법률 제7조〉

　　㉠ 5급 이상 경호공무원과 5급 상당 이상 별정직 국가공무원은 실장의 제청으로 대통령이 임용한다. 다만, 전보·휴직·겸임·파견·직위해제·정직(停職) 및 복직에 관한 사항은 실장이 행한다.

　　㉡ 실장은 경호공무원 및 별정직 국가공무원에 대하여 제1항 외의 모든 임용권을 가진다.

　　㉢ 고위공무원단에 속하는 별정직공무원의 신규채용에 관하여는 「국가공무원법」 제28조의6 제3항을 준용한다.

7 조선 후기의 경호기관에 관한 설명으로 옳지 않은 것은?

① 호위청 : 인조반정 후에 설립한 기관으로 왕의 호위를 담당하였다.
② 금군 : 국왕의 친위군으로 별시위, 겸사복, 충의위 등 내삼청으로 분리되었다.
③ 숙위소 : 정조 시대 존재하였던 궁궐 숙위 기관이다.
④ 장용위 : 왕의 호위를 강화하기 위해 정조 때 설치한 전담부대이다.

> ☆ **TIP** 금군(禁軍) … 고려의 전기 및 중기 시대의 경호기관으로 왕궁의 수비와 왕의 호위경비를 담
> 당하던 왕의 직속군대를 말하는 것으로 금려(禁旅) 또는 금병(禁兵)이라고도 하였다.

8 경호조직의 원칙 중 체계통일성의 원칙에 관한 것은?

① 조직의 각 구성원은 오직 하나의 상급기관에게만 보고하고 명령지휘를 받고 그에게만
책임을 진다는 것이다.
② 임무 수행에는 일반 국민의 협조가 필수적이며 국민의 협력을 얻지 못하면 경호임무
는 실패할 확률이 높다.
③ 업무의 성격상 개인적 작용으로 이루어지지 않고 기관단위작용으로 이루어진다는 것
을 말한다.
④ 구조의 정점으로부터 말단에 이르는 무수한 수준을 통하여 상하계급간의 일정한 관계
가 이루어져야 한다.

> ☆ **TIP** 경호체계의 통일성 원칙 … 경호활동을 하기 위해서는 그 조직이 상·하로 일관적인 목적으로
> 가지고 있어야 한다. 같은 목적 아래 업무와 책임이 분담되어 있어야 조직적인 경호활동이
> 이루어질 수 있다.

9 대통령경호안전대책위원회규정상 다음의 업무분장에 해당하는 자는?

> • 입수된 경호 관련 첩보 및 정보의 신속한 전파·보고
> • 위해요인의 제거
> • 정보 및 보안대상기관에 대한 조정
> • 행사참관 해외동포 입국자에 대한 동향파악 및 보안조치
> • 그 밖에 국내·외 경호행사의 지원

① 국군기무사령부 2부장
② 국가정보원 테러정보통합센터장
③ 외교부 재외동포영사국장
④ 법무부 출입국·외국인정책본부장

☆ TIP 책임

ㄱ 대통령경호안전대책활동에 관하여는 위원회 구성원 전원과 그 구성원이 속하는 기관의 장이 공동으로 책임을 지며, 각 구성원은 위원회의 결정사항 기타 안전대책활동을 위하여 부여된 임무에 관하여 상호간 최대한의 협조를 하여야 한다.
ㄴ 각 구성원의 분장책임은 다음과 같다.
• 대통령경호실장 : 안전대책활동에 관한 전반적인 업무를 총괄하며 필요한 안전대책활동지침을 수립하여 관계부서에 부여한다.
• 국가정보원 테러정보통합센터장
– 입수된 경호 관련 첩보 및 정보의 신속한 전파·보고
– 위해요인의 제거
– 정보 및 보안대상기관에 대한 조정
– 행사참관 해외동포 입국자에 대한 동향파악 및 보안조치
– 그 밖에 국내·외 경호행사의 지원

ANSWER ▶ 7.② 8.④ 9.②

10 각국 경호 유관기관의 역할에 관한 설명으로 옳지 않은 것은?

① 미국 중앙정보국(CIA) : 적성국 동향에 대한 정보수집·분석 전파
② 영국 비밀정보부(SIS) : 국내정보 수집 및 분석
③ 독일 연방정보부(BND) : 해외정보 수집·분석·관리
④ 프랑스 해외안전총국(DGSE) : 해외정보 수집 및 분석

☆ **TIP** 영국의 비밀정보부(SIS) – 국외정보 담당

11 대통령 등의 경호에 관한 법령상 경호대상 중 전직 대통령과 그 배우자에 대한 경호기간에 관한 설명으로 옳지 않은 것은? (단, 경호대상자의 의사에 반하지 않는 경우에 한정한다.)

① 퇴임 후 10년 이내에서 제공한다.
② 대통령이 임기 만료 전에 퇴임한 경우와 재직 중 사망한 경우에는 그로부터 5년으로 한다.
③ 퇴임 후 사망한 경우에는 퇴임일부터 기산하여 5년을 넘지 아니하는 범위에서 사망 후 3년으로 한다.
④ 전직 대통령 또는 그 배우자의 요청에 따라 대통령경호실장이 고령 등의 사유로 필요하다고 인정하는 경우에는 5년 범위에서 경호 기간을 연장할 수 있다.

☆ **TIP** 본인의 의사에 반하지 아니하는 경우에 한하여 퇴임 후 10년 이내의 전직 대통령과 그의 배우자. 다만, 대통령이 임기만료전에 퇴임한 경우와 재직 중 또는 퇴임 후 사망한 경우의 경호기간은 그로부터 5년으로 하고, 퇴임 후 사망한 경우의 경호기간은 퇴임일부터 기산하여 10년을 넘지 아니하는 범위에서 사망 후 5년으로 한다.

12 다음에서 설명하는 경호작용의 기본 고려요소는?

> 경호대상자의 필연적인 노출을 수반하는 행차의 지속시간과 사전 위해 첩보수집간 획득된 내재적인 위협분석에 따라 결정되어지는 요소

① 계획수립
② 책임
③ 자원
④ 보안

> ☆ **TIP** 자원 … 경호작용에는 필요한 다양한 자원을 효과적으로 활용하여야 하며 이때의 자원은 확실하게 분석되어져 있는 자료를 토대로 하여야 한다.

13 경호임무 수행절차에 관한 설명으로 옳지 않은 것은?

① 계획단계는 경호임무수령 후부터 선발대가 행사장에 도착하기 전까지의 경호활 동을 말한다.
② 준비단계는 경호대상자가 행사장에 도착한 후부터 행사시작 전까지의 경호활동을 말한다.
③ 행사단계는 경호대상자가 집무실을 출발해서 행사장에 도착하여 행사가 진행된 이후 복귀 시까지의 경호활동을 말한다.
④ 평가단계는 경호행사 종료 후 철수하여 결과를 보고하는 경호활동을 말한다.

> ☆ **TIP** 준비단계 … 경호대상자가 참여하는 행사의 특성과 내용을 검토하여 위험성이 있는 요소를 제거 또는 정비하는 단계로 관계부서의 협조를 요청하고 작전에 대한 회의를 하는 등의 준비를 한다.

ANSWER 10.② 11.③ 12.③ 13.②

14 경호임무 활동절차에 관한 설명으로 옳지 않은 것은?

① 계획수립은 행사에 관련된 정보를 획득하여 필요한 인원과 장비, 선발대 파견일정 등을 결정하는 활동이다.

② 안전대책작용이란 행사지역 내·외부에 산재한 취약요소 안전대책 강구, 행사장 시설물 폭발물 탐지 제거 등 통합적 안전작용을 말한다.

③ 보안활동은 경호대상자에 대한 위해기도의 기회를 최소화하여 신변안전을 도모하는 활동이다.

④ 안전대책의 3대 작용원리는 안전점검, 안전검사, 안전조치를 말한다.

> ☆ **TIP** 경호안전의 3대원칙
> ㉠ 안전의 검사
> ㉡ 안전의 점검
> ㉢ 안전의 유지

15 선발경호에 관한 설명으로 옳지 않은 것은?

① 사전예방 경호활동이다.

② 행사장의 취약요소를 판단하여 필요한 안전조치를 강구한다.

③ 행사장을 안전하게 확보하고 유지하는 경호활동이다.

④ 예방적 경호조치는 위해자의 입장이 아닌 경호원의 입장에서 면밀히 분석되고 조치되어야 한다.

> ☆ **TIP** 선발경호(Advance Security)
> ㉠ 경호대상자 도착 전에 현장조사를 실시하고 효과적인 경호업무 수행을 위한 협조와 준비를 하는 것을 말한다.
> ㉡ 임시로 편성된 경호팀을 행사 지역에 사전에 파견하여 취약요소에 대한 안전조치를 강구하고 가용 가능한 경호요원을 운용하여 경호대상자의 신변안전을 도모하는 일련의 작용을 의미한다.
> ㉢ 선발경호는 예방적 경호요소를 포함하여 완벽한 근접경호를 위한 준비활동으로 볼 수 있다.
> ㉣ 선발경호는 각종 사고의 기능성을 최소화하는 노력을 의미한다.
> ㉤ 선발경호는 준비단계, 실시단계, 평가 및 자료 존안단계로 구분된다.

16 선발경호활동에 해당하는 것은?

① 차량 경호대형 선정
② 기동간 경호기만
③ 경호지휘소(C · P) 운용
④ 복제(複製)경호원 운용

> ☆ **TIP** 경호작전 지휘소(Command Post ; CP)의 설치 목적
> ㉠ 경호통신 시스템의 관리 및 유지를 위하여 설치한다.
> ㉡ 경호작전요소의 통합지휘를 위하여 설치한다.
> ㉢ 경호정보의 수집과 배포를 위하여 설치한다.

17 선발경호원의 기본임무에 해당하지 않는 것은?

① 경호원 각자 주어진 책임구역에 따라 사주경계를 실시하고 우발상황 발생시 인적방벽을 형성하여 경호대상자를 보호한다.
② 출입자 통제관리를 위하여 초청장발급, 출입증착용 여부를 확인한다.
③ 내부경비(안전구역) 근무자는 경호대상자의 입장이 완료되면 복도, 화장실, 로비, 휴게실 등을 통제한다.
④ 외곽경비(경계구역)는 행사장 주변의 취약요소를 봉쇄, 감시할 수 있는 위치를 선정하고 기동순찰조를 운용하여 불순분자 접근을 차단한다.

> ☆ **TIP** 경호원 각자 주어진 책임구역에 따라 경계임무를 수행하고 돌발사태 발생 시 인적방벽을 형성하여 경호대상자를 보호하고 안전하게 대피시키는 것은 근접경호의 기본원칙 및 수행요령이다.

ANSWER 14.④ 15.④ 16.③ 17.①

18 근접경호원의 임무에 해당하지 않는 것은?

① 경호대상자에게 위해를 가하지 않을 것이라는 확신이 있기 전까지는 누구도 경호대상자의 주위에 접근시켜서는 안 된다.

② 경호원은 항상 경호대상자의 최근접에서 움직여야 한다.

③ 위해자의 공격가능성을 줄이고, 공격 시 피해정도를 최소화하기 위하여 이동속도를 가능한 한 빠르게 하여야 한다.

④ 행사장의 제반 취약요소에 대한 안전조치를 강구하고 가용한 모든 경호원을 운용하여 경호대상자의 신변안전을 도모한다.

> ☆ **TIP** ④항의 경우 행사장 경호에 관한 사항이다.

19 차량경호에 관한 설명으로 옳지 않은 것은?

① 주차장소는 가능한 한 자주 변경하며 야간주차시 위해기도자로부터 은닉하기 위해 어두운 곳에 주차한다.

② 차량이 주행 중일 때보다 정차 시에 경호상 위험도가 증가한다.

③ 경호대상자 차량은 선도차량과 일정간격을 유지하며 유사시 선도차량과 같은 방향으로 대피한다.

④ 주도로를 사용할 수 없는 우발상황에 대비하여 예비도로를 선정한다.

> ☆ **TIP** 주차 시 경호요령
> ㉠ 주차 장소는 자주 변경하는 것이 좋으며, 특히 야간에는 밝은 곳에 주차한다.
> ㉡ 주차 시에는 차의 정면이 출입로를 향하게 하고 언제든지 출발 할 수 있는 상태를 유지한다.
> ㉢ 주차된 차량이나 차량대형을 감시 할 때는 차안이 아닌 차 밖에서 감시한다.
> ㉣ 차가 운행되지 않을 경우 항상 차문을 잠가야 하며, 주차 후 다시 차를 운행하기 전 차의 안전점검을 실시하여야 한다.

20 근접경호 기법에 관한 설명으로 옳지 않은 것은?

① 근접경호원은 공격자가 경호대상자와 경호원 사이에 끼어들지 못하도록 위치를 계속 조정한다.

② 위해기도자가 위해기도를 포기하거나 실패하도록 유도하는, 계획적이고 변칙적인경호 기법을 육감경호라 한다.

③ 도보이동간 근접경호에서 이동시에는 위험에 노출되는 정도를 최소화하기 위하여단거리 직선통로를 이용해야 한다.

④ 차량기동 간 근접경호에서는 차량, 행·환차로, 대형의 구성 및 간격, 속도 등의 사항을 고려하여야 한다.

> ☆ **TIP** 육감경호
> ㉠ 육감이란 위험을 예상하는 능력과 이 위험을 진압하기 위한 재빠른 조치를 취할 시점을 알아채는 능력을 말한다.
> ㉡ 경호기법보다 더 중요한 것은 위험을 빠르게 파악하고 대처하는 경호요원의 육감이다.
> ㉢ 육감경호에서 재빠른 조치란 무기로 위해자를 제압하는 것을 빠르게 하여야 한다는 것이 아니라 빠르게 경호대상자를 피신·보호시키는 것을 말한다.

21 경호대상자가 완전히 경호원에 의해 둘러싸여 있는 인상을 주게 되어 대외적인 이미지는 안 좋을 수 있으나 경호효과가 높은 대형은?

① V자 대형

② 일렬 대형

③ 쐐기 대형

④ 원형 대형

> ☆ **TIP** 원형 대형
> ㉠ 경호대상자를 가운데 놓고 5~6명의 경호요원이 원의 밖을 향하여 원의 형태로 만든 대형을 말하며, 경호효과가 높은 형태이다.
> ㉡ 마름모형 대형보다 경계상태가 좋으며 일정기간 동안 정지해 있는 경우에 사용한다.

ANSWER 18.④ 19.① 20.② 21.④ 22.③

22 근접경호의 특성이 아닌 것은?

① 노출성　　　　　　　　　② 방벽성

③ 예비성　　　　　　　　　④ 기동성

> ☆ **TIP**　근접경호의 기본요소 … 노출성, 방벽성, 기동성, 방어 및 대피성, 기만성

23 경호차량 운전요원 준수사항으로 옳은 것은?

① 규칙적인 출발과 도착시간을 준수한다.

② 위기상황시에는 대피를 위하여 창문과 문을 열어둔다.

③ 연료주입구는 항상 잠겨 있도록 해야 한다.

④ 차의 후면이 출입로를 향하게 하여 경호대상자가 바로 탑승할 수 있도록 한다.

> ☆ **TIP**　출발은 불규칙적으로 하고 만약을 위해서 창문과 문은 반드시 잠가야 하며 주차 시에는 항상 전면이 출입로를 향하게 해야 한다.

24 출입통제 담당자의 책임 업무로 옳은 것은?

① 출입차량 검색 및 지정장소 안내

② 지하대피 시설 점검 및 확보

③ 구역별 비표구분

④ 병력운용계획 수립

> ☆ **TIP**　출입통제 근무자의 업무
> ㉠ 입장자의 신분증과 초청장 명단을 대조하여 신분을 확인한다.
> ㉡ 비표 착용자라도 거동수상자에 대해서는 검문검색을 실시하여 신원을 확인 후에 입장시킨다.
> ㉢ 비표를 착용하지 않은 자는 지위고하와 면식여부를 불문하고 입장시키지 않는다.
> ㉣ 카메라, 금속류, 특히 위해가 될 만한 물건들은 입장자의 양해 후 물품 임시보관소에 보관하고 번호표를 교부한 후 입장시킨다.
> ㉤ 보도요원의 카메라 등 휴대가 허용된 물품들도 전문적인 기술요원의 확인 후에 검색필 표찰을 부착하여 휴대하도록 한다.
> ㉥ 입장완료시간 초과 후에 도착한 참석자는 입장을 불허함이 원칙이며, 별도로 경호CP의 판단에 의하여 조치한다.

25 우발상황 발생 시 경호원의 대응조치로 옳지 않은 것은?

① 경호대상자에 대한 공격을 최초로 인지한 경호원이 육성으로 경고한다.

② 경호원이 체위를 확장하여 경호대상자에 대한 위해자의 공격을 방어한다.

③ 공범 또는 제2의 공격을 차단하고 안전을 위하여 경호대상자를 신속히 대피시킨다.

④ 인적방벽의 효과를 극대화하기 위하여 군중이 밀집한 지역으로 경호대상자를 대피시킨다.

> ☆ **TIP** 위기상황 시 대응요령
> ㉠ 우선적으로 육성이나 무전기로 경호요원에게 상황을 통보하여 경고한다.
> ㉡ 근접경호요원은 자기희생의 원칙에 따라 경호대상자 주변에 방벽을 형성한다.
> ㉢ 돌발사태가 일어난 경우에는 경호대상자를 최우선으로 방호하여 대피 시키면서 범인을 제압한다.
> ㉣ 근접경호요원 이외의 경호요원들은 자기담당구역책임의 원칙에 따라 맡은 지역에서 계속 임무를 수행한다.
> ㉤ 위해상황 시 제2공격을 방지하기 위해 범인제압보다 방어와 대피를 우선한다.

26 출입자 통제대책의 방침에 관한 설명으로 옳은 것은 모두 몇 개인가?

> • 행사장내 모든 인적 · 물적요소의 인가 여부를 확인한다.
> • 모든 출입요소는 지정된 출입통로를 사용하고 기타 통로는 폐쇄한다.
> • 출입통로 선정 및 일괄입장 계획을 수립하여 통제가 용이하도록 한다.
> • 출입증은 전 참가자에게 운용함을 원칙으로 하되, 행사성격을 고려하여 일부 제한된 행사에서는 지침에 의거 출입증을 운용하지 않을 수 있다.
> • 검색은 육감에 의한 방법으로 출입요소를 대상으로 실시하고 경호대상 자와 수행원은 예외로 한다.

① 2개   ② 3개

③ 4개   ④ 5개

ANSWER ▶ 23.③ 24.③ 25.④ 26.②

 출입자 통제대책 방침

　　㉠ 행사장 내 모든 출입자와 반입물품은 지정된 출입통로만을 사용하여야 하며, 기타 통로
　　　 는 폐쇄한다.
　　㉡ 안전구역 설정권 내에 출입하는 시차입장계획, 안내계획, 주차관리계획을 세우고 출입통
　　　 로를 지정하여 실시해야 한다.
　　㉢ 행사가 대규모일 때에는 참석대상이나 좌석별 출입통로를 선정하여 출입통제가 용이하
　　　 도록 하여야 한다.
　　㉣ 행사장 출입관리는 면밀하게 실시하고, 안전검색을 철저히 하여야 할 뿐 아니라 기본예
　　　 절도 지켜야 한다.
　　㉤ 행사장 내의 모든 출입요소에 대하여 인원·수량·인가여부 등을 확인하여야 한다.
　　㉥ 원칙적으로 모든 참가자는 행사 주최측과 협조하여 발급된 출입증을 패용하여야 하나,
　　　 일부 행사의 경우 그 성격에 따라서 출입증을 패용하지 아니할 수 있다.

27 행사장 출입통제에 관한 설명으로 옳은 것은?

① 각 구역별 출입통로를 다양화하여 통제의 범위를 정한다.
② 1선(안전구역)은 모든 출입요소의 1차 통제점이 되어야 한다.
③ 1선(안전구역)은 행사와 무관한 사람들의 행사장 출입을 통제 또는 제한한다.
④ 2선(경비구역)은 출입구에 금속탐지기 등을 설치하여 출입자와 반입물품을 확인한다.

 안전구역(제1선 – 내부경비) … 행사장 내부로 입장 중인 자 및 입장자에게 비표 패용 등을
확인하고 계속적 경계를 유지한다. 행사진행 중에는 계획에 없는 움직임이 없도록 통제하고
근무자는 국민의례 등에 참여하지 않고 오직 군중경계에만 전념한다.

28 우발상황의 특성으로 옳은 것은?

① 불확실성　　　　　　　　　　② 심리적 안정성
③ 예측가능성　　　　　　　　　④ 시간여유성

 우발상황(돌발사태)은 어떠한 일이 예상하지 못하게 발생하는 것을 의미한다.

29 총기공격에 대응하는 즉각조치로 옳은 것은?

① 방호는 위협상황인식과 동시에 경호원의 신체로 범인을 제압하는 것을 우선으로 한다.

② 방호 시 경호원은 몸을 은폐하여 위해기도자로부터 표적이 작아지도록 한다.

③ 대피 시에는 경호대상자의 품위를 고려하여 조심스럽게 머리를 아래로 향하게 한 상태에서 이동한다.

④ 즉각조치는 경고 – 방호 – 대피 순으로 이루어지되 거의 동시에 실시되어야 한다.

☆ **TIP** 총기라고 경고하고 엄호 대형으로 경호대상자를 방어한 후 위험지역으로부터 신속하게 경호대상자를 대피시킨다.

30 경호복장과 용모에 관한 설명으로 옳지 않은 것은?

① 경호원은 항상 단정한 복장과 용모로 주도면밀함과 자신감을 보여야 한다.

② 행사의 성격과 관계없이 경호원의 품위가 느껴지는 검정색 계통의 정장을 입도록 한다.

③ 경호원의 이미지가 경호대상자의 이미지로 연결될 수 있음을 고려하여 언행에 유의하여야 한다.

④ 행사의 성격에 따라 행사에 어울리는 적절한 표정으로 행사에 동화될 필요가 있다.

☆ **TIP** 경호원의 기본적 복장 … 경호원은 신분이 노출되지 않도록 복장에 유의하여야 한다.
　　㉠ 밝고 화려한 색은 피하는 것이 좋다.
　　㉡ 각각의 행사에 따른 환경과 조화를 이루도록 복장을 착용하는 것이 좋다.
　　㉢ **양복 · 코트** : 구김이 잘 가지 않는 검은색이나 감색 등의 색이 짙은 것, 그리고 장비휴대를 대비하여 사이즈가 약간 넉넉한 것이 좋다.
　　㉣ **와이셔츠** : 무늬가 없는 흰색 셔츠로 면 소재로 된 것이 좋다.
　　㉤ **신발** : 신발끈이 없는 것이 좋고 가죽 소재로 되어 있으면서 착용감이 좋은 신발이 좋다.
　　㉥ **방탄복** : 방탄능력과 착용감이 우수하고 가벼운 것이 좋다.

ANSWER ▶ 27.③ 28.① 29.④ 30.②

31 안전검측활동의 요령에 관한 설명으로 옳지 않은 것은?

① 실내 방에서 천장내부 – 천장높이 – 눈높이 – 바닥 검측 순으로 실시한다.

② 검측인원의 책임구역을 명확하게 하며 중복되게 점검이 이루어져야 한다.

③ 점검은 1, 2차 점검 후 경호인력이 배치 완료된 행사직전에 최종검측을 실시한다.

④ 인간의 싫어하는 습성을 감안하여 사각지점이 없도록 철저한 검측을 실시한다.

> ☆ **TIP** 안전검측의 기본요령
> ㉠ 검측대상은 외부(옥외), 내부(실내), 공중지역, 연도로 구분 실시한다.
> ㉡ 검측의 순서는 회의실, 오찬장, 휴게실 등 경호대상자가 장시간 머물러 있는 곳을 먼저 실시한 후 통로, 현관 등 경호대상자가 움직이는 경로를 순차적으로 실시한다.
> ㉢ 검측은 책임구역을 구분하여 실시하되, 가까운 곳에서 먼 곳으로, 좌에서 우로, 밖에서 안으로 계속 중복하여 실시한다.
> ㉣ 전기제품 등을 분해한 후 확인한다.
> ㉤ 검측은 적의 입장에서 실시한다.
> ㉥ 검측장비와 사람의 5관을 최대한 활용하여 실시한다.
> ㉦ 능선이나 곡각지점은 반복하여 확인한다.
> ㉧ 확인이 불가능한 물품은 원거리에 격리한다.
> ㉨ 통로보다는 양 측면, 아래보다는 높은 곳, 의심나는 곳은 반복해서 실시한다.
> ㉩ 검측을 할 때 위장을 해서 타인이 눈치 채지 못하도록 한다.
> ㉠ 비금속 물체에서 금속반응을 확인한다. (화분, 음식물, 녹지대 등)
> ㉤ 인간의 위를 보지 않는 습성, 더러운 곳, 공기 탁한 곳 등을 싫어하는 습성을 고려하여 사각지점이 없도록 철저한 검색을 실시한다.
> ㉦ 점검은 1,2차 점검 후 경호인력이 배치 완료된 행사직전에 최종검색을 실시한다.

32 검측에 관한 내용으로 옳지 않은 것은?

① 검측장비란 위해물질의 존재 여부를 검사하거나 시설물의 안전점검에 사용되는 도구를 말한다.

② 검측장비에는 금속 탐지기, 폭발물 탐지기 등이 있다.

③ 검측활동은 사고로 이어질 수 있는 시설물의 불안전요소를 제거하기 위함이다.

④ 검측은 행사의 원활한 진행을 고려하여 최소한의 요원을 투입해서 한 번에 철저하게 실시한다.

> ☆ **TIP** 검측은 행사의 원활한 진행을 위하여 최대한 많은 요원을 투입해서 반복해 실시하여야 한다.

33 검식활동에 관한 설명으로 옳은 것은?

① 검식활동은 식재료의 조리 과정 단계부터 시작한다.

② 음식물 운반시 원거리 감시를 실시한다.

③ 검식은 경호대상자에게 제공되는 음식물의 위생상태를 검사하는 과정을 포함한다.

④ 조리가 완료된 후에는 검식활동이 종료된다.

> ☆**TIP** 검식활동
> ㉠ 식재료는 반드시 안전여부와 신선도를 확인 점검하고 안전을 유지한다.
> ㉡ 조리담당 종사자는 사전에 신원조사를 실시해서 신원 특이자는 사전에 배제한다.
> ㉢ 행사 당일에는 주방에 경호원이 입회하여 조리사에 대하여 동향을 감시한다.
> ㉣ 질병이 있는 환자는 사전에 배제하고, 주방 종사자는 위생검사를 실시한다.
> ㉤ 각종 기물은 철저히 검색하고 사용 전에 열탕에 소독한다.
> ㉥ 음식물 운반 시에도 근접감시를 실시한다.
> ㉦ 음식물은 전문요원에 의한 검사를 실시한다.

34 경호 비표 운용에 관한 내용으로 옳은 것은?

① 행사장의 혼잡방지를 위해 비표는 행사일 전에 배포한다.

② 비표는 식별이 용이하도록 단순·선명하게 제작하여 재활용이 가능하도록 한다.

③ 행사구분별 별도의 비표 운용은 금지사항이다.

④ 비표에는 리본, 명찰, 완장, 모자, 배지(badge) 등이 있다.

> ☆**TIP** 비표의 종류에는 명찰, 리본, 완장, 모자, 배지(badge) 등이 있지만 종류는 적을수록 좋다.

35 경호원 직원윤리 정립을 위한 내용으로 옳지 않은 것은?

① 안전사고 예방을 위한 정신교육 강화

② 경호대상자와의 신뢰를 통한 정치적 활동 지향

③ 사전예방활동을 위한 경호위해요소 인지능력 배양

④ 지휘단일성의 원칙에 의한 위기관리 대응능력 함양

> ☆**TIP** 경호대상자와의 신뢰를 통한 정치적 활동은 경호원 직원윤리 정립에 도움이 되지 않는다.

ANSWER▶ 31.① 32.④ 33.③ 34.④ 35.②

36 우리나라 정부 의전행사시 적용하고 있는 주요 참석인사에 대한 예우에서 공적직위가 있는 경우의 서열기준이 아닌 것은?

① 직급(계급) 순위

② 전직 순위

③ 헌법 및 정부조직법상의 기관순위

④ 기관장 선순위

> ☆ **TIP** 공적직위가 있는 경우의 서열 기준은 1) 직급(계급) 순위, 2) 헌법 및 정부조직법 등의 기관
> 순위, 3) 기관장 선순위, 4) 상급기관 선순위, 5) 국가기관 선순위 등으로 정해진다.

37 경호현장에서 응급상황 발생 시 최초반응자로서 경호원의 역할에 관한 내용으로 옳지 않은 것은?

① 심폐소생술 및 기본 외상처치술을 시행할 수 있어야 한다.

② 자동제세동기를 사용할 줄 알아야 하며 장비를 사용하는 구급요원을 지원할 수 있어야 한다.

③ 응급구조사의 업무를 도와줄 수 있어야 한다.

④ 교육받은 행위 외에 의료진과 같이 치료를 할 수 있어야 한다.

> ☆ **TIP** 응급처치는 어디까지나 전문적인 치료를 받기 전까지의 즉각적이고 임시적인 적절한 처치
> 와 보호이며, 전문적인 의료서비스 요원에게 인계한 후에는 모든 것을 그의 지시에 따라 행
> 동한다.

38 경호의 환경에 관한 설명으로 옳지 않은 것은?

① 과학기술의 향상으로 인한 경호위해요소의 증가

② 개인주의 보편화로 경호작용의 협조적 경향 증가

③ 개방화로 인한 범죄조직의 국제화

④ '외로운 늑대(lone wolf)' 등 자생적 테러 가능성 증가

> ☆ **TIP** 고도의 물질문명의 발달과 자유주의의 지나친 팽배는 개인주의 · 이기주의를 확산시킨다. 주
> 민연대 의식의 결여, 익명성의 지향 등은 경호환경에 비협조적 경향으로 나타날 우려가 있다.

39 국민보호와 공공안전을 위한 테러방지법령상 테러사건에 신속히 대응하기 위하여 대테러
특공대를 설치 · 운영할 수 있는 자는?

① 국민안전처장관
② 외교부장관
③ 대통령경호실장
④ 국가정보원장

> ☆ **TIP** 국방부장관, 국민안전처장관 및 경찰청장은 테러사건에 신속히 대응하기 위하여 대테러특공
> 대를 설치 · 운영한다.

40 국민보호와 공공안전을 위한 테러방지법의 내용으로 옳지 않은 것은?

① 테러단체란 국가정보원이 지정한 테러단체를 말한다.
② 국민보호와 공공안전을 위한 테러방지법은 대테러활동에 관하여 다른 법률에 우선하여
적용한다.
③ 국가테러대책위원회는 국무총리 및 관계기관의 장 중 대통령령으로 정하는 사람으로
구성하고 위원장은 국무총리로 한다.
④ 대테러활동과 관련하여 국무총리 소속으로 관계기관 공무원으로 구성되는 대테러센터
를 둔다.

> ☆ **TIP** 테러단체 … "테러단체"란 국제연합(UN)이 지정한 테러단체를 말한다.

2017. 11. 18. 제19회 시행

제1과목 법학개론
제2과목 민간경비론
제3과목 경비업법(청원경찰법 포함)
제4과목 경호학

1 법원(法源)에 관한 설명으로 옳지 않은 것은?

① 영미법계 국가에서는 판례의 법원성이 부정된다.

② 죄형법정주의에 따라 관습형법은 인정되지 않는다.

③ 대통령령은 헌법에 근거를 두고 있다.

④ 민사에 관하여 법률에 규정이 없으면 관습법에 의하고 관습법이 없으면 조리에 의한다.

☆ **TIP** 영미법계 국가에서는 판례법이 법의 근간을 이루고 있다.

2 법의 효력에 관한 설명으로 옳은 것은?

① 법은 제정과 동시에 효력이 발생한다.

② 법의 효력기간이 미리 정해진 법률을 특별법이라 한다.

③ 모든 국민은 소급입법에 의하여 참정권의 제한을 받지 아니한다.

④ 속인주의는 영토주권이 적용되는 원칙이다.

☆ **TIP** ① 법은 시행하는 날로부터 효력을 발생하여 폐지되는 날까지 그 효력을 갖는다.
② 법이 적용되는 인적 범위를 표준으로 하여 모든 사람에게 적용되는 법을 일반법, 특수한 범위의 사람들에게만 적용되는 법을 특별법이라 한다.
④ 속인주의는 범죄에 있어서 그 대상이 피해자가 아니라 가해자일 경우는 적용하기 힘들어 일반적으로 범죄에서는 적용되지 않는다.

3 "악법도 법이다"라는 말이 강조되고 있는 법의 이념은?

① 법적 타당성
② 법적 안정성
③ 법적 형평성
④ 법적 효율성

　　☆ TIP 법적 안정성은 정의에 선행하여 일단 무질서에서 질서로서의 법을 정립한다. 법적 안정성에 의해 일단 질서가 정립되고 나면, 이어서 잠재되어 있던 정의가 드러나며, 법적 안정성은 정의에 의해 기존의 법질서를 유지할 것인가 아니면 새로운 법질서를 형성할 것인가 하는 판단을 받게 된다.

4 법의 분류에 관한 설명으로 옳지 않은 것은?

① 이익설은 보호법익이 공익이냐 사익이냐에 따라 공법과 사법을 구별한다.
② 형사소송법, 행정소송법은 절차법이다.
③ 일반적으로 승인된 국제법규는 국내법과 같은 효력을 가진다.
④ 민법, 상법, 민사소송법은 사법(私法)이다.

　　☆ TIP 법은 공법, 사법으로 구분되며, 사법에 속하는 것은「민법(民法)」·「상법(商法)」이고, 이 중「민법」은 일반 사인(私人) 누구에게나 적용되는 법으로서, 따라서 사법 중 일반법이고,「상법」은 상인(商人)이라는 특수한 사인에게 적용되는 법으로서「민법」에 대한 특별법이다. 하지만, 민사소송법은 공법에 해당한다.

5 법의 적용에 관한 설명으로 옳은 것은?

① 구체적 사실을 확정하는 것은 법률문제이다.
② 반증을 허용하지 않고 법률이 정한 효력을 당연히 생기게 하는 것을 추정이라고 한다.
③ 추정된 사실과 다른 반증을 들어 추정의 효과를 뒤집을 수 있다.
④ 사실의 존재여부에 관하여 확신을 가지게 하는 것을 간주라고 한다.

　　☆ TIP 추정은 법률 상 일단 가정하는 것으로 만일 반증을 들게 되면 그 가정된 효과는 번복된다. ① 사실을 확정하는 문제를 사실문제라고 하며, 그 확정된 사실에 해당하는 법규를 찾아서 해당 법규에 대해 해석하는 문제를 법률문제라고 한다. ④ 반대 증거의 제출을 허용하지 않고서 법률이 정한 효력을 당연히 생기게 하는 것을 간주라고 한다.

ANSWER 　1.① 　2.③ 　3.② 　4.④ 　5.③

6 ( )에 들어갈 용어는?

> ( )은 법문에 일정한 사항을 정하고 있을 때 그 이외의 사항에 관해서도 사물의 성질상 당연히 그 규정에 포함되는 것으로 해석하는 것이다.

① 물론해석　　　　　　　　　　② 유추해석
③ 확장해석　　　　　　　　　　④ 변경해석

> ☆TIP　물론해석(勿論解釋)은 법문에 일정한 사항이 규정되어 있는 경우 법문으로써 명기되어 있지 않은 사항이라 할지라도 사물의 성질상 또는 입법정신 등에 비추어 보아 당연히 그 규정에 포함된 것이라고 해석하는 방법을 의미한다.

7 권리의 작용(효력)에 따른 분류에 속하지 않는 것은?

① 항변권　　　　　　　　　　　② 인격권
③ 형성권　　　　　　　　　　　④ 청구권

> ☆TIP　권리의 작용(효력)에 따른 분류로는 지배권, 청구권, 형성권, 항변권 등이 있다.

8 권리 · 의무에 관한 설명으로 옳지 않은 것은?

① 물권과 채권이 병존하는 경우 채권이 우선하는 것이 원칙이다.
② 납세의무는 공법상 의무이다.
③ 사람은 생존한 동안 권리와 의무의 주체가 된다.
④ 계약해제권은 청구권으로서 그에 대응하는 의무가 있다.

> ☆TIP　어떤 물건에 대하여 물권과 채권이 병존하는 경우에는 물권이 우선한다. 물권이 채권에 우선하는 이유는 물권은 물건에 대한 직접적인 지배권인 데 비해, 채권은 채무자의 행위를 통하여 간접적으로 물건 위에 지배를 미치는 권리에 지나지 않기 때문이다.

9 법과 도덕의 차이점에 관한 설명으로 옳은 것은?

① 법은 도덕보다 상대적으로 내면성이 강하다.

② 도덕은 법보다 상대적으로 타율성이 강하다.

③ 법은 양면성이 강하고 도덕은 일면성이 강하다.

④ 도덕은 법보다 규범적인 측면에서 강제성이 강하다.

> ☆ **TIP** ① 법의 외면성 및 도덕의 내면성 – 법은 인간외면에 나타나는 행위를 규제하고 도덕은 인간내면에 의사나 양심과 같은 것을 규제한다는 것이다.
> ② 법의 타율성 및 도덕의 자율성 – 법은 국가기관(타인)에 의해 강제되는데 반해, 도덕은 양심에 전제하여 자기 자신의 행동을 통제한다는 것으로 하는 구분이다.
> ④ 법의 강제성 및 도덕의 비강제성 – 법은 국가기관에 의해 강제되는데 반하여 도덕은 이러한 강제력이 없어 개인의 양심에 의존하게 된다고 하여 비강제성을 가진다는 점을 구분하는 것이다.

10 국회의 권한이 아닌 것은?

① 국무총리 해임권

② 국군 외국파견 동의권

③ 국가 예산안 심의 · 확정권

④ 국회의원 제명권

> ☆ **TIP** 국회의 권한은 다음과 같다.
> 1. 입법에 관한 권한 – 헌법개정 제안 · 의결권, 법률제정 · 개정권, 조약체결 · 비준동의권 등
> 2. 재정에 관한 권한 – 예산안 심의 · 확정권, 결산심사권, 기금심사권, 재정입법권, 예비비 지출 승인권, 국채동의권 등
> 3. 일반 국정에 관한 권한 – 국정감사 · 조사권, 헌법기관 구성권, 탄핵소추권, 긴급명령, 긴급재정경제처분 · 명령 승인권, 계엄해제 요구권, 일반사면에 대한 동의권, 선전포고 및 국군의 해외파견 · 외국군대주류에 대한 동의권, 국무총리 · 국무위원 해임건의권, 국무총리 · 국무위원 · 정부위원 출석요구권 및 질문권 등

ANSWER ▶ 6.① 7.② 8.① 9.③ 10.①

11 헌법의 내용에 관한 설명으로 옳은 것은?

① 국회 외의 국가기관이 법규를 제정하는 것은 위헌이다.
② 국회는 정부의 동의 없이 정부가 제출한 지출예산 각 항의 금액을 증가할 수 있다.
③ 국방부장관은 현역군인의 신분을 유지할 수 있다.
④ 대법원장과 대법관의 임명권자는 대통령이다.

☆ TIP ① 헌법 '제40조는 입법권은 국회에 속한다.'고 규정하고 있으며, 이 때 입법권은 법규의 정립권한으로 이해하기에 국회 외의 다른 헌법기관이 법규를 제정하는 것은 원칙적으로 헌법 제40조에 위반된다. 하지만 헌법이 따로 명문의 규정을 두어 법규의 정립권(입법권)을 부여한 경우는 제40조의 경우에도 불구하고 법규의 제정이 가능하다.
② 헌법(제57조)에서 국회는 정부의 동의 없이 정부가 제출한 지출예산 각 항의 금액을 증가하거나 새 비목을 설치할 수 없다.
③ 국방부장관은 전직군인 등 민간인 신분의 인원만이 맡을 수 있다. 현역 군인을 배제한 것은 군에 대한 문민통제 원칙이 있기 때문이며, 현역 군인은 정무직 공무원을 겸직하지 못하도록 되어 있다.

12 헌법재판에 관한 설명으로 옳은 것은?

① 헌법은 헌법재판소장의 임기를 5년으로 규정한다.
② 헌법재판의 전심절차로서 행정심판을 거쳐야 한다.
③ 헌법재판소는 지방자치단체 상호 간의 권한쟁의심판을 관장한다.
④ 탄핵 인용결정을 할 때에는 재판관 5인 이상의 찬성이 있어야 한다.

☆ TIP ① 헌법은 헌법재판소장의 임기를 6년으로 규정한다.
② 헌법재판의 전심절차로서 행정심판을 할 수 있다.
④ 탄핵 인용결정을 할 때에는 재판관 6인 이상의 찬성이 있어야 한다.

13 청구권적 기본권에 관한 설명으로 옳지 않은 것은?

① 청원은 구두로도 할 수 있다.
② 재판청구권에는 신속한 재판을 받을 권리도 포함된다.
③ 형사보상제도는 국가의 무과실책임을 규정한 것이다.
④ 헌법은 범죄행위로 인한 피해구조에 관해 규정하고 있다.

☆ TIP 청원권은 반드시 문서로 행사하여야 한다.

14 다음 기본권 중 의무의 성격을 동시에 갖지 않는 것은?

① 환경권
② 근로의 권리
③ 근로자의 단체행동권
④ 교육을 받을 권리

> ☆ **TIP** 우리나라 헌법은 근로자의 단결권·단체교섭권과 함께 단체행동권을 인정하고 있는데 국가 권력에 대한 관계에서 형사상의 책임을 추급당하지 않으며, 사용자에 대한 관계에서 민사상의 채무불이행 책임과 불법행위 책임을 추급당하지 않으며, 단체행동에 참가했음을 이유로 해고나 그 밖의 불리한 처우를 받지 않는다는 것을 보장한다. 단체행동권의 헌법적 보호는 재산권에 대한 노동3권의 상대적 우월성을 인정한 것이다.

15 연대채무에 관한 설명으로 옳은 것은?

① 어느 연대채무자에 대한 법률행위의 무효나 취소의 원인은 다른 연대채무자의 채무에 영향을 미친다.
② 어느 연대채무자에 대한 이행청구는 다른 연대채무자에게도 효력이 있다.
③ 어느 연대채무자에 대한 채권자의 지체는 다른 연대채무자에게는 효력이 없다.
④ 어느 연대채무자와 채권자 간에 채무의 경개가 있는 때에도 채권은 소멸하지 않는다.

> ☆ **TIP** ① 민법 제415조(채무자에 생긴 무효, 취소) 어느 연대채무자에 대한 법률행위의 무효나 취소의 원인은 다른 연대채무자의 채무에 영향을 미치지 아니한다.
> ③ 민법 제422조(채권자지체의 절대적 효력) 어느 연대채무자에 대한 채권자의 지체는 다른 연대채무자에게도 효력이 있다.
> ④ 민법 제417조(경개의 절대적 효력) 어느 연대채무자와 채권자 간에 채무의 경개가 있는 때에는 채권은 모든 연대채무자의 이익을 위하여 소멸한다.

16 민법상 대리에 관한 설명으로 옳지 않은 것은?

① 행위능력자가 아니라도 대리인이 될 수 있다.
② 권한을 정하지 아니한 대리인도 보존행위를 할 수 있다.
③ 복대리인은 제3자에 대해서 본인과 동일한 권리의무가 있다.
④ 대리인이 수인인 경우에는 원칙적으로 각자가 본인을 대리한다.

> ☆ **TIP** 「민법」 제123조(복대리인의 권한)
> ②항 : 복대리인은 본인이나 제삼자에 대하여 대리인과 동일한 권리의무가 있다.

ANSWER 11.④ 12.③ 13.① 14.③ 15.② 16.③

17 유치권에 관한 설명으로 옳지 않은 것은?

① 유치권의 행사는 채권의 소멸시효의 진행에 영향을 미친다.

② 유치권자는 채권의 면제를 받기 위하여 유치물을 경매할 수 있다.

③ 유치권자는 채권전부의 변제를 받을 때까지 유치물전부에 대하여 그 권리를 행사할 수 있다.

④ 유치권은 점유의 상실로 인하여 소멸한다.

> ☆ **TIP** 「민법」 제326조(피담보채권의 소멸시효)
> 유치권의 행사는 채권의 소멸시효의 진행에 영향을 미치지 아니한다.

18 경비견을 보관하는 경비원의 책임에 관한 설명으로 옳지 않은 것은?

① 경비원의 과실로 경비견이 고객의 애완동물을 죽인 경우, 형사상 재물손괴죄의 책임을 진다.

② 경비견이 지나가는 행인을 물어 사망케 한 경우, 형사상 과실치사죄의 책임을 질 수 있다.

③ 경비견이 지나가는 행인을 물어 손해를 가한 경우, 민사상 손해배상책임이 있다.

④ 경비견의 보관에 상당한 주의의무를 다한 것을 입증한 경우, 민사상 손해배상책임을 지지 않는다.

> ☆ **TIP** 개 주인의 관리 소홀로 개가 다른 개를 공격한 경우는 형법상 형사처벌을 할 수 없으며 피해를 본 개 주인이 가해 견주에 대해 민사상 손해배상을 요구할 수 있다.

19 경비업무 중 근무태만으로 도난사고가 발생하여 고객이 재산상의 손해를 입은 경우 경비업자의 책임은?

① 하자담보   ② 사무관리

③ 채무불이행   ④ 부당이득

> ☆ **TIP** 민법 제390조(채무불이행과 손해배상)
> 채무자가 채무의 내용에 좇은 이행을 하지 아니한 때에는 채권자는 손해배상을 청구할 수 있다. 다시 말해, 경비계약 체결 시에 경비업자(채무자)가 사전에 고객(채권자)과 체결한 경비계약에 의하여 실시된다. 계약은 당사자의 의사만으로 성립하지만, 계약의 실행에 문제가 발생할 경우를 대비하여 경비계획서에 경비대상, 내용, 방법, 요금, 손해배상의 한도 등을 기재하여 상호 합의함으로써 경비업무가 행해진다. 결국 경비업자가 계약상의 의무를 이행하지 않게 됨으로써 채무불이행이 된다.

20 경호업체 甲의 경비원 A가 회사의 업무수행을 위하여 회사소유의 자동차를 운전하다가 교통사고를 일으켜 B에게 상해를 입힌 사건에 관한 설명으로 옳지 않은 것은?

① 甲은 A의 사용자로서 B에 대하여 손해배상책임을 부담한다.
② 甲은 A의 선임 및 그 사무 감독에 상당한 주의를 했다면 B에 대하여 손해배상책임이 없다.
③ 甲을 갈음하여 그 사무를 감독하는 자도 손해배상책임을 부담할 수 있다.
④ A가 회사의 업무수행 중에 사고가 발생했으므로 B는 A에 대해서는 손해배상을 청구할 수 없다.

> ☆ **TIP** 업무집행의 과정에서 타인의 권리나 이익을 불법으로 침해하여 상대방에게 손해를 끼친 경우에는 그 태양에 따라 직접 손해를 끼친 자 혹은 업자가 사용자로서 손해배상책임을 지게 된다.

21 경비계약이 무효가 아닌 것은?

① 상대방과 통정하여 허위의 청약의사표시를 한 경우
② 강박에 의해 승낙의 의사표시를 한 경우
③ 무경험으로 인하여 계약내용이 현저하게 공정을 잃은 경우
④ 진의가 아닌 청약임을 알고서 승낙한 경우

> ☆ **TIP** 의사결정의 자유를 완전히 박탈된 상태 하에서 의사표시를 하는 절대적 강박의 경우는 내심의 의사가 없으므로 무효이다. 하지만 표의자가 공포심을 일으켰더라도 그것이 정당한 권리의 행사나 사회통념상 허용되는 정도의 행위라면 위법한 강박행위라고 할 수는 없다.

22 국민의 형사재판 참여에 관한 법률의 내용으로 옳지 않은 것은?

① 피고인이 국민참여재판을 원하지 않는 경우에는 국민참여재판을 할 수 없다.
② 국민참여재판은 필요적 변호사건이다.
③ 배심원은 만 18세 이상의 대한민국 국민 중에서 선정된다.
④ 배심원의 평결결과와 다른 판결을 선고할 수 있다.

> ☆ **TIP** 「국민의 형사재판 참여에 관한 법률」 제16조(배심원의 자격)
> 배심원은 만 20세 이상의 대한민국 국민 중에서 이 법으로 정하는 바에 따라 선정된다.

ANSWER 17.① 18.① 19.③ 20.④ 21.② 22.③

23 수사의 일반원칙이 아닌 것은

① 임의수사의 원칙

② 수사자유의 원칙

③ 영장주의 원칙

④ 강제수사 법정주의 원칙

☆ **TIP** 수사의 일반원칙으로는 임의수사의 원칙, 영장주의 원칙, 강제수사 법정주의 원칙 등이 있다.

24 형법상 과실치상죄의 법정형이 아닌 것은?

① 징역　　　　　　　　　　② 벌금

③ 구류　　　　　　　　　　④ 과료

☆ **TIP** 형법상 과실치상죄의 법정형에는 벌금, 구류, 과료 등이 있다.

25 형사소송법상 비상상고에 관한 설명으로 옳지 않은 것은?

① 검찰총장은 판결이 확정한 후 그 사건의 심판이 법령에 위반한 것을 발견한 때에는 대법원에 비상상고를 할 수 있다.

② 공판기일에는 검사는 신청서에 의하여 진술하여야 한다.

③ 대법원은 신청서에 포함된 이유에 한하여 조사하여야 한다.

④ 비상상고가 이유 없다고 인정한 때에는 결정으로써 이를 기각하여야 한다.

☆ **TIP** 「형사소송법」 제445조(기각의 판결)
비상상고가 이유 없다고 인정한 때에는 판결로써 이를 기각하여야 한다.

26 형사소송법상 공소기각의 판결을 해야 하는 경우가 아닌 것은?

① 피고인에 대하여 재판권이 없는 때

② 친고죄 사건에 대하여 고소의 취소가 있을 때

③ 공소가 취소되었을 때

④ 공소제기의 절차가 법률의 규정에 위반하여 무효인 때

☆ **TIP** 「형사소송법」 제327조(공소기각의 판결)
다음 경우에 판결로써 공소기각의 선고를 하여야 한다.
1. 피고인에 대하여 재판권이 없는 때
2. 공소제기의 절차가 법률의 규정에 위반하여 무효인 때
3. 공소가 제기된 사건에 대하여 다시 공소가 제기되었을 때
4. 규정에 위반하여 공소가 제기되었을 때
5. 고소가 있어야 죄를 논할 사건에 대하여 고소의 취소가 있은 때
6. 피해자의 명시한 의사에 반하여 죄를 논할 수 없는 사건에 대하여 처벌을 희망하지 아니
하는 의사표시가 있거나 처벌을 희망하는 의사표시가 철회되었을 때

27 형법상 선고유예의 규정 내용이 아닌 것은?

① 선고유예기간 중 벌금형 이상의 판결이 확정된 때에는 유예한 형을 선고한다.
② 형을 병과할 경우에는 형의 전부 또는 일부에 대하여 그 선고를 유예할 수 있다.
③ 형의 선고를 유예하는 경우에 보호관찰을 명할 수 있다.
④ 형의 선고유예를 받은 날로부터 2년을 경과한 때에는 면소된 것으로 간주한다.

☆ **TIP** 「형법」 제63조(집행유예의 실효)
집행유예의 선고를 받은 자가 유예기간 중 고의로 범한 죄로 금고 이상의 실형을 선고받아
그 판결이 확정된 때에는 집행유예의 선고는 효력을 잃는다.

28 형사소송법상 피고인에 관한 설명으로 옳지 않은 것은?

① 피고인은 공판정에서 진술을 거부할 수 있다.
② 피고인은 불공평한 재판을 할 염려가 있는 법관의 제척을 신청할 수 있다.
③ 피고인이 법인인 때에는 그 대표자가 소송행위를 대표한다.
④ 신체구속을 당한 피고인은 변호인과 접견할 수 있다.

☆ **TIP** 형사소송법 제18조(기피의 원인과 신청권자)
①항 : 검사 또는 피고인은 다음 경우에 법관의 기피를 신청할 수 있다.
1. 법관이 전조 각 호의 사유에 해당되는 때
2. 법관이 불공평한 재판을 할 염려가 있는 때

ANSWER ▶ 23.② 24.① 25.④ 26.③ 27.① 28.②

29 ( )에 들어갈 용어를 순서대로 나열한 것은?

> 보험계약은 ( )가 약정한 보험료를 지급하고 재산 또는 생명이나 신체에 불확정한 사고가 발생할 경우에 ( )가 일정한 보험금이나 그 밖의 급여를 지급할 것을 약정함으로써 효력이 생긴다.

① 피보험자, 보험수익자

② 피보험자, 보험계약자

③ 보험계약자, 피보험자

④ 보험계약자, 보험자

> ☆ **TIP** 「상법」 제638조(보험계약의 의의)
> 보험계약은 당사자 일방이 약정한 보험료를 지급하고 재산 또는 생명이나 신체에 불확정한 사고가 발생할 경우에 상대방이 일정한 보험금이나 그 밖의 급여를 지급할 것을 약정함으로써 효력이 생긴다.

30 상법상 주식회사에 관한 설명으로 옳지 않은 것은?

① 회사가 공고를 하는 방법은 정관의 절대적 기재사항이다.

② 회사가 가진 자기주식에도 의결권이 있다.

③ 각 발기인은 서면에 의하여 주식을 인수하여야 한다.

④ 창립총회에서는 이사와 감사를 선임하여야 한다.

> ☆ **TIP** 상법 제369조(의결권)
> ②항 : 회사가 가진 자기주식은 의결권이 없다.

31 보험계약의 성질로 옳지 않은 것은?

① 유상계약성

② 사행계약성

③ 쌍무계약성

④ 요식계약성

☆ **TIP** 보험계약의 성질

    ㉠ **유상/쌍무 계약** : 보험계약은 보험사고의 발생을 전제로 보험계약자의 보험료 지급에 대해 보험회사는 일정한 보험금액, 기타의 급여를 지급할 것을 약정하므로, 유상계약이며, 보험계약자는 보험료 지급채무와 보험회사의 위험부담채무가 보험계약과 동시에 채무로서 이행되어야 하므로 쌍무계약이다.

    ㉡ **불요식 낙성계약** : 보험계약은 청약과 승낙이라는 당사자 쌍방의 의사표시의 합치만으로 성립하므로, 낙성계약이며 또한 그 의사표시에는 특별한 방식이 필요없으므로 법률상 불요식이다(보험의 인수는 영업행위에 의해 이루어지므로 기본적 상행위이다).

    ㉢ **상행위성** : 보험의 인수는 영업행위에 의해 이루어지므로 기본적 상행위이다.

    ㉣ **사행계약성** : 보험계약은 우연한 사고의 발생으로 인해 보험금액의 지급 또는 해당 액수가 정해지므로 이른바 사행계약이다.

    ㉤ **계속계약성** : 보험 계약자의 보험료 지급의무와 보험회사의 보험금 지급의무가 일정기간 동안 계속해서 존재한다는 것을 의미한다.

    ㉥ **부합계약성** : 보험계약은 성질상 다수의 가입자를 상대로 대량적으로 처리하므로, 그 내용을 정형화해야 한다는 기술적 요청으로 보험회사가 미리 작성한 보통보험약관에 의하여 계약을 체결하므로 부합계약성을 띤다.

    ㉦ **독립계약성** : 보험계약자체가 독립하여 존재하는 것을 의미한다.

32 상법상 손해보험증권의 필요적 기재사항이 아닌 것은?

① 보험의 목적

② 보험사고의 성질

③ 보험계약의 종류

④ 무효와 실권의 사유

☆ **TIP** 상법 제666조(손해보험증권) 손해보험증권에는 다음의 사항을 기재하고 보험자가 기명날인 또는 서명하여야 한다.

1. 보험의 목적
2. 보험사고의 성질
3. 보험금액
4. 보험료와 그 지급방법
5. 보험기간을 정한 때에는 그 시기와 종기
6. 무효와 실권의 사유
7. 보험계약자의 주소와 성명 또는 상호
8. 보험계약의 연월일
9. 보험증권의 작성지와 그 작성연월일

ANSWER ▶ 29.④ 30.② 31.④ 32.③

33 부당노동행위의 구제절차에 관한 설명으로 옳지 않은 것은?

① 부당노동행위로 인하여 그 권리를 침해당한 근로자는 노동위원회에 그 구제를 신청할 수 있다.

② 노동위원회에 대한 구제의 신청은 부당노동행위를 안 날로부터 6월 이내에 하여야 한다.

③ 노동위원회는 부당노동행위가 성립한다고 판정한 때에는 사용자에게 구제명령을 발하여야 한다.

④ 노동위원회의 구제명령은 행정소송의 제기에 의하여 그 효력이 정지되지 아니한다.

☆ **TIP** 구제신청은 부당해고가 있는 날로부터 3월 이내에 신청하여야 한다.

34 근로기준법상 2주 또는 3개월 이내의 일정한 단위기간을 평균하여 법정근로시간을 초과하지 않는 범위 내에서 특정한 날이나 특정한 주의 근로시간을 초과하여 근무할 수 있도록 운영하는 제도는?

① 선택적 근로시간제 ② 탄력적 근로시간제
③ 연장근로제 ④ 유급휴가대체제도

☆ **TIP** 탄력적 근로시간제는 일정한 기간 내에서 어느 주 또는 어느 날의 근로시간을 탄력적으로 배치해 운용하는 근로시간제를 의미한다. 다시 말해 일정한 기간을 단위로, 총근로시간이 기준근로시간 이내인 경우 해당 기간 내 어느 주 또는 어느 날의 근로시간이 기준근로시간을 초과하더라도 연장근로가 되지 않는 근로시간제를 의미한다.

35 국민연금법에 관한 설명으로 옳은 것은?

① 만 20세 이상 만 70세 미만의 국내 거주 국민은 국민연금 가입대상이 된다.

② 부담금이란 사업장가입자의 근로자가 부담하는 금액을 말한다.

③ 기여금이란 사업장가입자가 부담하는 금액을 말한다.

④ 이 법을 적용할 때 배우자, 남편 또는 아내에는 사실상의 혼인관계에 있는 자는 제외된다.

☆ **TIP** ① 국내에 거주하는 국민으로서 18세 이상 60세 미만인 자는 국민연금 가입 대상이 된다.
② 부담금은 사업장가입자의 사용자가 부담하는 금액을 의미한다.
④ 이 법을 적용할 때 배우자, 남편 또는 아내에는 사실상의 혼인관계에 있는 자를 포함한다.

36 고용보험법에서 규정하는 급여가 아닌 것은?

① 육아휴직급여

② 요양급여

③ 구직급여

④ 출산전후 휴가급여

> ☆ **TIP** 고용보험법에서 규정하는 급여로는 육아휴직급여, 구직급여, 출산전후 휴가급여 등이 있다.

37 하자 있는 행정행위가 다른 행정행위의 적법요건을 갖춘 경우, 다른 행정행위의 효력발생을 인정하는 것은?

① 하자의 승계

② 행정행위의 철회

③ 행정행위의 직권취소

④ 하자 있는 행정행위의 전환

> ☆ **TIP** 하자 있는 행정행위의 전환은 행정행위가 의도한 행정행위로서 흠이 있을지라도 이것을 다른 행정행위로 간주한다면 흠 없는 행정행위로 판단되는 경우에 그것에 다른 행정행위의 효력을 인정하는 것을 의미한다.

38 행정주체가 아닌 것은?

① 한국은행

② 서울특별시

③ 대한민국

④ 경찰청장

> ☆ **TIP** 행정주체는 행정권을 직접 행사하고 권리나 의무의 생성, 변경, 소멸 등의 법적 효과가 궁극적으로 귀속되는 당사자를 의미하는데 법인(法人) 또한 법 규정에 의해 인격을 부여받았기에 행정주체의 권한이 부여된다. 이러한 행정주체의 법인의 종류로는 국가, 지방자치단체, 사단법인, 재단법인, 영조물법인 등이 있다.

ANSWER ▶ 33.② 34.② 35.③ 36.② 37.④ 38.④

39 행정상 강제집행이 아닌 것은?

① 즉시강제

② 강제징수

③ 직접강제

④ 이행강제금

☆ **TIP** 행정상 강제집행은 행정법상의 의무 불이행에 대해 행정 주체가 실력을 가해 그 의무를 이행시키거나 또는 이행된 것과 같은 상태를 실현하는 작용을 말한다. 행정상의 강제처분이라고도 한다. 경찰상의 강제집행 · 조세의 강제 징수 등이 이에 속한다. 행정상의 강제집행의 수단으로는 대집행 · 집행벌 · 직접강제의 세 종류가 있다.

40 행정작용에 관한 설명으로 옳지 않은 것을 모두 고른 것은?

> ㉠ 하명은 명령적 행정행위이다.
> ㉡ 인가는 형성적 행정행위이다.
> ㉢ 공증은 법률행위적 행정행위이다.
> ㉣ 공법상 계약은 권력적 사실행위이다.

① ㉠, ㉡

② ㉠, ㉢

③ ㉡, ㉣

④ ㉢, ㉣

☆ **TIP** ㉢ 준법률 행위적 행정행위는 확인, 공증, 통지, 수리행위 등이 있다.
㉣ 공법상 계약은 비권력적 사실행위이다.

1 민간경비의 개념에 관한 설명으로 옳지 않은 것은?

① 공공기관에 의한 공경비활동을 제외한 모든 경비활동은 광의의 개념이다.
② 민간이 주체가 되는 모든 경비활동은 협의의 개념이다.
③ 고객의 생명과 신체 및 재산을 보호하는 활동은 최협의의 개념이다.
④ 우리나라 경비업법에 의한 개념은 실질적 의미의 개념이다.

> ☆ **TIP** 실정법에서 민간경비가 어떤 일정한 활동 또는 역할 등을 규정하고 있는 경우에 이는 민간경비에 해당되지만, 어떤 주체의 활동이 보호 또는 경비 활동에 해당된다 하더라도 법에서 이를 규정하고 있지 아니하면 민간경비에 해당되지 않는다.

2 민간경비의 특성으로 옳지 않은 것은?

① 영리성을 추구하지만 공공성은 배제된다.
② 국가마다 제도적 차이가 있다.
③ 범죄발생의 사전예방적 기능을 주요 임무로 한다.
④ 서비스 제공 책임은 고객과의 계약관계를 통해 형성된다.

> ☆ **TIP** 공공성의 경우에는 경찰과 관련되는 문제로써 민간경비에 관한 법적 및 제도적인 관리주체는 경찰이 되며 더 나아가 민간경비의 제반 영역이 공경비인 경찰의 활동대상 및 영역과 많은 부분 유사성 및 중복성을 지니기 때문이다. 그렇기 때문에 경찰서비스가 국방서비스처럼 공공성의 정도가 상당히 강하거나 또는 약한지에 따라 민간경비의 서비스 참여 정도가 결정되어진다.

ANSWER 39.① 40.④ / 1.④ 2.①

3 브란팅햄(P. J. Brantingham)과 파우스트(F. L. Faust)가 주장한 범죄예방 구조모델론 중 다음에 해당하는 것은?

> 일반적 사회환경 중 범죄의 원인이 되는 조건들을 발견, 개선하는 예방활동

① 상황적 범죄예방
② 1차적 범죄예방
③ 2차적 범죄예방
④ 3차적 범죄예방

☆ **TIP** 1차적 범죄예방은 일반적인 대중들을 대상으로 해서 물리적·사회적인 환경 중 범죄의 원인이 되는 조건을 개선하는 것에 초점을 두는 것으로써 이에는 이웃감시, 환경설계, 방범교육, 민간경비 등에 속하며 형사사법기관의 활동 등에 의해 이루어진다.

4 민간경비와 공경비에 관한 설명으로 옳은 것은?

① 민간경비는 강제력 사용에 제약을 받지 않는다.
② 공경비의 주체는 영리기업이다.
③ 민간경비의 주체는 지방자치단체이다.
④ 민간경비는 고객의 재산보호와 손실감소를 목적으로 한다.

☆ **TIP** ① 민간경비의 경우에는 강제력을 활용할 수 있는 권한이 없다.
② 공경비의 경우 그 주체는 국가 또는 지방자치단체가 된다.
③ 민간경비의 경우 그 주체는 영리기업이 된다.

5 치안서비스 공동생산이론에 관한 설명으로 옳지 않은 것은?

① 민간경비는 집단적 이익의 실현을 위해 규모를 팽창시킨다.
② 민간경비를 공경비의 보조적 차원이 아닌 주체적 차원으로 인식한다.
③ 치안서비스 제공은 경찰의 역할수행과 민간경비의 공동참여로 이루어진다.
④ 시민의 안전욕구를 증대시키기 위해 민간부문의 능동적 참여를 다각적으로 유도한다.

☆ **TIP** 이익집단론에 따르면 어떠한 사회 내 존재하고 있는 많은 이익집단은 그들의 이익을 극대화하기 위해 활동을 하는 것과 같은 방식으로 민간경비 또한 자신의 집단적 이익을 실현하기 위해 그 규모를 팽창시키고 새로운 제도 및 규율 등을 창출시키는 노력을 기울인다.

6 경찰의 기능이나 역할 한계를 민간경비가 보완한다는 이론은?

① 경제환원이론　　　　　　　　② 수익자부담이론
③ 이익집단이론　　　　　　　　④ 공동화이론

> ☆ **TIP**　공동화이론은 현실적인 경찰력의 증가가 사회적 수요(사회적 긴장 및 갈등, 무질서와 범죄의 증가에 대응)에 부합하지 못하기 때문에 이로 인해 발생하는 갭을 채우기 위해 민간경비가 발전한다는 것을 의미한다. 결국 경찰과 민간경비는 갈등 또는 경쟁의 관계가 아닌 상호 보완적 · 역할분담적인 관계를 기반으로 한다.

7 환경설계를 통한 범죄예방(CPTED)에 관한 설명으로 옳은 것은?

① 환경의 효율적 이용을 통한 범죄예상을 위하여 자연적 전략에서 기계적 전략으로 그 중심을 바꾸는데 기여하였다.
② 1차적 기본전략은 자연적인 통제, 자연적인 감시, 영역성의 강화라는 세 가지 차원에 출발한다.
③ 시민의 삶의 질 향상과는 관계없이 범죄예방만을 추구한다.
④ 범죄원인을 환경적 요인보다 개인적 요인에서 찾는다.

> ☆ **TIP**　CPTED의 기본전략은 자연적 접근통제, 영역성 강화, 자연적 감시 등의 3가지 차원으로부터 출발한다.

8 우리나라의 민간경비제도에 관한 설명으로 옳지 않은 것은?

① 청원경찰제도는 우리나라에만 있는 독특한 제도이다.
② 경비지도사는 경비원들의 지도 · 감독 및 교육을 임무로 한다.
③ 2000년 경비업법이 개정되어 특수경비업무가 도입되었다.
④ 1999년 용역경비업법이 경비업법으로 변경되었다.

> ☆ **TIP**　2001년에 경비업법이 개정되어 특수경비업무가 도입되었다.

ANSWER▶ 3.② 4.④ 5.① 6.④ 7.② 8.③

9 각국 민간경비의 발전과정에 관한 설명으로 옳은 것은?

① 영국은 공경찰활동이 사경찰활동보다 먼저 존재하여 사경찰 도입의 필요성을 불러오는 계기가 되었다.

② 미국의 민간경비산업은 소규모화되고 있으며, 변화속도가 느려지는 특징을 가진다.

③ 일본 경비업체 세콤(SECOM)은 스웨덴 경비회사 SP(Security Patrol)와 제휴하여 경비시스템을 도입하였다.

④ 한국은 1972년 청원경찰법과 1980년 용역경비업법을 제정하여 경비업이 정착되었다.

> ☆ **TIP** ① 영국에서는 사경찰활동이 공경찰활동보다 우선 존재해 공경찰 도입의 필요성을 불러일으키는 계기가 되었다.
> ② 미국에서는 2001년 9.11 테러가 발생하면서 이를 계기로 민간경비 산업은 급성장의 계기를 맞게 되었으며, 각종 테러의 발생으로 인해 많은 민간경비업체가 동원되었으며 이는 곧 민간경비 산업의 급성장이라는 결과로 나타나게 되었다.
> ④ 한국에서는 1962년 청원경찰법, 1976년 용역경비업법을 제정해 경비업이 정착하게 되었다.

10 민간경비에 관련된 인물과 내용 중 옳지 않은 것은?

① 로버트 필(Robert Peel) : 1829년 수도경찰법을 의회에 제출하여 영국 수도경찰 창설

② 헨리 필딩(Jenry Fielding) : 영국에서 급료를 받는 민간경비제도를 제안했으며, 보우가의 주자(The Bow Street Runners) 등을 만드는데 기여

③ 헨리(Henry)국왕 : 민간경비 차원에서 공경비 차원의 경비개념으로 바뀌게 되는 「레지스 헨리시법(The Legis Henrici Law)」 공포

④ 에드윈 홈즈(Edwin Holmes) : 시카고 경찰국 최초 형사로 임명되었으며, 철도수송 경비회사 설립

> ☆ **TIP** 에드윈 홈즈는 1859년경에 최초의 전자침입경보회사를 보스턴에 설립했으며, 민간경비에 있어서 이는 눈부신 발전을 이루었다.

11 미국 민간경비원의 법적 지위에 관한 설명으로 옳지 않은 것은?

① 민간경비원의 불법행위는 일반인의 불법행위와 동일한 민사책임을 지지 않는다.

② 경찰관이 행하는 수색과 민간경비원이 행하는 수색에는 상당한 차이가 있다.

③ 비렉(A. J. Bilek)은 민간경비원의 유형을 '경찰관 신분을 가진 민간경비원', '특별한 권한이 있는 민간경비원', '일반시민과 같은 민간경비원'으로 구분한다.

④ 민간경비원에 의한 심문 또는 질문에 대해서 일바시민이 반드시 응답하여야 할 규정은 없다.

> ☆ **TIP** 미국의 경우 불법행위에 대해 민간경비원에게 특수한 권한을 부여하지 않으므로 민간경비원이 행한 불법행위에 대해서도 일반인들이 저지른 불법행위와 마찬가지로 동일한 법리에 의해 민사책임을 부담하도록 하고 있다.

12 우리나라의 민간경비에 관한 설명으로 옳지 않은 것은?

① 현대적 의미의 민간경비 효시는 미군부대의 용역경비를 담당한 것이라고 할 수 있다.

② 경비원이 되려는 사람은 법령이 정하는 교육기관에서 미리 일반경비원 신임교육을 받을 수 있다.

③ 2001년 경비업법의 개정으로 기계경비업무가 신고제에서 허가제로 변경되었다.

④ 경찰은 민간경비 교육기관을 지정하여 경비원 신임교육을 내실화하고 있다.

> ☆ **TIP** 경비업법 제13조에 의하면 경비원이 되려는 사람은 대통령령으로 정하는 교육기관에서 사전에 일반경비원 신임교육을 받을 수 있다.

13 경비업법에 규정된 업무 유형이 아닌 것은?

① 특수경비업무   ② 기계경비업무

③ 민간조사업무   ④ 호송경비업무

> ☆ **TIP** 경비업법 제2조에 따르면 경비업이라 함은 경비업무의 전부나 또는 일부 등을 도급받아서 행하는 업무를 의미하는데, 여기에서의 경비업무는 호송경비업무, 시설경비업무, 기계경비업무, 신변보호업무, 특수경비업무 등을 지칭하는 것이다.

ANSWER ▶ 9.③ 10.④ 11.① 12.② 13.③

14 대규모 상업·주거시설의 민간경비에 관한 설명으로 옳은 것은?

① 대규모 상업시설의 소유자들은 보안과 안전에 대한 책임이 감소된다.

② 대규모 상업시설의 안전 확보를 위하여 일반인의 접근을 차단한다.

③ 대규모 주거시설 내의 방범과 위험관리는 경찰에 의해 수행된다.

④ 대규모 주거시설의 경우 다양한 위험을 종합적으로 관리할 수 있는 시스템을 구축한다.

☆ **TIP** ① 상업시설 소유자들의 경우 보안 및 안전 등에 대한 책임도 비례적으로 증가한다.
② 상업시설에서 민간경비의 경우 소비자들이 소비니즈를 최대한으로 활용하기 위해 공공
접근을 극대화한다.
③ 주거시설의 경우 건물 내 방범 및 질서유지와 위험관리 등의 중요한 기능이 경찰이 아
닌 자체적으로 하거나 또는 계약에 따른 민간경비에 의해 수행된다.

15 각종 경찰업무에 대한 사항과 민원사항, 중요시책 등을 매스컴 등을 통해 주민에게 널리
알려서 방법의식을 고양하는 동시에 각종 범죄를 방지하기 위한 경찰활동은?

① 경찰방문　　　　　　　　　　　② 방범진단
③ 방범홍보　　　　　　　　　　　④ 생활방법

☆ **TIP** 방범홍보는 여러 가지 경찰업무에 관한 사항 및 각종 민원사항, 중요시책 등을 매스컴 등을
통해서 많은 주민들에게 인지시켜서 이들에게 방범의식을 고양시킴과 동시에 발생 가능한
여러 범죄를 사전에 예방하기 위한 경찰활동을 의미한다.

16 현행 법령상 국가경찰의 임무에 해당하는 것을 모두 고른 것은?

> ㉠ 국민의 생명·신체 및 재산의 보호
> ㉡ 범조의 예방·진압 및 수사
> ㉢ 경비·요인경호 및 대간첩·대테러 작전 수행
> ㉣ 치안정보의 수집 작성 및 배포
> ㉤ 교통의 단속과 위해의 방지
> ㉥ 외국 정부기관 및 국제기구와의 국제협력

① ㉠, ㉣, ㉥　　　　　　　　　　② ㉡, ㉢, ㉤, ㉥
③ ㉠, ㉡, ㉢, ㉣, ㉤　　　　　　④ ㉠, ㉡, ㉢, ㉣, ㉤, ㉥

☆ **TIP** 경찰법 제3조에 의한 국가경찰의 임무는 다음과 같다.
제3조(국가경찰의 임무)
- 국민의 생명 · 신체 및 재산의 보호
- 범죄의 예방 · 진압 및 수사
- 경비, 요인경호 및 대간첩 · 대테러 작전 수행
- 치안정보의 수집 · 작성 및 배포
- 교통의 단속과 위해의 방지
- 외국 정부기관 및 국제기구와의 국제협력
- 그 밖의 공공의 안녕과 질서유지

17 국내 치안환경의 변화로 옳지 않은 것은?

① 경찰의 단속으로 마약범죄 감소
② 고령화로 인한 노인범죄의 사회문제 대두
③ 과학기술의 발달로 사이버 범죄 증가
④ 경제적 양극화 심화로 다양한 유형의 범죄 발생

☆ **TIP** 2009년 이후로 하락세에 머물러 있던 국내 마약류범죄 통계는 2012년을 기점으로 하여 점차적으로 증가하였으며 괄목할만한 것은 2015년에 이르러서 전년대비 28.1% 정도 상승한 7,302명을 기록하였다.

18 기계경비에 관한 설명으로 옳지 않은 것은?

① 장기적으로 볼 때 운영비용의 절감효과를 기대할 수 있다.
② 적용대상은 상주경비, 요인경호, 혼잡경비 등이다.
③ 화재예방과 같은 다른 예방 시스템과 통합적 운용이 가능하다.
④ 기계경비 시스템의 3대 기본요소는 불법침입에 대한 감지 및 경고, 침입정보의 전달, 침입행위에 대한 대응이다.

☆ **TIP** 인력경비의 적용대상으로는 요인경호, 상주경비, 혼잡경비 등이 있다.

ANSWER ▶ 14.④ 15.③ 16.④ 17.① 18.②

19 경비의 중요도에 따른 분류 중 중간수준경비(Level Ⅲ)에 해당하는 대상은?

① 물품창고, 제조공장 수준의 경비

② 교도소, 제약회사, 전자회사 수준의 경비

③ 정부의 특별연구기관, 외국대사관 수준의 경비

④ 작은 소매상점, 저장창고 수준의 경비

☆ **TIP** 제조공장이나 커다란 물품창고, 대형 소매점 등은 중간수준의 경비(Level Ⅲ)에 속한다.
② 교도소, 제약회사, 전자회사 수준의 경비는 상위수준의 경비(Level Ⅳ)에 속한다.
③ 정부의 특별연구기관, 일부 외국대사관 수준의 경비는 최고수준의 경비(Level Ⅴ)에 속한다.
④ 소규모의 소매상점, 저장창고 수준의 경비는 최저수준의 경비(Level Ⅰ)에 속한다.

20 기계경비와 인력경비에 관한 설명으로 옳지 않은 것은?

① 기계경비는 순수무인기계경비와 혼합기계경비 두 종류로 나눌 수 있다.

② CCTV를 통한 불법침입자 감지는 기계경비의 대표적인 사례라고 할 수 있다.

③ 인력경비는 야간 경비활동의 효율성이 증가하는 장점이 있다.

④ 일정구역을 정기적으로 순찰하여 범죄 등으로부터 고객의 인적·물적 안전을 확보하는 경비활동은 인력경비의 일종이다.

☆ **TIP** 기계경비의 경우에 야간 경비 활동의 효율성이 증가하는 이점이 있다.

21 자체경비와 계약경비에 관한 설명으로 옳은 것은?

① 자체경비는 계약경비에 비해 사용자에 대한 충성심이 높다.

② 자체경비는 경비서비스를 전문으로 하는 외부경비업체와 계약을 통해 운용하는 것을 말한다.

③ 계약경비는 직업적 안정성으로 인해 자체경비보다 이직률이 낮다.

④ 계약경비는 기업체 등이 조직 내에 자체적으로 경비인력을 조직화하여 운용하는 것을 말한다.

☆ **TIP** ② 계약경비는 경비서비스를 전문적으로 수행하는 외부경비업체와의 계약을 통해 운용하는 것을 의미한다.
③ 자체경비는 직업적인 안정성으로 인해 계약경비에 비해 이직률이 낮다.
④ 자체경비는 기업체 등이 조직 내 자체적으로 경비인력을 조직화해 운용하는 것을 의미한다.

22 민간경비조직의 특수성으로 옳지 않은 것은?

① 위험성   ② 돌발성
③ 기동성   ④ 고립성

> ☆ **TIP** 민간경비조직에서 고려해야 하는 특수성으로는 위험성, 돌발성, 기동성, 조직성 등이 있다.

23 민간경비의 교육훈련 목적으로 옳지 않은 것은?

① 조직 경영전략의 전개에 필요한 인력 확보
② 조직 통제와 조정 문제의 감소
③ 경비원의 업무상 실수에 대한 제재 수단
④ 조직의 안정성과 융통성 확보

> ☆ **TIP** 경비원 교육훈련의 목적으로는 사기의 제고 및 경력발전, 조직목표달성에 기여, 경비원의
> 직업적 전문성 함양, 경비원의 태도 및 가치관의 변화, 조직의 안정성 및 융통성 확보, 경
> 비원의 전인적 인격체 완성, 조직통제 및 조정문제 감소, 민간경비 산업의 발전, 경비원의
> 업무상의 실수 및 낭비의 감소 등이 있다.

24 민간경비 조직편성의 원리 중 한 사람의 관리자가 효율적으로 관리할 수 있는 최대한의
부하의 수를 의미하는 것은?

① 통솔범위   ② 계층제
③ 전문화   ④ 명령통일

> ☆ **TIP** 통솔범위는 한 사람의 관리자가 직접적으로 통솔 가능한 최대한의 부하 수를 의미한다.

ANSWER   19.①   20.③   21.①   22.④   23.③   24.①

25 경비계획 수립의 기본원칙에 관한 설명으로 옳지 않은 것은?

① 건물 출입구 수는 안전규칙의 범위 내에서 최소한으로 유지되어야 한다.

② 경비원의 대기실은 시설물의 출입구와 비상구에서 인접한 곳에 위치하여야 한다.

③ 비상시에만 사용하는 외부출입구에는 경보장치를 설치하여야 한다.

④ 효과적인 경비를 위해 물건을 선적하거나 수령하는 지역은 통합되어야 한다.

> ☆ **TIP** 효과적인 경비를 하기 위해서는 물건의 선적 및 수령하는 지역은 서로 분리되어야 하며 안
> 전 경비조명이 설치되어야 한다.

26 경비위해요소 분석에 관한 설명으로 옳지 않은 것은?

① 경비계획에 있어 가장 먼저 실시해야 하는 것은 경비위해요소 분석이다.

② 경비위해요소 중 화학공장의 화학적 화재나 폭발 위험은 인위적 위해에 해당한다.

③ 경비위해요소 분석단계는 '경비위험요소 인지→손실발생 가능성 예측→경비위험도
평가→경비비용효과 분석'의 순이다.

④ 경비비용효과 분석은 투입비용에 대한 산출효과를 비교하여 적절한 경비수준을 결정
하는 과정을 말한다.

> ☆ **TIP** 화학공장의 화학적 화재나 폭발 위험 등은 특정한 위해에 해당한다. 특정한 위해는 특정한
> 시설물, 각 지역, 각 국가 등에 의해 성질 또는 유형 등이 서로 다르게 나타나는 위해를 의
> 미한다.

27 외곽경비에 관한 설명으로 옳지 않은 것은?

① 기본목적은 범죄자의 불법침입 지연이다.

② 비상시에만 사용되는 문은 평상시에 개방되어 있어야 한다.

③ 철책, 도로상의 방책, 차폐물은 인위적 장벽에 해당된다.

④ 모든 출입구의 수를 파악하고, 엘리베이터 등도 외곽경비계획에 포함시켜야 한다.

> ☆ **TIP** 비상시에 사용하게 되는 문은 평상시에는 폐쇄하며 잠겨져 있어야 한다.

28 내부경비에 관한 설명으로 옳지 않은 것은?

① 내부출입통제는 시설물 내의 불법침입이나 철도 등을 막기 위함이다.

② 경비원 상호간에 순찰정보를 교환하여야 한다.

③ 안전유리는 가격이 저렴하며 불연성 물질이고 가볍기 때문에 설치하기 쉬운 장점이 있다.

④ 자물쇠는 보호장치의 기능과 침입시간을 지연시키는 기능도 한다.

> ☆ **TIP** 안전유리의 경우 통상적으로 일반유리에 비해 가격이 고가이고, 무거우며 설치하기가 용이하지 않다는 단점이 있다.

29 조명등의 종류와 그 특징에 관한 설명으로 옳지 않은 것은?

① 백열등 : 가정집에서 보편적으로 사용되지만 수명이 짧다.

② 수은등 : 주황빛을 띠고 약한 빛을 방출하나, 백열등보다 수명이 길다.

③ 나트륨등 : 연한 노란색을 발하며, 안개가 많은 지역에 효과적이다.

④ 석영등 : 매우 밝은 하얀빛을 빠르게 발산하므로 경계구역과 사고발생 다발지역에 유용하다.

> ☆ **TIP** 수은등은 상당히 강한 빛을 내며 푸른빛을 띠고, 백열등에 비해 수명이 오랜 기간 지속되므로 더욱 효과적이다.

30 열쇠의 양쪽에 홈이 불규칙적으로 파여져 있는 형태로 일반산업 뿐만 아니라 일반주택에서도 널리 사용되는 자물쇠는?

① 돌기 자물쇠(Warded Locks)　　② 판날름쇠 자물쇠(Disc Tumbler Locks)

③ 판날름쇠 자물쇠(Pin Tumbler Locks)　　④ 암호사용 자물쇠(Code Operated Locks)

> ☆ **TIP** ① 돌기 자물쇠 : 대부분이 단순 철판에 홈도 거의 없으며 안전도도 거의 없어 예방기능이 취약하다.
> ② 판날름쇠 자물쇠 : 돌기 자물쇠보다 좀 더 진화한 것으로 판 모양의 열쇠 한쪽 날에 복잡한 형태를 하고 있는 모양의 홈이 있는 것을 의미한다.
> ④ 암호사용 자물쇠 : 숫자맞춤식 자물쇠보다 좀 더 진화한 것으로 전자자판 방식으로 만들어진 자물쇠를 의미한다.

ANSWER ▶ 25.④　26.②　27.②　28.③　29.②　30.③

31 비상사태 발생 시 민간경비원의 역할로 옳지 않은 것은?

① 비상사태에 대한 초동조치
② 특별한 대상(장애인, 노약자)의 보호 및 응급조치
③ 경제적으로 보호해야 할 자산의 보호
④ 외부지원기관(경찰서, 소방서, 병원 등)의 지휘·감독

☆ **TIP** 비상사태 발생 시 민간경비원은 경찰 또는 소방차 및 구급차가 도착했을 때 현장의 질서유지 및 사람들 대피와 화재진압과 사태의 악화방지를 위한 역할을 보조해서 지원을 해야 한다.

32 다음 사례에 해당하는 신종금융범죄는?

> A씨는 자신이 사용하는 PC의 악성코드에 감염된 것을 모르고, 정상 홈페이지라고 여긴 가짜사이트로 유도되어 요구하는 금융정보를 입력하였는데, 자신도 모르게 금융정보를 탈취 당하여 범행계좌로 이체되는 금융사기를 당하였다.

① 메모리해킹(Memory Hacking)
② 스미싱(Smishing)
③ 파밍(Pharming)
④ 피싱(Phishing)

☆ **TIP** 파밍은 합법적으로 소유하고 있던 사용자의 도메인을 탈취하거나 또는 도메인 네임 시스템이나 프락시 서버의 주소를 변조함으로써 사용자들로 하여금 진짜 사이트로 오인하여 접속하도록 유도한 후에 사람들의 개인정보를 훔치는 새로운 컴퓨터 범죄 수법을 의미한다.

33 컴퓨터의 각종 사이버테러에 관한 설명으로 옳지 않은 것은?

① 논리폭탄(Logic Bomb) : 컴퓨터에 고출력 전자기장을 발생시켜 컴퓨터의 하드디스크 자기기록 정보를 파괴시키는 행위
② 스팸(Spam) : 악의적인 내용을 담은 전자우편을 인터넷상의 불특정 다수에게 무차별로 살포하여 컴퓨터 시스템을 마비시키거나 온라인 공해를 일으키는 행위
③ 플레임(Flame) : 네티즌들이 공통의 관심사를 논의하기 위해 개설한 토론방에 고의로 가입하여 개인 등에 대한 악성 루머를 유포하는 행위
④ 스토킹(Stalking) : 인터넷을 이용하여 타인의 신상정보를 공개하거나 거짓 메시지를 남겨 괴롭히는 행위

☆ **TIP** 논리폭탄은 어떤 프로그램에 적절한 조건을 입력하고 해당 조건이 충족될 때마다 자동적으로 부정행위가 이루어지게 하는 것을 의미한다. ①은 전자기폭탄에 관한 내용이다.

34 컴퓨터 암호화 시스템에 관한 설명으로 옳지 않은 것은?

① 컴퓨터 암호는 특정시스템에 대한 접근권을 가진 이용자의 식별장치라 할 수 있다.

② 암호화는 허가받지 않은 접근을 차단해 정보의 보안성을 확보하기 위한 것이다.

③ 컴퓨터 보안을 위해서는 가능한 한 암호수명을 짧게 하고 패스워드를 자주 변경하는 것이 좋다.

④ 암호설정은 완전한 보안을 위해 특수문자보다는 단순 숫자조합을 사용하는 것이 바람직하다.

☆ **TIP** 암호설정의 경우 외부로 유출되지 않도록 하기 위해 단순한 숫자조합보다는 특수문자 등을 포함하여 조합하는 것이 바람직하다.

35 컴퓨터 안전대책 중 외부침입에 대한 안전조치에 관한 설명으로 옳지 않은 것은?

① 환기용 창문, 공기 조절용 배관이나 배수구 등을 통한 침입을 차단한다.

② 폭발물에 의한 침입에 대비한 구조적 보호장치를 마련할 필요는 없다.

③ 시설물 외부에는 컴퓨터 센터를 보호하는 담이나 장벽 같은 것을 설치하여야 한다.

④ 각 출입구마다 화재관련 법규와 안전검사 절차를 거친 방화문이 설치되어야 한다.

☆ **TIP** 외부침입은 여러 가지 변수가 있으므로 폭발물에 의한 침입에도 대비해서 구조적 보호 장치도 갖추어야 한다.

ANSWER ▶ 31.④ 32.③ 33.① 34.④ 35.②

36 컴퓨터 시스템의 물리적 안전대책에 관한 설명으로 옳지 않은 것은?

① 컴퓨터실 내부에는 예비전력장치를 구비하여야 한다.
② 컴퓨터실 내부에는 화재방지장치를 설치하여야 한다.
③ 불의의 사고에 대비하여 프로그램 백업과 시스템 백업을 선택적으로 할 수 있다.
④ 컴퓨터실의 위치 선정 시 화재, 홍수, 폭발의 위험과 외부 침입자에 의한 위험으로부터 안정성을 고려하여야 한다.

> ☆ **TIP** 컴퓨터 시스템을 활용한 업무에 있어서는 어떠한 상황이 발생할지 모르므로 불의의 사고에 대비해 프로그램 백업 및 시스템 백업 등을 수시로 해야 한다.

37 다음에서 설명하는 컴퓨터 범죄 유형은?

> • 컴퓨터 시스템의 자료를 권한 없이 획득하거나 불법이용 또는 누설하여 타인에게 경제적 손해를 야기하는 행위를 말한다.
> • 자료와 프로그램의 불법획득과 이용이라는 2개의 행위로 이루어진다.

① 컴퓨터 부정조작　　　　　　　② 컴퓨터 스파이
③ 컴퓨터 부정사용　　　　　　　④ 컴퓨터 파괴

> ☆ **TIP** 컴퓨터 스파이는 컴퓨터 시스템의 데이터를 권한 없이 획득, 이용 및 누설해 타인에게 재산적인 손해를 입히는 행위를 의미하며, 데이터 및 프로그램의 불법획득 및 이용이라는 2가지의 행위로 이루어지는 것을 말한다.

38 경찰과 민간경비의 상호관계에 관한 설명으로 옳지 않은 것은?

① 치안수요의 다양성과 전문성에 효율적으로 대응하기 위한 상호협력 필요
② 상호 정보교환 네트워크 구축 필요
③ 경찰과 민간경비의 협력은 국가예산 절감에 기여
④ 치안서비스 제공의 주도적 역할을 위한 동반자 의식 축소 필요

> ☆ **TIP** 경찰과 민간경비의 상호관계에 있어 이에 대한 개선으로 치안서비스 제공에 있어서 주도적 역할을 위한 동반자 의식의 확대 및 강화가 필요하다.

39 융합보안의 개념에 관한 설명으로 옳은 것은?

① 물리적 보안 요소와 정보보안 요소를 통합해 효율성을 높이는 활동이다.

② 차량통제와 물품 반출입통제를 동시에 제한하는 활동이다.

③ 컴퓨터시스템과 네트워크 상에서 저장 및 전달되고 있는 정보를 안전하게 관리·보호하는 활동이다.

④ 권한없는 접근의 제지 및 억제, 지연 그리고 범죄 등에 의한 위험 및 위험의 감지 등의 활동을 말한다.

> ☆ **TIP** 융합보안은 최근에 들어 물리적 보안 요소 및 정보보안 요소를 통합한 개념으로 물리적 보안요소 및 기술적 보안요소, 관리적 보안요소를 연계해 보안의 효과성을 높이고자 하는 통합적인 접근방식이라 할 수 있다.

40 우리나라 민간경비산업의 전망에 관한 설명으로 옳은 것을 모두 고른 것은?

> ㉠ 기계경비보다 인력경비의 빠른 성장
> ㉡ 지역 특성에 맞는 민간경비 상품의 개발 필요
> ㉢ 민간경비산업의 홍보활동을 소극적으로 전개
> ㉣ 물리보안과 사이버보안을 통합한 토탈시큐리티 산업으로 전개

① ㉠, ㉡   ② ㉠, ㉢

③ ㉡, ㉣   ④ ㉢, ㉣

> ☆ **TIP** ㉠ 인력경비보다 기계경비의 빠른 성장
> ㉢ 민간경비산업의 적극적 홍보활동 전개

ANSWER ▶ 36.③ 37.② 38.④ 39.① 40.③

1 경비업법상 법인임원의 결격사유에 해당하는 것은?

① 파산선고를 받고 복권된 자

② 금고 이상의 형의 선고를 받고 그 형이 실효된 자

③ 대통령 등의 경호에 관한 법률에 위반하여 벌금형의 선고를 받고 3년이 경과된 자

④ 경비업법에 의한 명령에 위반하여 허가가 취소된 법인의 허가취소 당시 임원이었던 자로서 그 허가 취소 후 3년이 경과되지 아니한 자

> ☆ **TIP** ①②③은 결격사유에 해당하지 않는다.
> 「경비업법」 제5조(임원의 결격사유)
> 1. 피성년후견인 또는 피한정후견인
> 2. 파산선고를 받고 복권되지 아니한 자
> 3. 금고 이상의 형의 선고를 받고 그 형이 실효되지 아니한 자
> 4. 「대통령 등의 경호에 관한 법률」에 위반하여 벌금형의 선고를 받고 3년이 지나지 아니한 자
> 5. 경비업법에 의한 명령에 위반하여 허가가 취소된 법인의 허가취소 당시의 임원이었던 자로서 그 취소 후 3년이 지나지 아니한 자

2 경비업법령상 기계경비업자의 직무에 해당하지 않는 것은?

① 경비대상시설에 관한 경보를 수신한 때에는 신속하게 그 사실을 확인하는 등 필요한 대응조치를 취하여야 한다.

② 경비업과 경비장비의 제조·설비·판매업 등 대통령령이 정하는 경비관련업 외의 영업을 하여서는 안 된다.

③ 기계경비업무를 위한 기계장치의 운용·감독을 하여야 한다.

④ 대응조치 등 업무의 원활한 운영과 개선을 위하여 대통령령이 정하는 바에 따라 관련 서류를 작성·비치하여야 한다.

> ☆ **TIP** 특수경비업자의 겸업금지의무는 기계경비업자와는 관련이 없다.

3 경비업법상 집단민원현장에 해당하지 않는 것은?

① 행정대집행법에 따라 대집행을 하는 장소

② 대기업의 주주총회가 개최되고 있는 장소

③ 100명 이상의 사람이 모이는 문화 행사장

④ 노동조합 및 노동관계조정법에 따라 노동관계 당사자가 노동쟁의 조정신청을 한 사업장

> ☆ **TIP** "집단민원현장"은 다음과 같다.
> 가. 「노동조합 및 노동관계조정법」에 따라 노동관계 당사자가 노동쟁의 조정신청을 한 사업장 또는 쟁의행위가 발생한 사업장
> 나. 「도시 및 주거환경정비법」에 따른 정비사업과 관련하여 이해대립이 있어 다툼이 있는 장소
> 다. 특정 시설물의 설치와 관련하여 민원이 있는 장소
> 라. 주주총회와 관련하여 이해대립이 있어 다툼이 있는 장소
> 마. 건물·토지 등 부동산 및 동산에 대한 소유권·운영권·관리권·점유권 등 법적 권리에 대한 이해대립이 있어 다툼이 있는 장소
> 바. 100명 이상의 사람이 모이는 국제·문화·예술·체육 행사장
> 사. "행정대집행법"에 따라 대집행을 하는 장소

4 경비업법상 경비원이 경비업무 수행에 경비장비 외의 흉기를 휴대하고 형법상의 죄를 범한 경우 형의 가중처벌에 해당하지 않는 것은?

① 폭행죄(형법 제260조 제1항)

② 체포죄(형법 제276조 제1항)

③ 협박죄(형법 제283조 제1항)

④ 재물손괴죄(형법 제366조)

> ☆ **TIP** 폭행죄의 경우에는 특수경비원에게만 해당한다.

ANSWER 1.④ 2.② 3.② 4.①

5 경비업법령상 경비업의 허가요건으로 옳은 것을 모두 고른 것은?

> ㉠ 시설경비업무와 특수경비업무를 겸업하고자 하는 경우 자본금은 1억원 이상을 보유하여야 한다.
> ㉡ 호송경비업무의 장비 등의 기준은 호송용 차량 1대 이상, 현금호송백 1개 이상, 기준 경비인력 수 이상의 경비원 복장 및 경적, 단봉, 분사기가 구비되어야 한다.
> ㉢ 기계경비업무의 시설은 기준 경비인력 이상을 동시에 교육할 수 있는 교육장·관제시설이 있어야 한다.
> ㉣ 기계경비업무의 경비인력은 전자·통신 분야 기술자격증소지자 3명을 포함한 일반경비원 10명 이상, 경비지도사 1명 이상이 있어야 한다.
> ㉤ 특수경비업자 외의 자가 특수경비업무를 추가하려는 경우에는 이미 갖추고 있는 자본금을 포함하여 특수경비업무의 자본금 기준에 적합하여야 한다.

① ㉠, ㉡, ㉢   ② ㉠, ㉣, ㉤

③ ㉡, ㉢, ㉣   ④ ㉡, ㉢, ㉤

☆ **TIP** ㉠ 경비업 허가요건 중 자본금은 시설경비(1억 원 이상), 호송경비(1억 원 이상), 신변보호(1억 원 이상), 기계경비(1억 원 이상) 특수경비(3억 원 이상) 각각의 자본금이 필요하다. 특히 하나의 경비업무에 대한 자본금을 지닌 경비업자가 그 외 경비업무를 추가로 하고자 하는 경우에 자본금을 갖춘 것으로 본다. 다만, 특수경비업자 외의 자가 특수경비업무를 추가로 하고자 하는 경우에는 이미 지니고 있는 자본금을 포함하여 특수경비업무의 자본금 기준에 적합하여야 한다.
㉣ 기계경비업무의 경비인력은 전자·통신 분야 기술자격증소지자 5명을 포함한 일반경비원 10명 이상, 경비지도사 1명 이상이 있어야 한다.

6 경비업법령상 경비업 허가취소처분 사유에 해당하지 않는 것은?

① 경비업자가 집단민원현장에 경비지도사를 선임·배치하여야 함에도 불구하고 이를 3차례 위반한 때
② 경비업자가 특수폭행죄를 범하여 벌금형을 선고받고 5년이 지나지 아니한 자를 일반경비원으로 집단민원현장에 배치해서는 아니됨에도 불구하고 이를 2차례 위반한 때
③ 경비업자가 영업정지처분을 받고 계속하여 영업을 한 때
④ 경비업자가 관할경찰서장의 배치폐지명령에 따르지 아니한 때

☆ **TIP** 「경비업법」 제19조(경비업 허가의 취소)
- 허위 그 밖의 부정한 방법으로 허가를 받은 때
- 경비업 및 경비관련업외의 영업을 한 때
- 허가받은 경비업무외의 업무에 경비원을 종사하게 한 때
- 영업정지처분을 받고 계속하여 영업을 한 때
- 관할 경찰관서장의 배치폐지 명령에 따르지 아니한 때
- 소속 경비원으로 하여금 경비업무의 범위를 벗어난 행위를 하게 한 때
- 정당한 사유 없이 최종 도급계약 종료일의 다음 날부터 2년 이내에 경비 도급실적이 없을 때
- 정당한 사유 없이 허가를 받은 날부터 2년 이내에 경비 도급실적이 없거나 계속하여 1년 이상 휴업한 때
- 경비업자가 집단민원현장에 경비지도사를 선임 배치하여야 함에도 불구하고 3차례 위반한 때

---

7 경비업법령상 일반경비지도사의 직무에 관한 설명으로 옳은 것을 모두 고른 것은?

> ㉠ 경비원의 지도·감독·교육에 관한 계획의 수립
> ㉡ 경비현장에 배치된 경비원에 대한 순회점검 및 감독
> ㉢ 오경보방지 등을 위한 기기관리의 감독
> ㉣ 집단민원현장에 배치된 경비원에 대한 지도·감독

① ㉠, ㉡, ㉢　　　　　　　　　② ㉠, ㉡, ㉣

③ ㉠, ㉢, ㉣　　　　　　　　　④ ㉡, ㉢, ㉣

☆ **TIP** 오경보방지 등을 위한 기기관리의 감독은 기계경비지도사의 경우에 한한다.
「경비업법」 제12조(경비지도사의 선임)
- 경비원의 지도·감독·교육에 관한 계획의 수립·실시 및 그 기록의 유지
- 경비현장에 배치된 경비원에 대한 순회점검 및 감독
- 경찰기관 및 소방기관과의 연락방법에 대한 지도
- 집단민원현장에 배치된 경비원에 대한 지도·감독

ANSWER 5.④ 6.② 7.②

8 경비업법상 용어에 관한 설명으로 옳지 않은 것은?

① 시설경비업무는 경비를 필요로 하는 시설 및 장소에서의 도난 등으로 인한 위험 발생을 방지하는 업무이다.

② 호송경비업무는 운반 중에 있는 현금 등 물건에 대하여 도난 등 위험발생을 방지하는 업무이다.

③ 신변보호업무는 사람의 생명이나 신체에 대한 위해발생을 방지하고 그 신변을 보호하는 업무이다.

④ 특수경비업무는 경비대상시설에 설치한 기기에 의하여 감지 · 송신된 정보를 그 경비대상시설 외의 장소에 설치한 관제시설의 기기로 수신하여 도난 등 위험발생을 방지하는 업무이다.

> ☆ **TIP** ④번은 기계경비업무에 관한 설명이다.
> 「경비업법」 제2조 정의
> • 시설경비업무 : 경비를 필요로 하는 시설 및 장소에서의 도난 · 화재 그 밖의 혼잡 등으로 인한 위험발생을 방지하는 업무
> • 호송경비업무 : 운반 중에 있는 현금 · 유가증권 · 귀금속 · 상품 그 밖의 물건에 대하여 도난 · 화재 등 위험발생을 방지하는 업무
> • 신변보호업무 : 사람의 생명이나 신체에 대한 위해의 발생을 방지하고 그 신변을 보호하는 업무
> • 기계경비업무 : 경비대상시설에 설치한 기기에 의하여 감지 · 송신된 정보를 그 경비대상시설 외의 장소에 설치한 관제시설의 기기로 수신하여 도난 · 화재 등 위험발생을 방지하는 업무
> • 특수경비업무 : 공항 등 대통령령이 정하는 국가중요시설의 경비 및 도난 · 화재 그 밖의 위험발생을 방지하는 업무

9 경비업법령상 경비협회에 관한 설명으로 옳지 않은 것은?

① 경비협회는 행정안전부령이 정하는 바에 의하여 회원으로부터 회비를 징수할 수 있다.

② 경비협회는 경비업자의 손해배상책임을 보장하기 위한 사업의 공제사업을 할 수 있다.

③ 경비협회에 관하여 경비업법에 특별한 규정이 있는 것을 제외하고는 민법상 사단법인에 관한 규정을 준용한다.

④ 경비협회가 공제사업을 하고자 하는 때에는 공제규정을 제정하여야 하고, 경찰청장이 이 공제규정을 승인하는 경우는 미리 금융감독위원회와 협의를 하여야 한다.

> ☆ **TIP** 경비협회는 정관이 정하는 바에 의하여 회원으로부터 회비를 징수할 수 있다.

10 경비업법령상 과태료 부과금액이 다른 것은?

① 기계경비업자가 경비계약을 체결하면서 계약상대방에게 기기사용요령 및 기계경비 운영체계 등에 관한 설명의무를 이행하지 않은 경우

② 경비업자가 신임교육을 이수하지 않은 자를 집단민원현장이 아닌 곳에서 신변보호 업무를 수행하는 일반경비원으로 배치한 경우

③ 경비업자가 결격사유에 해당하는 경비원을 배치하거나 결격사유에 해당하는 경비지도사를 선임·배치한 경우

④ 경비업자가 행정안전부령에 따라 경비원명부를 작성·비치하지 않고 경비원을 경비업무에 배치한 경우

> ☆ TIP ① 100(1회 위반)/200(2회 위반)/400(3회 이상)
> ② 600(1회 위반)/1,200(2회 위반)/2,400(3회 이상)
> ③ 100(1회 위반)/200(2회 위반)/400(3회 이상)
> ④ 100(1회 위반)/200(2회 위반)/400(3회 이상)

11 경비업법상 경비원의 명부와 배치허가 등에 관한 설명으로 옳지 않은 것은?

① 경비업자는 행정안전부령으로 정하는 바에 따라 경비원의 명부를 작성·비치하여야 한다.

② 경비업자가 경비원의 배치를 폐지한 경우에는 관할경찰관서장에게 신고하여야 한다.

③ 경비업자는 경비원을 배치하여 경비업무를 수행하게 하는 때에는 행정안전부령으로 정하는 바에 따라 배치된 경비원의 인적사항과 배치일시·배치장소 등 근무상황을 기록하여 보관하여야 한다.

④ 경비업자는 금고 이상의 형을 선고받고 그 집행이 유예된 날로부터 5년이 지나지 아니한 자를 집단민원현장에 일반경비원으로 배치할 수 있다.

> ☆ TIP 「경비업법」 제18조(경비원의 명부와 배치허가 등)
> • 경비업자는 행정안전부령으로 정하는 바에 따라 경비원의 명부를 작성·비치하여야 한다.
> • 경비업자가 경비원을 배치하거나 배치를 폐지한 경우에는 행정안전부령으로 정하는 바에 따라 관할 경찰관서장에게 신고하여야 한다.
> • 배치허가 신청을 받은 관할 경찰관서장은 배치되는 경비원 중 결격자가 있는 경우에는 그 사람을 제외하고 배치허가를 하여야 한다.

ANSWER 8.④ 9.① 10.② 11.④

- 경비업자는 경비원을 배치하여 경비업무를 수행하게 하는 때에는 행정안전부령으로 정하는 바에 따라 배치된 경비원의 인적사항과 배치일시·배치장소 등 근무상황을 기록하여 보관하여야 한다.
- 경비업자는 벌금형을 선고받고 5년이 지나지 아니하거나 금고 이상의 형을 선고받고 그 집행이 유예된 날부터 5년이 지나지 아니한 자를 집단민원현장에 일반경비원으로 배치하여서는 아니 된다.
- 경비업자는 경비원 명부에 없는 자를 경비업무에 종사하게 하여서는 아니 되고, 경비원을 배치하는 경우에 신임교육을 이수한 자를 배치하여야 한다.

12 경비업법령상 A 회사에서 선임·배치하여야 할 일반경비지도사의 인원으로 옳은 것은?

> A 회사는 부산지역에 소재하는 시설경비를 전문으로 하는 경비업체이다. 현재 A 회사는 부산지역에만 경비원 400명을 배치하여 경비업무를 수행하고 있다.

① 1명   ② 2명
③ 3명   ④ 4명

☆ **TIP** 경비업법에 따르면 경비업체는 경비원 200인까지 1인의 경비지도사를 배치하고 200인을 초과하면 100인마다 1인씩 추가로 선임 배치해야 한다. 지문에서는 경비원 400명이라 했으므로, 200명에서 1인, 300명에서 1인 추가, 400명에서 1인 추가되므로 총 3명이 된다.

13 경비업법령상 경비지도사에 대한 자격정지처분의 사유에 해당하는 것은?

① 경비지도사 갑(甲)은 자격정지 기간 중에 경비지도사로 선임되어 활동하였다.
② 경비지도사 을(乙)은 허위 그 밖의 부정한 방법으로 경비지도사자격증을 교부받았다.
③ 경비지도사 병(丙)은 지방경찰청장의 적정한 경비업무수행을 위하여 필요한 지도·감독상 명령을 위반하였다.
④ 경비지도사 정(丁)은 경비지도사자격증을 무(戊)에게 빌려주거나 양도하였다.

☆ **TIP** ③번은 자격정지처분의 사유에 해당하며, ①②④는 자격취소에 해당하는 내용이다.

14 경비업법상 경비협회의 업무에 해당하지 않는 것은?

① 경비원의 후생·복지에 관한 사항

② 경비진단에 관한 사항

③ 경비지도사의 지도·감독

④ 경비원 교육·훈련 및 그 연구

> ☆ TIP 「경비업법」 제22조(경비협회)
> 경비협회의 업무는 다음과 같다.
> 1. 경비업무의 연구
> 2. 경비원 교육·훈련 및 그 연구
> 3. 경비원의 후생·복지에 관한 사항
> 4. 경비진단에 관한 사항
> 5. 그 밖에 경비업무의 건전한 운영과 육성에 관하여 필요한 사항

15 경비업법령상 경찰청장이 지방경찰청장에게 위임한 권한에 해당하는 것은?

① 경비업의 허가권한

② 경비지도사자격증의 교부권한

③ 경비지도사의 자격의 취소·정지에 관한 청문의 권한

④ 경비협회의 공제사업에 대한 금융감독원장의 검사요청권한

> ☆ TIP 「경비업법 시행령」 제31조(권한의 위임 및 위탁)
> 다음 각 호의 권한을 지방경찰청장에게 위임한다.
> 1. 경비지도사의 자격의 취소 및 정지에 관한 권한
> 2. 경비지도사 자격의 취소 및 정지에 관한 청문의 권한

ANSWER 12.③ 13.③ 14.③ 15.③

16 경비업법령상 특수경비원 교육기관이 갖추어야 할 시설기준으로 옳지 않은 것은?

① 100인 이상 수용이 가능한 165제곱미터 이상의 강의실
② 감지장치·수신장치 및 관제시설을 갖춘 123제곱미터 이상의 기계경비실습실
③ 100인 이상이 동시에 사용할 수 있는 330제곱미터 이상의 체육관 또는 운동장
④ 소총에 의한 실탄사격이 가능하고 10개 사로 이상을 갖춘 사격장

☆ **TIP** ② 감지장치·수신장치 및 관제시설을 갖춘 132제곱미터 이상의 기계경비 실습실이다.

17 경비업법령상 청문을 실시하여야 하는 행정처분에 해당하지 않는 것은?

① 경비업 허가취소처분
② 경비업 영업정지처분
③ 경비지도사 자격정지처분
④ 경비업자에 대한 과태료 부과처분

☆ **TIP** 「경비업법」 제21조(청문)
경찰청장 또는 지방경찰청장은 다음에 해당하는 처분을 하고자 하는 경우에 청문을 실시하
여야 한다.
1. 경비업 허가의 취소 또는 영업정지
2. 경비지도사 자격의 취소 또는 정지

18 경비업법령상 경비지도사의 1차 시험면제에 관한 내용이다. (　) 안에 알맞은 것은?

> • 고등교육법에 의한 전문대학 이상의 교육기관에서 (㉠)년 이상의 경비 업무관련 과정을 마친 사람
> • 경찰청장이 지정하는 기관 또는 단체에서 실시하는 (㉡)시간 이상의 경비지도사 양성과정을 마치고 수료시험에 합격한 사람

① ㉠ : 1　　　　　　　　㉡ : 64
② ㉠ : 2　　　　　　　　㉡ : 68
③ ㉠ : 1　　　　　　　　㉡ : 72
④ ㉠ : 2　　　　　　　　㉡ : 78

☆ **TIP** 「경비업법 시행규칙」 제10조(경비지도사 시험의 일부면제)

"행정안전부령으로 정하는 교육과정을 이수한 사람"이란 다음 각 호의 어느 하나에 해당하는 사람을 말한다.
1. 고등교육법에 의한 전문대학 이상의 교육기관에서 1년 이상의 경비업무관련 과정을 마친 사람
2. 경찰청장이 지정하는 기관 또는 단체에서 실시하는 64시간 이상의 경비지도사 양성과정을 마치고 수료시험에 합격한 사람

19 경비업법령상의 양벌규정에 관한 설명으로 옳지 않은 것은?

① 특수경비원이 국가중요시설의 정상적인 운영을 해치는 장해를 일으킨 경우에는 법인과 개인에게 벌금형이 과해진다.

② 경비업자가 집단민원현장에 일반경비원을 배치하면서 경비원의 명부를 배치장소에 작성·비치하지 아니한 경우에는 양벌규정이 적용되지 아니한다.

③ 도급인이 경비업자의 경비원 채용시 부적격자를 채용하였더라도 상당한 주의와 감독을 게을리하지 아니한 경우에는 법인과 개인의 벌금형이 면책된다.

④ 경비업자의 임·직원이 직무상 알게 된 비밀을 부당한 목적으로 사용하는 경우라도 선량한 관리자로서 주의 의무를 게을리 하지 아니한 경우에는 법인과 개인의 벌금형이 면책된다.

☆ **TIP** 「경비업법」 제30조(양벌규정)

법인의 대표자나 법인 또는 개인의 대리인, 사용인, 그 밖의 종업원이 그 법인 또는 개인의 업무에 관하여 위반행위를 하면 그 행위자를 벌하는 외에 그 법인 또는 개인에게도 해당 조문의 벌금형을 과(科)한다. 다만, 법인 또는 개인이 그 위반행위를 방지하기 위하여 해당 업무에 관하여 상당한 주의와 감독을 게을리하지 아니한 경우에는 그러하지 아니하다.

ANSWER 16.② 17.④ 18.① 19.모두 정답

20 경비업법상 특수경비원의 무기사용 등에 관한 설명으로 옳지 않은 것은?

① 특수경비원은 경비업무 수행 중 국가중요시설의 정상적인 운영을 해치는 장해를 일으켜서는 안된다.

② 특수경비원의 무기휴대, 무기종류, 그 사용기준 등에 관하여 필요한 사항은 대통령령으로 정한다.

③ 지방경찰청장은 무기의 적정한 관리를 위하여 무기를 대여받은 시설주에 대하여 필요한 명령을 발할 수 있다.

④ 지방경찰청장은 국가중요시설에 대한 경비업무의 수행을 위하여 필요하다고 인정하는 때에는 시설주의 신청에 의하여 무기를 구입한다.

☆ **TIP** 관할 경찰관서장은 무기의 적정한 관리를 위하여 무기를 대여받은 시설주에 대하여 필요한 명령을 발할 수 있다.

「경비업법」 제14조(특수경비원의 직무 및 무기사용 등)

① 특수경비업자는 특수경비원으로 하여금 배치된 경비구역 안에서 관할 경찰서장 및 공항경찰대장 등 국가중요시설의 경비책임자와 국가중요시설의 시설주의 감독을 받아 시설을 경비하고 도난·화재 그 밖의 위험의 발생을 방지하는 업무를 수행하게 하여야 한다.

② 특수경비원은 국가중요시설에 대한 경비업무 수행 중 국가중요시설의 정상적인 운영을 해치는 장해를 일으켜서는 아니된다.

③ 지방경찰청장은 국가중요시설에 대한 경비업무의 수행을 위하여 필요하다고 인정하는 때에는 시설주의 신청에 의하여 무기를 구입한다.

④ 지방경찰청장은 국가중요시설에 대한 경비업무의 수행을 위하여 필요하다고 인정하는 때에는 관할경찰관서장으로 하여금 시설주의 신청에 의하여 시설주로부터 국가에 기부 채납된 무기를 대여하게 하고, 시설주는 이를 특수경비원으로 하여금 휴대하게 할 수 있다.

⑤ 시설주가 대여받은 무기에 대하여 시설주 및 관할 경찰관서장은 무기의 관리책임을 지고, 관할 경찰관서장은 시설주 및 특수경비원의 무기관리상황을 대통령령이 정하는 바에 따라 지도·감독하여야 한다.

⑥ 관할 경찰관서장은 무기의 적정한 관리를 위하여 무기를 대여받은 시설주에 대하여 필요한 명령을 발할 수 있다.

⑧ 특수경비원은 국가중요시설의 경비를 위하여 무기를 사용하지 아니하고는 다른 수단이 없다고 인정되는 때에는 필요한 한도 안에서 무기를 사용할 수 있다.

⑨ 특수경비원의 무기휴대, 무기종류, 그 사용기준 및 안전검사의 기준 등에 관하여 필요한 사항은 대통령령으로 정한다.

21 경비업법령상 경비업자의 신고 등에 관한 설명으로 옳지 않은 것은?

① 특수경비업무를 개시한 때에는 개시한 날부터 30일 이내에 지방경찰청장에게 신고하여야 한다.

② 법인의 대표자 · 임원을 변경한 때에는 변경한 날로부터 30일 이내에 지방경찰청장에게 신고하여야 한다.

③ 기계경비업무의 수행을 위한 관제시설을 이전한 때에는 이전한 날로부터 30일 이내에 관할경찰서장에게 신고하여야 한다.

④ 경비업을 폐업한 경우에는 폐업을 한 날부터 7일 이내에 폐업신고서에 허가증을 첨부하여 법인의 주사무소를 관할하는 지방경찰청 소속의 경찰서장에게 제출하여야 한다.

> ☆ **TIP** 기계경비업무의 수행을 위한 관제시설을 신설 · 이전 또는 폐지한 때에는 지방경찰청장에게 신고하여야 한다.

22 경비업법령상 경비원과 경비지도사의 교육에 관한 설명으로 옳지 않은 것은? (단, 교육대상 제외자는 해당하지 않는다.)

① 경비지도사의 교육에 소요되는 비용은 경비업자의 부담으로 한다.

② 일반경비원의 신임교육에서 이론교육은 4시간이고 실무교육은 19시간이다.

③ 경비업자는 일반경비원을 채용한 경우 해당 일반경비원에게 경비협회에서 실시하는 신임교육을 받도록 해야 한다.

④ 일반경비지도사 자격증 취득자가 자격증 취득일로부터 3년 이내에 기계경비지도사 시험에 합격하여 교육을 받을 경우 공통교육은 면제된다.

> ☆ **TIP** 「경비업법 시행규칙」 제9조(경비지도사에 대한 교육)
> 규정에 의한 교육에 소요되는 비용은 경비지도사의 교육을 받는 자의 부담으로 한다.

ANSWER ▶ 20.③ 21.③ 22.①

23 경비업법상 허가와 관련된 내용이다. (   ) 안에 들어갈 숫자의 합은?

> • 시설경비업무의 경비업을 영위하기 위해서는 경비원 (㉠)명 이상 및 경비지도사 (㉡)명 이상을 두어야 한다.
> • 경비업 허가의 유효기간은 허가받은 날부터 (㉢)년으로 한다.
> • 집단민원현장에 경비인력을 (㉣)명 이상 배치하려고 할 때에는 그 경비 인력을 직접 고용하여서는 아니 되고, 경비업자에게 경비업무를 도급하여야 한다. 다만, 시설주 등이 집단민원현장 발생 (㉤)개월 전까지 직접 고용하여 경비업무를 수행하는 피고용인의 경우에는 그러하지 아니한다.

① 38

② 42

③ 45

④ 49

☆ **TIP** 각각의 합은 다음과 같이 도출된다. (20+1+5+20+3=49)
경비업법 제4조(경비업의 허가)
② 2호 시설경비업무 : 경비원 20명 이상 및 경비지도사 1명 이상
경비업법 제6조(허가의 유효기간 등)
1항 경비업 허가의 유효기간은 허가받은 날부터 5년으로 한다.
경비업법 제7조의2(경비업무 도급인 등의 의무)
2항 누구든지 집단민원현장에 경비인력을 20명 이상 배치하려고 할 때에는 그 경비인력을 직접 고용하여서는 아니 되고, 경비업자에게 경비업무를 도급하여야 한다. 다만, 시설주 등이 집단민원현장 발생 3개월 전까지 직접 고용하여 경비업무를 수행하는 피고용인의 경우에는 그러하지 아니하다.

24 경비업법령상 특수경비원을 배치한 시설주가 갖추어 두어야 할 장부 및 서류로 옳지 않은 것은?

① 감독순시부

② 순찰표철

③ 근무상황카드

④ 무기장비운영카드

☆ **TIP** 감독순시부는 특수경비원을 배치한 국가중요시설의 관할경찰관서장이 갖추어 두어야 하는 장부 및 서류에 해당한다.
「경비업법 시행규칙」 제26조(갖추어 두어야 하는 장부 또는 서류)
① 특수경비원을 배치한 시설주는 다음 각 호의 장부 및 서류를 갖추어 두어야 한다.
   1. 근무일지
   2. 근무상황카드
   3. 경비구역배치도
   4. 순찰표철
   5. 무기탄약출납부
   6. 무기장비운영카드

25 경비업법령상 허가증 등의 수수료에 관한 설명으로 옳지 않은 것은?

① 경비지도사 시험에 응시하고자 하는 자는 경찰청장이 정하여 고시하는 수수료를 납부하여야 한다.

② 경비업의 변경·추가허가의 경우에는 1만 원의 수수료를 납부하여야 한다.

③ 경찰서장은 정보통신망을 이용하여 전자화폐·전자결제 등의 방법으로 수수료를 납부하게 할 수 있다.

④ 경비업의 허가를 받아야 허가증을 재교부 받고자 하는 자는 대통령령이 정하는 바에 따라 수수료를 납부하여야 한다.

☆ **TIP** 「경비업법 시행령」 제28조(허가증 등의 수수료)
5항 경찰청장 및 지방경찰청장은 정보통신망을 이용하여 전자화폐·전자결제 등의 방법으로 수수료를 납부하게 할 수 있다.

26 경비업법령상 경찰청장 등의 지도·감독·점검에 관한 설명으로 옳지 않은 것은?

① 지방경찰청장은 특수경비업자에 대하여 보안지도·점검을 연 2회 이상 실시하여야 한다.

② 관할경찰관서장은 경비업자가 경비업법을 위반하는 행위를 하는 경우 그 위반행위의 중지를 명할 수 있다.

③ 지방경찰청장은 경비업무 장소가 집단민원현장으로 판단되는 경우에는 그 때부터 7일 이내에 경비업자에게 경비원 배치 허가를 받을 것을 고지하여야 한다.

④ 관할경찰관서장은 소속 경찰공무원으로 하여금 관할구역 안에 있는 경비업자의 주사무소 및 출장소와 경비원배치장소에 출입하여 근무상황 및 교육훈련상황 등을 감독하며 필요한 명령을 하게 할 수 있다.

☆ **TIP** 「경비업법」 제24조(감독)
④ 지방경찰청장 또는 관할 경찰관서장은 경비업무 장소가 집단민원현장으로 판단되는 경우에는 그 때부터 48시간 이내에 경비업자에게 경비원 배치 허가를 받을 것을 고지하여야 한다.

ANSWER 23.④ 24.① 25.③ 26.③

27 경비업법상 경비업자의 손해배상책임이 발생하지 않은 것은?

① 경비원 갑(甲)이 업무수행 중 무과실로 경비대상에 손해가 발생하는 것을 방지하지 못한 경우

② 경비원 을(乙)이 업무수행 중 고의로 제3자에게 손해를 입힌 경우

③ 경비원 병(丙)이 업무수행 중 과실로 제3자에게 손해를 입힌 경우

④ 경비원 정(丁)이 업무수행 중 고의로 경비대상에 손해가 발생하는 것을 방지하지 못한 경우

☆ TIP 「경비업법」제26조(손해배상)
　① 경비업자는 경비원이 업무수행 중 고의 또는 과실로 경비대상에 손해가 발생하는 것을 방지하지 못한 때에는 그 손해를 배상하여야 한다.
　② 경비업자는 경비원이 업무수행 중 고의 또는 과실로 제3자에게 손해를 입힌 경우에는 이를 배상하여야 한다.

28 청원경찰법령상 지방경찰청장과 관할경찰서장이 모두 비치해야 할 장부 등으로 옳은 것은?

① 전출입 관계철

② 교육훈련 실시부

③ 청원경찰 명부

④ 배치 결정 관계철

☆ TIP 「청원경찰법 시행규칙」제17조(문서와 장부의 비치)
　②항: 관할 경찰서장은 다음 각 호의 문서와 장부를 갖춰 두어야 한다.
　　1. 청원경찰 명부
　　2. 감독 순시부
　　3. 전출입 관계철
　　4. 교육훈련 실시부
　　5. 무기·탄약 대여대장
　　6. 징계요구서철
　　7. 그 밖에 청원경찰의 운영에 필요한 문서와 장부
　③항: 지방경찰청장은 다음 각 호의 문서와 장부를 갖춰 두어야 한다.
　　1. 배치 결정 관계철
　　2. 청원경찰 임용승인 관계철
　　3. 전출입 관계철
　　4. 그 밖에 청원경찰의 운영에 필요한 문서와 장부

29 청원경찰법령상 청원경찰의 배치폐지 등에 관한 설명으로 옳지 않은 것은?

① 청원주는 청원경찰을 대체할 목적으로 특수경비원을 배치하는 경우에 청원경찰의 배치를 폐지하거나 배치인원을 감축할 수 없다.

② 청원주가 청원경찰의 배치폐지하였을 때에는 청원경찰 배치결정을 한 경찰관서장에게 알려야 한다.

③ 청원주가 청원경찰의 배치폐지하는 경우에는 배치폐지로 과원(過員)이 되는 그 사업장 내의 유사업무에 종사하게 하는 등 청원경찰의 고용을 보장하여야 한다.

④ 청원주는 청원경찰이 배치된 사업장이 배치인원의 변동사유 없이 다른 곳으로 이전하는 경우에 배치인원을 감축할 수 없다.

> ☆ **TIP** 「청원경찰법」 제10조의5(배치의 폐지 등)
> 청원경찰의 배치를 폐지하거나 배치인원을 감축하는 경우 해당 청원주는 배치폐지나 배치인원 감축으로 과원(過員)이 되는 청원경찰 인원을 그 기관·시설 또는 사업장 내의 유사업무에 종사하게 하거나 다른 시설·사업장 등에 재배치하는 등 청원경찰의 고용이 보장될 수 있도록 노력하여야 한다.

30 청원경찰법상 청원경찰 등에 관한 설명으로 옳지 않은 것은?

① 청원경찰법은 청원경찰의 원활한 운영을 목적으로 제정되었다.

② 청원경찰은 국내 주재 외국기관에도 배치될 수 있다.

③ 청원경찰은 청원수 등이 경비(經費)를 부담할 것을 조건으로 사업장 등의 경비(經費)를 담당하게 하기 위하여 배치하는 경찰을 말한다.

④ 청원경찰은 청원주와 관할지방경찰청장의 감독을 받아 그 경비구역만의 경비를 목적으로 필요한 범위에서 경찰공무원법에 따른 경찰관의 직무를 수행한다.

> ☆ **TIP** 「청원경찰법」 제3조(청원경찰의 직무)
> 청원경찰은 청원주와 배치된 기관·시설 또는 사업장 등의 구역을 관할하는 경찰서장의 감독을 받아 그 경비구역만의 경비를 목적으로 필요한 범위에서 「경찰관 직무집행법」에 따른 경찰관의 직무를 수행한다.

ANSWER 27.① 28.① 29.③ 30.④

31 청원경찰법령상 청원경찰의 근무 등에 관한 설명으로 옳지 않은 것은?

① 청원경찰은 형법에 따른 벌칙을 적용할 때에는 공무원으로 간주하지 않는다.

② 청원경찰은 근무 중에는 행정안전부령이 정하는 제복을 착용하여야 한다.

③ 청원경찰이 직무수행시에 직권을 남용하여 국민에게 해를 끼친 경우에는 6개월 이하의 징역이나 금고에 처한다.

④ 지방경찰청장은 직무수행에 필요하던 청원주의 신청을 받아 관할경찰서장으로 하여금 청원경찰에게 무기를 대여하여 지니게 할 수 있다.

☆ **TIP** 「청원경찰법」 제10조(직권남용 금지)
②항 : 청원경찰 업무에 종사하는 사람은 「형법」이나 그 밖의 법령에 따른 벌칙을 적용할 때에는 공무원으로 본다.

32 청원경찰법령상 청원경찰이 퇴직할 때 청원주에게 반납하여야 하는 것을 모두 고른 것은?

㉠ 허리띠	㉡ 근무복
㉢ 방한화	㉣ 호루라기
㉤ 가슴표장	㉥ 분사기
㉦ 포승	㉧ 기동복

① ㉠, ㉢, ㉤, ㉧

② ㉠, ㉤, ㉥, ㉦

③ ㉡, ㉢, ㉣, ㉧

④ ㉡, ㉣, ㉥, ㉦

☆ **TIP** ㉡, ㉢, ㉣, ㉧은 급여품에 해당한다.
「청원경찰법 시행규칙」 제12(급여품 및 대여품)
①항 : 청원경찰에게 지급하는 급여품 및 대여품은 다음과 같다.
- 급여품 – 근무복(동하복 : 각 1개씩), 성하복(1개), 외투·방한복 또는 점퍼(1개), 기동화 또는 단화(1개), 비옷(1개), 정모(1개), 기동모(1개), 기동복(1개), 방한화(1개), 장갑(1개), 호루라기(1개)
- 대여품 – 허리띠(1개), 경찰봉(1개), 가슴표장(1개), 분사기(1개), 포승(1개)

②항 : 청원경찰이 퇴직할 때에는 대여품을 청원주에게 반납하여야 한다.

33 청원경찰법령상 청원경찰의 경비(經費)에 관한 설명으로 옳은 것은?

① 청원주는 대통령령이 정하는 바에 따라 청원경찰에게 봉급과 각종 수당 등을 지급하여야 한다.

② 청원주는 대통령령이 정하는 바에 따라 청원경찰이 직무수행 중 부상을 당한 경우에 본인에게 보상금을 지급하여야 한다.

③ 청원주는 청원경찰이 퇴직할 때에는 행정안전부령이 정하는 바에 따라 근로자퇴직급여 보장법에 따른 퇴직금을 지급하여야 한다.

④ 지방자치단체에 근무하는 청원경찰의 각종 수당은 공무원수당 등에 관한 규정에 따른 수당 중 가계보전수당, 실비변상 등으로 하며, 그 세부 항목은 대통령령으로 정하여 고시한다.

> ☆ **TIP** 「청원경찰법」 제7조(보상금)
> 청원주는 대통령령으로 정하는 바에 따라 청원경찰 본인 또는 그 유족에게 보상금을 지급하여야 한다.
> 1. 직무수행으로 인하여 부상을 입거나, 질병에 걸리거나 또는 사망한 경우
> 2. 직무상의 부상·질병으로 인하여 퇴직하거나, 퇴직 후 2년 이내에 사망한 경우

34 청원경찰법령상 배상책임과 권한의 위임에 관한 설명으로 옳은 것은?

① 지방경찰청장은 청원경찰의 임용승인에 관한 권한을 대통령령으로 관할경찰서장에게 위임할 수 있다.

② 경비업자가 중요시설의 경비를 도급받았을 때에는 청원주는 그 사업장에 배치된 청원경찰의 근무 배치 및 감독에 관한 권한을 해당 경비업자에게 위임할 수 없다.

③ 공기업에 근무하는 청원경찰의 직무상 불법행위로 인한 배상책임은 국가배상법에 의한다.

④ 국가기관에 근무하는 청원경찰의 직무상 불법행위로 인한 배상책임에 관해서는 민법의 규정에 의한다.

> ☆ **TIP** 지방경찰청장은 대통령령에 따라 관할경찰서장에게 위임할 수 있다. 공기업은 "국가 또는 지방자치단체"에 포함되지 않는 공공단체이므로 이는 명백하게 국가 또는 지방자치단체 외에서 근무하는 청원경찰이다. 그러므로 배상책임의 경우 민법에 따르게 된다. 만약의 경우 국가 및 지방자치단체인 경우에는 국가배상법에 따른다.

ANSWER ▶ 31.① 32.② 33.② 34.①

35 청원경찰법령상 청원경찰의 보수산정에 관하여 그 배치된 사업장의 취업규칙에 특별한 규정이 없는 경우에 봉급 산정의 기준이 되는 경력에 불산입 되는 것으로 옳은 것은?

① 군복무한 경력

② 의무경찰에 복무한 경력

③ 청원경찰로 임용되어 근무한 경력

④ 지방자치단체에서 근무하는 청원경찰에 대해서는 지방자치단체에 비상근으로 근무한 경력

☆ **TIP** 「청원경찰법 시행령」제11조(보수 산정 시의 경력 인정)
①항 : 청원경찰의 보수 산정에 관하여 그 배치된 사업장의 취업규칙에 특별한 규정이 없는 경우에는 다음 각 호의 경력을 봉급 산정의 기준이 되는 경력에 산입하여야 한다.
1. 청원경찰로 근무한 경력
2. 군 또는 의무경찰에 복무한 경력
3. 수위 · 경비원 · 감시원 또는 그 밖에 청원경찰과 비슷한 직무에 종사하던 사람이 해당 사업장의 청원주에 의하여 청원경찰로 임용된 경우에는 그 직무에 종사한 경력
4. 국가기관 또는 지방자치단체에서 근무하는 청원경찰에 대해서는 국가기관 또는 지방자치단체에서 상근(常勤)으로 근무한 경력

36 청원경찰법령상 청원경찰을 배치하기 전에 직무수행에 필요한 교육의 내용으로 옳지 않은 것은? (단, 교육대상 제외자는 해당하지 않는다.)

① 학술교육은 형사법 10시간, 청원경찰법 5시간을 이수하여야 한다.

② 정신교육은 정신교육 과목을 8시간 이수하여야 한다.

③ 실무교육은 경범죄처벌법 및 사격 과목 등을 포함하여 40시간을 이수하여야 한다.

④ 술과는 체포술 및 호신술 과목 6시간과 입교 · 수료 및 평가 3시간을 이수하여야 한다.

☆ **TIP** 실무교육은 경범죄처벌법 및 사격 과목 등을 포함하여 44시간을 이수하여야 한다.
「청원경찰법 시행규칙」제6조(교육기간)
• 정신교육 : 정신교육(8시간)
• 학술교육 : 형사법(10시간), 청원경찰법(5시간)
• 실무교육 : 경무(경찰관직무집행법 : 5시간), 방범(방범업무 : 3시간, 경범죄처벌법 : 2시간), 경비(시설경비 : 6시간, 소방 : 4시간), 정보(대공이론 : 2시간, 불심검문 : 2시간), 민방위(민방공 : 3시간, 화생방 : 2시간), 기본훈련(5시간), 총기조작(2시간), 총검술(2시간), 사격(6시간)
• 술과 : 체포술 및 호신술(6시간)
• 기타 : 입교, 수료 및 평가(3시간)

37 청원경찰법령상 청원경찰의 복제(服制) 등에 관한 설명으로 옳지 않은 것은?

① 청원경찰의 복제는 제복·장구(裝具) 및 부속물로 구분하며 필요한 사항은 대통령령으로 정한다.

② 청원주 및 청원경찰은 행정안전부령으로 정하는 무기관리수칙을 준수하여야 한다.

③ 청원경찰이 특수복장을 착용할 필요가 있을 때 청원주는 지방경찰청장의 승인을 받아 착용하게 할 수 있다.

④ 지방경찰청장이 무기를 대여하여 휴대하게 하려는 경우에는 청원주로부터 국가에 기부채납된 무기에 한정하여 관할경찰서장으로 하여금 청원경찰에게 무기를 대여하여 휴대하게 할 수 있다.

> ☆ **TIP** 「청원경찰법 시행령」 제14조(복제)
> ①항: 청원경찰의 복제(服制)는 제복·장구(裝具) 및 부속물로 구분한다.
> ②항: 청원경찰의 제복·장구 및 부속물에 관하여 필요한 사항은 행정안전부령으로 정한다.

38 청원경찰법령상 사업장의 청원주가 감독자 지정기준에 의할 때 근무인원이 100명일 경우에 대장, 반장, 조장의 인원을 순서대로 나열한 것은?

① 0명, 1명, 4명

② 1명, 2명, 6명

③ 1명, 4명, 12명

④ 1명, 6명, 15명

> ☆ **TIP** 청원경찰법 시행규칙 제19조(감독자의 지정)
> 감독자의 지정기준은 다음과 같다.

근무인원	직급별 지정기준		
	대장	반장	조장
9명까지			1명
10명 이상 29명 이하		1명	2~3명
30명 이상 40명 이하		1명	3~4명
41명 이상 60명 이하	1명	2명	6명
61명 이상 120명 이하	1명	4명	12명

ANSWER 35.④ 36.③ 37.① 38.③

39 청원경찰을 배치한 A은행은 서울 서초구 서초동에 소재하고 있다. 이 경우 청원경찰법령상 서울지방경찰청장이 서초경찰서장에게 위임할 수 있는 권한으로 옳지 않은 것은?

① 청원경찰 배치의 결정 및 요청에 관한 권한

② 청원경찰의 임용승인에 관한 권한

③ 청원주에 대한 지도 및 감독상 필요한 명령에 관한 권한

④ 청원경찰의 무기 대여 및 휴대에 관한 권한

> ☆ **TIP** 「청원경찰법 시행령」 제20조(권한의 위임)
> 지방경찰청장은 다음 각 호의 권한을 관할 경찰서장에게 위임한다.
> 1. 청원경찰 배치의 결정 및 요청에 관한 권한
> 2. 청원경찰의 임용승인에 관한 권한
> 3. 청원주에 대한 지도 및 감독상 필요한 명령에 관한 권한
> 4. 과태료 부과 · 징수에 관한 권한

40 청원경찰법령상 청원주의 위반행위로 인한 과태료의 부과기준이 500만 원에 해당하지 않는 것은?

① 지방경찰청장의 승인을 받지 않고 임용 결격사유에 해당하는 사람을 청원경찰에 임용한 경우

② 지방경찰청장의 감독상 필요한 분사기에 관한 명령을 정당한 사유 없이 이행하지 않은 경우

③ 정당한 사유 없이 경찰청장이 고시한 최저부담기준액 이상의 보수를 지급하지 않은 경우

④ 지방경찰청장의 배치 결정을 받지 않고 국가정보원장이 지정하는 국가보안 목표시설에 청원경찰을 배치한 경우

> ☆ **TIP** ①②③④ 모두 과태료 500만 원 부과대상에 해당한다.

1 경호의 개념에 관한 설명으로 옳지 않은 것은?

① 경호 대상자의 생명과 재산을 보호하기 위하여 신체에 가하여지는 위해를 방지하거나 제거하고, 측정 지역을 경계·순찰 및 방비하는 등의 모든 안전 활동을 말한다.

② 형식적 의미의 경호개념은 현실적인 경호기관을 기준으로 하여 정립된 개념이다.

③ 실질적 의미의 경호개념은 경호의 본질적·이론적인 입장에서 이해한 것이다.

④ 대통령 등의 경호에 관한 법률에서의 경호는 호위와 경비를 구분하여 새로운 경호개념으로 정의하고 있다.

☆ **TIP** 「대통령 등의 경호에 관한 법률」에서 경호는 "경비"와 "호위"를 따로 구별하지 않고 경호의 개념으로 정의하고 있다.

2 경호 및 경비의 분류에 관한 설명으로 옳은 것을 모두 고른 것은?

> ㉠ 2(B)급 경호는 행사준비 등의 시간적 여유 없이 갑자기 결정된 상황에서의 각종 행사와 수상급의 경호대상으로 결정된 국빈행사의 경호이다.
> ㉡ 약식경호는 의전절차 없이 불시에 행사가 진행되고, 사전 경호조치도 없는 상태에서 최소한의 근접경호만으로 실시하는 경호활동을 말한다.
> ㉢ 특수경비는 총포류, 도검류, 폭발물에 의한 중요 범죄 등의 사태로부터 발생할 위해를 예방하거나 경계하고 진압함으로써, 국민의 생명과 재산을 보호하고 공공의 안녕과 질서를 유지하는 경비활동이다.

① ㉠

② ㉠, ㉡

③ ㉡, ㉢

④ ㉠, ㉡, ㉢

ANSWER 39.④ 40.모두 정답 / 1.④ 2.④

3 로마 가톨릭 교황 방한시 대통령경호처장이 경호등급을 결정할 경우, 사전 협의해야 하는 자가 아닌 것은?

① 국가안보실장　　　　　　　　② 외교부장관
③ 국가정보원장　　　　　　　　④ 경찰청장

4 다음 설명의 경호활동 원칙은?

> 경호대상자가 위험한 상황에 처했을 경우에는 경호대상자의 머리를 숙이게 한다든지, 완력으로 안전한 곳으로 인도한다든지 하여 위험을 모면케 하는 경호활동으로 긴급상황 발생시 경호대상자를 우선 안전한 곳으로 대피시키는 것이 바람직하다.

① 방어경호의 원칙
② 예방경호의 원칙
③ 두뇌경호의 원칙
④ 자기희생의 원칙

5 다음 중 고려시대의 경호기관은?

① 시위부
② 성중애마
③ 별시위
④ 호위청

> ☆ **TIP** ① 통일신라시대의 무관부이다.
> ② 고려시대의 공경호 기관이다.
> ③ 조선전기의 친위부대이다.
> ④ 조선후기의 궁중수호기관이다.

6 경호의 행동원칙에 관한 설명으로 옳은 것을 모두 고른 것은?

> ㉠ 자기담당구역 책임의 원칙 : 경호원은 자신의 책임 하에서 주어진 임무를 완수하고 담당 구역을 지켜내야 한다.
> ㉡ 자기희생의 원칙 : 경호원 자신을 희생해서라도 경호대상자의 신변을 안전하게 보호해야 한다.
> ㉢ 목표물 보존의 원칙 : 경호대상자를 위해요소로부터 떼어놓는 것이다.
> ㉣ 은밀경호의 원칙 : 경호대상자의 얼굴을 닮은 경호원 또는 비서관을 임명하여 경호위해 자로부터 경호대상자를 은밀하게 보호하는 방법이다.

① ㉠
② ㉠, ㉡
③ ㉠, ㉡, ㉢
④ ㉠, ㉡, ㉢, ㉣

> ☆ **TIP** 은밀 경호는 경호대상자 뿐만 아니라 경호원의 노출 또한 최대한으로 억제시켜 경호대상자로 하여금 불필요한 주의가 끌리지 않도록 경호조치를 하는 것을 의미한다. "㉣"은 기만경호에 관한 내용이다.

ANSWER ▶ 3.① 4.① 5.② 6.③

7 대한민국정부 수립이후 경호기관에 관한 설명으로 옳은 것은 모두 몇 개인가?

> • 경무대경찰서는 주로 대통령 경호임무를 수행하였으며, 1953년 경찰서 직제를 개정하여 관할구역을 경무대 구내로 제한하였다.
> • 청와대경찰관파견대는 1960년 3차 개헌을 통해 내각책임제에서 대통령중심제로 정부형태가 변화되면서 종로경찰서 소속으로 대통령의 경호 및 대통령 관저의 경비를 담당하였다.
> • 국가재건최고회의의장 경호대는 1961년 중앙정보부 경호대로 정식발족하여 국가원수, 최고회의의장 등의 신변보호 임무를 수행하였다.
> • 대통령경호실은 1981년 대통령경호실법 개성으로 "전직대통령과 그 배우자 및 자녀"가 경호대상으로 추가되었다.

① 1개   ② 2개
③ 3개   ④ 4개

☆ **TIP** 2번째 단락의 내용을 빼고 모두 옳은 내용이다. 2번째 단락에서 보면, 1960년 6월 29일에 경무대경찰서가 폐지되며, 경무대 지역에서 맡았던 경비업무는 서울시경찰국 경비과에서 맡게 되었다. 그리고 민주당 정부의 제2공화국이 1960년 8월 13일에 들어서면서 청와대경찰관파견대를 설치하여 서울시경찰국 경비과에서 맡았던 대통령 경호 및 관저의 경비를 담당하게 되었다.

8 경호의 주체 및 객체에 관한 설명으로 옳지 않은 것은?

① 경호주체는 경호목적을 달성하기 위해 적극적으로 일정한 경호작용을 주도적으로 실시하는 당사자를 말한다.
② 경호객체는 경호관계에서 경호주체의 상대방인 경호대상자를 말한다.
③ 경호대상자의 협조를 유도하기 위해서는 경호대상자의 심리적 성향을 이해하고 적합한 기법을 개발하여 신뢰감을 얻는 것이 중요하다.
④ 경호대상자가 경호에 협조적인 경우, 경호대상자 주위의 안전구역을 해제함으로써 유연한 경호임무를 완수해야 한다.

☆ **TIP** 경호대상자가 경호에 대해서 협조적이라 하더라도 경호원은 그에 관계없이 경호대상자 주위의 안전구역을 확보하고 끝까지 경호임무를 완수해야 한다.

9 경호조직의 특성에 해당하지 않는 것은?

① 기동성　　　　　　　　　② 통합성
③ 개방성　　　　　　　　　④ 전문성

> ☆ **TIP** 경호조직의 특성으로는 기동성, 통합성, 전문성, 계층성, 폐쇄성, 협력성, 대규모성 등이 있다.

10 다음 설명하는 경호조직의 원칙은?

> 경호조직의 각 구성원은 오직 하나의 상급기관(지휘관)에게만 보고하고, 그의 명령지휘를 받고, 그에게만 책임을 진다는 것이다.

① 경호지휘단일성　　　　　② 경호체계통일성
③ 경호기관단위작용　　　　④ 경호협력성

> ☆ **TIP** 경호지휘단일성 원칙은 명령통일의 원칙에 부합하는 것으로 지휘 통제의 이원화로 인해 발생하게 되는 문제들을 보완하기 위해 경호조직은 최상위에서부터 최하위까지 명령체계가 단일하여야 함을 의미한다.

11 각국의 경호 유관기관에 관한 설명으로 옳지 않은 것은?

① 미국 중앙정보국(CIA) : 국제 테러조직, 적성국 동향에 대한 첩보 수집, 분석 전파, 외국 국빈방문에 따른 국내 각급 정보기관 조정을 통한 경호정보 제공
② 영국 보안국(SS) : 외무성 소속으로 M16으로 불리기도 하며, 국외경호 관련 정보의 수집·분석·처리 업무 담당
③ 독일 국방보안국(MAD) : 국방성 산하 정보기관으로 군 관련 첩보 및 경호 관련 첩보 제공 임무 수행
④ 프랑스 해외안전총국(MGSE) : 국방성 소속으로 해외 정보 수집 및 분석 업무 수행

> ☆ **TIP** 영국 보안국(SS)은 내무부의 소속으로써 자국의 국내 정보 담당기관인 M15의 정식명칭이며, 주로 북아일랜드를 비롯한 국내 정보수집 및 방첩, 대테러 공작을 전담한다. ②번은 영국 비밀정보부(SIS)에 관한 내용이다.

ANSWER ▶ 7.③ 8.④ 9.③ 10.① 11.②

12 경호업무 수행절차의 4단계에 관한 설명으로 옳지 않은 것은?

① 예방단계는 준비단계로서 발생할 수 있는 인적 · 물적 위해요소에 대한 예방책을 강구하는 단계이다.

② 대비단계는 안전활동단계로서 발생 가능한 인적 · 물적 위해요소에 대한 대비책을 강구하는 단계이다.

③ 평가단계는 위험분석단계로서 경호효과를 평가 · 분석하여 경호계획을 수립하기 위한 단계이다.

④ 대응단계는 실시단계로서 경호대상자에게 발생하는 위해요소에 대한 출입요소의 통제, 근접경호 등으로 즉각적인 조치를 취하는 단계이다.

☆ **TIP** ③ 예방단계(준비단계)는 위험분석단계로서 이는 경호효과를 평가 및 분석해서 경호계획을 수립하기 위한 단계를 의미한다.

13 행사장 비상대책 수립시 우선적으로 고려해야 하는 요소가 아닌 것은?

① 비상장비   ② 비상통로
③ 비상대피소   ④ 비상대기차량

☆ **TIP** 비상대책은 비상대피계획 및 비상대응계획으로 나뉘어지는데, 비상대피계획은 상황(위험)이 발생한 현장을 조속히 벗어나서 안전한 곳으로 피하기 위한 계획이며, 이러한 계획 수립 시 준비되어야 하는 것으로는 비상대피소, 비상통로, 비상대기차량 등이 준비되어져야 한다.

14 출입자 통제업무 내용으로 옳지 않은 것은?

① 인적 출입관리는 행사장의 모든 출입구에 대한 검색이나 수상한 자의 색출을 목적으로 한다.

② 비표는 식별이 어렵게 하여 보안성을 강화한다.

③ 참석자가 시차별로 지정된 출입통로를 통하여 입장토록 한다.

④ 모든 출입요소는 지정된 출입통로를 사용하여야 하며 기타 통로는 폐쇄한다.

☆ **TIP** 출입자 통제업무 시 비표는 그 대상 및 용도에 맞게 적절히 활용되어야 하는 행사참가자를 위한 리본 또는 명찰 등은 각 구역별로 해당 컬러를 다르게 하여 식별 또는 통제 등이 쉽도록 하게 하면 더욱 효과적이다.

15 선발경호의 특성에 관한 설명으로 옳지 않은 것은?

① 경호임무에 동원된 모든 부서는 각자의 기능을 발휘하면서 서로 다른 각각의 지휘체계 아래 상호보완적 임무를 수행해야 한다.

② 예방경호는 위해요소를 발견, 제거, 거부함으로써 경호행사의 안전을 확보하는 것이다.

③ 선발경호는 3중 경호의 원리에 입각해서 행사장을 구역별로 구분, 특성에 맞는 경호조치를 강구한다.

④ 선발경호 특성 중 예비성이란 현지 지형과 상황에 맞는 대응계획과 대피계획을 수립·대비함을 말한다.

> ☆ **TIP** 경호임무에 동원된 모든 부서는 각각의 제 기능을 수행하면서 하나의 지휘체계 하에 통합되어 상호보완적 임무를 수행해야 한다.

16 선반경호활동의 내용으로 옳지 않은 것은?

① 출입 통제대책 강구 후 안전검측활동과 안전유지가 이루어져야 한다.

② 출입자 통제대책으로 비표운용, 주차장 지정, 검색대 운용 등을 할 수 있다.

③ 경호협조회의는 해당지역 경찰서 관계자 등 행사에 참여하는 다양한 부서와 합동으로 실시하며 보안유지를 위해 1회로 제한한다.

④ 선발경호안전활동의 주요 요소는 출입자 통제대책 강구, 검측 및 안전확보, 비상안전대책의 강구 등이다.

> ☆ **TIP** 경호협조회의의 경우에는 통상적으로 1회로 끝나지만 상황에 따라 국제 행사 또는 대규모의 행사가 있을 시에는 해당 행사의 성격에 맞게 여러 차례 반복 시행하거나 또는 필요에 따라 실무자 간 세부사항 등을 협조하게 되는 회의도 병행하게 된다.

17 근접경호의 도보대형 형성 시 고려사항이 아닌 것은?

① 주변 감제건물의 취약도　　　　　　② 행사장 기후
③ 행사장 사전 예방경호 수준　　　　　④ 인적 취약요소와의 이격도

> ☆ **TIP** 도보대형 형성 시의 고려사항으로는 행사장 주변의 감제건물의 취약성, 경호행사의 성격, 경호대상자의 취향, 행사장 사전 예방경호 수준(행사장 안전도), 행사장 취약요소, 근접경호원의 수, 참석자 성향 및 선발경호의 수준(행사장 형태, 행사 성격, 인적 · 물적 취약요소와의 이격) 등이 있다.

18 근접경호 수행방법에 관한 설명으로 옳지 않은 것은?

① 근접도보대형은 장소와 상황 등 행사장 환경에 따라 유연하게 적용시켜야 한다.
② 근접경호는 신체에 의한 방호벽을 형성하되 경호대상자 행동의 자유와 프라이버시를 존중해야 한다.
③ 근접경호원은 종사요원, 경호대상자와 친숙한 방문객, 수행원을 신속하게 익혀야 한다.
④ 도보이동 간 근접경호원의 체위확장은 위기 시 방호효과를 극대화할 수 있으나 평시 노출 및 위력과시의 부정적 효과로 지양해야 한다.

> ☆ **TIP** 근접경호 수행 시에 경호원은 고개를 들고 허리를 펴고 올바른 자세를 유지하여 경호원의 방벽효과를 높이며, 평상시의 경우에는 경호원으로서의 당당함을 과시해야 한다.

19 기동 간 경호대책의 원칙에 관한 내용으로 옳은 것은?

① 적절한 차량대형을 형성하여 방어태세를 유지한다.
② 교통흐름에 맞게 자연스런 차량운행을 한다.
③ 저격에 대비하여 혼잡하거나 곡선인 도로를 이용한다.
④ 기동 간 경계력 분산을 방지하기 위해 전방 경계에 집중한다.

> ☆ **TIP** ② 기동로의 경우 되도록 교통의 흐름이 원활한 최단거리로의 대로 등을 활용하는 것이 바람직하다.
> ③ 저격의 가능성이 높아지게 되는 혼잡하거나 또는 곡선도로 등이 많은 도로는 피하여야 한다.
> ④ 기동 간에는 철저한 사주경계로써 위험에 대비해야 한다.

20 도보이동 간 근접경호의 원칙으로 옳지 않은 것은?

① 근접경호원은 상황변화에도 고정된 대형을 고수해야 한다.

② 근접경호원은 경호대상자에 이르는 모든 접근로를 차단하기 위하여 분산 배치되어야 한다.

③ 위험노출 정도를 최소화하기 위해 최단거리 직선통로를 이용한다.

④ 근접경호대형은 전 방위에 대한 사주경계와 신변안전을 담보할 수 있도록 행사장 여건을 고려하여 최소한의 인원으로 형성한다.

> ☆**TIP** 발생 가능한 상황들에 대해 이에 맞는 도보대형을 갖추어서 방벽효과를 높일 수 있어야 한다. 다시 말해 상황에 맞는 상대적 위치를 지속적으로 조정해야 한다.

21 아래 설명하는 근접경호대형은?

> 외부로부터 위협이 없다고 판단되며 안전이 확보된 행사장 입장시와 대외적인 이미지를 중시하는 경호대상자에게 적합한 도보대형

① 마름모 대형

② V자(역쐐기) 대형

③ 원형 대형

④ 쐐기 대형

> ☆**TIP** 외부로부터의 위협이 없다고 판단할 시, 대외적 이미지를 중요시하는 경호대상자의 경우 V자(역쐐기)대형이 가능한데, 안전이 확보된 행사장 입장 시 주빈인 경호대상자가 바로 스포트라이트를 받도록 하기 위해 활용할 수 있다.

22 경호안전대책에 관한 설명으로 옳은 것은?

① 행사장의 인적·물적·지리적 위해요소에 대한 비표운용을 통하여 행사장의 안전을 도모한다.

② 인적 위해요소에 대해서는 행사장 주변 수색 및 위해광고물 일제정비 등을 통해 경호 취약요소를 제거한다.

③ 물적 위해요소에 대해서는 금속탐지기 등을 이용한 검색을 통하여 위해물품이 행사장 내로 반입되지 못하도록 한다.

④ 지리적 위해요소에 대해서는 입장 및 주차계획, 본인여부 확인을 통하여 불순분자의 행사장 내 침투 및 접근을 차단한다.

☆ **TIP** ① 비표의 경우 모든 인적·물적 출입요소의 인가 및 확인여부를 표기하기 위한 중요수단이며, 동시에 참석자 신원 및 인가여부 확인과 분류하는 도구이며 참석자 활동범위를 지정하는 통제수단이다.
② 행사장 주변의 수색 및 위해광고물 일제정비 등을 통해서 경호 취약요소를 제거하는 것은 지리적 위해요소에 관한 것이다.
④ 입장 및 주차계획, 본인여부 확인을 통해 불순분자의 행사장 내 침투 및 접근을 차단하는 것은 인적 위해요소에 관한 것이다.

23 대한민국에서 개최되는 다자간 정상회의의 경호 및 안전관리 업무를 효율적으로 수행하기 위하여 대통령 등의 경호에 관한 법률에 따라 설치되는 경호·안전 대책기구의 명칭은?

① 경호안전종합본부
② 경호안전통제단
③ 경호안전대책본부
④ 경호처 특별본부

☆ **TIP** 경호안전통제단은 국내에서 개최되는 다자간 정상회의의 경호 및 안전관리 등에 관한 업무를 효과적으로 실행하기 위해 대통령 등의 경호에 관한 법률에 따라 설치되는 경호·안전 대책기구이다.

24 보안업무규정 시행규칙상 보호구역에 관한 설명으로 옳은 것을 모두 고른 것은?

> ㉠ 보호구역은 제한지역, 제한구역, 통제지역, 통제구역으로 구분할 수 있다.
> ㉡ 제한구역은 비밀 또는 국·공유재산의 보호를 위하여 울타리 또는 방호·경비인력에 의하여 일반인의 출입에 대한 감시가 필요한 구역을 말한다.
> ㉢ 제한지역은 비인가자가 비밀, 주요시설 및 Ⅲ급 비밀 소통용 암호자재에 접근하는 것을 방지하기 위하여 안내를 받아 출입하여야 하는 지역을 말한다.
> ㉣ 통제구역은 보안상 매우 중요한 구역으로서 비인가자의 출입이 금지되는 구역을 말한다.

① ㉣

② ㉠, ㉣

③ ㉡, ㉢

④ ㉡, ㉢, ㉣

☆ **TIP** ㉠ 보호구역은 중요도에 의해서 제한지역, 제한구역, 통제구역 등으로 구분된다.
㉡ 비밀이나 국·공유재산의 보호를 위해 울타리 또는 방호·경비 인력에 의해 일반인의 출입에 관한 감시가 필요한 지역을 제한지역이라 한다.
㉢ 비인가자의 비밀, 주요시설 및 Ⅲ급 비밀 소통용 암호자재에 접근하는 것을 방지하기 위해 안내를 받아 출입해야 하는 구역을 제한구역이라 한다.

25 대통령 등의 경호에 관한 법령상 경호구역에 관한 설명으로 옳지 않은 것은?

① 대통령경호처장은 경호업무의 수행에 필요하다고 판단되는 경우 경호구역을 지정할 수 있다.
② 대통령경호처장이 경호구역을 지정할 경우 경호 목적 달성을 위한 최대한의 범위로 설정되어야 한다.
③ 대통령경호처의 경호구역 중 대통령집무실·대통령관저 등은 내곽구역과 외곽구역으로 나눈다.
④ 대통령경호처 소속공무원과 경호업무를 지원하는 사람은 경호목적 상 불가피하다고 인정되는 상당한 이유가 있는 경우에만 경호구역에서 안전활동을 할 수 있다.

☆ **TIP** 경호구역을 지정할 경우에 경호의 목적달성을 위해 최소한의 범위로 설정되어야 한다.

ANSWER 22.③ 23.② 24.① 25.②

26 선발경호의 특성이 아닌 것은?

① 예비성　　　　　　　　　　② 안전성
③ 통합성　　　　　　　　　　④ 기만성

> ☆ **TIP** 선발경호의 특성으로는 예비성, 안전성, 통합성, 예방성 등이 있다.

27 위해기도자의 범행시도에 경호대상자 또는 위해기도자와 가장 가까이 위치한 경호원이 대응해야 한다는 경호원칙은?

① 체위확장의 원칙
② 주의력과 대응시간의 원리
③ 촉수거리의 원칙
④ 목표물 보존의 원칙

> ☆ **TIP** 촉수거리의 원칙은 위해기도자와 가장 가까이 위치한 경호원은 대적 및 제압임무를, 경호대상자와 가장 가까이 있는 경호원은 방호 및 대피임무를 수행해야 하는 원칙을 의미한다. 다시 말해 경호원의 경우 위해기도자 또는 경호대상자에 관계없이 손이 닿을 만한 정도의 근거리에 위치한 경호원이 우선적으로 반응해야 한다는 것을 말한다.

28 우발상황에 관한 설명으로 옳지 않은 것은?

① 우발상황은 어떠한 일이 예기치 못하게 발생하는 것을 의미하며, 사전예측 불가, 극도의 혼란사태 야기, 즉응적 대응 요구, 자기보호 본능 발동 등의 특성을 갖는다.
② 우발상황 발생시 대응은 '경고 – 방호 – 대피'가 거의 동시에 이루어져야 한다.
③ 우발상황 발생시 경호원은 경호대상자를 신속하게 안전지대로 대피시키기 위해 경호대상자에게 신체적 무리가 있더라도 과감하게 행동하여야 한다.
④ 수류탄 또는 폭발물과 같은 폭발성 화기에 의해 공격받았을 때 사용되는 방호 대형은 강화된 사각 대형이다.

> ☆ **TIP** 수류탄이나 또는 폭발물 등과 같은 폭발성 화기에 의해서 공격을 받았을 시에 활용하게 되는 방호 대형으로는 함몰형 대형이 있다.

29 다음 중 경호기만 방법으로 옳지 않은 것은?

① 일관성 있는 차량 및 기동로
② 허위흔적 표시
③ 일반인처럼 자연스러운 옷차림과 행동
④ 연막차장

> ☆ TIP 경호기만 방법으로는 허위흔적 표시, 일반인처럼 자연스러운 옷차림 및 행동, 연막차장, 소음 및 광채의 사용, 기만장애물 및 경비시설의 설치, 의도치 않은 방향으로의 이동 등이 있다.

30 안전검측활동에 관한 설명으로 옳은 것은?

① 비공식 행사에서는 실시하지 않는다.
② 오감을 배제하고, 장비를 이용하여 실시한다.
③ 경호대상자가 장시간 머물러 있는 곳을 먼저 실시한 후 경호대상자의 동선에 따라 순차적으로 실시한다.
④ 전자제품은 분해하여 확인하되 확인이 불가능한 것은 현장에 보존한다.

> ☆ TIP ① 안전검측은 공식행사 시에 실시하는 것이 원칙이며, 만약 비공식 행사의 경우에는 비노출 검측활동의 실시가 가능하다.
> ② 장비 및 인간의 오감을 최대한으로 활용해서 반복적으로 실시한다.
> ④ 전자제품의 경우 분해해서 확인하며, 만약의 경우 확인이 불가능할 시에는 현장으로부터 멀리 이격하거나 또는 제거해야 한다.

31 폭발물에 관한 설명으로 옳지 않은 것은?

① 폭약은 파괴적 폭발에 사용될 수 있는 것으로서 액체산소폭약, 다이너마이트 등이 있다.
② 급조폭발물은 다양한 형태로 제작 가능하며, 재사용이 가능한 장점이 있다.
③ 뇌관에 사용되는 기폭제는 폭발력은 약하나 작은 충격이나 마찰, 정전기 등에 폭발하는 특성이 있다.
④ 폭발물의 폭발효과는 폭풍, 진동, 열, 파편효과 등이 나타난다.

> ☆ TIP 급조폭발물의 경우 형태 및 제작방식이 다르며 숨기기가 용이해 대비가 어려우며, 자동차 및 음료수 캔 등에 설치가 가능하며 땅에 매설할 수 있으나 재사용은 할 수 없다.

ANSWER ▶ 26.④ 27.③ 28.④ 29.① 30.③ 31.②

32 경호장비에 관한 설명으로 옳지 않은 것은?

① 검색장비란 위해도구나 위해물질을 찾아내는데 사용하는 장비로 금속탐지기, X-Ray 수화물 검색기 등이 있다.

② 방호장비란 경호원이 자신의 생명·신체가 위험상태에 놓였을 때 스스로를 보호하는 장비로 가스분사기, 전자충격기 등이 있다.

③ 감시 장비란 경호 취약점을 보완하는 수단으로 침입 또는 범죄행위를 사전에 알아내는 역할을 하는 장비로 쌍안경, 열선감지기 등이 있다.

④ 통신장비란 경호임무수행에 있어 필요한 보고 또는 연락을 위한 장비로 차량용 무전기, 휴대용 무전기 등이 있다.

☆TIP 경호대상자 또는 경호대상자가 사용하는 시설물을 안전하게 보호하기 위한 장치를 방호장비라 하며 이에는 방탄유리, 방탄복, 방탄가방, 방탄 필름, 방패 등이 있다. ②번은 호신장비에 관한 내용이다.

33 검측장비 중 탐지장비가 아닌 것은?

① 서치탭(search tap)　　　　② 청진기
③ 검색경　　　　　　　　　④ 물포(water cannon)

☆TIP 검측장비 중에서 탐지장비로는 엑스레이, 금속탐지기, 방사능탐지기, 폭약탐지기, 독극물탐지기, 액체폭발물 탐지기, 화이버스코프, 독가스탐지기, 폭발물탐지견, 검색경, 청진기, 소방점검장비 등이 있다. ④번은 검측장비 중 처리장비에 속한다.

34 탑승 시 경호예절에 관한 설명으로 옳은 것은?

① 기차의 경우 2인용 좌석일 때 창가 쪽이 상석이고 통로 쪽이 말석이다. 침대차에서는 위쪽의 침대가 상석이다.

② 비행기를 타고 내릴 때에는 상급자가 먼저 타고 먼저 내리는 것이 올바른 순서이다.

③ 일반 선박의 경우 상급자가 나중에 타고 하선할 때는 먼저 내리나, 함정의 경우에는 상급자가 먼저 타고 먼저 내린다.

④ 에스컬레이터 탑승 시 올라갈 때는 남성이 먼저 올라가고, 내려올 때는 여성이 먼저 내려온다.

☆ TIP ① 기차에서는 2인용 좌석일 시에 창가 쪽이 상석이 되고 통로 쪽은 말석이 된다. 침대차의 경우에는 아래쪽의 침대가 상석이 된다.
② 비행기에 탑승할 시 상급자는 마지막에 탑승하며, 비행기에서 내릴 시 상급자가 먼저 내리는 것이 올바른 순서이다.
④ 에스컬레이터 탑승 시 올라갈 때에는 여성이 먼저 올라가며, 에스컬레이터에서 내려올 때에는 남성이 먼저 내려온다.

35 태극기 게양일 중에 조기(弔旗)를 게양해야 하는 날은?

① 3 · 1절
② 제헌절
③ 현충일
④ 국군의 날

☆ TIP 「대한민국 국기법」 제9조(국기의 게양방법)
1. 경축일 또는 평일 : 깃봉과 깃면의 사이를 떼지 아니하고 게양함
2. 현충일 · 국가장기간 등 조의를 표하는 날 : 깃봉과 깃면의 사이를 깃면의 너비만큼 떼어 조기(弔旗)를 게양함

36 경호의 일반적 환경요인으로 옳지 않은 것은?

① 경제 발전과 과학기술의 발전
② 사회구조와 국민의식 구조의 변화
③ 정보의 팽창과 범죄의 다양화
④ 우리나라에 대한 북한 테러 위협 증가

☆ TIP ④번은 특수 환경에 해당하는 내용이다. 경호의 일반적 환경요인으로는 경제발전 및 과학기술의 발전, 사회구조 및 국민의식 구조의 변화, 정보팽창 및 범죄의 다양화 등이 있으며, 경호의 특수한 환경요인으로는 지역이기주의 및 테러, 한국의 국제적 지위향상 및 테러, 북한과 테러 및 유격전 유발 등이 있다.

ANSWER ▶ 32.② 33.④ 34.③ 35.③ 36.④

37 경호원의 기본응급처치 요령으로 옳지 않은 것은?

① 호흡이 없을 시 즉시 심폐소생술을 실시하고, 전문 의료진에게 신속하게 인계한다.
② 의식이 없을 경우에는 경호대상자를 옆으로 눕혀 이물질에 의한 질식을 예방한다.
③ 가슴 및 복부 손상 시 지혈을 하고 물을 마시게 한다.
④ 목 부상 시 부목 등의 도구를 이용하여 고정시켜 목의 꺾임을 방지한다.

> ☆ **TIP** 가슴이나 복부의 손상 시 지혈을 하고, 경호대상자에게 물을 마시지 않도록 해야 한다.

38 국민보호와 공공안전을 위한 테러방지법령상 테러위협의 정도에 따른 테러경보 4단계에 속하지 않는 것은?

① 주의 ② 경계
③ 심각 ④ 대비

> ☆ **TIP** 테러경보는 테러 위협 강도에 따라 관심 · 주의 · 경계 · 심각의 4단계로 분류되어진다.

39 국민보호와 공공안전을 위한 테러방지법령상 국가테러대책위원회의 심의·의결사항에 해당하지 않는 것은?

① 관계기관의 대테러활동 교육 · 훈련의 감독 및 평가
② 국가 대테러 기본계획 등 중요 중장기 대책 추진사항
③ 대테러활동에 관한 국가의 정책수립 및 평가
④ 위원장이 대책위원회에서 심의 · 의결할 필요가 있다고 제의하는 사항

> ☆ **TIP** 국가테러대책위원회의 심의 · 의결사항으로는 국가 대테러 기본계획 등 중요 중장기 대책 추진사항, 대테러활동에 관한 국가의 정책수립 및 평가, 위원 또는 위원장이 대책위원회에서 심의 · 의결할 필요가 있다고 제의하는 사항, 관계기관의 대테러활동 역할 분담 · 조정이 필요한 사항 등을 심의 · 의결한다.

40 국민보호와 공공안전을 위한 테러방지법의 내용으로 옳은 것은?

① 테러위험인물이란 테러를 실행 · 계획 · 준비하거나 테러에 참가할 목적으로 국적국이 아닌 국가의 테러단체에 가입하거나 가입하기 위하여 이동 또는 이동을 시도하는 내국인·외국인을 말한다.

② 테러수사란 대테러활동에 필요한 정보나 자료를 수집하기 위하여 현장조사 · 문서열람 · 시료채취 등을 하거나 조사대상자에게 자료제출 및 진술을 요구하는 활동을 말한다.

③ 관계기관의 대테러활동으로 인한 국민의 기본권 침해 방지를 위하여 대책위원회 소속으로 대테러 인권보호관 2명을 둔다.

④ 국가정보원장은 테러위험인물에 대하여 출입국금융거래 및 통신이용 등 관련 정보를 수집할 수 있다.

☆ TIP
① 테러를 실행 · 계획 · 준비하거나 테러에 참가할 목적으로 국적국이 아닌 국가의 테러단체에 가입하거나 가입하기 위하여 이동 또는 이동을 시도하는 내국인 · 외국인을 외국인 테러전투원이라고 한다.
② 대테러활동에 필요한 정보나 자료를 수집하기 위해 현장조사 · 문서열람 · 시료채취 등을 하거나 조사대상자에게 자료제출 및 진술을 요구하는 활동을 대테러조사라고 한다.
③ 관계기관의 대테러활동으로 인한 국민의 기본권 침해 방지를 위해 대책위원회 소속으로 대테러 인권보호관 1명을 둔다.

공무원시험/자격시험/독학사/검정고시/취업대비 동영상강좌 전문 사이트

공무원	9급 공무원	서울시 기능직 일반직 전환	각 시·도 기능직 일반직 전환	교육청 기능직 일반직 전환
	관리운영직 일반직 전환	사회복지직 공무원	우정사업본부 계리직	서울시 기술계고 경력경쟁
기술직 공무원	물리	화학	생물	
	기술계 고졸자 물리/화학/생물			
경찰·소방공무원	소방특채 생활영어	소방학개론		
군 장교, 부사관	육군부사관	공군부사관	해군부사관	부사관 국사(근현대사)
	공군 학사사관후보생	공군 조종장학생	공군 예비장교후보생	공군 국사 및 핵심가치
NCS, 공기업, 기업체	공기업 NCS	공기업 고졸 NCS	코레일(한국철도공사)	한국수력원자력
	국민건강보험공단	국민연금공단	LH한국토지주택공사	한국전력공사
자격증	임상심리사 2급	건강운동관리사	사회조사분석사	한국사능력검정시험
	국어능력인증시험	청소년상담사 3급	관광통역안내사	국내여행안내사
	텔레마케팅관리사	사회복지사 1급	경비지도사	경호관리사
	신변보호사	전산회계	전산세무	
무료강의	국민건강보험공단	사회조사분석사 기출문제	독학사 1단계	대입수시적성검사
	사회복지직 기출문제	농협 인적성검사	지역농협 6급	기업체 취업 적성검사
	한국사능력검정시험 백발백중 실전 연습문제		한국사능력검정시험 실전 모의고사	

서원각 www.goseowon.co.kr
QR코드를 찍으면 동영상강의 홈페이지로 들어가실 수 있습니다.